KB210399

제2판

범죄심리학

이윤호 · 이승욱

CRIMINAL PSYCHOLOGY

박영사

제2판 머리말

범죄심리가 우리처럼 이렇게 대중화되고 보편화된 나라도 아마 없을 것이다. 이제는 연쇄살인이나 강간과 같은 엽기적이고 잔인한 범죄가 발생할 때마다 범인의 사이코패스나 소시오패스 여부에 세상의 이목이 집중되고, 거의 모든 시민이 반전문가, 준전문가가 된 듯하다. 물론 이런 약간은 기이한, 약간은 흥미로운, 그러나 다른 한편으로는 조금은 우려도 되는 지나친 관심은 대중매체의 영향에 기인한 바 크다고 할 것이다. 그나마 다행스러운 것은 범죄에 대한 심리학적 접근에 관한 연구와 저술이 지속되고 있다는 점이다. 연구와 저술의 지속은 다행스러운 것이지만, 세간의 관심을 끌 만한 분야와 내용으로 편향된 부분도 없지 않다. 이런 측면에서, 본서는 처음부터 시중에 나와 있는 기존의 범죄 심리학 저술과는 조금은 다른 접근을 시도하였었다. 범죄 원인으로서의 심리는 물론이고 형사사법과 심리, 법과 심리, 법정 심리, 수사심리, 범죄자와 범죄의 심리적 이해를 비중 있게 다루었다. 본서가 다른 점이 있다면 피해자와 피해자화의 심리적 이해를 특히 강조하고 싶었다.

이번의 개정판에는 초판에서도 기술되고 논의는 되었지만 부족하다고 생각되었거나 추가하고 싶었던 범죄 피해자와 피해자화의 심리를 상당 부분 추가하였다. 먼저, 피해자의 정체성과 정신세계를 들여다보았고, 피해자화가 피해자에게 미친 영향과 그로 인한 트라우마도 살펴보았다. 이번 개정판에서 특히 강조하고 싶었던 부분이 피해자의 회복 탄력성이었다. 형사사법 제고 전체가 응보적 사법에서 회복적 사법으로, 가해자 중심에서 피해자 중심으로 그 패러다임이 바뀌고 있다. 여기에 더하여 최근 연구 추세 중 하나로 사후 대응보다는 사전 예방이 강조되고 있으며, 범죄 예방의 하나로 같은 표적이 반복적으로 범죄 피해를 당하는 반복 피해자화를 방지하여 범죄를 예방하자는 것이다. 통계에 의하면 상당수의 범죄가 바로 이들 반복 피해자에 대한 범죄라는 것을 보여주고 있어서 반복 피해자화의 방지가 중요함을 알 수 있다. 반복 피해자의 방지를 위해서는 다양한 시도가 있겠지만, 결국은 피해자가 범죄 피해로부터 회복하여 자신의 취약성을 극복함으로 다시 피해자가 되지 않게 해야 한다. 이를 위하여 피해자의 회복 탄력성을 비교적 자세하게 서술하였다.

흔히, 뛰어난 운동선수나 예술가를 평하거나 칭찬할 때면 그 사람에게는 한계가 없다라고 해서 "The sky is the limit"이라고 하는데, 저자에게는 안타깝게도 한계가 하늘이 아니라 그냥 현실인 것 같다. 다수의 저술을 할 때마다 늘 부족함을 느끼기 때문이다. 멈춤 없는 수정과 보완을 약속드린다. 언제나 같은 말이라 공치사 같기도 하지만 그럼에도 주변의 지지와 응원은 잊지 못할 것이다. 자신만의 철학으로 표지 그림을 그려 준 불이 작가와 출판을 맡아 준 박영사 임직원 여러분께 감사함을 전한다.

2025년 정월
저자
이윤호·이승욱

초판 머리말

현대는 급속한 세계화와 양적 팽창이 이루어지는 가운데 다양한 갈등이 나타나며 범죄와 범죄에 대한 두려움은 점점 심각한 사회문제로서 받아들여지고 있다.

냉전시대와 달리 현대사회에서는 자본주의의 발달과 민주주의의 성숙으로 삶의 질이 강조되면서 그 저해 요소 중 하나인 범죄에 대한 두려움에 사람들이 주목하기 시작한 것이다. 이러한 점에 착안하여 국가는 형사사법기관을 중심으로 가능한 자원과 노력을 총동원하여 범죄문제를 해결하고 시민들의 범죄에 대한 두려움을 줄이려 노력하고 있다. 그러나 이러한 노력에도 불구하고 범죄는 반복적으로 일어나고 있으며 연일 범죄가 언론을 통해 보도되며 시민들의 범죄에 대한 두려움 또한 커져 삶의 질을 개선하는 데 많은 장애가 되고 있다.

그간 범죄학계에서는 법학, 사회학, 생물학과 연대하고 이들의 관점을 범죄학에서 수용하여 여기에서 파생된 이론들을 중심으로 범죄문제를 해결하려 시도하였다. 그중에서도 사회학적 관점에 의거하여 환경 요인들에 초점을 맞추어 범죄를 이해하려 노력하였다. 그러나 범죄가 어떻게 발생하고 이에 따른 범죄 대책 및 예방책을 세우기 위해서는 범죄에 대한 좀 더 다각적인 접근이 필요하다.

이러한 관점 중 하나로 주목받고 있는 것이 바로 범죄심리학이다. 최근 언론에서 이슈가 되고 있는 사이코패스, 묻지마 범죄 등 관련 범죄도 범죄심리학에 근거를 두고 이를 해석하려는 시도가 이루어지고 있다. 형사사법기관 역시 이런 범죄에 대응하기 위해 범죄분석요원 채용 및 심리학계와 협력관계를 구축하는 등 다양한 노력을 하고 있다. 국내 범죄학계 또한 범죄심리학에 관심을 가지기 시작하고 있으나 아직까지 범죄심리에 대한 체계적인 접근과 정리가 되어 있지 않은 상황이다. 따라서 범행 동기나 원인 등 범죄현상의 올바른 이해를 위해서는 범죄 발생에 영향을 끼치는 요소에 대한 다각적 접근이 이루어져야 하며 이 중 하나인 범죄심리학에 대한 이론과 지식 체계가 마련될 필요가 있다.

물론 학계에서 범죄심리학에 대한 연구는 지속적으로 이루어지고 있으며, 범죄심리학 관련 저술이 출간되었다. 하지만 대부분은 심리학 전공자들에 의한 저술이거나 해외 이론들을 국내에 소개하기 위한 목적에서 쓰인 저술들이다. 범죄심리학에 의거한 범죄행위, 법, 법정 심리, 범죄자의 이해, 피해자와 피해자화의 심리 등 범죄학에서 이론적, 학문적으로 중요한 부분들에 대한 일관적, 체계적인 논의가 부족하다.

따라서 이 책에서는 기존의 범죄심리학에서 주로 다루고 있는 기존 범죄심리학 저술에서 아쉬운 부분들을 중심으로 다양한 범죄심리학의 이론적, 학문적 논의를 통한 사회과학적 접근을 시도하였다. 종합하자면, 이 책은 범죄학에서 보는 범죄심리학, 범죄심리학을 기반으로 한 범죄자와 피해자의 이해, 형사사법 관련 요소들에 대한 심리학적 접근, 이러한 이해를 바탕으로 한 형사정책 모색을 목적으로 하였다.

이 책의 완성도를 높이기 위해 저자의 능력을 최대한 발휘하였음에도 아쉬운 부분이 많겠다는 걱정이 앞선다. 그럼에도 범죄심리학에 대한 오해들을 풀고 범죄에 대한 이해를 높여 시민들의 질높은 삶의 보장에 기여하고 싶다는 저자의 바람이 있기에 용기를 내어 출판을 하게 되었다.

끝으로 이 책은 주변 사람들의 도움이 없었다면 출판이 어려웠기에 지면을 빌어서 감사의 말을 전한다. 부족한 부분이 많은 책임에도 출판을 맡아 준 박영사, 원고 정리와 교정을 맡아 준 연구실 조교 조상현, 임하늘, 엄유진 원생, 그리고 언제나 그 존재만으로 나에게 힘과 행복을 주는 아내와 두 아들 창욱, 승욱 모두에게 진심으로 감사한다.

2015년 7월 여름
목멱산 기슭 연구실에서
이 윤 호

차 례

제 1 편   범죄, 범죄학, 그리고 범죄심리학

제 1 장   개관

제 2 장   범죄심리학(Ciminal Psycololgy)

제 2 편 범죄행위의 심리학적 이해

제 1 장   심리분석(psychoanalysis)과 범죄

제 3 편 심리학과 법

제 1 장 심리학과 법률의 다리 놓기

제 2 장 법률과 심리학자의 관계

제 3 장 현안과 전망

제 4 편 심리학과 형사사법

제 1 장 경찰심리학(Police Psychology)

제 2 장 법정심리(The Psychology of the Courtroom)

제 3 장   교정 심리학(The Psychology of Corrections)

제5편   법정 심리

제1장   Profiling

제 2 장   폭력범법자의 심리적 특징과 인적 속성(personal attributes)

제 3 장   범죄의 심리학적 이해(Psychological Understanding of Crimes)

제 7 편   범죄피해자와 피해자화의 심리

제 1 장   범죄피해자

제 2 장   피해자화의 영향(The impact of victimization)과 Trauma

제 4 장　피해자의 회복탄력성(Resilience)

제 1 편

범죄, 범죄학, 그리고 범죄심리학

CRIMINAL PSYCHOLOGY

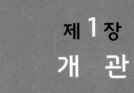

제1장
개 관

    범죄심리학은 범죄와 범죄통제의 이해에 대한 심리학의 기여와 공헌을 기술하기 위한 것이다. 그것은 행동과학이나 사회과학뿐만 아니라 응용학문으로서 심리학의 관점으로부터 기술하는 것이다. 그렇다고 범죄가 전적으로 심리학적 현상으로 이해될 수 있다거나 심리학이 어떻게 범죄를 통제하고 예방할 것인가에 대한 중추적 해답을 가지고 있다는 것을 지칭하지는 않는다.

    범죄의 연구는 다양한 학문분야의 관심을 요하는 것이다. 인류학, 통계학, 그리고 경제학도 범죄의 분석에 기여해 왔으나, 그러나 주요이론은 사회학, 심리학, 그리고 정신병리학(psychopathology)으로부터 나오고 있다. 그러나 이들 학문분야의 중첩적 관심에도 불구하고 각각의 이론들은 반감이 아니라면 적어도 상호무관심을 배경으로 발전해왔다. 이는 곧 부분적으로는 개별인간의 태생적 부패(inherent corruptness)에서 범죄를 비난하는 사람들과 범죄가 부적절한 사회의 부정한 영향력에 기인한 것으로 보는 사람들 사이의 오랜 이념적 논쟁을 반영하는 것이다. 그러나, 심지어 같은 학문분야 내에서도 범죄자를 칼을 씌워 여러 사람 앞에 내보이는, 즉 비난하고 처벌할 것인지 아니면 낭만적으로 다루는, 즉 옹호하고 보호할 것인지에 대한 모호함이 자리해 왔던 비옥한 토양으로 인식되고 있다. 그 외에 심리학적 관심은 경찰관을 비롯한 형사사법관리들의 선발과 훈련, 경찰관의 스트레스관리 절차의 개발, 어린이 증인의 심문이나 거짓말탐지기의 활용에 이르기까지 다양하게 기여하고 있다.[1]

---

1 Monahan, J. and E. F. Loftus, "The Psychology of law," *Annual Review of Psychology*, 1982, 33:441−475

제1절　범죄의 연구 – 범죄행위의 설명

　고전주의(classicism)와 반실증주의(antipositivism) 모두 범죄행동(criminal acts)에 관심을 가지는 반면, 실증주의(positivism)는 범죄를 행하는 개인의 성향(tendency)에 초점을 맞추고 있다. 범죄의 원인을 고려하는 데 있어서 그러한 차이를 구분하는 것은 중요한 것이지만 한편으로는 많은 혼란의 근원이기도 하다. 그것은 곧 심리학에 있어서 "개인–상황(person–situation)"이라는 논쟁과 직결되고 또한 개인과 상황의 인과적 역할이 범죄학에 있어서 하나의 쟁점이기 때문에 이와 같은 논쟁은 주의를 요하는 것이다.

　논쟁의 중심에는 인성특질(personality traits)의 개념에 대한 설명 유용성(explanatory utility)과 실제로 인성 그 자체 개념의 설명 유용성이 자리하고 있다. 즉, 과연 인성기질이나 인성 그 자체가 범죄의 인과관계를 설명하는 데 유용할 수 있는가가 논쟁의 핵심인 것이다. 여기서 인성(personality)이라고 하는 용어는 항상 사람들을 구별하는 사람들이 각자 가지고 있는 일련의 자질(quality)이라고 일상적으로 규정함으로써 오히려 더 애매하게 되어 왔다. 어떤 사람이 '흥미로운(interesting) 또는 반사회적(antisocial)' 인성을 가졌다고 할 수 있는데 이 경우 인성이란 단순히 평가적 요약(evaluative abstraction)에 불과하지만 종종 사회적 행위, 인지적 과정, 감정, 그리고 그 이상의 범주에 속하는 어떠한 신비적 존재(mystical entity)로 취급되고 있다. 인성이론가들은 사람과 사람 사이의 다양성(variation)을 결정하는 것으로 고려되는 심리학적 기능(psychological functioning)에 초점을 두기 때문에 '인성'에 대한 개념과 규정을 혼란스럽게 만들고 있다. 그러나 그러한 개념규정은 이론적으로는 가능하지만 인성이 간주되는 범위 내에서 이론적 참조의 틀에 관한 합의가 없이는 인성을 규정하기란 사실상 불가능한 것이다. 그렇다면 보다 엄격하게 말해서 인성과 같은 것은 존재하지 않고, 오히려 일종의 탐구(inquiry)의 영역으로 간주하는 것이 보다 적절할 것이다. 그 영역은 소질이나 기질 등과 같이 사람과 사람 사이를 구별하고 차별화하는 행위의 규칙성(behavioral regularities)과 그러한 규칙성에 책임이 있는 어떠한 이론이 규정하는 과정과 구조에 대한 광범위한 연구라고 할 수 있다.[2]

---

2 R. Blackburn, *The Psychology of Criminal Conduct: Theory, Research and Practice*, West Sussex, England: John Wiley and Sons, 1993, p.21

그러나 경험적 자료들은 인성을 그렇게 개념화하는 것을 정당화해주고 있지는 않은데, 이를 근거로 일부 행동과학자들은 비록 인간의 행위란 사람－상황 상호작용에 의존한다고 보는 것이 보다 보편적이지만 행위에 대한 상황적 통제를 지지하고 있다. 그들의 견해도 상호작용주의 여파로 수정되고 있지만 다수의 심리학자들은 아직도 특질(trait)개념에 대해 우려하고 있다.[3]

과연 인간의 행위가 사람의 기능인지 아니면 상황의 기능인지는 행위가 무엇을 의미하는가에 따라 좌우된다. 종종 행위가 행동(act)과 성향(tendency) 둘 다를 의미하는 것으로 이용되고 있다. 행위가 상황의 기능이라는 주장은 대체로 특정한 행동에 관한 것이지만, 특정한 행동이나 그 행동의 발생은 환경적 조건과 기회에 좌우되기 때문에 상황의 기능이어야만 한다. 따라서 특정한 행동을 규정하는 것은 곧 그것이 일어나는 상황적 여건이기 때문에 행위가 상황적으로 특정하다(situation－specific)고 말하는 것은 반복적일 수밖에 없다.

반면 만약에 행위가 성향을 뜻한다면 그것은 자신의 과거 역사의 산물이고 자신과 항상 함께하는 사람의 자산임이 분명하다. '사회적'이다 또는 '공격적'이다 하는 말들은 상응한 조건에서만 나타나는 사람 속에 상존하는 능력이나 성향을 기술하는 것으로서 특정한 상황에서 사람은 그 성향을 행동으로 옮기고 옮기지 않고를 결정하지만 그 성향이 수행되건 수행되지 않건 간에 그 사람은 그 성향을 소유하고 있는 것이다. 이렇게 보아 '사람－상황' 논쟁은 특수한 상황에 대한 반응에 관심을 가지는 실험자, 생활유형에 관심을 가진 특질이론가(trait theorists)와 임상의 사이의 상반된 목적에서 시작되었다.

따라서 행동과 경향 또는 성향(tendency)은 서로 상이한 설명을 요한다. 하나의 특정한 행동은 상황과 사람의 기능이다. 상황은 행동을 위한 기회와 조건을 제공하는 데 필요하지만 오로지 사람만이 그 행동을 만들어내는 힘을 가지고 있다. 그러나 사람이 특정한 경향이나 성향을 가지고 행동할 때는 상황이란 단지 원인이 아니라 그 표현에 불과하다.

개별적인 사례를 본다면, 특정한 행동은 단지 그 사람이 그러한 행동을 반복하는 경우에만 관심의 대상이 된다. 만일 상황적 분석이 '가'라는 학생이 '나'라는 학생을 때린 이유가 '가' 학생이 '나' 학생의 정당화되지 않는 폭력으로부터 자신을 방어하기 위한 것이었음을 보여준다면 '가' 학생은 사람을 때리는 습관을 가진 것이 아니며 그의 행위는 따라서 더 이상 관심의 대상이 되지 못한다. 반대로 만약 '가' 학생이 학교에서 다른 학생을 100번째 때렸다면 우리는 '가' 학생이

---

3 W. P. Alston, "Traits, consistency, and conceptual alternatives for personality theory," *Journal for the Theory of Social Behavior*, 1975, 5:17－48

그러한 공격적인 성향(tendency)을 가지고 있는지 확인해야 할 것이다.[4]

범죄행위의 이론은 범죄활동의 집합으로서 범죄, 특정한 범죄행위나 사건, 또는 그러한 행동에 가담하는 기질로서 범죄성 어디에 초점을 맞추느냐에 따라 매우 다양해진다. '범죄'에 대한 대부분의 심리학적 이론들은 범죄행동(criminal acts)보다는 범죄성이나 범인성(criminality), 또는 범죄활동에의 확대된 가담을 설명하려고 시도한다. 이러한 입장은 범죄성을 지능, 신장, 체중과 같은 동일한 종류의 지속적 기질(trait)로 보는 Eysenck의 예에서 잘 알 수 있다.[5] 범죄행동을 반복하는 사람들은 그러한 기질에 관련하여 극단적일 가능성이 가장 높은 사람이며, 이 경우 그러한 사람들의 반사회적 성벽(disposition)의 사전요인에 관심을 가지게 된다. 즉, 과거 어떠한 원인이 그 사람들의 그러한 반사회적인 기질(disposition)을 가지게 했는가를 밝히고자 한다는 것이다. 상당한 정도로 그러한 특질(trait)을 가진다는 것은 일부 범죄학자들에게는 필요하고도 충분한 범죄행동의 원인이지만 행동 그 자체와 그 행동이 발생하는 여건(context)은 별 관심을 얻지 못한다. 따라서 원위적 원인요소(distal causal factors)가 강조되고, 이러한 유형의 설명은 역사적(historical) 또는 유전적(genetic)인 것으로 기술되고 있다.[6]

반대로 신고전학파나 반실증주의자들은 범죄행동에 관심을 가지고 범죄를 범하는 보다 즉각적인 주변상황(circumstances)과 같은 인접요소(proximal factors)에 초점을 맞춘다. 이러한 경향을 일부에서는 기계주의적(mechanistic), 상황적(situational), 또는 역동적(dynamic)이라고 기술하고 있다.[7] 이들 범죄행동에 초점을 맞추는 사람들은 전형적으로 범죄에 대한 기질적 접근(dispositional approach)이나 초기 가정환경과 생물학적 구성 같은 원위적 요소(distal factors)에 대한 관심에 반대하고 있다. 이들에게는 일부 범죄행동은 즉각적인 환경에서의 유인(attraction)과 촉발(provocation)에 대한 반응에 지나지 않는 것이다.

그러나 범죄의 원인으로서 상황(situations)과 기질(dispositions) 또는 인접적(proximal) 요소와 원위적(distal) 요소를 대조하는 것은 잘못된 이분법(false dichotomy)임이 분명하다. 초기 가정경험 그 자체는 왜 성인이 특정한 범죄행동을 범하는지 설명할 수 없는 것처럼 마찬가지로 일부 사람들은 즉각적인 상황이 아니라 과거 전력에 의해서만 설명될 수 있는 강력한 범죄적 기질(disposition)을 가지고 있다. 그렇다고 행동은 일정한 매력적(attractive)이거나 촉발적(provoking)

---

4 Blackburn, *op cit.*, p.22

5 Eysenck, *Crime and Personality*, 3rd Ed., London: Paladin, 1977

6 Sutherland and Cressey, *Criminology*, 8th ed., Philadelphia: Lippincott, 1970

7 *Ibid*

인 상황을 찾고 행동할 능력을 가진 사람을 요하기 때문에 특정한 행동에 있어서 이러한 기질 (disposition)의 표출이 상황에 의해서 야기되는 것도 아니다. 결국 상황은 자신이 취득해 온 능력과 성향(inclination)의 견지에서 그 사람에 의하여 정의되기 때문에 심지어 인접요소(proximal factors)는 범죄자의 과거 인생경험으로부터 분리될 수 없는 것이다.[8]

한편 기질적 변수(dispositional variables)보다 범죄를 조장하는 사회적 조건(criminogenic social conditions)이 범죄성을 설명한다는 주장도 마찬가지로 잘못된 이분화이다. 사회적 조건은 사람들이 가지는 기질(disposition)을 설명하는 여러 가지 요소 중의 하나이지 사람들은 동일한 사회조건에 다르게 반응하기 때문에 사회조건 그 자체로 범죄행동을 설명할 수 있는 것은 아니다. 그렇다고 물론 범죄행위의 설명에 대한 사회조건이나 주변상황(circumstances)의 상응성(relevance)을 부정하는 것은 아니다.

제 2 절   심리학과 범죄학

범죄에 대한 다학제적(multidisciplinary) 연구인 범죄학(Criminology)은 강조하는 바에 따라 심리학적, 사회학적, 생물학적, 정신병리학적, 또는 경제학적일 수 있으나, 대체로 사회학, 정신의학(Psychiatry), 그리고 심리학이 지배해 왔다. 사회학적 범죄학(sociological criminology) 또는 범죄사회학은 전통적으로 사회집단, 대인관계, 사회적 계층 등과 같은 변수의 영향을 강조하였던 반면, 심리학적 범죄학(Psychological criminology) 또는 범죄심리학은 범행을 하는 사람의 정신적 과정과 행위에 관한 과학이다. 사회학적 범죄학이 집단변수와 사회 일반에 초점을 두는 반면에 심리학적 범죄학은 개인의 반사회적 행위가 어떻게 습득되고, 촉발되고, 유지되며, 수정되는가에 집중하고 있다. 심리학적 범죄학은 때로는 최근 범죄연구에 대한 개인적 관점을 지배해 온 정신의학적 범죄학(Psychiatric criminology)과 혼돈되고 있다.[9]

---

8 Sutherland & Cressey, *op cit.*

9 C. R. Bartol and Bartol, A. M., *Psychology and Law: Theory, Research, and Application*, Belmont, CA: Thomson Wadsworth, 2006, p.408

폭넓게 말하면, 정신병리학적 범죄학은 반사회적 행위의 연구와 그 행위의 평가, 처우, 그리고 예방을 위한 임상관행에 관한 것이라고 할 수 있다. 이러한 규정은 한편 정신의학적 범죄학과 법과학적 정신의학(Forensic psychiatry)을 구별할 필요성을 제기한다. 쉽게 구별한다면 정신병리학적 범죄학은 범죄행위의 연구에 관한 것이라면, 법과학적 정신병리학은 보다 실무적이며 보다 응용적이라고 할 수 있다.[10]

정신병리학적 범죄학은 또다시 전통적(traditional)인 것과 현대적(contemporary)인 것으로 나누어질 수 있는데, 먼저 전통적인 정신병리적 범죄학은 프로이드학파, 심리분석적, 또는 심리역동적 관점을 따르며, 인간의 본성을 천부적으로 반사회적인 것으로 간주한다. 이들에 따르면, 범죄행위는 그 특성상 기본적으로 동물적이고, 무질서하고, 반사회적인 무의식적 충동과 갈등으로부터 나오는 것이다. 반면에 현대적인 정신병리적 범죄학은 범죄자가 그들의 통제되지 않은 동물적, 무의식적, 생물학적 충동을 행동으로 표출하는 것으로 보지 않는다. 그들은 임상경험, 관찰, 그리고 자료에 기초하여 인간본성에 대한 보편적 역동성을 체계적으로 이해하려고 한다.[11]

범죄에 관한 도전의 하나는 그것을 이해하려는 어떠한 노력과 시도도 다양한 범주의 학문영역을 넘나드는 지식을 요한다는 사실이다. 그래서 우리는 범죄학을 다학제적, 다학문적, 다학제간 종합 또는 복합학문이라고 정의하곤 한다. 바로 이 점이 한편으로는 범죄학의 지나친 분화라는 문제도 우리에게 안겨주고 있다. 그 결과, 범죄의 연구가 점점 더 세분화되고 따라서 범죄학의 전문화 또는 특수화, 즉 범죄현상에 대한 설명과 이론을 발전시키기 위해 다른 학문영역의 요소들이 활용되는 범죄연구에 대한 통합된 접근으로 진화하고 있다. 물론 일부에서는 과연 범죄학이 독립된 학문이라는 지위를 획득하였는지 의아해하기도 한다. 비판가들은 범죄학이 지나치게 다른 학문영역에 의존하기 때문에 독립성이 의심스러울 수밖에 없으며, 그래서 사회학이나 심리학과 같은 기존의 다른 학문 내에서의 전문화로 고려되는 편이 옳다고 주장하지만, 범죄학은 자체 데이터베이스, 방법론, 그리고 이론으로 무장된 독립학문의 지위를 충분히 가지고 있다는 주장이 최근의 추세이다.[12]

결국, 심리학도 혼자만으로는 범죄를 다 설명할 수는 없다. 그러나 심리학은 자체 방법론의

10 R. Rosener, "Forensic psychiatry: A subbspecialty," *Bulletin of the American Academy of Psychiatry and Law*, 1989, 17:323−333

11 Bartol and Bartol, 2006, *op cit.*, 409

12 Hollin, *Psychology and Crime: An Introduction to Criminalogical Psychology*, London and New York: Routledge, 2001, p.1

견지에서, 그리고 자체 데이터베이스와 이론의 적용으로 범죄학에 기여할 수 있다. 더구나 범죄와 범죄자는 다음과 같은 두 분야에서 몇 가지 실무적 쟁점을 야기한다. 우선, 비난받고 있는 특정인의 범행여부를 어떻게 결정할 수 있는가?, 두 번째로 그 범죄자에게 우리가 어떻게 대응할 것인가? 물론 심리학이 모든 대답을 주지는 않지만, 기여할 부분은 분명히 있다.

심리학과 범죄의 공통영역은 법정심리(forensic psychology), 법심리(legal psychology), 그리고 범죄심리(criminological psychology)를 포함하는 다양한 이름으로 불리고 있다. 수사심리나 법심리는 심리학을 법원, 입법 등에 적절하게 적용, 응용되는 것으로 지나치게 협의로 규정하고 있다. 반면에, 범죄심리는 법원과 입법은 물론이고 범죄에 관련된 모든 문제를 다루는 용어로 쓰이고 있다. 따라서 범죄심리학은 범죄행위와 그것을 관리하는 사명을 가진 다양한 기관의 기능에 관련되어 관심을 가지는 심리학의 분과 또는 그 반대로 범죄학의 한 분과로 이해하는 것이 바람직하다.

심리학과 정신병리학은 전통적으로 어떤 사람이 그리고 왜 범죄자가 되는가에 관심을 가져왔으며, 사회학은 인구의 어떤 부분이 범죄자가 되는가에 관심을 가져왔다. 따라서 범죄의 설명은 이 두 학문분야 사이의 소위 학문적 분업(academic division of labor)을 요하는 것처럼 보인다. 그러나 범죄학 내에서는 세 학문분야가 학문적 권력투쟁과 상호불신으로 나뉘어져 왔다.

그런데 이와 같은 분화는 이들 세 학문분야의 근원으로 거슬러 올라간다. 정신의학(Psychiatry)은 19세기 중엽의 정신병학(alienism) 또는 심리의학(psychological medicine)으로부터 출현하였으며, 심리학과 사회학이 별개의 학문으로 나타난 세기말에 미국과 유럽에서 하나의 전문적 직업으로 자리잡게 되었다. 이러한 정신의학(psychiatry)은 그 당시 새롭게 발전하던 범죄학에 많은 기본적 개념을 제공하였을 뿐만 아니라 재판을 기다리는 모든 피의자의 정신상태에 대한 증거를 제공하도록 독려하기도 하였다. 하지만 범죄자에 대한 대부분의 초기 심리학적 연구는 교도소 의사들에 의하여 수행되었다. 그러나 학술적 심리학보다 심리분석의 급성장을 반영하지만 심리학자들도 나름대로 비행청소년에 대한 연구와 처우 그리고 궁극적으로는 반사회적 성격장애 연구 등의 기틀을 제공하였다. 결국 특히 영국에서의 초기 범죄학의 발전에 심리학과 정신의학(psychiatry) 모두 상당한 영향을 미친 바 있다.[13]

미국에서도 초기 범죄학에 영향을 미친 것은 지능과 범죄 또는 심리역동적 이론 등에 대한 관심에서 보이는 것처럼 심리학과 정신의학(psychiatry)이었다고 할 수 있다. 그러나 이러한 기류

---

13 Garland, *Punishment and Welfare: A History fo Penal Strategies*, Aldershot: Gower, 1985

는 시카고학파의 사회학적 접근의 발전과 함께 도태되고 미국 범죄학은 사회학에 의하여 지배
되게 되었다. 이러한 변화는 부분적으로는 다른 학문분야에 대한 정신의학(psychiatry)의 무관심
에 기인하며, 부분적으로는 사회학이 학문의 자체적 존경심을 갖추기 위하여 그리고 심리학에의
환원을 피하기 위한 관심과 우려에 기인하였다.[14]

　　때로는 이들 학문분야의 차별적인 기여는 상이한 분석의 단위로도 나타난다. 예를 들어 범죄
율의 연구는 비교범죄율(comparative crime rate)과 경제 및 생태적 요소와 같은 사회구조와 관련
된 범죄의 분포를 조사하는 사회학자들의 영역이다. 반면에 개별 범죄자에 대한 연구는 범죄행위
를 범법자의 근접상황, 역사, 개인적 속성(attributes)에 관련시키는 심리학자들의 관심의 초점이다.
그러나 이는 곧 분석의 단위와 설명요소를 혼돈시키게 된다. 범행의 집합적 비율은 그들 범행에
책임이 있는 개인의 특성으로부터 분리될 수 없다. 예를 들어 범죄율과 빈곤수준의 상관관계는
그 관계가 빈곤조건과 관련된 개인적 특성에 의하여 매개되고 중재될 수 있기 때문에 빈곤조건이
직접적으로 범죄행위를 야기한다는 것을 의미하지는 않는다. 또한 집합적 단위의 상관관계가 개인
단위의 상관관계를 반영하는 것이라고 가정하는 것은 물론 일종의 '생태적 오류(ecological fallacy)'
라고 할 수 있다. 비슷한 경우로서 개인적 특성과 범행의 상관성이 측정되지 않은 거시적 사회현
상으로부터 초래될 수도 있다. 사회학적 기제와 심리학적 기제는 따라서 범죄율과 개별 범죄자의
행동 모두에 진입할 수 있다. 이 두 학문의 분화의 기초를 제공하는 것은 바로 사회적 구조 또는
개인의 속성과 같은 설명적 요소(explanatory factor)의 종류라고 할 수 있다.

　　실제로 사회학자들도 자기보고식조사(self-reported survey)의 형태로 개인적 행위와 태도 같
은 개인의 속성을 연구하기 때문에 이들 학문의 범죄에 대한 접근은 겹친다고도 할 수 있다. 뿐
만 아니라 사회심리학이나 거시 사회학(macro-sociology)의 형태로 두 학문의 중간지대도 존재
한다. 일부에서는 사회학에 있어서 사회심리학을 세 부류로 나누고 있다. 첫째, 심리학적 사회학
(psychological sociology)은 거시적 사회현상을 사회적 역할과 같은 개인적 속성에 연계시키며,
두 번째 상징적 상호작용주의(symbolic interactionism)는 사회적 상황에 의한 상호작용에 부여된
의미에 초점을 맞추고 그 의미를 개인적 산물이라기보다는 사회적 산물로 보며, 세 번째 민속
방법론(ethnomethodology)도 행위자가 상황을 어떻게 해석하는가에 초점을 맞추지만 상황적으
로 규정된 의미의 유일성(uniqueness of contextually-defined meanings)을 강조한다. 이들 모두
가 일탈의 사회학에 중요한 역할을 하였지만 최근까지도 범죄에 대한 심리학적 접근은 주로

---

14 S. Wheeler, "The social source of criminology," *Sociological Inquiry*, 1962, 32:139-159

정신역동 이론(psychodynamic theory)이나 사회심리학보다는 동물학습으로부터 유래된 행위모형(behavioral model)에 가깝다.[15]

　그렇지만 집단과정에의 주의에도 불구하고 심리학 내에서의 사회심리학은 객관적 실험을 강조해 왔고, 부모훈육(parent discipline), 즉 심리학의 개인에 대한 초점을 그대로 유지하고 있다. 이는 곧 사회현상이 개인의 기질(disposition), 신념, 자원, 그리고 상호관계로 규명될 수 있다는 철학적 입장과 같은 방법론적 개인주의(methodological individualism)를 지지하는 것이다. 이는 사회학이 집단을 구성하는 개인들로부터 끌어내는 집단에 대한 연구라는 것을 함축하지만, 이 입장은 많은 과학철학자들로부터 외면당하고 있다. 집합주의(collectivism)를 대표하여 혹자는 집단 그 이전에 존재하는 구조가 있기 때문에 사회가 단순히 그 속에 있는 사람들의 구성만이 아니라고 주장한다. 사회(society)는 인간행동에 있어서 오로지 존재하는 추상(abstraction)이지만 행동은 항상 계층구조, 경제적 조건이나 언어와 같은 사회적 형태를 표출하고 이용한다. 그래서 사회현상은 실재이고 그 현실에 기여하는 개인에게 영향을 미치게 된다. 이와 같은 견지에서 보면, 사회학은 집단현상의 연구가 아니라 오히려 어떻게 사회구조가 인간행동의 조건을 제공하는가의 연구이다. 심리학에 대한 적절한 관심은 인지적이고 감정적인 자산(property)을 형성하는 사회세계(social world)에 그들을 연계시킬 수 있게 하지만 인간매체나 기능(human agency)에 의하여 영향을 받는 사람들이 소유하고 있는 인지적 감정적 자산(cognitive and emotional property)에 관한 것이다.[16]

　심리학에 대한 이러한 관점은 인간을 이성과 신념에 따라 행동하는 의지적 행위자(intentional agents)로 간주하고, 개인적 요소, 행위, 그리고 환경적 영향이 상호 결정인자로서 상호작용적으로 작동되는 사회인지이론(social cognitive theory)의 상호적 결정주의(reciprocal determinism)에서 가장 분명하게 나타난다. 이는 인간의 행위를 목적을 성취하기 위한 의지적 행위자(intentional agent)의 행동이라기보다는 수동적 신체(passive body)의 움직임으로 취급하는 행동주의(behaviourism)의 비지시적 결정론(undirectional determinism)과는 대조적인 것이다. 기존의 행동주의는 인간-환경 상호작용을 가정하지만 응용행동분석가들은 단지 환경만이 행위에 영향을 미치도록 변경될 수 있기 때문에 실용적 이유에서 비지시적 환경적 결정주의를 채택한다는 주장이 있다.[17]

15 Secord, "Social psychology as a science," in J. Margolis, P. Manicas, R. Harre and P. F. Secord(eds.), Psychology: Designing the Discipline, Oxford: Blackwell, 1986, Blackburn, op cit., p.33에서 재인용

16 P. T. Manicas, A History and Philosophy of the Social Science, Oxford: Blackwell, 1987.

범죄에 대한 심리학적 이론은 지배적으로 개인주의적이다. 그러나 범죄에 대한 심리학적 분석은 인간행동의 본성과 사회에 대한 개인의 관계에 관한 논쟁을 피할 수 없다. 사회학습이론에서처럼 비행은 학습된다고 하지만 보상과 처벌에 의하여 그 행위가 형성되는 방법은 그 자체가 상이한 사회적 지위와 입장에 있는 사람에 대한 강화재(reinforcers)의 유형과 가용여부를 결정하는 사회구조에 의하여 형성되는 것이다. 따라서 범죄에 대한 사회학적 이론과 심리학적 이론은 동일한 현상에 대한 불완전한 설명을 제공하고 있다.

---

17 Blackburn, *op cit.*, p.34

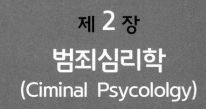

제 2 장
범죄심리학
(Ciminal Psycololgy)

주변 사람들에게 과연 범죄심리학이란 무엇인지, 즉 범죄심리학자란 어떤 사람이며, 무엇을 하는 사람이고, 어떤 고객을 상대로 일하는 사람인가 물어보라. 아마도 대부분의 대답은 CSI와 같은 대중적 인기를 얻고 있는 TV 프로그램을 떠올릴 것이다. 바로 이 점이 경찰이 모든 범죄사건을 다 해결하는 일종의 현대판 셜록 홈즈(Sherlock Holmes)로 범죄심리학자에 대한 왜곡된 견해를 갖게 한다. 사실, 범죄심리학자들은 사건을 해결하는데 결정적인 역할을 하는 것뿐만 아니라 범죄자들의 교화개선을 통한 사회복귀에도 관계하며, 법정에서는 전문가 증인으로서 자문도 하고, 범죄자와 피해자에 대한 심리적 평가와 분석 및 상담을 제공하며, 나아가 범죄를 예방하는데도 기여하는 등 훨씬 폭넓은 역할을 수행하고 있다.

앞에서도 간단하게 기술하였지만, 범죄심리학 또는 심리학적 범죄학은 범죄행위가 어떻게 습득되고, 촉발되고, 유지되며, 수정되는가에 관한 과학(science)이다. 다양한 범죄행위가 학습원리에 의하여 각 개인에 따라 자신의 독특한 방식으로 일상생활의 경험에 의해서 습득되고, 인식되며, 부호화되고, 처리되며, 기억 속에 저장되는 것으로 가정한다. 범죄행위는 각 개인이 상황을 어떻게 인식하고 해석하는가, 그리고 특정한 방식으로 행동함으로써 무엇을 얻을 수 있다고 기대하는가에 좌우된다고 한다. 따라서 범죄행위의 분석은 가해자의 학습이력과 기대치, 그리고 이들이 상황과 사회적 환경과 어떻게 상호작용하는가에 대한 탐구를 요하게 된다.[1]

현대 범죄심리학은 개인과 사회환경의 호혜적 상호작용(reciprocal interaction), 분노, 두려움, 불안, 그리고 성적 흥분과 같은 거대한 각성과 자극의 힘, 그리고 자신의 세계관이라고 할 수 있는 개인의 인지과정이라는 세 요소를 범죄행위를 설명하는 데 있어서 핵심적이라고 강조한다. 여기서 호혜적 상호작용이란 행동과 신념을 통해 개인이 환경에 영향을 미치고 환경이 다시 개

---

1 C. R. Bartol and A. M. Bartol, *Psychology and Law: Theory, Research, and Application*, Belmont, CA: Thomson wadsworth, *op cit.*, 2006, p.409

인에게 영향을 미치는 개인의 연속적 과정이라고 할 수 있다. 한편 생리적 각성(physiological arousal)은 종종 인간이 파괴와 폭력에 가담할 때 가장 현저한 것으로, 각성(arousal)이 건전지이지 지침은 아니며(an energizer, but not a guide), 엔진이지 조타장치(steering gear)는 아니라고 한다. 아주 높은 수준의 각성은 우리의 내적 행동강령의 고려, 상식, 그리고 판단을 중재하는 인지과정을 방해하여 때로는 폭언과 폭력에 이르게 된다는 것이다. 반면에 인지과정(Cognitive proc-ess)은 인간은 사고하는 존재이며, 반복적으로 폭력적이고 습관적으로 반사회적인 사람은 생존을 위하여 단순하고 직선적으로 공격적인 해법에 의존하는 소외되고 격리되며, 사회적으로 차단되고, 스스로 구축한 인지체계에 매몰된, 갇힌 사람일 것이라고 본다.[2]

　범죄심리학은 임상심리 및 조직심리 등과 함께 '순수'라기보다는 일종의 응용심리학(applied psychology)의 예이다. 그래서 범죄심리학에서는 순수심리학의 이론과 연구결과들이 현실세계의 법과 범죄문제로 제기된 의문들에 적용되고 있다. 실제로 다양한 순수심리학적 접근방법들이 범죄심리학에도 여러 방법으로 응용되고 있다.

　인지심리학은 행동의 기초가 되는 주의력과 기억력과 같은 내적 정신과정(internal mental process)에 관심을 가져서, 기억이 기억의 재구성에 있어서 실수에 취약하다는 인지연구결과는 증인의 사건기억방식에 적용되고 있다. 사회심리학에서는 사람들의 상호작용방식과 상황적 집단적 요인이 행동에 미치는 영향에 대한 관심을 바탕으로 한 동조성연구를 배심원들이 평결에 도달하는 방법의 연구에 적용되고 있다. 아동기 인성이나 도덕성과 같은 심리학적 기질의 발달에 관한 발달심리학적 관심은 부모의 일관적이지 못한 훈육을 경험한 아이들이 범죄자가 될 가능성이 높다는 것과 같이 범죄행위의 설명으로서 아동양육형태에 대한 연구로 응용된다. 학습이론도 환경이 우리의 행동에 미치는 영향을 연구하여 행동수정기법을 범죄자 처우에 응용하고 있다. 생리심리학(physiological psychology) 또는 생물심리학에서는 신경계, 호르몬, 그리고 유전자가 우리의 행동에 미치는 영향에 관심을 두고 유전자가 범죄성에 어떠한 영향을 미치는가를 판단하기 위하여 가계연구나 쌍생아연구를 수행하였다. 정신역동심리학(psychodynamic psychology)은 무의식이 행동에 미치는 영향, 특히 초기 아동기의 경험이 성장 후에 미칠 수 있는 영향에 대한 관심을 바탕으로 자신의 초기경험들이 피해자의 선택에 영향을 미쳤는가라는 범죄자 프로파일링에 있어서 중요한 의문에 답함으로써 연쇄살인이나 강간범의 수사에 도움을 주고 있다.[3]

---

2 Bartol and Bartol, 2006, *op cit.*, p.410

3 Putwain and Sammson, *Psychology and Crime*, NY: Routledge, 2002, pp.3-4

　뿐만 아니라, 상담심리학에서는 교도소에서 수형자는 물론이고 교도관에 대한 다양한 심리 상담을 제공하고 있다. 이와 함께 경찰관의 스트레스와 심리적 외상(trauma) 및 소진(burnout)에 대한 치료와 상담도 제공하며, 심지어 범죄피해자에 대한 심리적 상담과 치유에도 기여하고 있다. 수사 및 법정심리(forensic psychology)는 범죄자의 수사와 심문에 있어서 심리학적 역할을 수행하고 있다. 조직심리학에서는 사법관리들의 선발, 직무반족, 상호작용 등 다양한 분야에 기여하고 있다. 결국 심리학의 범죄와 형사사법에 대한 역할과 기여는 범죄의 원인으로서 심리학, 범죄문제의 해결책으로서의 심리학, 형사사법 절차와 과정에서의 심리 및 그 종사자의 심리연구 등 다양한 분야에 이르고 있다.

　이를 종합하면, 범죄심리학은 적어도 범죄와 비행의 심리학, 경찰심리학, 범죄피해와 피해자의 심리학, 재판의 심리학, 그리고 교정의 심리학으로 이루어져야 한다고 할 수 있다. 물론 위의 다섯 가지 하위 범죄심리 영역 간에는 중복되는 부분도 있을 수 있다. 따라서 여기서 강조하고자 하는 것은 이들 다양한 범죄심리학의 하위영역들은 상호 배타적이지 않다는 점이다.[4]

---

4 A. M. Bartol and Bartol, C. R., "Overview of Forensic Psychology," pp.3−10 in C. R. Bartol and Bartol, A. M.(eds.), *Current Perspectives in Forensic Psychology and Criminal Justice*, Thousand Oaks, CA: Sage, 2006.

제 2 편

범죄행위의 심리학적 이해

CRIMINAL PSYCHOLOGY

범죄의 원인은 복잡하다. 범죄행위를 제대로 이해하기 위해서는 심리학을 포함한 관련된 다수의 학문분야를 융합한 연구를 요한다. 연구자의 관점에 따라 범죄는 경제적 조건, 언론의 폭력성, 공동체의 붕괴와 지역사회 물리적 환경의 악화, 불평등과 차별, 가족의 역기능, 화학적 불균형, 현대사회의 물질만능주의 등에 기인할 수 있다. 심리학적 관점에서는 범죄행위는 학습의 원리와 궤를 같이하는 일상적 생활경험에 의해서 습득되는 것이다. 각 개인은 이들 경험을 독특한 방식으로 인식, 분류, 처리, 그리고 기억 속에 저장하는 것이다.

범죄에 대한 심리학적 설명은 자신의 행위에 대하여 사람들이 생각하거나 느끼는 방식에 있어서 개인적 차이를 강조한다. 이들 차이점은 미묘한 변형이나 다양성 또는 보다 극단적인 인성장애의 형태를 취할 수 있으며, 이 차이점들이 일부 사람으로 하여금 자신의 분노를 증대시키고, 타인과의 애착을 약화시키며, 모험을 무릅쓰고 전율(thrill)을 추구하려는 욕구를 부추김으로써 범죄행동을 저지르기 더 쉽게 만들 수도 있다는 것이다.[1]

가장 협의의 범죄심리학이라고 할 수 있는 것으로서 범죄자의 행위적, 정신적 과정에 대한 과학이라고 할 수 있다. 때문에 주로 범죄행위가 어떻게 습득되고, 어떻게 발생하며, 어떻게 유지되고, 또 어떻게 수정되는지에 관심을 가진다. 최근 들어서는 세상에 대한 범죄자의 인지적 입장, 특히 범죄자의 사고와 믿음과 가치, 그리고 그것들이 어떻게 변화될 수 있는지에 관심이 모아지고 있다. 뿐만 아니라 범죄심리학은 특정한 범죄는 물론이고 이들 범죄의 범법자에 대한 연구에도 관심을 기울이는데, 폭력범죄, 특히 살인이나 성폭력 범죄, 그리고 가정폭력과 배우자 폭력과 관련된 폭력범죄에 초점을 맞추고 있다. 예를 들어, 공격성(aggressiveness), 재강화(reinforcement), 그리고 탈개인화(deindividuation)와 관련된 심리학적 개념과 원리들이 이들 폭력범죄의 원인을 이해하고 예방하는 데 도움이 될 것으로 기대하는 것이다. 물론 폭력범죄가 아닌 약물남용, 절도, 사기, 횡령, 기타 비폭력적 범죄의 원인과 예방도 다루어지고 있다.[2] 범죄의 원인을 이해하려는 것 외에도, 심리학자들은 또한 성인은 물론이고 청소년 범죄자들의 범죄행위를 줄이기 위한 목적으로 하는 예방과 처우전략들을 제안하고 평가한다.

범죄심리학에 대한 가장 흥미로운 진전의 하나는 긍정심리학(positive psychology)의 원리와 연구를 응용하고 적용하는 것이다. 전통적으로 심리학 분야에서는 범죄와 관련하여 주로 정신장애(mental disorder), 이상성(abnormality), 그리고 부적응(maladjustment)에 초점을 맞추었으나, 긍정심리학에서는 사람의 장점과 개인을 감정적으로 건강하게 만드는 것에 초점을 맞추는 것이다. 긍정심리학의 대표적인 예가 삶의 곤경에 노출되어 비행의 우려가 높은 것으로 가정되는 청소년들의 복원력, 회복탄력성(resilience)에 대한 연구와 관심이라고 할 수 있다. 지금까지의 전통심리학적 연구와는 달리 긍정심리학의 연구결과는 대부분의 이들 청소년들이 친생산적이고 친사회적인 성인이 된다는 것이다. 뿐만 아니라, 긍정심리학은 어떻게 범죄피해자들이 생존하게 되는지, 그리고 재소자들이 어떻게 처우로부터 혜택을 받을 수 있는지 이해하는 데에도 큰 도움을 주고 있다.

---

1 E. Greene, Heiburn. K., Fortune, W.H. and Nietzel, M. T., *Wrightsnian's Psychology and the Legal System*(6th ed.), Belmont, CA: Thomson Wadsworth, 2007, p76

2 A. M Bartol and C. R. Bartol, "Overview of Forensic Psychology", pp.3−10 in CR. Bartol and A. M. Bartol(eds.), *Current perspectives in Forensic Psychology and criminal Justice*, Thousand Oaks, CA: Sage, 2006, p.5

제 1 장
심리분석(psychoanalysis)과 범죄

　이상심리학에 대한 Freud(프로이드)의 핵심적인 공헌은 사람들이 고통(distress)을 경험하고, 성인으로서 훌륭한 감각(adult good sense)에 장애가 되는 일종의 아동기 비망록(childhood agenda)을 자신과 함께 가지고 가기 때문에 그것을 극복하기 어렵다는 생각일 것이다. 그러나 Freud는 범죄에 대해서는 거의 언급하지 않았으며, 비록 그 이후 심리학자들이 광범위한 관심을 보였지만 그것은 항상 간접적인 것이었고, 범죄행동의 표출(manifestation)로 여겨지는 병리적 과정(pathological process)에 초점을 맞추고 있다. 결과적으로 범죄에 관한 다양한 심리분석적 언급이 있기 마련이고 따라서 통일된 심리분석적 이론은 없다.

　심리분석가들은 범죄가 반사회적 원초아(id)를 제재할 수 없는 자아(ego)와 초자아(superego)의 결과라고 믿는다. 각 개인의 독특한 역사가 결함이 있는 자아와 초자아를 생기게 하지만 가장 보편적으로 비난을 받는 요소는 자녀의 부모에 대한 부적절한 동일시(identification)라고 한다. Freud는 범죄자는 오이디푸스 시기(Oedipal period)의 무의식적(unconscious), 근친상간의 감정에서 나오는 죄의식, 죄책감을 완화하기 위한 처벌에 대한 강압적 욕구로 고통을 받는다고 주장한다. 그는 '다수의 범죄자, 특히 청소년범죄자들에게서 범죄 이전에 존재하였던 매우 강력한 죄책감을 발견할 수 있었으며, 따라서 이것은 범죄의 결과가 아니라 그 동기이며, 이는 마치 무의식적 죄책감을 무언가 현실적이고 즉각적인 것에 붙들어 맬 수 있게 해 주는 '구원'이라고 설명한다.[1]

---

1 S. Freud, *The Complete Psychological Works of Sigmund Freud*(Vol.19), London: Hogarth, 1961, p.52

제1절 사회화 이론(Socialization theory)

　　Freud는 인간을 본질적으로 반사회적으로 간주하였다. 개인은 생물학적으로 개인주의적 쾌락추구와 사회집단의 요구와 충돌하는 파괴적 충동을 타고난다는 것이다. 사회적 생존을 확보하기 위하여 이들 충동은 개인 각자 스스로에 의하여 통제되거나 재지시(redirect)되어야 하는데, 이는 다음의 두 가지 방법으로 가능하다는 것이다. 우선, 원초아(id)의 일차적 과정 활동(primary process activity of id)은 현실원칙(reality principle)에 의해서 인도되는 자아기능(ego function)인 이차적 과정(secondary process)의 출현으로 방해를 받게 된다. 현실 지향적 사고와 생각의 발달은 그래서 환상과 장밋빛 계획을 도입하거나 공공연한 운동신경의 방출(overt motor discharge)을 금지함으로써 욕구충족의 연기를 가능하게 한다는 것이다.

　　둘째, id drive(본능적 충동)를 여는 데 있어서 자아는 집단기준의 내재화를 대변하는 초자아에 의해서 인도된다. 원래 무의식적 기능 또는 기관(unconscious agency)으로 인식되었지만 초자아가 현재는 주로 의식적(conscious) 또는 전의식적(preconscious)으로 간주되고, 두 개의 요소를 가진다. 의식(conscience)은 도덕적 규칙(moral rules)과 관련이 있고, 이에 반한 충동은 중화되며, 또는 자아의 방어기제를 통하여 자각, 의식(consciousness)에 달하지 못하게 한다. ego-ideal(자아-이상)은 자신이 갈망하는 기준을 대변하며, 따라서 자아에게 긍정적인 가치와 목표를 제공한다. 심리역동적 유압모형(psychodynamic hydraulic model)에서는 자아와 초자아가 원초아에서 생성되는 에너지가 직접적으로 방전되고, 전이되거나, 중화되어야 하는 심령체계(psychic system)의 균형을 잡는 구성요소들이다. 만약 초자아 기준(superego standard)을 위반하는 강력한 충동이 의식, 자각(consciousness)이나 행동 속으로 파고들면 초자아는 원초아의 공격적 에너지를 죄책감 경험(guilt experience)의 형태로 자아에게로 돌리게 된다. 자아는 따라서 죄의식의 고통을 피하기 위하여 초자아 기준에 따라 행위를 규제하게 된다.[2]

　　초자아의 형성은 아동의 자기 부모들과의 관계를 통한 심리성적(psychosexual) 발달과 자아의 발달에 좌우되며, 5살 정도 때의 부자갈등, 즉 오이디푸스 갈등(oedipal conflict)의 해결과 관

---

2 M. L. Nass, "The superego and moral development in the theories of Freud and Piaget," *Psychoanalytic Study of Child*, 1966, 21:51-68

런이 있다. 그 이전에, 초등의식(rudimentary conscience)이 아동이 충동을 통제하는 것을 배움에 따라 발달하게 되나, 이는 일차적으로 외부적 제재(external sanction)에 의존하게 된다. 자궁내 평정상태와 유사한 아동이 자신의 이상인 일차적 자기애 또는 자기중심주의(narcissism)의 상태로부터 출발하여 유아는 자신이 전능하지 않고 자신의 필요를 위하여 의존해야 하는 대상 (objects)과의 관계를 형성해야 한다는 것을 배운다. 이러한 대상관계(object relations)는 만족과 좌절 모두의 근원인 부모의 승인과 애정을 중심으로 한다. 아동이 구순기(oral), 항문기(anal), 성기기(genital stage)를 거침에 따라 자아발달(ego development)이 부모의 지속적 승인을 확보하는 반면 자신들의 만족충족을 극대화하기 위하여 충동의 통제를 결정하게 된다. 부모와의 관계를 만족시키는 것은 따라서 조기발달에 핵심적이며, 손상된 관계는 결과적으로 개인이 위기의 순간에 회귀하는 고착점(fixation point)을 만들게 된다. 예를 들어 항문기(anal stage)에서의 갈등이 복종을 포함하는 상황에서 유도되는 대항적이고 가학적인 성향으로 이끌게 된다는 것이다.[3]

성기기(genital stage)의 시작과 함께, 동성부모에 대한 적대와 이성부모에 대한 근친상간적 욕구(incestuous wishes)가 남자아이에게는 대응공격성(counteraggression)의 두려움, 즉 거세불안 (castration anxiety)을, 여자아이에게는 사랑의 상실 때문에 긴장(tension)을 야기시킨다. 이 갈등은 위협하는 부모의 태도를 방어적으로 동일시하고 받아들임으로써, 즉 그들의 상상된 사고, 감정, 행위를 수용함으로써 해소된다. 이때 양심(conscience)은 공격자와의 동일시(identification with the aggressor)에 의하여 강화된다. 따라서 소년은 자신에 대한 아버지의 인지된 공격을 내재화하고, 그것을 자신에 대항하여 활용하며, 소유라기보다는 애정(affection)의 하나로서 어머니와의 대상 관계(object relation)를 유지함으로써 아버지로부터의 처벌(paternal punishment)의 위협을 피하게 된다. 자아-이상(ego-ideal)은 사랑하는 대상에 대하여 바라는 인상(desirable image)이 합성되는 의존적 동일시(anaclitic identification)에 의하여 형성된다. 이는 곧 유아기(infancy)의 잃어버린 자기애, 자기중심주의(narcissism)를 회복시키며, 욕구성취(wish fulfillment)와 자존심의 매체를 제공하게 된다.[4]

ego와 superego의 기능적 차별화에 대해 심리분석가들은 지속적으로 논쟁하지만 그 발달이 만족스러운 부모-자녀관계에 의존하는 행동을 지배하는 내적 도덕기관의 핵심적인 개념에 대해서는 동의하고 있다. 그러나 최근의 발달심리이론가들은 Sullivan(설리반)과 같은 ego 심리학

---

3 C. P. Malmquist, "Conscience development," *Psychoanalytic Study of the Child*, 1968, 23: 301－331; Blackburn, *op cit.*, p.112

4 Blackburn, *op cit.*, p.113

자들이나 신분석가(neo-analyst)로부터 더 많은 영향을 받고 있으며, 고전적 본능모형(classical instinct model)에 의문을 제기하고 있다. 예를 들어 애착이론(Attachment theory)은 심리분석적 개념에 근거하지만 동시에 행동학, 진화이론, 인지심리학에도 관련이 있는 절충적 접근이다. 그러나 그 초점은 장래 인지적, 사회적 발전의 결정인자로서 생애 첫해 동안의 유아-보호자관계 (infant-caregiver relationship)의 질적 수준(quality)이라고 한다. 조기 유대(early attachment)가 양자관계(dyadic relationship)의 실재모형으로서 관계의 내재화를 통하여 장래 행위에 영향을 미치게 되어, 예를 들어 불안전한 관계는 자신을 지지해줄 다른 사람이 없으며 믿을 수 없다고 기대하게 되는 불안-회피(anxious-avoidant) 또는 불안-저항(anxious-resistant)적 유아에게서 많이 나타나고 있다. 그러한 어린이들은 결과적으로 과거 경험했던 관계체계(relationship system)의 관점을 재창조하는 무질서한(disordered) 상호작용을 선택하고 형성할 가능성이 높다. 이러한 보다 인지적 지향의 이론이 인성장애, 아동학대, 그리고 성범죄에 대한 최근의 설명에서 나타나고 있다.[5]

제 2 절   범죄행위에의 적용

　　부적절한 초자아의 형성과 기능은 범죄행위에 대한 심리역동적 설명에 핵심적이며, 그래서 범죄는 성공적이지 못한 순환의 결과의 하나라고 할 수 있다. 그러나 초자아는 결코 완전히 없을 수 없고, 그 역할은 심리역동적(psychodinamic) 체계의 전체적인 틀에서 다루어져야 한다. 행위란 심령 에너지 체계(psychic energy system)의 균형에 따라 좌우되기 때문에 어떠한 구성구조(component structure)의 장애는 부적응적(maladaptive) 발전을 초래하게 된다. 예를 들어, 초자아 결핍은 자아통제의 결핍과 욕구충족이나 만족감을 연기시키지 못하는 것과 상관관계가 있는 것으로 알려지고 있다. 더구나 장애가 생긴 부모와의 관계는 오이디푸스 콤플렉스 단계에만 국한되지 않고, 초자아 문제는 따라서 모든 발전단계에서 일어나는 무의식적 갈등과 관련된다. 초기 갈등상황이 재발하게 되면 이들 갈등은 후기 일생에서의 일탈적 행동의 동기를 제공하게 된다.

---

5 W. L. Marshall, "Intimacy, lonliness and sexual offenders," *Behavior Research and Therapy*, 1989, 27:491-503

심리분석가들은 따라서 난폭(harsh), 연약(weak), 일탈(deviant)적 superego에 관계되는 범죄행위의 세 가지 주요 근원을 제시하고 있다.

첫째, 범죄행동은 거친, 난폭한 초자아(harsh superego)를 반영하며, 그것은 신경증(neurosis)과 유사하다. 전조적(symptomatic), 범죄적(criminal) 신경증(neurosis) 모두 무의식적 갈등이 억제되지만 유일한 차이점은 전자의 경우는 개인의 기능상의 내부변형적 변화(autoplastic change)로 경험되지만 반면에 후자의 경우는 갈등이 환경을 변화시키기 위한 외부변형적(alloplastic) 시도로서 행동으로 옮겨진다(acted out)는 것이다.

예를 들어, '강박적' 절도의 경우, 훔치는 행동이나 훔친 물건은 갈등을 상징한다. 이러한 견해의 한 가지 변형이라면 신경증적 범죄자(neurotic criminal)는 처벌적 초자아(punitive superego)를 가지고 있으며, 억압된 유아기 욕망에 대한 극단적인 무의식적 죄책감을 경험하는 것이다. 행동으로 옮겨진 욕망(acted-out wishes)은 법률적 제재의 형태로 형벌을 불러오게 된다. 대안으로서, 비행은 가족에게서 충족되지 않은 지위, 수용, 안전에 대한 욕구의 대안적 욕구충족을 대변하는 것이다. 수행되지 않은 무의식적 욕망은 분화되고 갱 비행의 틀 속에서 필요한 인식과 지위를 제공하는 대안적 행동으로 표현된다. 뿐만 아니라 가족 내에서 사회적 애착(social attachment)과 개인적 효과성을 위한 감정적 욕구의 좌절에 대한 해결책으로 비행이 인식되기도 한다. 그들의 비행행위는 전형적으로 가족 스트레스에 대한 반응이며, 가정상황으로부터의 탈출, 흥분(excitement)을 통한 스트레스의 회피, 적대, 충성도 시험, 그리고 보상적 허세 중 하나 또는 그 이상에 의해 동기가 주어진다.

연약한 초자아(weak superego)의 영향은 오랫동안 반사회적 인성(psychopathic personality)과 관련되어 왔으며, 실제로 자기중심적(egocentric), 강박적, 죄의식 없는, 동정심 없는 사람이라는 개념이 곧 심리역동적 묘사이다. 비록 초기 공식은 초자아나 발달적 성기기적 고착(developmental genital fixation)에 의하여 수정되지 않은 원초적(primitive), 직관적 욕구를 표현하는 '충동-지배 성품(impulse-ridden characters)'으로 파악했지만 대부분의 학자들은 해결되지 않은 오이디푸스적이고 전 생식기적 고착(pregenital fixation)의 조합을 제시하고 있다. 일부에서는 사이코패스를 소질적으로 공격성을 가지며, 방어로서의 투영(projection)을 활용하는 것으로 보고 있다. 자녀의 의존성 욕구를 충족시키지 못하고 좌절시키는 부모를 경험하는 것과 결합될 때, 그 결과는 자기중심성(egocentricity)과 착취성을 초래하는 자기애적 고착(narcissistic fixation)이라고 한다.[6] 뿐만 아니라, 구순기(oral stage)와 항문기(anal stage)에서의 좌절은 아동이 좌절시키는 부모에게 적개심을 투영시킴에 따라 가학성 변태성욕(sadism)을 향한 사이코패스의 자연스러운 경향을 과장시키게 된다. 그러나 초자아는 일원적 존재(unitary entity)가 아니라 상이한 단계별 동일시(identification)에 의해 형성된 층으로 구성되어 있다. 좋지 않은 관계가 부모 중 한 사람과 특정한 발달단계에 국한되기 때문에 초자아의 그 특정한 부분이 결핍되는 것이다. 사이코패스의 행위는 따라서 오직 위기의 시기에만 일탈적인 것이다.

August Aichhorn(아우쿠스트 아이크혼)은 처음으로 범죄행위를 설명하기 위하여 심리분석적 원리를 이용한 사람이다. 장애 및 비행 아동을 가르치는 교사로서, 환경적 요소들만으로는 범죄를 적절하게 설명할 수 없다는 결론에 도달하여, 그가 잠재성 비행(latent delinquency)라고 이름 붙인 몇 가지 선행적 성벽, 사전적 소인(predisposition)이 아동으로 하여금 범죄의 생애를 살아가도록 심리학적으로 준비시킨다고 주장하였다. 여기서 잠재성 비행은 부분적으로 천부적, 선천적이지만 또 다른 부분적으로는 아동의 초기 감정적 관계에 의해서 결정되는 것으로 간주된다. Aichhorn은 모든 아동은 각각이 세상을 처음 대함에 있어서 비사회적(asocial)이라는 입장에서 시작하는데 이는 '쾌락원리(pleasure principle)'라는 Freud의 개념을 따르는 것으로서 유아들은 자신의 편안함과 안녕(well-being)에만 오로지 관심을 갖는다고 간주한다. 그러나 정상적인 발달과정을 거치면서 아동의 행동은 자아의 발달과 '현실원리(reality principle)'의 작동으로 점점 사회화되는데, 즉 아동이 환경의 규칙을 준수하면서 행동하기 시작한다. 그러나 일부 아동에게 있어서 사회화 과정이 잘못 되어 잠재성 비행이 지배적이 되어 Aichhorn이 말하는 '반사회적(dissocial)'인 상태가 된다. 따라서 범죄행위는 심리적 발달의 실패의 결과이며 결과적으로 기초적인 잠재성 비행이 행동을 지배하게 만든다는 것이다.[7]

현실원리는 또 다른 면에서 범죄행위를 설명할 수 있다. Alexander(알렉산더), Staub(스타우브), Healy(힐리) 등은 범죄자는 보다 큰 장기적 이득을 위하여 즉각적인 만족을 연기할 줄 모르는 사람이라는 것이다. 다시 말하자면, 범죄자는 어릴 적의 '쾌락원리(pleasure principle)'에서 현실원리(reality principle)로 나아가지 못한 사람인 것이다. 성인기의 반사회적, 범죄행위는 아동기에 형성된 특성의 발현이라는 것이다. 여기서 더 나아가 Healy와 Bonner(보너)는 순화, 승화(sublimation)라는 개념을 범죄의 설명에 적용한다. 순화란 본능적 충동이 다른 사고, 감정, 그리고 행위로 전달되는 과정이다. 그래서 범죄행동은 내적으로 만족되지 못한 욕구와 불만에서 초

---

6 S. Akhtar and A. Thompson, "Overview of narcissistic personality disorder," *American Journal of Psychiatry*, 1982, 139:12-20

7 Hollin, *Psychology and Crime: An Introduction to Criminological Psychology*, London and New York: Routledge, 1989, pp.34-35

래되며, 이 충족되지 않은 욕구는 다시 통상적으로 부모에 해당되는 다른 사람들과의 강력한 감정적 관계를 경험하지 못한 데서 기인한다는 것이다. 그래서 비행은 내적 과정의 승화나 표출이라는 것이다.[8]

한편에서는 어머니와 자녀 사이의 유대결속의 장애가 후기 일탈의 중요한 전조라고도 가정되곤 한다. 소위 그러한 '모성박탈(maternal deprivation)'이라는 관점은 '애정상실성격(affectionless character)'을 보여주는 청소년 절도범 중에서 5살 이전에 어머니로부터 격리되었다는 사실의 발견에 기초하고 있다. 물론 이러한 가설은 경험적으로 검증되지 못하거나 방법론상의 문제로 많은 비판을 받기도 하였다. 그럼에도 불구하고 반드시 어머니일 필요는 없지만 보호자와의 유대결속을 형성하지 못하는 것은 이후 비행에 있어서 매우 중요하다고 지적되고 있다.[9] 그의 이론은 어머니와 아동의 따뜻하고, 밀접하며, 깨지지 않은 관계가 아동의 정신건강에 핵심이며, 어머니로부터 또는 어머니에 의한 분리와 거역은 대다수 다루기 힘든 비행의 원인이라는 두 가지 주요관점에 기초하고 있다.

일부 심리학자들은 범죄행위가 가족 내에서 정상적으로 만족되지 못한 관심, 양육, 그리고 사랑과 같은 기본적 욕구와 필요에 대한 대체적 욕구충족의 수단이라고 주장한다. 일찍이 Bowlby(볼비)는 자신의 모성박탈이론(maternal deprivation theory)에서 아이들이 적어도 5살이 되기까지는 일차적 보호자, 주로 어머니와의 친밀하고 지속적인 관계를 필요로 한다고 주장하면서, 만약에 이 애착관계(attachment relationship)가 붕괴되거나 심각하게 장애를 받게 되면 그 결과는 아이들이 다른 사람들과 의미 있는 관계를 형성하지 못하게 된다고 하였다. 일부 사람들에게 있어서 이와 같은 '애정 없는(affectionless)' 성격이 비행행위로 이어질 수 있다는 것이다. 실제로 그는 비행소년과 정상소년의 비교연구에서 비행소년이 5살 이전에 심각한 모성애착의 붕괴를 경험했던 비율이 정상소년들에 비해 월등히 높았다는 연구결과를 내놓기도 하였다.[10]

물론 다수의 연구가 가정 내의 소요나 장애가 비행과 관련이 있다는 견해를 지지하지만 더 이상 범인성 경향과 모성박탈의 인과관계가 그리 폭넓게 받아들여지지는 않는다는 비판도 있다. 더불어 일부에서는 Bowlby가 애착이 형성되었지만 단절된 애착의 붕괴(disruption), 애착이 형성되지 않은 애착의 결핍(privation), 그리고 부모갈등과 같은 어려운 여건으로 영향을 받게 된 애

---

8 Hollin, *op cit.*, p.35

9 Blackburn, *op cit.*, p.115

10 Putwain and Sammoms, *Psycholog and Crime*, NY: Routledge, 2002, pp.45−46에서 재인용

착의 왜곡(distortion)을 구분하지 않는 것이 더 큰 문제라고 지적한다. 붕괴는 아니지만 왜곡이나 결핍도 차후의 일탈행위를 초래할 수 있다는 것이다. 전반적으로 Bowlby가 초기경험이 차후 발달에 영구적 영향을 미친다는 점을 지나치게 과대평가했다는 지적이 많다.

비행행위의 세 번째 근원은 초자아 기준, 표준(superego standards)은 정상적으로 발달하지만 그 기준, 표준들이 일탈적 동일시(deviant identification)를 반영하는 경우이다. 이는 범죄자 아버지가 아버지의 범죄적 기질을 받아들이는 아들과 좋은 관계를 가질 때 일어날 수 있다. 이 경우 아동의 비행행위는 심리적 구조(psychic structure)의 비정상성이 아니라 죄책감, 죄의식(guilt)의 부재를 반영한다. 이와 관련된 개념으로서 일반적으로 비행소년이 적정하게 사회화되지만 특정한 유형의 일탈에 대한 금기나 금지(prohibition)를 결하는 것을 함축하는 '초자아 결함(Superego lacunae)'이라는 것이 있다. 이는 부모가 그들 자신의 무의식적 갈등에 대한 대리만족(vicarious gratification)으로 기여하는 범죄활동을 권장할 때 초래되는 것이다. 예를 들어, 자신의 좀도둑 과거에 대한 관심을 가진 어머니가 자신의 기대가 자기 성취적 예언(self-fulfilling prophecy) 이 되는 만큼 자신의 자녀에 의한 절도의 가능성에 지나친 관심을 보이는 것이다.[11]

제 3 절   심리역동적 이론에 있어서 심리적 상황과 범죄자유형

심리역동적 이론에 있어서 범죄의 직접적 원인은 상황적인 것과 개인적인 것 두 가지로 요약된다. 범죄행동은 인접 상황(immediate situation)에 있는 개인의 여건 속에서 이해되어야 한다. <그림 1-1>은 개인이 초자아, 자아, 그리고 본능(id)으로 대표되는 심리역동적 이론에 따른 반사회적 행위의 직접적 원인을 요약적으로 보여주고 있다. 여기서 인접 환경이란 환경이 제공하고 외적 통제가 제시하는 유혹에 따라 구분된다고 한다.

---

11 C. K. Aldrich, "Acting out and acting up: The superego lacunae revisited," *American Journal of Orthopsychiatry*, 1987, 57:402-406.

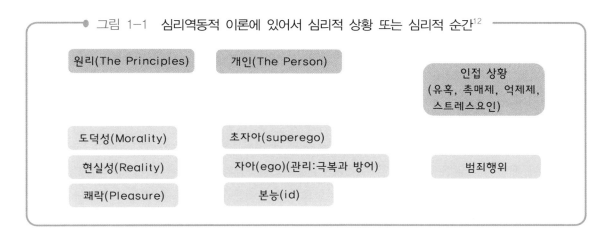

그림 1-1 심리역동적 이론에 있어서 심리적 상황 또는 심리적 순간[12]

<그림 1-1>에서 초자아는 내재화된 사회적 표준(internalized societal standards)으로서 의식, 양심(conscience)과 자아-이상(ego-ideal)을 더한 것이다. 자아는 극복, 방어, 그리고 해석(interpreting)을 뜻하며, id는 Freud에게 있어서 반사회적 상수(constant)이고, 상황이란 부분적으로는 개인의 선택, 다른 부분적으로는 가정의 기능, 또 다른 부분적으로는 더 폭넓은 사회적 제도의 기능이라고 할 수 있다.

따라서 개인적 범죄행동을 이해하고 예측하려면 규칙위반에 관련한 신념, 가치, 그리고 태도와 같은 초자아 능력(superego strength), 자아에 의해 소지되는 자기규제/자기통제와 문제해결기술과 과정, 직접적인 환경의 촉매제와 억제제 관점 등 모든 것에 대한 지식을 요한다.

한편, 심리역동적 이론에서는 사전 기질적 배경선험성벽요소(background predispositional factors)에 따라 범죄자를 유형화하기도 하는데, 이는 곧 Freud 이론이 범죄에는 다양한 경로(route)가 있다고 제시하는 것과 마찬가지라고 할 수 있다. 앞에서도 언급하였듯이, 심리적 미성숙은 주로 충동성과 욕구충족을 지연할 수 없는 무능력과 가정과 직장생활의 불안정성으로 특징지어진다. 이러한 심리적 미성숙이 연약한 초자아와 연약한 자아의 몇 가지 조합을 이루게 된다.[13]

연약한 초자아 유형(The weak superego type): 일부 사람들은 관습적 사회에서 재강화(reinforced)되고 처벌되는 행위들에 대한 내재화된 개념작용이 부족하기 때문에 빈번하고 심각한 범죄행위에 가담한다는 것이다. 그래서 그들의 행위는 친사회적이건 반사회적이건 오로지 직

---

12 D. A. Andrews and Bonta, J., *The Psychology of Criminal Conduct*(5th ed.), New Providence, NJ: Mathew Bender & Company, Inc., 2010, p.88, Figure 3.1

13 Andrews and Bonta, *op cit.*, p.89

접적인 외부환경의 요구와 즉각적인 욕구충족의 필요성에 좌우된다는 것이다. 대체로 이들은 관습적인 규칙과 절차에 대해 부주의하게 경시하고, 반사회적 인지와 친 범죄적 정서(procriminal sentiment)를 가지는 양심이 결여되었고, 인생의 계획도 거의 없고 관습적 야망도 없는 자아－이상이 결여되었으며, 양심의 결여로 죄의식도 거의 없다. 초자아가 아마도 8세 정도면 형성되기 때문에 지속적이고 일반화된 행동문제를 조기에 보이며, 반대 성의 부모님에 대한 성적 유혹이 해결되지 않아서 생긴 갈등이라고 할 수 있는 허세, 과시욕, 경박함을 보이기도 한다. 조기 갈등과 좌절이 해결되지 않은 결과라 할 수 있는 권위자, 권력자와의 갈등을 보이며, 실질적인 소외, 사랑이 없음, 절박한 외로움을 반영하는 타인들로부터의 기본적인 분리, 결별을 경험한다고 한다.

연약한 초자아(weak superego) 유형에 대한 지금까지 가장 잘 알려진 기술은 아마도 Cleckley(클레클리)의 "정상성의 가면(The Mask of Sanity)"이라고 할 수 있는데, 이는 또한 "Cleckley의 반사회적 인성장애(psychopathy) 체크리스트"로도 알려져 있다. 여기에 해당되는 특성으로는 피상적 매력, 우수한 지능(지적으로 장애가 아님), 망상과 비합리적 사고의 기타 신호의 부재(정신병자가 아님), 신경증의 부재(신경증환자가 아님), 비신뢰성, 믿을 수 없고 진실 되지 못함, 부끄러움과 죄의식의 부재, 부적절하게 동기 부여된 반사회적 행위, 잘못된 판단과 경험으로부터의 학습실패, 병리적 자기중심성과 사랑능력의 부재, 주요 감성적 관계의 빈곤, 직관의 구체적 상실, 일반적인 인간관계에 있어서 무반응, 음주로 인한 환상적이고 마음에 끌리지 않는 행위, 비인간적이고 경솔하고 제대로 통합되지 못한 성생활, 어떠한 인생계획도 따르지 못함 등이 지적되고 있다.[14]

그 밖에도 연약한 자아 유형(The weak ego type)은 미성숙성, 제대로 발달하지 못한 사회기술, 부족한 현실검증, 잘 속아 넘어감, 그리고 지나친 의존성 등을 함축하는 것으로 알려져 있다. 심리분석적 견지에서는 직접적인 환경과 자아보다는 초자아의 통제를 적게 받는다고 한다. 이들 자아가 연약한 사람들에게 있어서 범죄행위는 문제에 빠져드는 것, 성질을 부리는 것, 지도자를 따르는 것 등을 의미한다.

그리고 "정상적 반사회적 범법자(normal antisocial offender)"는 어떠한 특별한 문제도 없이 심리성적 발전단계를 거치며 진전되어 온 사람으로서, 심리학적으로는 완전하게 기능하는 성숙한 성인의 이상과 맞아떨어지는 유형이지만 자아－이상(ego－ideal)과의 모순이나 어울리지 못하는 것이 분명해 보인다. 범죄적 부모와의 동일시의 결과로 초자아가 친범죄적이며, 자아는 범

---

14 H. Cleckley, The Mask of Sanity: An Attempt to Reinterpret the So－Called Psychopathic Personality(4th ed.), St. Louis, MO: Mosby, 1982, Andrews and Bonta, *op cit.*, p.90에서 재인용

죄수법과 기술을 숙달시킨다고 한다.

또한 신경증적 범법자(The neurotic offender)는 여러 가지 방법으로 신경증적 갈등이 범죄행위로 전이되는 유형으로 Freud 이론은 설명하고 있는데, 이들은 가장 빈번하지는 않을지라도 가장 흥미로운 유형으로서 죄책감을 가진 범죄자로서 과거의 범죄에 대해 처벌받고자 하는 무의식적 욕망을 가진다고 한다. 과잉행동적 초자아는 심지어 실제로 범하지 않았을지라도 소원성취 환상의 중심이었거나 계획되었던 과거 원죄에 대한 처벌을 추구하는 것으로 설명되고 있다. 따라서 가장 빈번한 신경증적 범법자의 예로서 감정적 장애나 특정한 좌절을 관리하는 수단으로 또는 장애 받고 있는 가족관계에 영향을 미치는 방법으로 범죄행위를 이용하는 사람이라고 한다. 일부 신경증환자는 그래서 자신의 부모를 처벌하거나 부모의 관심을 얻기 위하여 범죄활동을 이용한다는 것이다.[15]

제4절 범인성에 대한 심리역동적 가설의 타당성

심리분석이 범죄에 대한 완벽한 이론을 제공하는 것은 아니며, 여러 가지 특징들을 설명하지 못하고 있다. 심리분석이론은 범행의 연령분포를 설명하지 않으며, 사춘기의 비행증가는 잠복기(latency period) 말의 유아기 갈등(infantile conflict)의 재출현과 연계될 수 있지만 후기 청소년기의 저항은 설명하지 못한다. 또한 여성은 거세를 두려워하지 않기 때문에 남성만큼 완전하게 오이디푸스 콤플렉스를 해결하지 못하고, 따라서 더 연약한 초자아(weaker superego)를 가지게 된다고 하지만 이는 범죄에 있어서 성별차이와 일관되지 않고 여성이 남성보다 모든 연령에 있어서 더 강한 도덕지향성을 보인다는 증거와도 상반되는 것이다.

심리분석이론은 다음과 같은 주장에 근거하고 있다. ① 사회화는 초기 아동기 동안 사회 규율의 내재화에 좌우된다; ② 손상된 부모-유아 관계는 인과적으로 후기 범죄행위에 관련된다; ③ 상이한 발달단계, 특히 오이디푸스 콤플렉스 단계의 불안한 가족관계로부터 발생되는 무의식

---

15 Andrews and Bonta, *op cit.*, pp.90-91

적 갈등은 일부 범죄행동의 원인이다. 첫째 가정은 심리분석에만 특징적인 것은 아니며, 두 번째 역시 가족 요인이 비행에 어떻게 영향을 미치는가에 대한 설명은 다르지만 다른 이론들에서도 논의되고 있다. 세 번째 가정이 가장 특징적이며 따라서 심리분석이론에 가장 핵심이라고 할 수 있다.

그러나 모든 범죄가 무의식적 갈등에 의해 야기되는 것은 아니다. 화이트 칼라 범죄와 같은 많은 탐욕적 범죄와 심지어 일부 공격적 범죄는 합리적 목표와 계획을 포함하는 '자아범죄(ego crime)'이며, 심리분석이론의 설명적 유용성은 '비이성적, 비합리적(irrational)' 범죄에 국한될 수 있는 것이다. 실제, 비록 대부분의 누범 비행소년들이 일부 형태의 부적응(maladjustment)을 보이긴 하지만 신경증적(neurotic)이고 반사회적 인성장애적(psychopathic)인 사람이 다수의 범법자들을 차지하지는 않는다. 동시에 신경증적(neurotic) 갈등은 범죄의 원인만큼이나 범죄의 결과일 수도 있지만, 심리역동적 이론가들은 범죄가담이 인성장애에 미치는 쌍방적 영향을 무시하고 있다.

심리분석적 이론에 대한 가장 기초적이지만 아마도 가장 혹독한 비판은 '비과학적'이라는 평가일 것이다. 이러한 주장은 바로 심리분석적 이론이 근거한 이론적 가정에서 출발하고 있다. 먼저 사회화는 아동기 경험에 의해 좌우되며, 좋지 못한 부모와 자녀의 상호작용이 청소년기 비행 경향과 관련이 된다는 것이 그들의 주요 가정이지만 심리분석 외에도 다양한 이론들이 공유하고 있다는 지적이다. 그리고 범죄적 성향과 경향은 무의식적 갈등의 표출이라는 세 번째 가정은 심리분석이론의 가장 중요한 핵심적 가정이지만 직접적인 증거를 확보하기 가장 힘들기도 하다.[16]

제 5 절 심리역동적 사고와 심리학의 진전

롬브로조와는 달리, 프로이드는 본능(id)의 천부적 강점, 자아(ego)의 능력, 또는 초자아(superego)의 발달에 있어서 개인적 차이를 가정하지는 않았지만, 개인을 영구적 인성 특성이나 기질을 가지는 것으로 개념화하는 현재의 인성이론들은 아이들이 규율위반에 대한 성향과 학습

---

16 Putwain and Sammons, *op cit.*, p.45

능력은 다양하다는 상당한 증거를 제시하고 있다. 또한, 행동유전학과 생리심리학은 유전, 피질 각성, 예측 두려움 반응에 대한 고전적 조건화, 그리고 자기규제의 신경심리학의 중요성을 지적하고 있다. 사회화에 대한 조기회피학습모형(Early avoidance−learning model of socialization)은 일부 지속적이고 심각한 범죄행위 유형에 특히 상응한 것으로 보이며, 자기규제에 대한 신경심리학의 발달은 최근 상당한 관심과 가치를 보이고 있으며, 그래서 유전이 주요 위험성/필요성 요인의 하나로 인식되고 있다.[17]

한편, 프로이드는 개인은 항상 외적 환경을 다루어야만 한다고 강조했지만, 그는 인성의 주요요소는 아주 조기에 형성된다고 생각하였다. 조기학습과 경험의 중요성을 부정하는 것은 아니지만, 사회학습이론은 동시대적 환경의 중요성을 강조하고 있다.

90년대 들어, 기본적인 심리역동적 원리가 다시 한번 강조되었다. 관습에 대한 유대는 최소화되고, 친범죄적 태도도 최소화되었으나, 반면에 강조된 것은 Freud가 말했던 심리학적 성숙성, 즉 자기통제(self−control) 또는 순간의 유혹을 피할 수 있는 능력이었다. Gottfredson(갓프레슨)과 Hirschi(허쉬)는 자신들의 '범죄의 일반이론(general theory of crime)'에서 낮은 자기통제력이 범죄행위에 있어서 안정적인 개인적 차이를 설명해주는 인성변수라고 주장하였다. 그들은 '범인성(criminality)'의 구성에는 동의하였으나, 단어의 의미는 제제의 결여라기보다는 심리적 충동과 강박에 가깝다고 하였다. 그들은 또한 양심(conscience)도 Freud의 이론에서는 '선행(doing good)'을 하도록 하는 것은 의식, 양심이 아니라 자아−이상(ego−ideal)이지만 일반이론에서는 충동적 동조성(compulsive conformity)이라고 한다.[18]

또한 심리역동적 이론이 강조하는 심리적 미성숙성, 반사회적 인성장애, 또는 연약한 자아나 연약한 초자아는 과연 어떻게 구성하고 측정할 수 있는가이다. 일반이론은 유일한 구성이 바로 '자기통제'라는 것이다. 그렇다면 낮은 자기통제를 구성하는 요소는 어떤 것들이 있는가. 우선, 즉각적인 욕구충족을 미루지 않는 경향으로서, 범죄행동이 즉각적인 욕구충족을 제공한다는 것이다. 다음은 행동의 과정에서 지속성, 완고함, 또는 노력이 부족한 경향으로 범죄행동과의 연계는 범죄행동이 욕망의 쉽고 간단한 충족을 제공한다는 사실에서 찾고 있으며, 또한 조심스럽고, 인지적이며, 언어적인 데 반해 모험적이고, 행동적이며, 신체적인 성향은 범죄행동이 흥분되고, 위험하며, 쾌감을 주는 것으로 기술된다는 점에서 관련지을 수 있다. 또한 결혼, 가정, 직장,

---

17 Andrews and Bonta, *op cit.*, p.94

18 M. R. Gottfredson and T. Hirschi, The General Theory of Crime, Stanford, CA: Stanford University press, 1990, Andrews and Bonta, *op cit.*, p.106에서 재인용

교우에 대한 안정적이지 못한 전념의 역사는 범죄행동이 장기적 이익을 거의 제공하지 않는다는 점과 연결되며, 최소한의 인지적, 학문적, 수동적 기술, 인지적, 학문적, 수동적 기술의 평가 절하는 범죄행위가 기술이나 계획을 거의 요하지 않는다는 점에서 관련이 있으며, 자기중심적이고 타인의 고통과 필요에 무감각하거나 무관심한 것은 범죄행동이 반사회적 행동이기 때문에 관련되는 것이라고 한다.[19]

종합하면, 위의 여섯 가지 요소가 Gottfredson과 Hirschi의 자기통제를 구성하는 요소라고 할 수 있으며, 따라서 그들은 자기통제가 낮은 사람을 충동적(impulsive), 무감각(insensitive), 모험적(risk-taking), 단견적(shortsighted), 정신적이기보다 육체적인, 그리고 비언어적인 것으로 특징짓고 있다. 그들이 주장하는 바, 자기통제에 있어서 개인차나 다양성의 주요근원은 효과적이지 못한 아동양육(ineffective child-rearing)이라고 한다. 아동양육의 비효율성, 비효과성의 지표로 그들은 아동에 대한 부모의 약한 유대, 부적절한 부모 감독, 부적절한 행동기준(부모의 일탈 인지 실패), 그리고 효과적이지 못한 처벌을 들고 있다.[20]

범죄의 심리학에 있어서 부활하는 주제의 하나는 좌절-공격성 가설(frustration-aggressiveness hypothesis)이라고 할 수 있다. 우선, Freud의 가설이 혁신적 행위이론과 사회화의 관찰적 학습과 통합되어 결과적으로 자기통제의 인지적 모형과 관찰적 학습의 원리가 합병되는 것이다. 좌절-공격성 가설에 따르면, 우선 공격성은 항상 좌절의 결과이며, 따라서 모든 공격성은 좌절이 선행하며, 좌절은 항상 어떤 형태의 공격성이 따른다는 것이다. 여기서 좌절은 가치가 있는 목표-반응(valued goal-response)을 하는 행위의 연속성에 방해가 되고, 공격성은 다른 사람을 손상시키는 목표를 가진 행동이다. 또한 좌절의 양과 같은 공격성에 대한 자극, 선동, 유인의 강도는 좌절된 반응과 대응에 대한 자극, 선동, 유인의 강도, 좌절된 반응에 대한 방해의 정도, 그리고 좌절의 수에 따라 증대되며, 어떠한 공격행동의 유인, 선동, 자극의 강도는 그 행동의 결과로 예견되는 처벌의 정도에 따라 증대된다고 한다. 그리고 좌절하는 사람에 대한 특정한 억제가 클수록 간접적 공격성이나 대체된 공격성이 일어날 확률은 더 높아지며, 공격적 행동의 발생 뒤에는 공격 선동, 유인, 자극의 일시적 감소가 따르는데, 이를 혹자는 카타르시스라고도 한다.[21]

---

19 Andrews and Bonta, *op cit.*, p.107
20 Gottfredson and Hirschi, *op cit.*, p.90
21 Andrews and Bonta, *op cit.*, pp.111-112

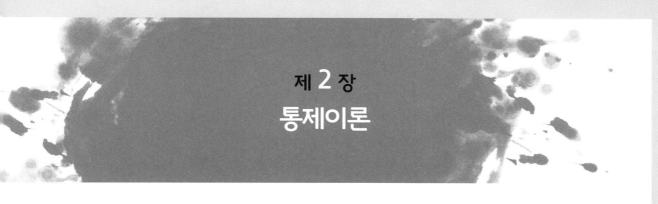

제 2 장
통제이론

통제이론의 주제는 모든 사람은 범죄적 방식으로 행동할 수 있는 잠재성을 가지고 있다는 것이다. 거의 모든 범죄원인론이나 이론이 왜 일부 범죄자만 범죄를 하는가, 즉 범죄자와 비범 죄자는 차이가 무엇인가를 밝히고자 하는 반면, 통제이론은 그 반대로 왜 모든 사람이 범행할 수 있는 잠재력이 있음에도 불구하고 범행하지 않는가를 알고자 한다. 통제이론은 그래서 왜 일부 사람들이 범행을 하는가가 아니라 왜 모든 사람이 범행을 하지 않는가를 묻고 있다. 즉, 범죄에 대한 보편적 성향을 통제하는 것은 무엇인가가 주제이다. 통제이론에는 물론 사회학적 통제이론이 다수이지만 통제의 심리적 관점을 강조하는 이론도 다수 존재한다.

제1절 Eysenck의 인성이론

Eysenck(아이젠크)의 범죄이론도 일종의 통제이론으로서 생물학적, 사회적, 그리고 개인적 요소들을 결합시키는데, 이론의 기초는 유전학적 유산으로 일부 사람들이 환경적 자극을 통제하는 능력에 영향을 미치는 자율신경계와 외피질을 가지고 태어난다고 한다. 생물학적이고 사회적 요인 모두로부터 영향을 받는 인간의 행위가 그 사람의 인성(personality)을 규정한다는 것이다. 결국, Eysenck의 인성이론에 따르면, 범죄성이란 범죄를 저지를 기질, 그리고 범죄성에 있어서 이타주의적(altruistic) 행위에서 정상적인 행동, 피해자는 없지만 한편으로는 반사회적인 행위, 그리고 피해자가 있는 행위에 이르기까지 지속적으로 다양한 기질로 해석되고 있다. 그러나 이론은 저사회화(undersocialized)된 극단을 보여주는 능동적으로 반사회적이고 반사회적 인성장애 범죄자(psychopathic criminals)를 중심으로 하고 있다. 따라서 그의 이론은 왜 일부 사람들이 규율을 준수하지 못하는가를 설명하고자 한다.

범죄자의 속성은 세 가지의 가정으로부터 유추된다. 첫째는 인성의 기술적 모형(descriptive model of personality)으로서 사람의 기질, 성질(temperament)의 다양성을 세 가지 독립된 차원의 신경증-안정성(Neuroticism-Stability) N, 정신증-초자아(Psychoticism-Superego) P, 그리고 외향성-내향성(Extraversion-Introversion) E와 연계시킨다.

둘째, 그는 인성의 생물학적 기초(biological basis of personality)를 지지하는 N, E, P에 대한 유전적 영향(genetic influence)의 증거를 제시한다. N은 스트레스에 대한 보다 강력한 반응을 초래하는 변연계와 자율신경계(limbic and autonomic system)에서의 대응성(reactivity)과 더 높은 수준의 '충동(drive)'을 반영하는 것으로 알려지고 있다. 저변의 E는 부신피질-망상 회로(cortico-reticular circuits)의 활동에 의해 지배되는 외피질 각성(cortical arousal) 또는 각성가능성(arousability)의 수준이라고 한다. 외향적인 사람(Extraverts)은 내향적인 사람(Introverts)에 비해 상대적으로 낮은 각성수준(low arousal)을 가지고 있으며, 조건화된 반응(conditioned response)을 쉽게 형성하지 못하고, '쾌락적 상태(hedonic tone)'를 유지하기 위하여 보다 집중적 자극(intense stimulation)을 요하며, 고통에 잘 반응하지 못하는(less responsive) 것으로 예견되고 있다.

세 번째는 사회화의 통제이론(control theory of socialization)이라고 한다. Freud와 마찬가지로, Eysenck도 사람을 자연적으로 단기 쾌락주의적으로 보고 있으며, 사회화는 '양심(conscience)' 또는 '초자아(superego)'의 형태로서의 억제수단의 습득(acquisition of restraints)을 포함하고 있다. 도덕성(morality)이나 규율-준수(rule-compliance)는 부모나 타인에 의한 반사회적 행위에 대한 처벌의 결과로서 고전적 조건화(classical conditioning)를 통하여 습득되는, 유혹에 대한 비자발적 감정적 반응(involuntary emotional response)의 기능이라고 할 수 있다. 그래서 유혹에 대한 저항은 조건화된 불안반응(conditioned anxiety response)의 각성(arousal)에 의하여 중재되는 처벌된 행위의 회피를 수반하며, 양심(conscience)은 실제로 조건반사(conditioned reflex)이다. 외향적인 사람(extraverts)이 처벌의 고통에 덜 민감하고, 조건화된 반응을 서서히 형성한다는 전제 아래 다른 조건이 동일하다면 내향적인 사람(introverts)보다 사회화가 덜 잘되는 것으로 볼 수 있다.

그의 이론은 범죄성 그 자체가 생물학적으로 결정된다고 주장하는 것은 아니다. 성인의 행동은 아동기에 습득된 조건화(conditioning)의 질뿐만 아니라 아동의 조건화 가능성(conditionability)의 정도에 의해 좌우되지만 Eysenck는 우선적으로 개인적 차이에 관심을 두었다. 범죄자가 이질적이라는 것을 인지할지라도, 그는 집단으로 볼 때 범죄자들은 보다 외향적인 사람(extravert)

이며, 더 낮은 수준의 각성(lower arousal)과 더 연약한 조건화 가능성(weaker conditionability)을 보인다고 한다. 그러나 충동, 욕구(drive)가 대단히 우세한 우성 유전력을 가진 반응(prepotent response)을 가능하게 하기 위하여 습관 저항력, 강도(habit strength)와 상호작용한다는 주장에 근거하여, 범죄자들은 N에도 높은 점수를 받는 것으로도 예측되고 있다. 신경증적(neurotic)이기도 한 외향적 사람(Extraverts)들은 그러므로 더 강력한 반사회적 성향을 보이게 되는 것이다. 범죄자들은 또한 P 점수도 높은 것으로 예견되고 있지만, 이것이 이론으로부터 도출된 것이 아니라 범죄성과 반사회적 인성장애는 정신병 환자(psychotic patients)의 친척들 중에 더 많다는 연구결과로부터 도출된 것이다. 높은 P 점수의 속성(적대적, 사회적으로 둔감한, 잔인한)들도 역시 반사회적 인성장애에 기인된 것들이라고 한다. 따라서, 높은 P 점수는 일차적 사이코패스를 특징짓는 반면, 이차적 사이코패스는 높은 N 점수와 E 점수를 보인다고 한다. 그러나 집단으로는 사이

그림 2-1   Eysenck의 인성차원(personality dimension)[1]

신경증

신경증적 외향자
(Neurotic Extraverts)

신경증적 내향자
(Neurotic Introverts)

안정적 양향자
(Stable Ambiverts)

외향성(Extraversion)   평균(Average)   외향성(Introversion)

안정적 양향자
(Stable Ambiverts)

안정적 외향자
(Stable Extraverts)

안정적 내향자
(Stable Introverts)

안정적(Stable)

---

1 Hollin, *Psychology and Crime: An Introduction to Criminological Psychology*, London and New York: Routledge, 2001, p.55

코패스와 범죄자는 세 가지 인성차원(personality dimension) 모두에 높은 평균점수를 보인다고 한다.

　　외향자(extraverts)는 피질상으로 과소 자극되어 최상의 수준까지 피질적 자극을 유지하기 위하여 지속적으로 자극을 추구하는 사람이어서 충동적이고 흥분을 추구한다. 반면에 내향자는 피질상으로 과잉 자극되어 편안하고 적정한 수준까지 자극을 낮추려고 더 이상의 충동과 자극을 피하려고 하여 조용하고 신중한 행태를 보인다. 신경증(neuroticism)은 때로는 정서성(emotion-ality)으로 불리는 것으로 자율신경계(autonomic nervous system, ANS)의 기능과 관련이 있다. 신경증이 최상위에 있는 사람은 자율신경이 변화무쌍하여 어떠한 불쾌하거나 고통스러운 자극에도 강력한 대응을 초래하여, 높은 수준의 N을 보이는 사람은 까다롭고 염려스러운 행동을 보인다. N이 낮은 사람은 매우 안정적인 자율신경을 가져서 스트레스에서도 차분하고 심지어는 조절된 행동을 보인다. 외향성과 마찬가지로 신경증도 조건화가능성(conditionability)과 관련이 있어서 N이 높은 사람은 불안의 손상효과 때문에 조건화가 잘 되지 않으며, 낮은 N 수준은 효율적인 조건화로 이어진다. 종합하자면, 조건화가능성은 외향성(E)과 신경증(N)에 관련이 되기 때문에, 안정적 내향자(낮은 N, 낮은 E)가 조건화를 가장 잘하며, 안정적 외향자(낮은 N, 높은 E)와 신경증적 내향자(높은 N, 낮은 E)가 중간 수준이며, 신경증적 외향자(높은 N, 높은 E)가 조건화를 가장 못한다고 할 수 있다.

　　결론적으로, 아이들은 '양심(conscience)'의 발달을 통해 반사회적 행위를 통제하는 것을 배운다는 것이 핵심가정이며, 이 양심은 반사회적 행위와 관련된 환경적 사건에 대한 일련의 조건화된 감정적 반응이라는 것이다. 예를 들어, 잘못을 행한 아이는 부모를 화나게 만들고, 이것이 가져다주는 고통과 공포가 반사회적 행위와 관련이 있으며, 이 조건화과정을 통해 아이는 사회화된다는 것이다. 그런데 이 사회적 조건화의 속도와 효율성은 주로 E와 N이라는 개인의 인성에 좌우된다고 한다. 따라서 높은 수준의 E와 N을 가진 사람은 조건화가능성이 좋지 않기 때문에 사회통제를 학습할 가능성이 가장 낮고, 따라서 범죄자 인구에서 과다하게 나타나게 된다. 반면에 E와 N이 낮은 사람은 조건화를 가장 잘하기 때문에 사회통제도 학습할 가능성이 가장 높고 따라서 범죄자 인구에서 차지하는 비중이 아주 낮은 것이다.[2]

　　하지만 지금까지 설명한 Eysenck의 일반이론은 많은 결점이 발견되어 범죄성의 설명으로서 정확도에 의문을 가지게 된다. 그럼에도 불구하고 반사회적 행위가 높은 수준의 N, E, P와 관련

---

2 Eysenck, *Crime and Personality*(3rd ed.), London: Routledge and Kegan Paul, 1977, p.58

이 있다는 예측의 검증은 인성과 범죄 간의 관계를 시험하기 위한 초점을 제공하고 있다. 그러나 초기 연구결과는 Eysenck의 이론을 그다지 지지하고 있지는 않다.

물론 Eysenck의 이론이 크게 지지받지 못할지라도, 일부 일관성도 발견되고 있다. 그 중에서도 가장 일관성이 높은 것은 P가 공식통계와 자기보고식조사의 비행뿐만 아니라 공식적인 범죄에 까지는 이르지 않았지만 비사회화된(unsocialized) 행위와 관련된다는 연구결과들이다. 또한, 물론 꼭 일차적 사이코패스(primary psychopath)일 필요는 없지만 높은 P 점수는 보다 심각하고 지속적인 범법자를 특징짓는 일부 증거도 나오고 있다. 반면에 때로는 높은 N 점수가 공식적으로 유죄가 인정된 범죄자들에게서 일반적이지만 일부 연구에서는 오히려 낮은 N 점수가 비행과 연관이 있다는 결과도 나온 바 있다. 더구나 E가 공식적 범죄자들을 일관성 있게 구별하지 못하는 것이 이론의 신뢰도를 크게 낮추고 있다.

Eysenck는 자신의 이론에서 E와 관계된 예측이 실패한 이유를 몇 가지 들고 있다. 그가 설명한 이유 중의 하나가 바로 연령의 영향이다. 즉, 많은 연구에서 이용되는 자기보고식조사는 대부분 학생들을 대상으로 조사되는 반면 범법자에 대한 연구는 대체로 시설에 수용된 재소자들을 대상으로 한다는 점을 지적하고 있다. 그에 의하면, E는 청소년들의 반사회적 행위에 보다 상응한 반면 N은 연령이 더 높은 범죄자들에게 보다 상응한 것이라는 주장이다.

교도소 재소자들이 E 점수가 높지 않다는 지적에 대한 Eysenck의 또 다른 설명은 그들의 사교성, 사회성(sociability) 점수가 그들의 사회행위에 대한 제약으로 인하여 억압되기 때문이라는 것이다. 그러나 사교성, 사회성(sociability)에 대한 인성검증 점수는 실제행위(actual)만큼이나 선호하는(preferred) 행위도 반영하며, 어떠한 동기이론에서도 선호하는 활동의 박탈(deprivation of preferred activities)은 관심을 줄이기보다 증폭시킬 가능성이 더 높기 때문에 그의 이 설명은 그다지 설득력이 없다고 할 수 있다. 뿐만 아니라 단기수형자가 장기 수형 범죄자보다 외향적인 사람이 될(extraverted) 확률이 더 높기도 하다. 따라서 더 바람직한 설명은 사회성, 사교성(Sociability)보다 충동성(Impulsivity)이 반사회적 행위에 적합한 외향성(extraversion)의 요소이며, 충동성(Impulsivity)이 공식범죄자는 물론이고 자기보고식 비행에 더 관련이 있다는 일부 연구결과로도 입증되고 있다. 그러나 이 또한 이론이 E보다 P에 더 관련이 있음을 보여주는 것이어서 그 설명력을 낮추게 된다.[3]

---

3 F. Silva, C. Martoell and A. Clemente, "Socialization and personality: Study through questionnaires in a preadult Spanish population," *Personality and Individual Difference*, 1986, 7:355－372; S. B. C. Eysenck and B. J. McGu가, "Impulsiveness and venturesomeness in a detention center population," *Psychological Reports*, 1980, 47:1299－1306

E가 범법자를 구별하지 못하는 또 다른 이유는 범법자 모집단의 이질성에 있다고 한다. Eysencks는 그의 이론이 모든 범법자들에게 다 적용될 수 없다는 것을 강조하고, 비록 주로 P와 N 점수이지만 Eysenck 인성 설문(personality questionnaire) 척도가 상이한 경력에 따라 범죄자를 구분할 수 있었다는 연구결과가 나오기도 하였다. 실제로 집락분석적 연구결과에 의하면 Eysenck의 이론이 단지 일부 범죄자 집단에만 적합한 것임을 보여준다.

결론적으로, 범죄성에 대한 Eysenck의 이론은 큰 지지를 받지 못한다. E보다는 P차원이 반사회적 행위와 일관적인 관계가 있다는 증거들이 있지만, P의 의미를 둘러싼 모호함 그리고 P를 사회화와 연계시키는 이론의 부재를 고려하면 이 관계도 사실은 그 설명력이 거의 없다고 할 수 있다. 더구나 집락분석적 연구들에 따르면, 높은 P 점수가 나온 사람들은 단지 비행소년 모집단의 작은 소수에서만 나타나고 있다. 비록 외향적인 사람(extraverts)이 자신을 비행행동에 취약하다고 기술할 확률이 더 높고, 일부 범죄자들은 인성에 있어서 외향적(extraverted)이게 되는 것이 분명하지만 범죄자 층이 외향적인 사람(extraverts)에 의하여 증대되었다는 핵심적 예측은 일관성 있게 이론의 신뢰성을 정당화하는 데 지지를 받지 못하였다.

뿐만 아니라, 그의 이론은 모든 범죄를 다 설명할 수 없으며, 척도의 극단에 집중함으로써 모든 범죄자에게 적용할 수도 없다. 더구나, 이론적 기초의 하나인 고전적 조건화(classical conditioning)와 사회화(socialization)의 관계도 아직은 만족스러울 정도로 정립된 것은 아니다. Eysenck의 인성기질이 유일한 인성기질이 아니며, 범죄행위와 관련된 다른 인성차원도 다수 존재한다. 그럼에도 불구하고, 그의 이론은 '인성'을 개념화하는 다수의 방법 중에서 하나에 지나지 않은 자신의 인성의 기질이론을 수용할 것을 요구하고 있다.[4]

제 2 절 도덕발달과 범죄

도덕성의 사회화모형은 도덕성을 현실(reality)의 이해와 자기실현(self-realization)을 위한 인지적 필요(cognitive need)에 의해서 동기가 발생하는 것으로 간주하는 Piaget(피아제)와 Kohlberg

---

4 Hollin, *Psychology and Crime: An Introduction to Criminological Psychology*, London and New York: Routledge, 1989, p.58

표 2-1 Kohlberg 이론의 도덕적 발달의 수준과 단계(levels and stages)

Level 1

관습이전(preconventional) 혹은 도덕이전(premoral): 도덕과 self-serving values(자기봉사가치)가 차등화되지 않고: 규율과 사회적 기대가 자신에게 외부적(external to the self)이다.

 단계 1 - 복종과 처벌 지향성(obedience and punishment orientation): 올바른 행동은 처벌에 의하여 지지되는 규율에의 복종으로 구성되고, 힘 있는 타자에 의하여 실행된다. 처벌의 회피가 곧 올바른 행동을 하는 이유이다.

 단계 2 - 도구적 목적과 교환(instrumental purpose and exchange) : 올바른 행동은 누군가의 즉각적인 이익에 봉사하는 것이며 동시에 공정한 교환(fair exchange)인 것이다. 타인의 이익을 인식하는 동시에 자기이익의 충족을 강조한다.

Level 2

관습(conventional): 도덕적 가치는 사회적 동조(social conformity), 상호 대인적 기대(mutual interpersonal expectation), 상호의존적 관계(interdependent relation)라는 견지에서 규정되고; 자아(self)는 타인의 규율과 기대를 내재화하거나 그것들과 동일시한다.

 단계 3 - 대인적 조화와 동조(interpersonal accord and conformity) : 올바른 행동은 자신에게 기대되는 역할에의 부응(living up to one's expected roles)으로 이루어진다. 행위는 선의, 신뢰, 충성, 타인에 대한 관심이라는 측면에서 판단된다.

 단계 4 - 사회적 조화와 체제유지(social accord and system maintenance): 올바름이란 합의된 자신의 의무의 수행, 법규의 준수, 집단, 사회, 제도에의 기여로 이루어진다.

Level 3

관습 이후 혹은 원리에 의거(postconventional or principled): 특정 사회체제의 규율과 관례(rules and conventions)는 공유된 기준과 보편적 도덕적 원리(shared standards and universal moral principles)와는 구별된다; 자아(self)는 타인의 기대와 규율과 구별된다.

 단계 5 - 사회계약, 유용성, 개인적 권리(social contract, utility, and individual rights): 올바른 행동이란 자기 집단에 관련한 규율과 가치가 사회계약이기 때문에 그것들을 준수, 지지하는 것으로 이루어진다. 생명과 자유와 같은 일부 상대적인지 않은 권리에 우선순위가 주어진다.

 단계 6 - 보편적 윤리적 원리(universal ethical principle) : 올바름(right)이란 사법정의, 인권, 존엄성에 대해 스스로 선택하거나 보편적 윤리적 원리(self-chosen and universal ethical principle)라는 측면에서 규정된다. 법률과 사회적 동의는 그것들이 이들 원리로부터 도출되는 정도까지 지지받는다. 올바르게 하는 이유는 보편적 도덕적 원리의 타당성에 대한 전념이고 합리적, 이성적 신념이다.

자료: Blackburn, *op cit.*, p.129, Table 5.1 재인용

(콜버그)에 의하여 도전을 받게 된다. 즉, 사회화(socialization)의 과정은 도덕발달과 연계된다는 것이다. 도덕적 발달은 어린이들이 사회화기관(socialization agency)의 도덕적 판단을 수동적으로 내재화하기(internalize)보다는 사회적 상호작용의 경험을 통하여 도덕적 판단을 능동적으로 구성(construct)하는 인지적 성장(cognitive growth)을 포함한다는 것이다. 도덕적 원칙(moral principle)은 신념의 내용(contents)보다는 사람들이 자신의 신념을 어떻게 생각하고 어떻게 끌어내는지와

같은 도덕적 사고과정의 형태와 구조에 관련된다고 한다.

Piaget의 구조이론(structural theory)에서, 도덕적 사고(moral reasoning)는 내적, 외적 압박, 압력(pressure)에 대한 반응으로서 인지적 구조의 일련의 전이로 구성되는 지적 발달로부터 이어지는 것이다. 도덕적 사고의 단계는 인지적 발달의 보편적 단계에 의하여 미리 정해지는 것이다. 그래서 구상적, 유형적인 조작적 사고(concrete operational thought)를 하는 아동기단계는 성인규율(adult rules)이 변할 수 없는(immutable) 것으로 간주되는 타율적 추론(heteronomous reasoning)과 관련이 있다. 아동이 공식적 조작(formal operational) 단계로 이동함에 따라 규율이 집단동의(group agreement)의 산물로 간주되고, 사법정의(justice)가 대인적 상호작용을 규제하는 합리적, 이성적 원리(rational principle)가 되는 자율적 추론, 사고(autonomous reasoning)로의 상응한 전환이 있게 된다.

Kohlberg도 그 핵심이 동등성(equality)과 상호성(reciprocity)의 개념에 의하여 규제되는 권리와 의무의 분배인 사법정의에 대한 보편적 원리(universal principle)의 지속적 이해의 증대라는 견지에서 도덕적 사고의 발달을 규정하고 있다. 그러나 그는 각각 두 단계가 있는 세 가지 수준의 도덕적 사고를 제안함으로써 피아제의 이론을 확대하였다. 이 도덕적 수준(level)은 자신과 사회규율 사이의 관계에 대한 세 가지 유형을 대변하는 것이다. 결국, 범행은 도덕적 사고의 발달이 지연되어 범행할 기회가 주어진다면 그 사람은 유혹에 저항하고 통제할 내적 기제를 가지지 못하게 된 결과라는 것이다.

관습이전(preconventional) 수준은 구체적, 유형적, 구상적인 조작적 사고(concrete operational thinking)와 관련이 있으며, 청소년기 이전 아동(pre-adolescent children)과 소수의 청소년과 성인을 특정하며, 소외된 자아(isolated selves) 간의 관계라는 견지에서 사회를 이해하는 것을 대변한다. 대부분의 청소년(adolescent)과 성인들에 의해서 도달되는 관습적 수준(conventional level)에서는 개인은 집단이나 사회의 입장에서 관계를 판단할 수 있다. 관습 후 단계(postconventional level)에는 오로지 일부 성인들에 의해서만 다다르는 것으로, 개인들은 사회규율을 그 규율의 저변에 놓인 일반적 도덕적 원리(general moral principle)라는 견지에서 이해하게 된다. 각 수준의 두 번째 단계는 일반적 관점의 보다 발전된 형태라고 할 수 있다. 6단계는 따라서 도덕적 사고에 대한 보다 복잡하고 추상적인(abstract) 유형(modes)의 계층적 순서(hierarchical sequence)를 형성하게 되는 것이다.

그런데 다음 단계로의 진전은 사고의 전환, 이동(shift)을 위한 충분한 전제는 아닐지라도 필요한 것인 역할수행이나 사회적 관점과 인지적 발달의 적절한 수준에 좌우되는 것이다. 높은 단계로의 이동은, 특히 인지적 자극(cognitive stimulation), 집단참여를 통한 대화와 교류의 사회적 경험, 다음 높은 단계의 논리에의 노출로 인한 인지적 갈등의 경험에 좌우된다. 그래서 학습이론이 도덕적 발달에 대한 환경의 영향을 동조성 모형의 가용성과 처벌과 보상의 분할이라는 견지에서 보지만 Kohlberg는 역할수행기회(role-taking opportunity)를 강조하고 있다. 이러한 가정은 도덕발달원리를 교육에 적용하는 기초가 되고 있다.

Kohlberg의 이론은 지식의 근원으로서 외적 경험보다는 이성, 사고(reason)의 역할에 우선순위를 두며, 도덕적 기준은 역사적, 문화적으로 상대적이라기보다 절대적인 것으로 가정하고 있다. 그러나 그의 이론은 현재도 이념적, 그리고 경험적 측면에서 논란이 계속되고 있다. 또한 사회학습이론가들도 도덕적 사고의 수준은 내용의 영역에 따라 매우 다양하며, 사람들은 그들이 이해하고 있는 도덕적 기준의 활용에 있어서 선택적이라는 근거에서 도덕적 발달의 단계개념에 의문을 제기한다. 그럼에도 불구하고, 이론의 타당성에 대한 상당한 지지를 얻고 있는 것도 사실이다.

그렇다면, 도덕적 발달과 비행과는 어떤 관계가 있는가? 물론 Kohlberg는 일반적인 행위이론은 물론이고 특별히 비행행위에 대한 이론을 제시한 것은 아니다. 그럼에도 불구하고 그는 도덕적 사고를 비록 유일한 요소는 아니더라도 도덕적 행동의 가장 중요한 하나의 중재요소로 간주하고 있다. 실제로 사람들은 높은 도덕적 원칙의 입장에서 사고하지만, 그것을 지키지 못하며, 반대로 친사회적 행동이 원리화된 도덕적 사고(principled moral thought)가 가능한 사람들의 특권도 아니라는 것이다. 이론에 따르면, 주의력, 자아-견고성(ego-strength), 공감-각성(empathy-arousal), 상황적 요소와 같은 비도덕적 요소들이 도덕적 행위에 개입되며, 행위에 대한 도덕적 사고의 영향은 이미 결정된 공정, 진실, 심판된 올바름(judged rightness)뿐만 아니라 인지된 개인적 책임(perceived personal responsibility)의 기능이기도 하다는 것이다. 도덕적 의사결정(moral decision)도 임무특성(task characteristics)과 도덕적 가치의 선호에 있어서 개인적 다양성 둘 다의 기능이라고 한다. 도덕적 사고와 행동의 관계는 따라서 그렇게 간단하지도 않으며 직접적이지도 않다는 것이다.[5]

비행에 대한 도덕적 발달의 관계도 마찬가지로 복잡하다. 비행이 비도덕적 행위와 동의어가 아니며, 도덕적 단계와 지위범행 사이에 분명한 관계가 예견될 수도 없으며, 혹은 도덕적 사고

---

5 A. Blasi, "Bridging moral cognition and moral action : A critical review of literature," *Psychological Bulletin*, 1980, 88:1-45

와 사고가 장애를 받을 때 범해지는 범죄와의 관계도 분명하지만은 않기 때문이다. 높은 도덕적 단계의 사고가 범죄적 생활양식을 승인할 가능성은 더 낮지만, 예를 들어 법률위반이 처벌을 포함하지 않는 경우(1단계), 관계를 보전하는 경우(3단계), 또는 기본적 인권을 보호하는 경우(5단계)와 같이 법률위반에 대한 정당화는 모든 단계에서 다 찾을 수 있다. 도덕적 판단에 있어서 성별의 차이가 존재하지 않는다는 것도 비행과 도덕적 사고 사이의 직설적인 관계에 대한 반대입장을 보여주고 있다. 사실, 그 관계가 지나치게 복잡하여 어떠한 인과적 주장도 정당화하기 어려우며, 기껏해야 필요하지만 충분하지는 않는 조건만을 제공할 따름이라고 할 수 있다. 당연히 다른 개인적, 사회적 요소가 개입되는 한 충분한 조건이 되지 못하는 것이다.

그렇다면 가장 단순한 예측은 평균적으로 비행소년이 비비행소년에 비해 낮은 도덕적 성장이 보여주는 것처럼 발달지체를 보여줄 것이라는 점이다. 실제 연구결과에서도 연령, 성별, 지능(IQ)과 사회적 지위를 통제하면 비행소년이 비비행소년보다 낮은 도덕적 성숙도를 보이고 있으며, 다수의 비행소년들이 2단계(stage 2)에서 기능하고 있는 것으로 보고되고 있다.[6]

한편 도덕적 미성숙이 비행청소년들의 가족배경에 있어서 제한된 역할수행(restricted role-playing) 기회의 결과라는 이론적 기대에 대한 지지도 일부 있는 것으로 알려지고 있다. 보다 성숙한 사고가 부모들이 참여와 집합적 문제해결을 권장하고, 유도적 훈육기술을 적용하는 아동들에게서 발견되고 있으며, 따라서 그러한 조건의 부재가 비행소년들의 도덕적 발달에 있어서 중요한 요소라고 할 수 있다. 실제로 비행소년들의 어머니가 비비행소년들의 어머니들보다 매우 낮은 도덕적 사고를 보였으며, 아버지의 부재를 경험한 비행소년들도 역시 보다 낮은 도덕적 사고를 보일 가능성이 더 높은 것으로 알려지고 있다.[7]

그러나 비행소년들이 관습이전의 사고와 이성(preconventional reasoning)을 보일 가능성이 더 많다고 결론내리기 위해서는 몇 가지 검토되어야 할 사항이 있다. 먼저 연구대상이 공식적으로 확인된 비행소년에 제한되어 있으며, 자기보고식 비행과 도덕적 단계 사이에는 아직 확실한 관계

---

6 J. R. Nelson, D. J. Smith, and J. Dodd, "The moral reasoning of juvenile delinquents: A meta-analysis," *Journal of Abnormal Child Psychology*, 1990, 18:231-239; M. P. Gavaghan, K. D. Arnold, and J. C. Gibbs, "Moral judgement in delinquencts and nondelinquents: Recognition versus production measures," *Journal of Psychology*, 1983, 114:267-274

7 J. M. Daum and V. J. Bieliauskas, "Father's abesence and moral development of male delinquents," *Psychological Report*, 1983, 53:223-228; G. J. Jurkovic, "The juvenile delinquents as a moral philosopher: A structural developmental approach," *Psychological Bulletin*, 1980, 88:709-727; A. Olejnik, "Adults' moral reasoning with children," *Child Development*, 1980, 51:1285-1288

가 발견되지 않았다는 점이다. 둘째, 비행소년들이 다른 관점보다 도덕적 사고에서 더 동질적인 것은 아니었다는 점이다. 절대다수 또는 적어도 다수의 비행소년들이 분명히 관습적 단계에서 기능하였으며, 더 낮은 도덕적 사고는 오히려 중누범자들의 특성으로 알려지고 있다. 반사회적 정신병질적 비행소년(Psychopathic delinquents)들이 특히 관습이전 발달(preconventional development)의 자기중심적이고 단기쾌락주의적 사고 특성과 상응한 관습이전 단계(preconventional level)이기 쉬운 것으로 보인다. 또한 나이가 더 많은 비행소년들이 3단계에 속할 확률이 더 높으며, 더 낮은 도덕적 성숙성을 보이는 비행소년이 관습이전 단계에 고정되기보다는 단순히 더 느린 속도로 발달하는 것이라는 주장도 있다.[8]

또한 범행과 도덕적 발달 사이의 관계는 범행의 형태에 따라 다양한 것으로 알려지고 있다. 예를 들어, 관습이전의 이성과 추론(preconventional reasoning)은 범죄로부터 얻을 수 있는 개인적 이익이 범죄로 인한 처벌의 위험성을 능가하는 신중한 범죄는 정당화할 수 있지만 '신중하지 않은' 범죄는 도덕적 단계와 관련될 가능성이 그리 높지 않다는 것이다. 실제 연구결과도 강도나 절도 등 신중한 범죄로 유죄가 확정된 누범자들이 통제집단이나 통제집단과 크게 다르지 않은 폭력과 같은 신중치 못한 범죄로 유죄가 확정된 누범자보다 관습이전 사고, 추론, 이성(preconventional reasoning)을 보이는 확률이 더 높았다고 한다.[9] 다시 말해, 폭력, 살인, 성폭력과 같은 재정적 이득을 위한 범죄가 아닌 범행으로 유죄가 확정된 범법자들이 강도, 절도, 사기와 같이 재정적 이득을 노린 범죄자들에 비해 보다 성숙한 도덕적 판단을 하는 것으로 알려지고 있다. 이러한 사실은 비행소년들이 도덕적 판단의 단계에 있어서 매우 다양할 뿐만 아니라 상이한 도덕적 문제에 대한 자기 자신의 사고수준에 있어서도 매우 기복이 심하다는 것을 보여주고 있다.

물론 관습 이후 사고, 이성, 추론을 보이는 범법자들이 극히 적지만, 다수가 관습적 수준에 이르렀다는 증거가 높은 도덕적 발달이 비행에의 가담을 방지하는데 기여한다는 주장에 의문을 제기하고 있다. 이런 점에서 관습적 수준의 청소년들의 범행은 이들이 다른 비행소년들보다 도덕적으로 더 성숙했다는 점에 비추어 상황적 압박이나 대인적 어려움, 약물중독 등에 더 관련이 있는 것으로 이해되기도 한다.

---

8 J. C. Gibbs, K. D. Arnold, H. H. Ahlborn, and F. L. Cheesman, "Facilitation of sociomoral reasoning in delinquents," *Journal of Consulting and Clinical Psychology*, 1984, 52:3743

9 D. Thornton and R. L. Reid, "Moral reasoning and type of criminal offence," *British Journal of Social Psychology*, 1982, 21:231－238

따라서 기존의 증거들은 도덕적 발달과 비행과의 상관관계를 암시하나, 관습이전 사고, 이성, 추론이 더 어리고 더 반사회적 인성장애적 비행소년들에게서 가장 분명한 것으로 보인다. 그러나 아직도 확실하지 않은 것은 도덕적 행위에 영향을 미치는 데 있어서 어떻게 도덕적 사고가 비도덕적 인성과 상황적 요인들과 상호작용하는가이다. 일부에서는 가치관의 내용(content of values)이 행위에 더 강력한 기능적 연계(functional ties)를 가진다고 주장하며, 다른 일부에서는 도덕적 판단이 도덕적 특성기질(moral character traits), 통제이론에서 제시되는 전념과 애착의 유대 등과 연관되면 더 강력한 예측력을 가질 수 있다고도 한다. 이런 점에서 한편으로는 Kohlberg의 개인주의적이고 합리주의적인 접근은 사회도덕적 발달의 충분한 이유와 설명(sufficient account of sociomoral development)이라기보다는 사회적, 정서 지향적(social and affect—oriented) 이론에 대한 보완으로 간주되어야 한다는 것이다.[10]

그렇다면 Kohlberg의 도덕발달은 어떻게 평가되고 있을까? 범죄란 종종 비도덕적 행동의 선택을 나타내기 때문에 범죄자는 비범죄자에 비해 더 낮은 수준의 도덕적 사고를 할 것이라고 할 수 있다. 그러나 여기서 두 가지 중요한 요소가 고려되어야 한다. 우선, 범죄이론을 만드는 것은 Kohlberg의 의도가 아니었다. 두 번째는 그의 이론은 도덕적 사고(reasoning)에 관심을 두는 것이지 도덕적 행위(behavior)에 관한 것은 아니다. 물론 도덕적 사고가 도덕적 행동을 동기화한다는 것이 이론의 가정일지라도, 누구라도 도덕수준은 높지만 그것을 따르지 못하는 사람도 얼마든지 있을 수 있다. 실제로 비비행소년들보다 비행소년들이 도덕적 사고의 수준이 더 낮다는 연구결과들로 입증되기도 한다.[11]

물론 이와 같은 연구결과들이 비행과 도덕적 발달은 관련이 있다는 점을 지지하지만, 그 관계가 공식적으로 규정된 비행에만 존재하고 자기보고식 비행에는 동일한 상관관계가 발견되지 않았다. 더불어 둘의 관계는 범죄유형과 범죄자에 따라 차이가 난다. 강도나 절도와 같은 물질적 이득을 위한 범죄로 유죄가 확정된 범죄자들은 폭력과 같은 충동적 범죄로 유죄가 확정된 범죄자에 비해 관습 전 도덕적 사고(pre—conventional moral reasoning)를 보일 확률이 더 높았다. 재산범죄가 사전계획과 그래서 사고를 요하는 반면에 후자의 폭력범죄는 그렇지 않다는 점을 고려한다면 이러한 결과가 전혀 놀라운 것은 아니다.[12] 또한 도덕적 사고가 도덕적 행위에 영향

---

10 J. C. Gibbs and S. V. Schnell, "Moral development versus socialization: A critique," *American Psychologist*, 1985, 40:1071－1080

11 Putwain and Sammson, *Psychology and Crime*, NY: Routledge, 2003, p.55

12 Thotnron D. and Reid, R, L., "Moral reasoning and types of criminal offence," *British Journal of Social Psychology*,

을 미치는 데 있어서 어떻게 인성요소와 상황적 요소들과 상호작용하는지도 아직은 확실치 않
다. 결론적으로 비행과 도덕적 사고 사이에 관련성은 있지만 Kohlberg 이론 그 자체만으로는 범
죄행위를 설명하는 데 충분치 못하며 따라서 범행에 대한 다른 설명들의 보완으로 고려되어야
할 것이다.

　　결론적으로, 도덕발달이론의 범죄에의 적용가능성에 대해서 많은 의문이 남아있다. 도덕적
기능과 범죄행위 사이의 직접적인 인과관계가 아직 제대로 정립되지 않았다. 더구나 가설적인
도덕적, 사회적 쟁점에 대한 답변을 평가하는 도덕발달의 검사도 범죄자가 범행을 결정할 때 관
여하는 사고의 유형과는 거의 관련성이 없는 것으로 비판받고 있다. 실제로 범죄자들은 도덕적
쟁점에는 관심이 없으며, 오히려 성공할 가능성에 더 관심을 가진다고 한다.[13]

1982, 21:231−238

13 Jurkovic, "The juvenile delinquent as a moral philosopher: A structural−developmental approach," *Psychological Bulletin*, 1980, 88:709−727.

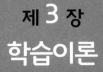

제 3 장
학습이론

제1절 인지-발달이론(Cognitive-Developmental Theory)

인지(cognition)라는 용어는 오랫동안 여러 저자들이 다양한 방식으로 사용한 부정확한 용어이지만, 일반적으로 가장 널리 사용되는 의미가 사고와 동의어이며, 기억, 상상, 지능, 그리고 이성과 같은 개념에 관련된 것이다.

초자아, 양심, 자아통제 등의 발달에 호소하는 사회화 이론은 범죄행위를 도덕적 발달의 보다 일반적인 실패의 한 부분으로 간주한다. 이러한 견지에서의 도덕성이란 자기동일시(identification), 모형화(modeling), 조건화(conditioning)를 통한 신념과 동조행위의 습득(acquisition)을 내포하며, 부모, 선생님, 동료의 영향을 통한 사회규율의 내재화를 대변한다. 이런 관점에서 보면, 옳고 그름(right and wrong)에 대한 도덕적 차별화(moral discrimination)는 원래 처벌의 회피와 사회적 보상의 추구나 생물학적 욕구에 기인한 정서적 반응(affective response)이다. 도덕적 행동은 그래서 문화적으로 상대적 기준(relative standard)에 대한 비합리적(irrational) 동조이다.[1]

---

1 J. C. Gibbs and S. V. Schnell, "Moral development versus socialization: A critique," *American Psychologist*, 1985, 40:1071 – 1080

제2절　범죄적 인성(Criminal personality)

　　이처럼 사회학습이론의 주요 한계나 결함의 하나는 바로 인지 또는 사고의 역할을 무시하거나 지나치게 경시한다는 점이다. Yochelson(요켈슨)과 Samenow(세임나우)는 범인성은 인성에 기인하는 것으로 보아 '범죄적 인성(criminal personality)'을 설파하였다. 그러나 물론 앞서의 Eysenck와는 달리 인성을 신경계의 천부적 특성에 기인하는 것으로 돌리지 않았고, 대신에 인성이란 오랜 인생역정을 통해 발달하는 것이며, 아동기 부모-아동 상호작용에 상당한 영향을 받는 것이라고 설명하였다. 그들은 모든 인간의 행위는 합리적 사고과정의 결과이며, 범죄자들은 사고의 오류와 편견으로 인하여 절대다수의 사람들에게 수용될 수 없는 행동전략에 도달하게 된다고 믿었다. 실제로 240명의 범죄자들과의 심층면접에 기초하여 그들은 아래에 그 일부가 요약된 것과 같이 3가지 유형으로 분류될 수 있는 40가지의 사고의 오류(thinking error), 즉 의사결정에 있어서 습관적 편견과 왜곡을 제시하였다.

　　Yochelson과 Samenow는 범죄자가 비범죄자와는 기본적으로 다른 사고방식을 가지며, 비록 내적으로는 논리적이고 일관적이지만 범죄자의 사고는 무책임하고 잘못된 것이라고 주장한다. 다시 말해, 일관되게 지속적으로 법을 어기는 법률위반자들은 스스로와 세상을 우리와는 달리 본다는 것이다. 이들은 결손가정, 실업, 방기하는 부모와 같은 사회적, 환경적, 또는 심리분석적으로 범인성을 설명하지 않고, 범죄자는 어린 시절에 시작한 선택의 결과이며, 따라서 범죄자들은 질병을 앓거나 환경의 피해자가 아니라 자신의 행동을 통제할 수 있고, 자신의 행위에 대한 책임을 다른 사람에게 떠넘기는 최고의 착취자로 기술한다.[2]

---

2 E. Greene, Heiburn, K., Fortune, W. H., and Nietzel, M. T., *Wrightman's Psychology and Legal System*(6th ed.), Belmont, CA: Thomson Wadsworth, 2007, p.77

표 3-1　Yochelson과 Samenow의 '범죄적 인성'의 사고의 오류

오류유형 (Types of error)	성격 오류 (Character error)	사고의 자율적 오류 (Automatic error of thinking)	범죄행위와 관련된 오류 (Errors associated with criminal act)
	▶ 가치없다는 느낌 ▶ 권한과 통제의 필요 ▶ 완벽주의 ▶ 거짓말	▶ 잘못된 결정 ▶ 신뢰의 부족 ▶ 의무수행실패	▶ 반사회적 행위에 대한 환상 ▶ 초낙관주의

　Yochelson과 Samenow는 역량결정(determination of competency)을 위해 병원에 위탁된 남성 범죄자들과의 심층면접에서 모든 범죄자를 특징짓는 '범죄적 사고유형(criminal thinking pattern)'을 발견하였고, 이를 바탕으로 그들은 범죄적 마음, 생각(criminal mind)을 규정하는 다수의 사고의 유형과 오류(style and error of thinking)를 기술하였다. 이 사고유형에는 구상적, 구체적 사고(concrete thinking), 분화(fragmentation), 타인과의 공감실패, 시간개념의 부재, 무책임한 의사결정, 자신을 피해자로 인식하는 것 등이 포함된다.[3]

　Yochelson과 Samenow는 환상과 사전계획이 범죄를 선행하기 때문에 범죄자들이 결코 충동적이지 않다고 주장한다. 그런 점에서 그들의 이론은 최근 많은 대중적 인기를 얻고 있는 합리적 선택(Rational choice)과도 그 맥을 같이 한다. 그러나 문제점도 없지 않다. 우선, 그들은 범죄집단과 비범죄통제집단을 비교하지 않았다. 따라서 범죄적 사고의 오류가 범죄자들에게만 특정한 것이지 비범죄자에게는 일어나지 않는다는 점을 보여주지 못하였다. 두 번째, 그들의 범죄자집단도 대부분 "정신이상을 이유로 유죄가 인정되지 않는(not guilty by reason of insanity)" 누범들로 구성되어서 일반적으로 범죄자를 대표하지 못하였고 따라서 일반범죄자들에게 일반화하기 어렵다. 그 결과, 모든 범죄자들은 동일한 사고유형을 가진다는 그들의 결론은 주의를 요한다. 세 번째, 사고의 오류라는 것도 일부에서는 심리분석적 방어기제(psychoanalytic defense mech-anism)와 유사하다고는 하지만 합리적 선택과 같은 주류 의사결정이론에 기초하고 있지 않다. 심지어 그들이 기술한 사고유형도 다수의 보편적 인성장애와 유사한 것이지 특정적인 인성유형이라고 할 수 없다는 것이다.

　이론적인 측면에서도 한 가지 중요한 쟁점에 직면한다. '마음, 생각(mind)'이라는 개념의 문제와 생각이 행위를 초래한다, 유발한다, 야기한다와 관련된 가정의 문제이다. 마음에 대한 것이

---

3 Hollin, *Psychology and Crime: An Introduction to Criminological Psychology*, London and New York: Routledge, 1989, p.47

나 인지가 행위를 우선한다는 것 등에 관한 다양한 이론이 제기되고 있으나 안타깝게도 어느 것
도 완전하게 밝혀지거나 설명된 것은 없다.

　　보다 최근의 연구는 그래서 범죄자와 비범죄자 사이의 보다 명확한 인지적 다양성을 찾으려
고 하였다. 구분이 정확할지는 모르지만, 일부에서는 비인간적 인지(impersonal cognition)와 대인
적 인지(interpersonal cognition)를 구분하였다. 여기서 비인간적 인지란 물리적 세계를 다루는 인
지의 관점이며, 대인적 인지는 때로는 사회적 인지(social cognition)라고도 불리는 것으로 사람과
그들의 행동을 이해하는 것에 관한 것이다. 범죄자 집단에서 지적 불균형이 발견되는 것처럼 비
인간적 인지가 범죄행위의 발전에 한 요인이 될 수도 있지만, 대인적 인지가 범죄를 이해하는
데 더 중요하다고 주장한다.[4]

　　충동으로 이어지는 자기통제(self-control)의 실패가 범죄의 설명에 반복적으로 등장하고 있
다. 충동성(impulsivity)이 때로는 상황에 대한 인지적 분석이라고 할 수 있는 반추의 단계(stage
of reflection)를 행동과 충동 사이에 투입하지 못한 것으로 간주된다. 그런데 이 투입의 실패는
멈춰 서서 생각하는 것을 배우지 못하고, 효과적인 사고를 학습하지 못하며, 대안적 반응을 생
성하지 못하고, 무력감을 반추하는 것과 같은 다양한 요인에 기인할 수 있다. 이에 대한 경험적
연구결과는 분명하지 않은데, 일부는 범죄자들이 비범죄자보다 더 충동적이라고 주장하며, 다른
일부에서는 범죄자들이 보상을 지연시키지 못한다고 하고, 또 다른 연구에서는 그러한 차이를
찾지 못했다고 주장한다. 물론 이러한 연구별 차이는 범죄자집단의 이질성, 충동성에 대한 정의
와 측정의 상이함 때문일 수도 있다.

　　통제위치(Locus of control)라고 하는 개념은 개인이 자신의 행위가 권력자나 운과 같은 외적
행위자가 아니라 자기 자신의 내적 통제(internal control)하에 있다고 인식하는 정도라고 할 수
있다. 그런데 범죄자들은 자신의 행위가 자신이 개인적으로 통제할 수 없는 영향력에 의해서 통
제된다고 믿고 주장하는 경향이 있다고 많은 연구에서 밝혀지기도 하였지만, 일부 연구에서는
범죄자와 비범죄자 사이에 이 통제위치의 차이를 발견하지 못하고 오히려 범죄자들이 비범죄자
들보다 내적으로 더 통제된다고 주장하기도 하였다. 이러한 상반된 주장은 두 가지 확인되지 않
은 가정 때문일 것이다. 통제위치가 통일된 하나의 개념이라는 가정과 범법자들은 동질적인 인
구집단을 형성한다는 가정이 그것이다. 사실, 통제위치는 정치적 사건의 통제에 대한 신념과는
반대로 자신의 즉각적인 환경의 통제에 대한 신념과 같이 다양한 차원의 개념이며, 더구나 범법

---

4 Hollin, *op cit.*, p.49

자 인구집단 내의 통제위치는 범죄자의 인종, 수형경험, 범행유형 등의 기능이라고 한다.

종합하면, 범죄자와 비범죄자 사이에는 사회적 인지의 차이가 있지만, 특히 범죄자 집단과 관련해서는 비인간적 인지능력(impersonal cognitive ability)과 대인적 인지능력(interpersonal cognitive ability)의 관계, 이보다 더 중요한 것으로 인지가 범행을 초래, 유발, 발생시키는 과정이 명확하게 밝혀져야 한다. 혹자는 이 부분에 대해서 범죄자의 의사결정과 연계시키는데 그 대표적인 것이 범죄자를 '사고하는 범죄자(reasoning criminal)'로 간주하는 합리적 선택(rational choice)이론으로 발전시키고 있다. 결론적으로 전통적인 학습이론은 재강화(reinforcement)와 모형화(modeling)를 통한 범죄행위의 습득에 초점을 맞추지만, 인지이론은 범행의 기회가 주어졌음에도 왜 범행이 발생하지 않는가에 대한 설명의 대안을 고려하는데, 그것이 바로 범죄를 통제행위를 학습하지 못한 결과로 보는 통제이론이다.[5]

제3절 통합이론

어떠한 전통적 범죄이론도 범죄성이나 범죄행위를 설명하거나 예측하는 데 한계가 있음이 지적되어 왔으며, 그 결과 각 이론들의 장점들을 통합함으로써 보다 더 설명력이 높아질 수 있다는 가정에서 복수의 이론을 통합하는 경향이 있다. 예를 들어 Akers(에이커스)는 일탈의 과정을 재강화(reinforcement)라는 관점에서 보고 있는데, 이 재강화의 형태와 일정(pattern and schedule)을 결정하는 사회적 조건은 아노미, 하위문화, 갈등이론으로 파악되는 반면 통제이론이 발달과정의 결과를 특정화한다는 것이다. 뿐만 아니라 낙인이론은 이후 일탈행위를 둘러싼 차별적 재강화의 변화를 반영하기도 한다. 결국 이는 비행의 설명을 위하여 아노미, 하위문화, 갈등, 사회통제, 그리고 낙인이론이 통합된 것임을 보여주고 있다.[6]

가장 알려진 통합이론은 차별적 접촉/사회학습, 긴장, 그리고 통제/사회유대이론의 요소들

---

5 Hollin, *op cit.*, pp.49−51

6 R. Akers, "Rational choice, deterrence, and social learning theories in criminology: The path not taken," *Journal of Criminal Law and Criminology*, 1990, 81:653−676

을 결합하는 경향이 강하다. 이는 전통적으로 이들 이론이 범죄학의 중심에 있었기 때문일 것이다. 사실, Agnew(애그뉴)는 이들 이론이 비행의 지배적 이론들이라고 주장하고 있다.[7] 이러한 이론통합의 배경논리는 표면적으로는 적어도 논쟁의 여지가 없어 보인다. 모든 이론이 각기 범죄의 중요한 원인을 제시하지만 범죄라는 실체의 단 한 조각만을 다루고 있어서 경쟁적 이론의 중요 변수들을 배제함으로써 원천적인 약점을 가지고 있다. 이와는 대조적으로 통합된 이론은 단하나의 관점에만 매달리지 않고, 자유롭게 이론적 근원과 무관하게 범죄행동의 원인이 될 수 있는 모든 요소들을 하나의 모형으로 결합시킬 수 있다.[8]

이론통합의 예는 이뿐만이 아니다. Elliott(엘리엇) 등은 긴장, 통제, 그리고 사회학습이론의 통합을 시도하였다. 그들에 의하면, 비행은 학교에서의 실패의 경험과 일탈적 동료에의 유대에 의해서 제공되는 긍정적 동기를 요한다고 한다. 이러한 통합은 연속적인 사회화기관과의 경험에 좌우되는 개인적 발달의 일련의 과정을 특정함으로써 단일요소의 이론을 능가하게 되는 것이다.[9] 그러나 한편에서는 그러한 분석은 갈등이론과 혁신이론이 강조하는 거시적 사회구조(macro-social structure)를 경시한다는 지적도 있다. 이들은 학교, 가정, 동료와의 사회화경험의 내용과 형태는 더 폭넓은 계층구조(wider class structure)의 통제체제(control system)에 의하여 형성된다는 것이다. 그래서 직장에서의 권위에 의한 통제의 경험이 부정적(소외된), 중간적(계산적), 또는 긍정적(도덕적)인 것과 같은 관습적인 질서에 대한 개인의 유대의 특성을 결정한다는 것이다. 이러한 통제관계는 다시 자녀양육에 있어서 재생산되며, 학교에서는 교사에 의하여 그리고 유사한 사회화경험을 가진 동료들에 의해서 선별적으로 재강화(reinforcement)된다는 것이다.[10]

그러나 이러한 대부분의 사회학적 이론의 통합은 개인차에 대한 별다른 관심을 보이지 않고 있는 반면 자발적, 조작적(operant), 합리적 선택이론을 결합하는 일반적 절충이론을 제시한 Wilson(윌슨)과 Herrnstein(헌스타인)의 주장은 동시에 Eysenck와 Kohlberg가 제시한 개인차 변수, 형평이론(equity theory), 고전적 조건화(classical conditioning) 등도 반영하고 있다. 그들의 관심은 약탈적 범죄를 범하는 성향으로서 범죄성에 있었지만, 그들의 분석은 사람들이 범죄기회와

---

7 R. Agnew, *Juvenile Delinquency: Causes and Consequences*, LA: Roxbury, 2001, p.117

8 J. R. Lilly, F. T. Cullen, and R. A. Ball, *Criminological Theory: Context and Consequences*(4th ed.), Thousand Oaks, CA: SAGE Publications, 2007, p.311

9 D. S. Elliott, D. Huizinga, and S. S. Ageton, *Explaining Delinquency and Drug Use*, Beverly Hills, CA: Sage, 1983, Ch. 7 참고

10 M. Colvin and J. Pauly, "A critique of criminology: Toward an integrated structural-Marxist theory of delinquency production," *American Journal of Sociology*, 1983, 89:513-551

유혹에 직면했을 때 선택의 결과로서 범죄행동에 초점을 맞추고 있다. 범죄의 선택은 범죄와 비범죄로 인한 재강화와 처벌결과의 비율에 의해 좌우된다는 것이다. 범죄로 인한 보상은 물질적 취득과 심리적 결과 모두를 포함하는 반면, 범죄로 인한 손실은 양심의 상처, 거절, 보복 등을 포함할 수 있다. 비범죄적인 것의 가치는 미래에 있으며, 법률적 처벌, 사회적 명성, 그리고 부끄러움의 회피 등이 있다. 미래의 결과를 고려하는 개인의 능력의 차이가 따라서 매우 중요하며, 이는 생물학적 소산(biological origin)일 수 있다는 것이다. 이들은 Eysenck의 조건반사(conditioned reflex)로서 양심이라는 개념을 수용하지만 기회가 현저하고 강할 때는 결과는 조작적 조건화(operant conditioning)의 기능인 개인의 위험성의 계산에 의해서 더 많이 결정된다는 것이다. 충동성(impulsiveness)과 시간의 경시(discounting of time)는 사람들로 하여금 조작적 조건화(operant conditioning)의 영향을 덜 받게 만든다. 뿐만 아니라 동정심과 사법정의와 같은 정서(sentiments)에 있어서 다양성의 결과로 범죄와 비범죄에 부가된 가치의 개인차가 생기게 된다. 그러나 전체적인 강화물(reinforcers)이 커질수록 범죄에 대한 작은 보상의 영향력은 그만큼 더 작아지기 때문에 가치란 또한 사회적 상황과 배경의 기능이기도 하다.[11]

긴장이론은 직업기회와 같은 비범죄에 대한 일부 강화재(reinforcer)의 가용성(availability)에 초점을 맞추지만 제재(sanction)와 같은 다른 부분은 경시하며, 통제이론은 비범죄와 관련된 사회적 재강화재는 강조하지만 시간적 관점에서의 개인적 차이나 사회적 재강화재를 뒤집을 수 있는 충동성(impulsiveness)은 경시하는 편이고, 하위문화이론 또한 사회적 재강화재의 역할은 강조하지만 일탈적 집단과 비일탈적 집단의 영향력에 대한 민감성에 있어서 개인적 다양성은 경시하고 있다.

가장 절충적 통합은 사회학습, 하위문화, 기회, 통제, 차별적 접촉, 합리적 선택, 그리고 낙인이론을 통합한 Farrington의 노력이다. 반사회적 성향(antisocial tendency)은 낮은 수준의 각성, 충동성(impulsivity), 낮은 수준의 공감, 양심의 결여와 같은 일련의 인성요소와 물질적 재화(material goods), 근친사이에서의 지위, 흥분(excitement)에 대한 내재화된 신념과 동기에 의해 좌우된다. 이들 신념은 단기목표에 대한 계층편견으로 인하여 근로계층(working class)의 어린이들에게서 높아지는 반면, 친사회적 신념의 상대적 결여는 감독, 엄격한 처벌, 그리고 부모와 동료들에 의한 모형화(modeling)의 결여로부터 기인되는 것이다. 근로계층 어린이들은 또한 자극하지 못하는(unstimulating) 환경으로부터 초래되는 낮은 지능의 기능이기도 한 더 많고 큰 사회적 지위가 낮은 직종에의 고용과 학교실패 때문에 이들 동기를 충족시키는 불법적이거나 승인되지

---

11 J. Q. Wilson and R. S. Herrnstein, *Crime and Human nature*, New York: Simon and Schuster, 1985 참조

않은 방법을 선택하는 경향이 있다. 범죄의 실행은 비용과 이익의 평가(appraisal)에 좌우되며, 사회적 재강화재뿐만 아니라 충동성과 같은 개인적 특성에 의해 영향을 받게 된다. 낙인은 범법자들이 자신의 목표를 합법적으로 성취하기 어렵게 만들지만 성공적인 범행은 오히려 범죄적 신념을 재강화할 수도 있는 것이다. 범행의 시작은 특별히 빈곤, 낮은 지능, 그리고 잘못된 보육과 관련이 있지만 동료와 일탈적 가족 구성원이 계속된 범죄이력을 높일 수도 있다. 반대로 발전 및 생애범죄학(Developmental & Life－Course Criminology)의 주요관심사항의 하나이지만 범죄의 중단(desistance)은 결혼, 안정된 고용, 범죄지역으로부터의 벗어나는 것 등에 의해서 용이해지기도 한다.[12]

그러한 절충적 통합은 인간 행위자를 복수요인(multiple causes)의 수동적 수혜자로 다루며, 상이한 이론의 저변에 있는 인간행위의 특성에 대한 상이한 가정들을 경시하고 있다. 통제이론은 인간은 본성적으로 쾌락주의적이라고 가정하는 반면, 하위문화이론은 사리사욕의 발현(preeminence of self－interest)을 거부하며 사회적 동조는 자연스러운 질서(natural order)라고 가정한다. 마찬가지로 Kohlberg와 합리적 선택이론의 합리주의는 Eysenck와 Freud의 비합리주의와는 어울리지 않는다. 결론적으로 이론을 통합하려는 시도는 인간에 대한 통일성 모형(coherent model of man)이 존재하지 않기 때문에 보다 전통적인 이론들보다 진전이라고 아직 입증되지는 않았다고 할 수 있을 것이다.[13]

그러나 이론의 통합이 문제가 없는 것은 아니다. 먼저 어떤 이론이 더 설명력이 큰지 경쟁적 이론들을 서로 싸움붙이기보다는 이론들을 함께 통합함으로써 범죄학적 지식이 가장 빨리 성장할 것으로 가정하지만 오히려 각 이론들을 경쟁시킴으로써 각 이론가들이 자기 이론의 설명력을 강화하기 위하여 보다 혁신적인 방법을 찾고 자신의 주장을 더욱 예리하게 만들도록 강요하게 되어 범죄학 발전에 더 크게 기여할 수 있다는 주장도 제기되고 있다. 두 번째는 통합이 마치 뷔페나 카페테리아에서 또는 초밥 집에서 자기가 좋아하는 초밥이나 반찬만 집듯이 이런 저런 이론에서 자신이 좋아하는 변수들만 골라 쓰게 되어 결과적으로 맛이 좋은 음식만 쟁반 가득 담을 뿐 정말 제대로 균형 잡힌 식사로 조합하지 못하는 것처럼 되고 만다는 것이다.[14]

---

12 D. P. Farrington, "Implications of criminal career research for the prevention of offending," *Journal of Adolescence*, 1990, 13:93－113.

13 Blackburn, *op cit.*, p.135

14 T. Hirschi, "Exploring alternatives to integrated theory," pp.37－49 in S. F. Messner, M. D. Krohn, and A. E. Riska(eds.), *Theoretical Integration in the Study of Deviance and Crime : Problems and Prospects*, Albany, NY: SUNY Press, 1989

제 4 장
정신장애와 범죄

　용어 '정신장애'는 때로는 '정신이상(mental abnormality)'으로 표현되기도 하여, 두 용어가 상호 교환적으로 사용되고 있다. 용어가 무엇이건 그러나 분명한 것은 우리가 정신상태와 범죄행위의 관계에 관심을 두고 있다는 사실이다. 그런데 '이상(abnormality)'이라는 용어는 한편으로는 통계적 의미로 정상이 아닌, 예외적인 것을 의미하는 반면, 다른 한편으로는 도덕적 관점에서 '나쁜' 또는 '잘못된' 것을 의미하기도 한다. 예를 들어, 아동성학대가 이상하다라고 하는 것은 대부분의 사람들은 아이들을 성적으로 학대하지 않는다는 것을 의미하거나 다른 한편으로는 아동성학대는 잘못된 것이라는 의미를 갖는다. 또한 이 두 관점을 통합할 수도 있어서, 아동성학대는 통계적으로 흔치 않은 예외적인 것이며, 동시에 잘못된 것이다. 이처럼 대부분의 경우, 용어의 의미가 부정적으로 사용되어 존경이나 승인을 표하고 싶을 때는 사용되지 않는다. 따라서 우리가 말하는 '정신적으로 비정상적인, 이상한(abnormal) 범죄자'라는 개념은 정신적으로 부패한 범죄자, 즉 나쁜 사람을 지칭하는 것이다. 반대로 '장애(disorder)'는 이와는 달리 '정신적으로 장애가 있는 범죄자'라고 하면 정신적으로 이상이 있거나 장애를 받는 사람, '정신이 나간 또는 미친(mad) 사람'이라고 할 수 있다.[1]

　자유의사론(free will)에 따르면 범죄자도 자신의 자유의지로 자신의 범행을 선택하기 때문에 통상적으로 '나쁜(bad)' 사람으로 간주될 수 있다. 여기서 '나쁜' 사람과 '미친(mad)' 사람의 구분은 우리가 소위 의료모형(medical model)이라고 하는 인간 행위를 설명하는 또 다른 방식을 고려하면 더욱 분명해진다. 신체적 조건에 적용하면, 아마도 '생체적(organic)' 또는 '생리적(physiological)' 모형이라고 하는 것이 더 적절할지도 모른다. 감기가 걸리면, 기침과 같은 증상(symptom)으로 바이러스와 같은 생체적, 물리적 기초를 가진 질병의 진단을 하게 된다. 이처럼

---

1 Hollin, *Psychology and Crime: An Introduction to Criminal Psychology*, London and New York: Routledge, 1989, p.99

비록 완전하지는 않지만 이 의료모형은 신체의학에서는 그런대로 잘 작동될 수 있다. 그러나 특성상 신체적 증상이 아닌 행위가 발생할 때, 예를 들어 소리가 들리거나, 누군가 자신에 대한 음모를 꾸민다고 믿거나, 병균으로 감염된다고 두려워하는 등 표현되는 행위가 특성상 물리적, 신체적인 것이 아닐 때 '미침(madness)'의 개념이 나타나는 것이다. 의료모형을 따르게 된다면, 이런 행위들이 어떤 저변의 질병(보다 정확히는 장애)의 증상으로 간주되며, 이 비신체적 질병이 '미침'이거나 또는 선호되는 용어를 사용한다면 정신장애인 것이다.[2]

　문제는 신체적 질병은 신체적, 물리적 원인이 기술될 수 있지만, 정신장애의 원인인 '마음(mind)'에는 물리적, 신체적 장소가 없기 때문에 물리적으로, 신체적으로 기술될 수가 없다는 것이다. X－ray를 찍을 수도, 해부를 할 수도, 아니면 현미경으로 관찰할 수도 없기 때문이다. 따라서 정신장애의 진단은 다분히 주관적 판단이라는 것이다.

　정신장애와 범죄의 관계는 어떤가? 범죄행위가 정신장애의 증거라기보다는 정신장애와 범죄의 관계가 양자가 공존하는 관계라는 것이 하나의 대안적 입장이 될 수 있다. 이와 같은 대안적 입장에서도 두 가지 조건이 가능하다. 하나는 공존하는 정신장애와 범죄가 상호 독립적인 반면, 또 다른 하나는 정신장애가 범죄의 한 가지 원인이 될 수 있다는 것이 그 대안이라고 할 수 있는데, 물론 이 또한 범죄가 정신장애의 증거라고 말하는 것은 아니다. 정신장애와 범죄의 관계를 고려하기 위한 출발점은 범죄자집단에서의 정신장애의 정도를 알아보는 것이다.

제1절 정신장애 범죄자

　진단기준의 다양성 등 여러 가지 이유로 범죄자집단에서 정신장애자가 차지하는 비중에 관한 통계는 상당한 차이가 있다. 그럼에도 불구하고, 일반적으로 수형자 집단에서 정신질환적 문제가 일상적이라는 것이 상식으로 받아들여지고 있다. 실제로, 수형자 집단에서는 우울증과 인성장애가 주요장애로 알려지고 있다.[3]

---

2 Hollin, *op cit.*, p.100

　　그러나 일반시민 집단보다 범죄자 집단에서 정신질환자의 비중이 높다고 해서 범죄행동과 정신질환의 인과관계를 보여주는 것은 아니다. 오히려 이에 대한 대안적 설명이 제기되고 있다. 우선, 정신장애자들이 범행수법이 서툴거나 기술적이지 못하여 발각될 가능성이 더 높고, 또한 경찰에서도 단지 이들을 위한 일정 형태의 처우를 확보하기 위한 수단으로서 이들 정신장애자들을 기소하는 경우가 더 많고, 처우를 담보하기 위해서 유죄협상을 할 가능성도 더 높기 때문에 범죄자 집단에서 정신장애자가 더 많아 보일 수 있다는 것이다.[4]

　　물론 실제 연구결과에서도 유사한 범행에 대해서 정신장애를 가진 사람이 가지지 않은 사람에 비해 체포될 확률이 훨씬 더 높은 것으로 밝혀지기도 하였다. 그러나 한편에서는 개인이 교도소에서 정신장애를 보인다는 사실이 그가 범행을 했을 때 정신장애가 있었다는 것을 반드시 의미하는 것은 아니라는 주장도 있다. 교도소란 가장 쾌적한 환경은 결코 아니기 때문에 수용 전에는 보이지 않았던 장애를 촉진시켰을 수도 있다는 것이다. 물론 이러한 주장에 대해서도 일부에서는 모든 재소자들이 다 유사한 환경에서 동일한 정신건강문제를 보이지 않는다는 사실을 들어 비판하고 있다. 결국 요약하자면, 교도소 재소자들을 연구한다면 다수의 정신장애자들이 발견될 수 있지만, 그것은 범죄와 정신장애 사이의 어떤 특별한 관계라기보다는 제도로서의 교도소의 기능과 밀접한 관련이 있는 것으로 이해할 필요가 있다는 것이다.[5]

---

3 F. J. Porporino and Zambl;e, E., "Coping with imprisonment," *Canadian Journal of Criminology*, 1984, 26: 403-421; P. J. Taylor and Gunn, J., "Violence and psychosis II - effect of psychiatric diagnosis on conviction and sentencing of offenders," *British Medical Journal*, 1984, 289: 9-12, Hollin, *op cit.*, p.103에서 재인용

4 L. A. Teplin, "Criminalizing mental disorder: The comparative arrest rate of the mentally ill," *American Psychologist*, 1984, 39: 794-803

5 J. Gunn, "Criminal behavior and mental disorder," *British Journal of Psychatry*, 1977, 130: 317-329; J. S. Wormith, "The controversy over the effects of long-term incarceration," *Canadian Journal of Criminology*, 1984, 26: 423-437

2절 정신장애의 유형과 범죄

1. 정신질환(mental illness)과 범죄

사실, 정신질환이라는 용어는 문제를 해결하기보다는 더 많은 문제를 야기한다. 이유는 정신질환이라는 것이 다양한 범주의 행위와 진단범위를 감당하고 있으며, 정신건강증진 등과 같은 법률로도 정확하게 규정하지 못하고 있어서 의학적인 의견에 의존하기 때문이다. 따라서 실무적으로도 정신질환이라는 용어가 정신병(psychosis), 감정장애, 불안상태, 히스테리아 등과 같은 다양한 범위의 진단범주에 사용되고 있다. 그러나 가장 많은 수의 정신질환을 앓고 있는 강력 범죄자는 정신분열증이며, 다음이 우울증을 앓고 있는 것으로 진단되고 있다.[6] 그렇다면 이 두 가지 특정한 정신질환과 범죄는 특별한 관계가 있다는 것인가?

(1) 정신분열과 범죄

대부분의 정신분열증 환자들이 공통적으로 보이는 가장 중요한 지표는 사고, 인식, 감정, 그리고 운동성 행위의 장애를 포함하고 있다. 사고장애(thought disorder)는 사고와 사고 사이의 관계를 맺는 과정의 장애를 일컫는 것이며, 인식능력 장애(perceptual disorder)는 때로는 시각적이거나 촉각적일 수도 있으나 전형적으로 지시하거나 명령하는 목소리로서 환각에 의해 증명된다. 감정, 정서(affect)는 기복이 없고 표현이 없거나, 아니면 그 대안적으로 불행에 웃거나 이유 없이 분노하는 것과 같이 부적절할 수 있다. 운동장애(motor disturbances)는 이상한 얼굴의 우거지상, 반복된 몸짓, 또는 흥분된 몸동작 등의 형태를 취하거나, 아니면 정지상태에서 오랫동안 비정상적인 이상한 몸짓을 하기도 한다.

일반적으로 정상집단에 비해 범죄자집단에서 정신분열환자가 훨씬 더 많이 발견되는 것으로 알려지고 있다. 그렇다면 이러한 통계적 사실이 정신분열이 강력범죄와 관련이 있다는 것인가. 물론 다수의 사람들은 정신분열을 범죄, 특히 폭력범죄와 연관시키고 있다. 사실, 편집증적

---

6 A. Ashworth and Gostin, L., "Mentally disordered offenders and the sentencing process," in L. Gostin(ed.), *Secure Provision: A Review of Special Services for the Mentally Ill and mentally Handicapped in England and Wales*, London: Tavistock, 1985, p.212

사고와 폭력 사이의 관계를 보여주는 지표들도 있으며, 폭력적 공격의 피해자들이 종종 정신분열환자의 망상에 나타났던 사람이기도 하다. 동시에 또 다른 사례에서는 살인행위에 있어서 편집증적 정신분열의 역할에 대한 논란도 있었다. 그러나 살인과 같은 강력범죄를 범하는 망상적, 편집증적 사람은 극히 드물다는 사실이다.[7]

많은 연구에서 정신분열증을 가지고 있는 사람이 비폭력범행의 위험성이 높으며, 특히 폭력범죄의 위험성은 더 높다는 점을 밝히고 있다. 또한 지역사회에 거주하는 정신분열증을 앓고 있는 사람이 정신분열증이 없는 주민에 비해 훨씬 더 많이 폭력, 비폭력범죄로 유죄를 확정받는다는 연구결과도 나오고 있다. 이에 더하여, 유죄가 확정된 범죄자들에 대한 진단연구에서도 정신분열증을 가진 사람이 일반인구에 비해 그 비율이 훨씬 더 높은 것으로 나타나고 있다. 종합하자면, 상이한 상황에서 상이한 연구방법으로 행해진 거의 모든 연구에서 정신분열증이 증대된 범행의 위험성, 특히 폭력적 범행의 더 큰 위험성과 관련이 있는 것으로 밝혀지고 있다.[8]

물론 이처럼 그러한 극단적인 사례는 희박하지만, 정신분열이 일반시민이나 다른 장애집단보다는 폭력범죄를 범할 확률이 더 높다는 것도 사실이다. 눈에 보이는 분명한 중요성에 대한 망상적, 편집증적 믿음으로서 정신분열이 직접적으로 범죄와 관련될 수도 있지만, 장애와 범죄 사이의 단순한 관계는 존재하는 것 같지 않다.[9]

그런데 정신분열증 범죄자도 두 집단으로 나누어질 수 있다고 한다. 하나는 후발주자라고 할 수 있는 사람들로서 정신분열이 발현되기 전에는 아무런 반사회적 행위나 범죄성을 보이지 않았던 집단이고, 반면에 조기발현자로서 두 번째 집단은 초기 아동기에 시작하여 청소년기의

---

7 P. J. Taylor, "Psychiatric disorder in London's life−sentenced offenders," *British Journal of Criminology*, 1986, 26: 63−78; H. Prins, "Diminished responsibility and the Sutcliffe case: legal, psychiatric and social aspects," *Medicine, Science and the Law*, 1983, 23: 17−24

8 L. Arseneault, Moffitt, T. E., Caspi, A., Paylor, P. J., and Silva, P. A., "Mental disorders and violence in a total birth cohort: Results from Dunedin Study," *Archives of General Psychiatry*, 2000, 57:979−986; P. A. Brennan, Mednick, S. A. and Hodgins, S. A., "Major mental disorders and criminal violence in a Danish birth cohort," *Archives of General psychiatry*, 2000, 57:494−500; M. Erb, Hodgins, S., Freese, R., Muller−Isberner, R. and Jockel, D., "Homicide and schizophrenia: Maybe treatment does have a preventive effect," *Criminal Behavior and Mental health*, 2001, 11:6−21; H. Belfrage, "New evidence for a relation between mental disorder and crime," *British Journal of Criminology*, 1998, 38:145−154; J. Gunn, "Future directions for treatment in forensic psychiatry," *British Journal of Psychiatry*, 2000, 176:332−338

9 P. J. Taylor, "Motives for offending among violent and psychotic men," *British Journal of Psychiatry*, 1985, 147: 491−498

비행으로 상승되어 성인기까지 지속되는 안정적인 형태의 반사회적 행위를 보인다고 한다.[10] 이 두 집단 중에서도, 조기에 시작한 사람이 늦게 시작한 사람에 비해 더 많은 종류의 범죄를 더 많이 범하는 것으로 보고되고 있으며, 정신분열을 가진 조기 발현 범죄자들은 소위 생애과정 지속 범죄자(life course-persistent offenders)의 특성들을 다수 공유하는 것으로 알려지고 있다. 정신분열이 있는 사람들은 어린 시기에 알코올과 약물을 남용하기 시작하여 청년기와 성인기까지 지속하며, 조기 발현자의 일부는 반사회적 인성장애에 해당되는 진단을 받게 되고, 이 인성장애는 평균적인 일반인들에 비해 5에서 11배 더 많이 발견되고 있다고 한다.[11]

(2) 우울증

우울증은 단극적 우울증(Unipolar depression)과 양극적 우울증(Bipolar depression)으로 구분되는데, 단극적 우울증은 심각하게 슬픈 기분, 절대적인 자책감, 죄의식, 그리고 무익함, 식욕장애, 피로와 장기수면, 무기력함, 그리고 죽음과 자살에 대한 반복적 생각 등의 특징을 가지는 반면, 양극적 우울증은 일련의 조병(mania)과 우울기로 정형화되는데, 조증기간에는 우쭐하거나 격양된 기분, 매우 높은 수준의 격렬한 신체활동을 보이고, 오랫동안 잠을 자지 않으며, 자기중요성과 과장된 자기 존중감을 보이는 것으로 알려지고 있다. 그러나 둘 중에서는 단극적 우울증이 가장 보편적이라고 한다.[12]

정신분열을 비롯한 어떠한 정신질환과 마찬가지로 우울증과 범죄의 관계를 설정하는 데도 어려움이 있다. 범죄자가 우울했기 때문에 범행을 했을 수도 있으며, 범죄자가 범행 후에 죄책감이나 수용으로 인하여 우울해졌을 수도 있으며, 범죄자가 범행 시 우울했을 수도 있지만 우울증이 범죄유발의 핵심은 아닐 수도 있는 것이다. 어쩌면 우울증과 범죄의 가장 직접적인, 그러면서도 우리에게 익숙하고 비극적인 관계는 누군가가 자신의 인생이 아무런 소용도 없고 도움도 없다고 확신하여 자실하기 전에 자신의 아이들과 가족을 살해하는 경우이다. 실제로도 살해 후 자살한 살인범의 대다수가 범행 시 우울했었다는 연구결과도 있다. 살인뿐만 아니라 우울증은 다른 폭력에도 관련이 있어서 폭력범죄의 상당수가 가족이나 친척을 대상으로 행해지며 이

---

10 A. Tengstrom, Hodgins, S., Grann, M., Langstrom, N. and Kullgren, G., "Schizophrenia and Criminal Offending: The role of psychopathy and substance abuse," *Criminal Justice and behavior*, 2004, 31(4):367-391.

11 A. Tengstrom, Hodgins, S. and Kullgren, G., "Men with schizophrenia who behave violently: The usefulness of an early versus late strters typology," *Schizophrenia Bulletin*, 2001, 27:205-218.

12 Hollin, *op cit.*, p.107.

는 곧 일종의 '확대된 자살'과 유사함을 보여준다는 주장도 제기되고 있다. 그러나 한편으로는 입원한 우울증 환자들은 전혀 폭력적인 인구집단이 아니며, 이는 설사 우울증과 범죄가 인과관계가 있어도 둘의 관계는 사회적, 특히 대인적 요소에 밀접하게 관련이 있음을 보여주는 것이라고 주장한다.[13]

(3) 망상장애(delusional disorder)

1) 망상장애의 정의

망상에 관한 관점은 무해하거나 해학적이라는 것에서부터 속이고, 기만하려는 의도적인 시도에 이르기까지 다양하지만, 일반적으로 망상은 오로지 망상을 가지고 있는 그 사람의 마음속에만 존재하는 환상이기 때문에 망상적인 사람이 사회에 대하여 아무런 위협을 초래하지 않는 것으로 받아들여지고 있다. 그럼에도 때로는 망상이 타인에게 해가 되고 그 특성상 범죄로 간주되는 행위를 초래하기도 한다.[14]

망상은 개인의 교육적, 문화적, 그리고 사회적 배경과 궤를 달리하는 요지부동의 거짓된 신념이나 생각이라고 규정되고 있으며, 이러한 망상적 사람은 비정상적인 확신을 가지고 그러한 신념을 견지하며, 정반대의 증거에도 불구하고 그러한 신념이 망상이라는 것을 믿지 않는다. 달리 말하자면, 망상이란 현실이나 사실에 기초하지 않은 그 무언가에 대한 요지부동의 신념이며, 정반대의 증거에도 불구하고 망상을 가진 사람은 그 신념에 매달린다고 한다.[15]

2) 망상장애의 유형

가. 색광형(Erotomanic type): 이 유형의 망상장애의 핵심주제는 다른 누군가가 자신과 사랑에 빠져있다고 믿는 것이다. 여기서 다른 사람이란 대체로 유명 연예인이나 운동선수와 같은 높은 지위의 사람이거나, 아니면 전혀 모르는 완전히 낯선 사람이다. 이 경우 망상은 자신과 다른 그 어떤 사람이 성적인 관계라기보다는 낭만적, 정신적 관계를 가지고 있다는 것이다. 이

---

13 W. K. Lawson, "Depression and crime: a discursive approach," in M. Craft and A. Craft(eds.), *Mentally Abnormal Offenders*, London: Bailliere Tindall, 1984, p.146

14 C. Bezuidenhout and Collins, C. R., "Implications of delusional disorders and criminal behavior for criminology," *Acta Criminologica*, 2007, 20(3):87−99

15 A. Sims, *Symptoms in the Mind: An Introduction to Descriptive Psychopathology*(2nd ed.), London: Saunders, 1995, p.101

러한 유형의 망상으로 고통을 받는 사람은 전화나 편지, 스토킹이나 선물 등의 방법으로 망상의 대상을 접촉하려고 시도할 수 있으며, 따라서 일종의 '위험'으로부터 망상의 대상을 '구하기' 위한 노력을 함에 있어 법률저촉행위를 경험할 수도 있는 것이다.[16]

나. 과대형(Grandiose type): 이 망상유형의 중심주제는 자신이 특별한 재주를 가지고 있다거나 중요한 발견을 하였다고 믿는 것이다. 또한 자신이 유명한 사람이라거나, 아니면 자신이 대통령의 보좌관이라는 등 유명한 사람과 특수한 관계가 있다고 믿기도 한다. 이 경우 실제 인물은 협잡꾼이거나 사기꾼으로 간주되고 있다.[17]

다. 시기형(Jealous type): 이 유형은 배우자나 연인이 부정하다는 망상이다. 그러한 믿음은 자신의 믿음을 지지하기 위하여 수집한 '증거'로부터 잘못된 추론을 내림으로써 굳히게 된다. 이 경우 자신의 배우자나 연인에게 증거를 내밀고, 자율성을 제약하며, 믿음을 조사하기 위하여 미행을 하고, 또는 심지어 공격하기도 한다.[18]

라. 피해형(Persecutory type): 이 유형은 자신이 음모, 미행, 염탐, 사기, 농락을 당하고 있으며, 방해를 받거나 심지어 독살 당하고 있다는 망상이다. 이들은 일반적으로 의심이 많거나 또는 한 사람이나 그 이상의 사람에게 의심을 가지기도 한다. 이들은 종종 분노, 적의와 폭력을 보이기도 하여 통상적으로 폭력적 범죄행동과 관련되고 있다.[19]

마. 통제망상(Delusions of control): 이 유형은 다른 사람이 자신을 통제한다고 믿는 망상이다. 이런 사람들은 자신이 외부로부터 영향을 받거나 통제를 받는다고 믿는다. 이 망상은 종종 전자장비나 컴퓨터 또는 텔레파시 등에 의해서 자신의 생각이 어떻게 통제되는가를 기술하는 망상을 동반하게 된다.[20]

바. 참조망상(Delusions of reference): 이 망상은 다른 사람들이 자신에 관해서 쑥덕거린다는 잘못된 거짓 믿음이다. 다른 사람들의 행위가 자신을 지칭한다고 잘못 믿는 경우도 이 유형의 망상에 해당되는 예라고 할 수 있다. 이러한 망상하에 행동하는 사람은 만약 그가 자신에게 손가락질을 한다고 믿는 다른 사람으로부터 자신을 '방어'하려고 한다면 위험하다고 할 수

---

16 APA, DSM−IV−TR, 2000, p.324

17 *Ibid.*

18 *Ibid.*

19 C. Bartol and Bartol, A., *Criminal behavior: A Psychological Approach*(7th ed.), Upper Saddle River: Prentice Hall, 2005, p.195

20 Sims, *op cit.*, p.195

있다. 이 경우 망상을 가진 사람은 자기방어가 아니라 범행을 하게 되기 때문이다.[21]

사. 자기비난망상(Delusions of self-accusation): 이는 극도의 죄의식과 죄책감과 관련이 있는 망상으로서, 세상을 구한다는 느낌으로 세상이 종말로 다가가고 있다는 망상적 믿음을 대체하는 과대형(grandiose) 망상의 정반대라고 할 수 있다. 이들은 세상을 구하는 것은 자신의 죽음에 달렸다고 믿고, 자신의 신체를 절단하거나 자살성향을 갖기도 한다.[22]

3) 망상장애와 범죄

가. 색광형 망상장애와 스토킹(stalking): 이 유형의 망상장애를 가진 스토커는 종종 유명인 스토커 또는 색광형 스토커(stalker)로 불리며, 이들 유형의 스토커는 보통 정신적으로 질병을 앓고 있으며, 피해자가 자신과 사랑하는 관계에 있다는 망상적 믿음, 즉 색광 망상으로 고통을 받는다. 이 경우, 피해자는 보통 유명 연예인이나 운동선수, 또는 공인 등 높은 지위의 사람이며, 이들 색광 스토커들은 유명연예인이 서명된 사진을 보낸 것처럼 피해자의 아주 작은 또는 아주 가벼운 인정도 사적인 초대로 인식할 수 있으며, 피해자에게 반복적으로 전화를 걸고, 편지를 보내며, 피해자의 직장이나 집으로 찾아가고, 극단적인 경우 피해자를 살해할 수도 있다.[23]

나. 과대형 망상장애, 명예훼손 그리고 위변조: 과대망상을 가진 사람은 자신의 가치를 부풀리거나 과장하고, 자신이 특별한 힘이나 신분과 정체성을 가졌다거나 또는 유명인과 특별한 관계가 있다고 믿는다. 때에 따라서는 이들은 자신이 저명한 사람이라거나, 저명인사가 이름을 사칭하거나 협잡꾼이라고 믿는다. 이들은 사실이 아니지만 그 '협잡꾼, 사기꾼'에 관한 소문을 퍼뜨리거나 정보를 퍼뜨리기도 하는데, 이것이 일종의 명예훼손에 해당될 수 있는 것이다.[24]

위변조(Forgery)도 과대망상 장애를 가진 사람들에 의해서 범해질 수 있는 범죄인데, 이는 이들 과대망상 장애를 가진 사람이 특정한 다른 사람이 특별한 재능을 가졌다고 믿을 때 일어날 수 있다. 예를 들어서 다른 사람의 작품에 자신의 서명을 하거나 저명인사의 이름으로 허위 서명을 하는 것이다.[25]

다. 시기형 망상장애와 가정폭력: 가장 현저한 망상의 주제가 바로 자신의 배우자나 연인이

---

21 Bezuidenhout and Collins, *op cit.*, p.91

22 *Ibid.*

23 M. Pistorius, *Fatal Females: Women Who Kill*, Pretoria: Penguin, 2004, p.288

24 *Ibid.*, p.286

25 Bezuidenhout and Collins, *op cit.*, p.94

자신에게 정직하지 않다는 잘못된 믿음이다. 배우자나 연인의 불륜의 '증거'를 찾는다고 연인이나 배우자를 미행하기도 하며, 때로는 배우자나 연인의 집이나 직장, 학교 등에서 반복적으로 지켜보는 스토킹으로 비화될 수도 있다. 때로는 시기와 질투에 찬 배우자나 연인의 행위가 지나치게 강박적이고, 소유욕이 강하며, 시기적이고, 피해자의 사생활, 자유, 안전과 고결함을 침해할 수도 있다. 극단적인 경우, 배우자나 연인이 마지막 수단으로 자살하거나 자살을 시도할 수도 있으며, 어떤 경우에는 망상 장애자와 그의 연인이나 배우자 사이에 대치하게 되어 신체적 폭력으로까지 이어질 수 있으며, 다른 경우에는 망상 장애자가 배우자나 연인을 살해하고 자신도 자살하는 경우가 있다.[26]

2. 정신장애(mental handicap)와 범죄

정신장애는 때로는 정신지체(mentally retarded) 혹은 정신박약(mentally subnormal)으로도 불리는 용어로서 일반적으로 사회적 기능과 지능의 장애를 포함하는 지체되거나 불완전한 정신발달로 규정되고 있다. 물론 정신질병(illness)과 장애(handicap)는 같은 것이 아니며 구분되어야 한다. 정신장애는 개인의 지속적인 지적, 사회적 능력의 수준에 관한 것인 반면, 정신병은 지능적 기능에는 필연적으로 영향을 미치지 않는 일시적 방해(disturbance)라고 할 수 있다. 정신장애의 평가와 판단은 지적, 사회적 능력의 검증을 결합한 결과라고 할 수 있으며, 일반적으로 지능지수가 100을 정상의 기준으로 할 때 70을 경계점수로 보아 그 이하이면 약간의 장애를 가진 것으로, 그리고 50 이하이면 상당한 심각한 장애가 있는 것으로 판단하고 있다.[27]

그런데 이처럼 지능이 낮은 사람들에게도 두 가지 형태의 정신손상이나 결손이 있다고 한다. 첫째는 유전적 요인이나 학업문제 또는 기타 환경적 요인으로 지능지수는 낮지만 통상 사회적으로는 잘 적응하는 집단이며, 두 번째는 지능지수도 낮으면서 동시에 사회적응의 문제도 보이는 집단으로서 이들은 다운증후군과 같은 유전자 이상, 생물학적 장애, 자궁감염이나 손상, 출산합병증, 뇌수막염과 같은 아동질병, 뇌손상을 초래한 머리부상, 납, 방사선, 독극물과 같은 중독 등이 요인으로 알려지고 있다.

정신장애와 범죄의 관계를 규명하는 데 있어서 일반적으로 범죄자의 지적 기능을 연구하거

---

26 A. Munro, *Delusional Disorders, Paranoia and Related Illness*, Cambridge: University Press, 1999, p.114

27 Hollin, *op cit.*, p.109

나, 정신적으로 장애가 있는 범죄자의 특정한 범행을 조사하는 두 가지 접근을 시도하고 있다. 그러나 두 변수 간의 관계에 있어서 핵심이라고 할 수 있는 지능지수의 차이가 문화적, 인종적, 계층적, 교육적 차이로 인한 결과일 수도 있으며, 따라서 범죄자를 비롯한 특정 사람들에게 편향된 편견을 내포할 수 있기 때문에 이 편견이 완전히 통제되어야만 확실하고 분명한 관계를 설정할 수 있다는 점을 고려해야 한다.

(1) 범죄자집단의 지능

초기 범죄생물학자인 Charles Goring(찰스 고링)은 3,000명의 영국 유죄확정자들을 조사한 결과 대체로 지능이 낮았으며, 따라서 범죄는 유전적 요소에 의해서 결정되는 지능결손의 결과라고 주장하였다. 그 이후에도 이와 유사한 연구결과와 주장이 제기되어 왔으며, 60~70년대에도 이에 대한 연구가 지속되어 미국에서는 자기보고식 비행(self-reported delinquency)과 IQ의 관계가, 영국에서는 낮은 IQ와 높은 재범율의 관계가 종단연구에서 밝혀지기도 하였다. 이런 연구결과로 70년대 후반에도 범죄행위의 발전을 이해하는 데 지능이 중요한 요소로 소개되고 있다.[28]

그러나 한편에서는 지능과 범죄의 관계를 직접적인 인과관계보다는 어떠한 매개나 중재변수를 통한 간접적 관계일 가능성이 제기되고 있다. 우선, 지능이 낮음으로써 교육과 학업에 실패할 가능성이 높아지고, 이는 다시 낮은 자아존중감과 감정적 장애로 이어지며, 이는 다시 행동장애와 범죄행위로까지 이어질 수 있다는 것이다. 또 다른 한편에서는 IQ와 행동장애는 공통의 병리를 공유한다고 하여 그 정확한 특성이 사회적, 가족적, 혹은 생물학적인 것인지, 아니면 기질이나 성질과 같은 또 다른 개인적 요소인지 논의가 필요하다는 것이다.[29]

(2) 범행과 정신장애

정신적으로 장애가 있는 범죄자들의 범행을 이해하는 데 있어서 이들 정신적으로 장애가 있는 범죄자들이 자신들보다 능력이 있는 일반인들에 비해 몇 가지 불리한 점이 있으며, 이것이 그들의 범행을 유발하거나 아니면 더 쉽게 검거되고 유죄가 확정될 확률을 더 높일 수 있다는 것이다. 정신장애자 범죄자들은 아마도 받아들일 수 있는 행위와 받아들일 수 없는 행위의 차이

---

28 Hollin, *op cit.* p.111

29 I. Keilitz and Dunivant, N., "The relationship between learning disability and juvenile delinquency: current state of knowledge," Remedial and Special Education, 1986, 7: 18-26; D. R. Offord, Poushinaky, M. F. and Sullivan, K., "School performance, IQ and delinquency," *British Journal of Criminology*, 1978, 18: 110-127

를 학습하지 못했고 따라서 그 사람이 알면서 법을 위반했다는 견지에서 옳은 행동과 잘못된 행동으로 범죄를 보아서는 안 된다고 한다. 또한 장애는 곧 범죄 자체가 비효율적으로 수행된다는 것을 의미하며, 이는 곧 쉽게 검거되거나, 아니면 보다 유능한 사람들에게 이용당할 수도 있다.

한편으로는, 정신장애가 특히 스트레스를 주는 사건 이후에 감정적 폭발과 관련이 있고, 이는 다시 공격적 행동을 용이하게 한다는 것이다. 그들의 사회적 기술(social skills)의 부족은 친절한 의도의 행동이 다른 사람에게는 공격적이거나 적대적인 것으로 간주되고, 불행한 결과를 초래할 수 있다는 것이다. 정신장애 범죄자들의 성범죄도 그들이 받아들일 수 있는 성적 접근의 기술이 부족하여 일부 여성 피해자들에게 폭력으로 간주되고 따라서 범죄행위로 이어질 가능성이 높다는 것이다.[30]

3. 반사회적 인성(Antisocial personality)

우리는 누구나 '나는 누구인가?' 스스로 물을 때가 있다. 이때마다 우리의 대답은 흔히 '나는 좋은 사람이야' 등과 같이 자신에 대한 평가, '나는 게으르다' 등과 같은 동기, '나는 똑똑하다' 등의 지능, '나는 긴장하고 있다' 등의 감정, 그리고 '나는 친절하다'라고 하는 등 다른 사람과의 관계로 답하기 마련이다. 또한 우리의 대답은 상대적 안정성도 함축하고 있어서 우리가 '나는 친절하다, 또는 나는 긴장하고 있다, 똑똑하다'라고 하는 것은 우리가 대부분의 경우 그렇게 행동한다는 것이다. 그래서 인성이란 우리들의 사고, 느낌, 그리고 행동의 전형적인 유형을 반영하는 것이다.[31]

대부분의 인성연구자들은 특질(traits)과 개인이 이들 기질에 대해 어떻게 차이가 나는지를 이해하는데 관심을 보인다. 범죄행위와 관련된 기질로는 공격성, 충동성, 모험, 부정직성, 그리고 감정적 부정함 등을 예로 들고 있다. 물론 수줍어함이나 불안과 같은 여타의 기질도 특히 범법자에 대한 처우개입을 고려한다면 매우 중요한 기질이라고 할 수 있다. 이처럼 우리가 인성기질을 논할 때는 다수의 상이한 이론적 관점에 따라 그만큼 다양하고 상이한 기질이 너무나 다양한 방법으로 개념화되고 측정되고 있음을 알 수 있다. 그러나 다행스럽게도 이들 다수의 기질을 망라하는 몇 가지 기본적인 인성차원에 대한 기술적 체계를 개발함으로써 기질연구를 상당히

---

30 Hollin, *op cit.*, p.114

31 Andrews and Bonta, *op cit.*, p.193

조직화하였다.

(1) 인성에 대한 초특질(Super Trait)

인성에 대한 연구자들의 다양한 노력으로 상당한 융합이 가능해졌고, 그 결과 가장 대표적인 인성기질을 'Big 5'라고도 일컫는 다섯 가지 일반적 차원으로 기술하고 있다. 이 'Big 5'는 글자 그대로 다섯 가지의 큰 하위특질(subtraits)로 구성되어 있는데, 불안하고, 화나게 하며, 적대적이고, 충동적인 신경증(neuroticism), 긍정적 감정과 흥분추구형의 외향성(extraversion), 창의적이고, 열린 마음을 가지며, 지능적인 경험에 대한 개방성(Openness to Experience), 믿음직스럽고, 이타적이며, 고분고분한 친화성(Agreeableness), 그리고 능력이 있고, 질서정연하고, 자기-훈육이 잘 된 성실함(Conscientiousness)이 바로 다섯 가지 하위기질이다.[32]

물론 이 다섯 가지 모형이 주를 이루고는 있지만 한편에서는 통제원이나 남성성-여성성과 같은 보편적으로 연구되는 일부 기질을 적절하게 포착하지 못한다고 주장하며, 더 많은 요소를 고려할 것을 권하기도 한다. 예를 들어, '나는 우월하다'거나 '나는 보통이다'라고 하는 등 위안하거나 돋보이게 하는 자신에 대한 평가인 긍정적 유의성(Positive Valence)과 '나는 나쁜 사람이야' 아니면 '나는 그저 그런 사람이야' 등 자신을 돋보이게 하지 않는 자신에 대한 평가라고 할 수 있는 부정적 유의성(Negative Valence)을 추가한 'Big 7' 모형을 제안하면서, 이 두 요소가 자아가치에 대한 과장이라고 할 수 있는 자기도취(narcissism)와 자신을 나쁘거나 악마로 보는 경계성 인성장애(borderline personality disorder)와 같은 인성장애를 설명하기 위해 필요하다고 주장한다.[33]

반면, 일부에서는 오히려 다섯 가지 하위기질에서 두 가지 요소를 빼고 속박(Constraint), 부정적 정서성(Negative Emotionality), 그리고 긍정적 정서성(Positive Emotionality)으로 구성된 'Big 3' 모형을 주창하였다. 이 모형에서는 처음의 두 기질, 부정적 정서성과 속박이 범죄와 가장 강력하게 관련된 것으로 알려지고 있다. 속박의 양상은 높은 도덕수준을 지지하는 전통주의(traditionalism), 흥분과 위험을 피하려는 손상회피(Harm avoidance), 그리고 상황을 반영하고 계

---

32 J. M. Digman, "Personality structure: Emergence of Five Factor Model," *Annual Review of Psychology*, 1990, 41: 417-440; R. R. McCrae and Costa Jr., P. T., "A Five Factor Theory of personality," pp.139-153 in L. Pervin and O. P. John(eds.), *Handbook of Personality*(3nd ed.), 1999

33 C. Durrett and Trull, T. J., "An evaluation of evaluative personality terms: A comparison of the Big Seven and Five-Factors Model in predicting psychopathology," *Psychological Assessment*, 2005, 17: 359-368

획적인 통제로 구성되며, 범죄자가 비범죄자에 비해 이 점수가 낮은 것으로 보고되고 있다. 또한 부정적 정서성의 단면은 다른 사람에게 불편함을 유발하는 공격성(Aggression), 제대로 대접받지 못한다고 느끼는 소외(Alienation), 그리고 화와 성질을 표출하는 스트레스적 대응(Stress reaction)이며, 범죄자가 비범죄자보다 높은 점수를 보인다고 한다. 그러나 사회성이나 복지와 안녕 등의 느낌인 긍정적 정서성은 범죄자와 비범죄자가 크게 차이가 없었다고 한다.[34]

(2) 인성에 대한 기질과 상황의 상호작용

기질적 관점에서는 인성의 안정적이고 지속적인 특징을 강조하는데, 지금까지 우리는 기질의 안정성에 대한 증거를 충분히 봐왔다. 그러나 또한 우리가 때로는 특정한 상황에서 통상적으로 하던 것과는 다르게 행동한다는 것도 알고 있다. 특히 우리가 위기에 직면하게 되면 조심스러운 사람이 용기를 내서 위험에 도전하고, 또는 수줍은 사람도 사랑하는 사람이 비판받을 때면 큰 소리를 낼지도 모른다.

흥미로운 것은 특정한 기질과 다양한 상황에서 그 기질의 표출 사이에는 평균 정도의 상관관계만 있으며, 이 연구결과는 곧 인성기질이 어떤 상황에서라도 매우 안정적이라는 지금까지의 믿음을 의심케 하여, 결국은 사람들이 상황을 어떻게 해석하는지, 그리고 이러한 심리적 과정이 인성의 근본적 관점이라는 사실에 더 많은 관심을 가져야 한다는 것이다. 결론적으로 인성기질은 동기와 감정으로 구성되지만, 기억, 지능, 사회적 유대, 그리고 태도와 기대 역시 내포하고 있다는 것이다. 따라서 인성이 더 이상은 단지 안정적인 인성기질의 연구만이 아니라 기질과 행동의 상황 사이의 중재자인 역동적 심리과정의 연구이기도 한 것이다.[35]

(3) 인성과 범죄학

지금까지 가장 폭넓게 활용되어 온 반사회적 인성의 척도는 캘리포니아 인성 검사(California Personality Inventory, CPI)의 사회화(Socilaization, So) 척도와 미네소타 다면적 인성 검사(Minnesota Multiphastic Personality Inventory, MMPI)의 반사회적 인성장애 일탈(Psychopathic Deviate, Pd) 척

---

34 A. Caspi, T. E. Moffitt, P. A. Silva, M. Stouthamer−Loeber, R. F. Krueger and P. S. Schmutte, "Are some people crime−prone? Replications of the Personality−Crime Relationship across Countirs, Genders, Races, and Methods," *Criminology*, 1994, 32: 163−195

35 J. D. Mayer, "Tale of two visions: Can a new view of personality help integrate psychology?" *American psychologist*, 2005, 60: 294−307

도라고 할 수 있다. 이들 두 척도의 점수가 가족변수와 생물학적 변수, 자기－관리 기술과 충동성 척도, 그리고 일탈 척도와 상관관계가 있는 것으로 알려지고 있다. 실제로 Pd척도는 90% 정도 범죄자와 비범죄자를 구별하였으며, So척도도 86% 정도 연구 간 일관성을 보인 것으로 알려지고 있다.[36]

당연히 오늘날의 범죄학 이론들은 인성을 중요한 이론적 복합개념으로 통합하고 있다. 그중에서도 범죄성과 가장 강력한 상관관계가 있는 인성으로서 반사회적 인성 유형이 범죄자와 비범죄자 표본을 일관적으로 구별하고 범죄행위를 예측하였다. Gottfredson과 Hirschi의 범죄의 일반이론(The General Theory of Crime)이 주류범죄학을 인성의 연구로 돌리게 한 가장 영향력 있는 작업의 하나였다. 여기서 그들은 자기통제(self－control)를 범죄의 원인으로 보았으며, 자기통제는 많은 범죄학자와 심리학자로부터 인성 복합개념으로 간주되고 있다.[37]

4. 반사회적 인성장애(psychopathy)

일반적으로 반사회적 인성장애, 즉 psychopathy는 후회나 양심의 가책을 거의 또는 전혀 느끼지 못하고 빈번하게, 반복적으로 범죄활동에 가담하는 사람을 두고 일컫는 말이다. 이들은 습관적으로 남을 속이고 조종하고, 전적으로 양심이 결여되어 사회와의 반복된 갈등 속으로 자신을 몰아가는 사람이며, 경험으로부터 학습하지 못하고, 개인이나 집단 또는 사회에 대한 충성심과 동정심이 없으며, 이기적이며 무책임하고, 자신의 행위에 대해서 남을 비난하거나 그럴듯하게 합리화한다.[38]

반사회적 인성장애는 자기중심성, 충동성, 무책임성, 급격한 감정변화, 동정심과 죄책감 또는 죄의식의 결여, 병리적 거짓말, 착취성, 그리고 사회적 기대감과 규율의 지속적인 위반 등을 포함하는 감정적, 대인적, 그리고 행위적 특성의 집합체로 규정되는 심각한 사회적 장애이다. 그래서 이들 반사회적 인성장애자는 타인을 통제하고 자신의 이기적 욕구를 만족시키기 위하여 유혹, 약취, 협박, 그리고 폭력을 이용하는 약탈자로 기술되고 있다. 양심과 타인에 대한 공감이 결여되어 냉혈적으로 아무런 죄의식이나 죄책감도 없이 그들이 원하는 것을 가지고 그들이 하

---

36 Andrews and Bonta, *op cit.*, p.199

37 *Ibid.*, pp.201－202

38 E. Greene, Heiburn, K., Fortune, W. H., and Nietzel, M. T., *Wrightman's Psychology and the Legal System*(6th ed.), Belmont, CA: Thomson Wadsworth, 2007, p.77

고 싶은 대로 한다.[39]

이들 반사회적 인성장애자들은 친절하고, 사교적이고, 외향적이며, 호감이 가고, 민감한 것처럼 보이며, 종종 잘 교육되고, 이지적이며, 다양한 일에 관심을 가지는 것처럼 보이기도 한다. 그러나 이들은 다양한 바람직하지 않은 특징들도 가지고 있어서 종종 자기중심성이라고도 하는 극단적 이기심과 다른 사람들에게 감정과 사랑을 줄 수 있는 능력이 없다고 한다. 이들은 그래서 공감성, 죄책감, 그리고 가책 등을 보이지 않고, 매우 착취적이며 기만적이기도 하다. 그들은 타인, 가치, 또는 목표에 대한 지속적인 애착을 보이지 않으며, 종종 과거의 실수로부터 학습하지 못하고, 술의 영향으로 난폭하고, 천박하고, 시끄러워진다. 이들의 주요한 기질은 비정상적으로 지나치게 높은 충동과 자극의 욕구와 쉽게 지루해지는 경향이라고 할 수 있다. 그들 행위의 대부분은 흥분과 자극의 투입에 대한 만족되지 않은 그들의 요구를 충족시키고자 하는 시도의 결과라고 할 수 있다.[40]

물론 일부 반사회적 인성장애자가 사회적으로 일탈적인 행위에 가담할 수도 있지만, 일반적으로 그들은 신경증이나 정신병에 대한 임상적 기술이나 색인에 해당되는 행위를 보이지는 않는다. 심지어 가장 스트레스가 심한 조건에서도 차분하고 침착하며, 불안한 징표도 거의 보이지 않는다고 한다. 그들은 대체로 감정의 기복이 거의 없이 느긋하고 평탄하기도 하다. 그러나 이들이 심리적 장애로부터 완전히 자유로운 것은 아니어서, 알코올과 약물남용/의존장애 사이의 중요한 관계가 있으며, 물론 반사회적 인성장애를 가지는 것으로 빈번하게 진단되기도 한다.[41]

여러 가지 면에서, 이들 사이코패스는 그들의 행동의 결과와 사건의 중요성과 무관하게 신뢰할 수 없고, 충동적이며, 무책임하고, 예측할 수 없다. 그러나 이러한 유형은 사실 순환적이라고 할 수 있어서, 장기간 동안 책임성이 있고, 상당한 성취도 이루기도 하고 상당 기간 주변 사람들의 가장 친한 친구처럼 보이지만, 어느 한 순간 예고나 경고도 없이 자신의 지위나 신분을 망치는 무언가를 행하게 된다. 이러한 순환적 유형으로 인하여, 그들은 지속적이고, 일관적인 범행을 거의 하지 않고 오히려 즉각적인 만족을 위하여 허둥지둥 계획된 범죄에 가담하게 된다고 한다.[42]

---

39 R. D. Hare, "Psychopath: New trends in research," *Harvard Mental health letter*, 1995, 12:4−5

40 Bartol and Bartol, 2006, *op cit.*, p.420

41 R. D. Hare, Hart, S. D. and Harpur, T. J., "Psychopathy and the DSM−IV criteria for antisocial personality disorder," *Journal of Abnormal Psychology*, 1991, 100:391−398

42 Bartol and Bartol 2006, *op cit.*, p.420

(1) 정신의학과 반사회적 인성장애

정신장애에 대한 가장 영향력 있는 분류체계의 하나는 미국정신의학회의 "정신장애에 대한 진단과 통계 매뉴얼(Diagnostic and Statistical Manual of Mental Disorder) 혹은 DSM−IV"라고 할 수 있다. 여기서 인성장애는 강박−충동적 인성(Obsessive−compulsive personality), 편집증적 인

표 4−1   반사회적 행위 관련 정신의학적 장애

반사회적 인성장애에 대한 DSM IV 범주
1. 타인의 권리 무시(다음 중 최소한 세 개 이상 해당)
1) 체포의 근거가 되는 방식으로 행동
2) 기만적이고 약취적
3) 충동적
4) 공격적
5) 무책임한
6) 죄책감의 결여
2. 18살 또는 그 이상
3. 아동기 행동장애 이력
4. 정신분열/조증 사건의 산물이 아닌 반사회적 행위

행동장애에 대한 DSM−IV 범주
1. 타인의 권리에 대한 경시나 나이에 적합한 사회적 규범의 위반(최소 세 개 이상)
1) 다른 사람을 괴롭히고, 위협하고, 협박한다
2) 육체적 싸움을 건다
3) 무기를 사용했다
4) 사람들에게 물리적으로 잔인하다
5) 동물에게 물리적으로 잔인하다
6) 피해자와 대치하는 중 훔친다
7) 누군가에게 성적 행동을 강요했다
8) 불을 질렀다
9) 재물을 손괴하였다
10) 집, 자동차, 건물에 침입하였다
11) 물품이나 호의를 얻기 위해 거짓말을 했다
12) 훔치다
13) 13세 이전부터 부모님의 금지에도 불구하고 외박을 한다
14) 적어도 두 번 이상 가출했다
15) 13세 이전부터 학교를 빼먹다
2. 아동기 발병 형태: 10세 이전에 한 가지 범주 분명
3. 청소년기 발병 형태: 10세 이전에는 범주 부재

성(paranoid personality), 자기도취적 인성(narcissistic personality), 그리고 당연히 반사회적 인성장애를 포함하고 있다. 대부분의 인성장애는 조기에 나타나며, 반사회적 인성장애는 타인의 권리에 대한 경시와 위반의 형태로 다른 인성장애와는 구분되고 있다. 어린이들에게 있어서는 이에 상응하는 정신장애를 행동장애(conduct disorder)라고 부르고 있다.[43]

　미국에서는 전체 성인의 약 3.5% 정도가 반사회적 인성장애(Antisocial Personality Disorder, APD)로 영향을 받는 것으로 알려지고 있으나, 비록 이 반사회적 인성장애가 공격적 행위와 관련이 되지만 이러한 장애는 알코올중독자나 충동적 도박꾼과 같이 아무런 법률위반도 하지 않은 비공격적 개인에게서도 비교적 흔하게 나타난다고 한다.[44]

(2) 반사회적 인성장애의 파악

　반사회적 인성장애(psychopathy)는 전문가는 물론이고 일반 대중들에게도 널리 알려지고 사용되는 용어로서, 대중들에게는 잔학하고 폭력적인 행위도 할 수 있는 부드럽고 매력적인 사람이란 인상을 준다고 한다. 그러나 그 개념은 다양하여, 누구는 '발광하지 않는 조병(mania without frenzy)'이라고도 하고, 누구는 '도덕적 정신이상(moral insanity)'이라고도 하는 반면에 Freud는 '발달되지 않은 초자아'라고 기술한다.[45]

　영국에서는 반사회적 인성장애를 지능의 심각한 장애여부와 관계없이 비정상적으로 공격적이거나 심각하게 무책임한 행위를 초래하는 지속적인 마음의 무능력이나 장애로 규정하고 있는데, 이러한 정의는 '지속적', '비정상적으로 공격적', 또는 '심각하게 무책임한' 등의 의미를 구체적으로 규정하지 않아서 완전한 정의라고는 할 수 없다. 문제를 더 복잡하게 하는 것은 미국에서는 Sociopath와 Psychopath라는 용어가 반사회적 인성과 상호교환적으로 사용된다는 것이다.

　일찍이 Cleckley(클레클리)는 임상실무에서 관찰된 특성들을 열거하는 방식으로 반사회적 인

---

43 American psychiatric Association, *Diagnostic and Statistical Manual of Mental Disorder_DSM IV*, Washington, DC: The American Psychiatric Association, 1994, p.645

44 B. F. Grant, D. S. Hassin, F. S. Stinson, D. A. Dawson, S. P. Chou, W. J. Ruan and R. P. Pickering, "Prevalence, correlates, and disability of personality disorders in the US: Results for the National Epidemiologic Survey on Alcohol and related conditions," *Journal of Clinical Psychiatry*, 2004, 65: 948－958; A. G. Crocker, K. T. Mueser, R. F. Drake, R. E. Clark, G. J. Mchugo, T. H. Ackerson and A. I. Alterman, "Antisocial personality, psychopathy and Violence in persons with dual disorders: A longitudinal analysis," *Criminal Justice and Behavior*, 2005, 32:452－476

45 P. Pichot, "Psychopathic behavior: A historical overview," pp.55－70 in R. D. Hare and D. Schalling(eds.), *Psychopathic Behavior*, New York: Wiley, 1978

표 4-2   Cleckley의 반사회적 인성장애자의 특성(1976)[46]

▸ 피상적 매력과 우수한 지능
▸ 환상이나 기타 비이성적 사고의 부재
▸ '긴장, 신경과민, 초조'나 기타 심리신경학적 증상의 부재
▸ 비신뢰성
▸ 진실하지 못하거나 위선적임
▸ 부적절하게 동기가 부여된 반사회적 행위
▸ 양심의 가책이나 부끄러움의 결여
▸ 잘못된 판단과 경험을 통한 학습의 실패
▸ 병리적 자기중심적 이기심과 사랑에 대한 무능
▸ 주요 감성적 반응에 있어서의 일반적 빈곤
▸ 직관의 구체적 상실
▸ 일반적 대인관계에 있어서 무반응
▸ 음주로 인한, 때로는 음주하지 않고도 몽환적, 마음에 내키지 않는 행위
▸ 자살은 거의 시도되지 않음
▸ 성생활 비인간적, 중요하지 않고 부적절하게 통합
▸ 어떠한 인생계획도 따르지 못함

성장애를 파악하였는데, 그가 파악한 특징들은 <표 4-2>에서 볼 수 있듯이 반사회적 인성장애자(psychopaths)들의 감정적, 사회적 공허함(emptiness)을 강조하고 있다.

<표 4-2>는 세 가지 주목할 점을 보여주고자 하는데, 우선 반사회적 인성장애자는 정상성의 모든 피상적 모습, 즉 외관은 다 가지고 있어서 그들은 환상이나 망상을 하지 않으며, 불안과 죄책감을 약화시킴으로써 특별히 방해를 받는 것 같지도 않다고 한다. 또한 그들은 사회통제에 귀를 기울이지 않아서 주변 사람이나 사회로부터의 처벌에도 불구하고 지속적으로 문제를 일으킨다고 한다. 끝으로, 범죄행위는 반사회적 인성장애의 필요조건은 아니라는 것이다. 여기서 마지막 관점이 중요한데, 만약 반사회적 인성장애자가 반드시 범죄자는 아니라는 가정을 받아들인다면 몇 가지 중요한 부수적 추론이 가능해지기 때문이다. 우선, 모든 범죄자는 반사회적 인성장애, 즉 사이코패스가 아니며, 범죄의 설명이 반사회적 인성장애의 설명으로 작용할 수 없으며 반대로 반사회적 인성장애의 설명이 범죄의 설명으로 작용할 수도 없고, 결국 반사회적 인성장애자와 범죄자에 대한 평가와 처우방법은 전혀 달라야 한다는 것이다.[47]

Hare는 위에서 소개한 Cleckley의 범주를 이용하여 수집된 자료를 요인분석한 결과,

---

46 H. Cleckley, *The mask of Sanity*(5th ed.), St. Louis, MO: C. V. Mosby, 1976, Hollin, *op cit.*, p.115에서 재인용

47 Andrews and Bonta, *op cit.*, pp.207-208

Psychopath(반사회적 인성장애자)를 기술하는 다섯 가지 요인, 즉 따뜻하고, 동정적인 관계로 발전시킬 수 있는 능력의 부재, 불안정한 생활유형, 자신의 반사회적 행위에 대한 책임을 받아들이지 않음, 지적이거나 정신의학적 문제의 결여, 그리고 행동통제의 유약함을 제시하였다.[48] 이와 유사한 연구에서도 거의 대부분 일치된 결과를 발견하였는데, 그중에서도 애정(affection)이나 공감(empathy)의 결여로 기술될 수 있는 특징이 가장 보편적 범주였다. 그러나 Cleckley의 용어들 가운데는 지나치게 애매하거나 정확하지 못한 것들이 많아서 임상이나 연구자들에게 어려움을 초래하여 Hare는 <표 4-3>과 같이 보다 정확한 척도로 구성하였다.

표 4-3 Hare의 반사회적 인성장애자(psychopathy) Check lists(1980)[49]

▸ 입심이 좋고/피상적, 가공적 매력
▸ 과거 반사회적 인성장애 진단
▸ 자기중심적 이기심/웅대한 자기-가치(self-worth)
▸ 무료함에 취약하고/좌절감 인내 어려움
▸ 병리적 거짓말과 속임수
▸ 속임/정직함의 부재
▸ 양심의 가책이나 죄의식의 부재
▸ 감성과 감정적 깊이의 부재
▸ 무감각함/동정심의 결여
▸ 기생적, 의존적 생활유형
▸ 성질이 급함/행동통제 결여
▸ 무차별적 성관계
▸ 조기행동문제
▸ 현실적, 장기계획의 부재
▸ 충동성
▸ 부모로서 무책임한 행위
▸ 빈번한 결혼관계
▸ 소년비행
▸ 좋지 않은 보호관찰 위험성
▸ 자신의 행동에 대한 책임 수용 실패
▸ 다수형태의 범행
▸ 반사회적 행위의 직접적인 원인 아닌 약물이나 알코올 남용

48 R. D. Hare, "A research scale for the assessment of psychopathy in criminal populations," *Personality and Individual Differences*, 1980, 1:111-119

49 *Ibid*

표 4-4   수사심리전문가들의 반사회적 인성장애 증세의 중요성 평가[50]

	평균점수
1. 경험으로부터 이익을 얻지 못함	8.25
2. 충동조절부족	8.22
3. 상습적, 반복적 반사회적 행동	8.16
4. 책임감의 결여	7.53
5. 처벌로 영향을 받지 않는 행동	7.50
6. 의미 있는 관계를 형성하지 못함	7.28
7. 감정적, 정서적 미성숙성	7.28
8. 죄의식을 경험하지 못함	7.25
9. 도덕심의 결여	6.75
10. 목표지향적 행동 결핍	6.31
11. 자기중심적	6.25
12. 빈번한 법률위반	5.81
13. 빈번한 거짓말	5.75
14. 공격적	5.63
15. 직업적으로 불안정적	5.45
16. 무책임한 성적 행위	4.03
17. 과다한 알코올소비	3.84
18. 기분의 현저한 전환	3.13
19. 비정상적인 EEG	3.00
20. 과잉행동	1.25
21. 평균이상의 지능	1.19
22. 동성애	1.13

Blackburn(블랙번)은 일차적 반사회적 인성장애자와 이차적 반사회적 인성장애자를 구분하는 4가지 유형의 폭력적 범죄자를 기술하였다. 일차적 반사회적 인성장애(Primary psychopath)는 높은 수준의 적대감, 낮은 수준의 불안, 그리고 정신의학적 문제를 거의 가지고 있지 않다는 특징이 있으며, 이차적 반사회적 인성장애(Secondary psychopath)도 높은 수준의 적대감을 보이나 부수적으로 불안, 죄의식, 그리고 정신의학적 장애를 보이는 특징이 있다고 한다. 반사회적 인성장애와 사회성(사교성)의 두 요인으로 일차적 반사회적 인성장애자는 반사회적 인성장애와 사회성 두 가지 다 높으며, 이차적 반사회적 인성장애자도 역시 반사회적 인성장애는 높지만 사회성은 낮은 유형으로 나누어 설명하고 있다. 일차적 반사회적 인성장애자가 폭력범죄를 할 확률이

---

50 W. Davies and Feldman, P., "The Diagnosis of psychopathy by forensic specialists," *British Journal of Psychiatry*, 1981, 138: 329－331

더 높은 반면, 이차적 반사회적 인성장애자는 성범죄를 범할 확률이 더 높다고 한다.[51]

한편, Davis(데이비스)와 Feldman(펠드만)은 보다 비공식적으로, 즉 실무자들에게 반사회적 인성장애를 진단하기 위하여 22가지 반사회적 인성장애의 신호나 증상에 대하여 그 중요성을 매기도록 한 결과를 바탕으로 <표 4-4>를 제시하였다.

그런데 한 가지 중요한 의문은 '과연 반사회적 인성장애자들이 다른 범죄자들과 질적으로 다른가'라는 것이다. 다시 말해, 반사회적 인성장애가 별개의 인성개념인가 아니면 다양한 삶의 형태를 별도의 범주로 분류하는 생물학적 분류군(taxon)인가의 의문이다. 물론 Cleckley나 Hare와 같은 주요 주창자들은 반사회적 인성장애가 다른 장애가 공유하지 않는 감정적, 인지적, 대인적, 그리고 행위적 특성의 집합체인 전혀 다른 별개의 인성 개념이라는 입장을 취한다.[52]

지금까지는 대부분 반사회적 인성장애를 하나의 별도의 인성개념으로 확인하고 있으나 부분적으로는 분류군이라는 증거도 나오고 있어서 사실은 반사회적 인성장애가 보다 다차원적(dimensional)인 것으로 볼 필요가 있다고 한다. 분류군에 대한 대안으로서 차원적 관점에서는 반사회적 인성장애는 정도의 문제로 간주되며 따라서 모든 범죄자는 어느 정도까지는 반사회적 인성장애자라는 것이다. Hare의 PCL-R은 반사회적 인성장애의 차원적 모형(dimensional model)을 따르는 것 같으며, 이는 인성장애를 진단적 범주(diagnostic categories)로 보지 않고 차원적 분류(dimensional classification)로 고려하는 일반적 추세를 반영하는 것일 수도 있다.[53]

종합하면, 반사회적 인성장애는 하나의 임상적 장애에 대한 기술이 아니라 그 자체의 다양

---

51 R. Blackburn, "On the relevance of the concept of the psychopath," in D. A. Black(ed.), Symposium: Broadmoor Psychology department's 21st birthday, *Issues in Criminological and legal Psychology*, No. 2, Leicester: British Psychological Society, 1982, Hollin, *op cit.*, p.116에서 재인용

52 G. T. Harris, M. E. Rice and V. L. Quinsey, "Psychopathy as a Taxon: Evidence that psychopaths are a discrete class," *Journal of Counseling and Clinical Psychology*, 1994, 62: 387-397; T. A. Skilling, G. T. Harris, M. Rice and V. L. Quinsey, "Identifying persistently antisocial offenders using the Hare Psychopathy Check List and DSM Antisocial Personality Disorder Criteria," *Psychological Assessment*, 2002, 14: 27-38; T. A. Skilling, V. L. Quinsey and W. M. Craig, "Evidence of Taxon underlying serious antisocial behavior in boys," *Criminal Justice and behavior*, 2001, 28: 450-470

53 R. D. Hare and Neuman, C. S., "The PCL-R assessment of psychopathy: Development, Structural properties, and new directions," pp. 58-88 in C. J. Patrick(ed.), *Handbook of Psychopathy*, New York: Guilford, 2006, p. 73; J. P. Guay, J. Ruscio and R. A. Knight, "A Taxometric analysis of the latent structure of psychopathy: Evidence for dimensionality," *Journal of Abnormal Psychology*, 2007, 116: 701-716; T. A. Widiger and T. J. Trull, "Plate teutonics in the classification of personality disorder: Shifting to a dimensional model," *American Psychologist*, 2007, 62: 71-83

한 태도, 감정, 그리고 대인간 행동문제를 보일 수 있는 심각한 인성장애에 붙여진 편의적 표식이라는 것이 합의된 견해라고 할 수 있다. 핵심적인 문제는 타인과 관계를 지우는 능력의 장애-타인의 느낌을 고려하여 그들의 편의와 안전과 일치된 방식으로 행동하지 못하는 장애라고 할 수 있다는 것이다.

(3) 반사회적 인성장애의 특성과 원인

1) 특성

일반적으로, Cleckey와 Hare 등 반사회적 인성장애에 대한 다양한 검사방법들이 있고, 나름 진단적 가치가 상당할지라도 보다 자세한 진단적 특성을 안다면 형사사법기관에서 다루고 있는 사람이 어떤 유형의 사람인지 일차적으로 판단하기 훨씬 용이할 것임은 분명하다. 반사회적 인성장애의 특성으로 대체로 다음의 13가지 특징을 들고 있다.[54]

타인의 조종(Manipulation of people): 반사회적 인성장애자들은 자신의 목표를 얻기 위해 사람들을 마치 물건처럼 조종한다. 여기서 조종이란 특수한 유형의 대인적 상호작용이다. 다른 사람의 행위와 감정에 영향을 미치기 위한 시도이며, 자신이 원하는 것을 얻고 그것도 자신의 방식대로 하기로 작정한 사람으로 자신의 목적을 위해 감정, 욕구, 약점을 어떻게 이용하는지를 직관적으로 잘 알고 있으며, 공감이나 동정을 거의 보이지 않는다.[55] 이런 이유로, 반사회적 인성장애자들은 대부분 친구가 없을 뿐만 아니라 어떤 친구도 원치도 않으며, 비록 신뢰와 확신을 주는 사기꾼일지라도 일반적으로 자기 중심적으로 타인의 복지에 대해서는 거의 고려하지 않는다. 바로 이러한 조종능력으로 인해 그들은 그들이 수행하는 거의 대부분의 역할에 놀랄만한 성공을 보이기도 한다.[56]

설명할 수 없는 실패(Unexplained failure): 비록 반사회적 인성장애자들은 대부분 평균 이상의 지능을 가지고, 무엇이건 선택하는 일에 대부분 성공하는 시기도 있지만 통상적으로 언젠가는 실패하게 된다. 일시적인 성공이나 안정성은 이성적 설명이 불가능한 일로 바보스럽고 불필요한 추락을 동반하는 이상할 정도로 잔인하고 무책임한 행동을 하게 된다.[57]

---

54 이 부분은 Ropdger, *op cit.*, pp.84-87 요약, 재편집한 것임

55 E. S. Person, "Manipulativeness in entrepreneurs and psychopaths," pp.256-259 in W. H. Reid, Dorr, D., Walker, J. I. and Bonner, J. T. III(eds.), *Understanding the Psychopaths*, New York: W. W. Norton, 1986.

56 B. A. Rodgers, *Psychological Aspects of Police Work: An Officer's Guide to Street Psychology*, Springfield, IL: Charles Thomas Publisher, 2006, p.85

불안감의 부재(Absence of Anxiety): 반사회적 인성장애자들은 불안감, 공포심, 또는 정신상태에 영향을 받는 증상으로 괴로움을 겪지 않는다. 그들은 정상적인 사람들이라면 매우 긴장되고 기분이 나쁠 상황에서도 편하고 침착하다고 한다. 이는 그들로 하여금 감정적으로 유리되고 침착할 수 있게 하는 생체적 극복 기제가 그들에게 있기 때문일 것이라고 추정하고 있다.[58]

정신병의 부재(Absence of psychosis): 잘 통합되고 기능하는 반사회적 인성장애자는 정신병질자가 아니다. 그들의 행위가 현실과 괴리되지도 않으며, 그들이 환상이나 망상을 가진 것도 아니다. 그러나 그들은 불유쾌한 상황을 벗어나기 위하여 미친 듯이 행동할 수 있는데, 그들이 미친 듯이 행동할 수 있는 능력은 그들의 반사회적 인성장애를 평가하도록 요구받는 사람들에게 매우 어려운 진단문제를 초래하게 된다. 그들은 심리적으로 매우 정교하여 검사자가 원하는 것이 무엇인지 찾아낼 수 있다.[59]

자멸적 반사회적 행위의 지속(Persistence of self-defeating antisocial behavior): 물론 이들 반사회적 인성장애자들이 돈과 같은 물질적 목표를 얻기 위하여 영악한 범죄를 계획하고 실행할 수 있지만, 그들이 주장하기에 매우 중요한 모든 개인적 목표들을 자멸시키는 유형의 범죄활동도 한다는 것이다.

진실과 거짓을 구분하지 못함(Inability to distinguish truth from falsehood): 반사회적 인성장애자들은 진실을 경시하는 놀랄 만한 능력이 있다고 한다. 평범한 사람이라면 난처하게 느낄 상황에서 전반적으로 편안하고 확신적인 것처럼 보인다고 한다. 이들이 거짓말을 할 수도 있다는 것을 깨닫는 것만으로는 부족하며, 그들의 거짓은 사사로운 것이 아니며 마치 그것들이 진실인 것처럼 할 수 있는 놀랄 만한 능력이 있다는 것을 아는 것도 마찬가지로 중요하다.

비난을 받아들이지 못함(Inability to accept blame): 반사회적 인성장애자들은 자신의 행위에 대해 죄책감을 보이지 않으며, 자신을 평가하는 심리학자에게도 양심의 가책을 갖지 않는 것처럼 보인다. 그래서 성폭력범이 자기 부인의 성적 체념과 자신에 대한 감정의 결여로 인하여 다른 여성을 성적으로 폭행하고 죽여야 했던 욕구와 필요성을 비난하는 것과 같다.

사랑과 친근함에 대한 무능(Incapacity for love and closeness): 반사회적 인성장애자

57 A. Harrington, *Psychopaths*, 44, New York: Simon & Schuster, 1972, p.201.

58 R. D. Hare, "Psychopathy and physiological activity during the anticipation of an aversive stimulus in a distraction paralysis," *Psychophysiology*, 1985, 19:266−271.

59 S. Samenow, "The nexus of criminal behavior," pp.363−377 in J. T. Reese and J. M. Horn(eds.), *Police Psychology: Operational Assistance*, Quantico, VA: US Department of Justice, 1988.

들은 종종 다른 사람을 사랑에 빠지게 하고 그들로부터 헌신을 얻을 수 있는 놀라운 능력을 가지고 있지만 이들은 결코 사랑에 대한 실질적이고, 현실적인 능력을 가지지 못한다. 이들은 타인과의 성숙한 대인관계를 형성할 수 없으며, 친근함을 감내하는 것이 어렵다는 것을 알지 못한다.

통찰력의 부족(Lack of insight): 그들의 평균 이상의 지능으로 인하여, 일상적 관찰자에게는 그들이 상당한 통찰력을 가진 것으로 보이기도 하며, 이는 그들이 항상 자신의 위치를 재평가하고, 잘못된 행위를 파악하고, 그리고 변화를 계획할 준비가 되어 있다는 인상으로 인해 더욱 강화되기도 한다. 그러나 그들의 이어지는 행동들이 진정한 통찰이라기보다는 통찰의 모방에 불과하다는 것을 보이게 된다.

성생활에 대한 천박하고 비인간적 반응(Shallow and impersonal response to sexual life): 그들의 사랑과 친근함에 대한 무능력의 부산물로서 성적 관계에 있어서 깊이 있는 반응과 대응을 하지 못한다. 그들의 그러한 성적 활동은 천박하고, 비인간적이며, 매우 자기-중심적이다.

자살은 거의 실행되지 않는다(Suicide rarely carried out): 반사회적 인성장애자들은 종종 자살 위협을 아주 극적인 내용을 담은 가짜 자살 시도를 하기까지 한다. 주의를 끌기 위한 그들의 이러한 동작들은 놀라울 정도로 진정성 있게 보이도록 연출되기도 한다. 흔치 않게 자살에까지 이르게 되는 경우는 대부분 '안전한' 자살행위의 경계를 넘은 잘못된 판단의 결과인 것이다.

현저한 창의성의 기간(Periods of marked creativity): 반사회적 인성장애자들의 자멸, 빈복된 실패, 범죄행동, 그리고 심지어 입원 등으로 인하여 그들이 상당 기간 효과성, 근면성, 그리고 창의성을 보이는 시기를 간과하기 쉽다. 그래서 이들을 돕는 데 있어서 문제의 하나는 어떻게 하면 그들의 단기적인 창의성을 안정적인 형태의 행위로 전환시키고, 그래서 자멸의 행태를 피할 수 있게 하는가이다.

2) 원인

반사회적 인성장애 행위를 초래하는 요인에 관해서는 다양한 이론이 존재한다. 그중 하나는 반사회적 인성장애자들은 외피질의 미성숙으로 인하여 행동을 금지하기가 어렵다는 것이다. 이들은 왼쪽 뇌의 결함으로 심리학자들이 말하는 수행기능(executive function), 즉 행위를 조심스럽게 계획하고 규제하는 능력에 장애를 일으킨다는 것이다.[60]

---

60 A. B. Morgan and Lilienfled, S. O., "A meta-analytic review of the relation between antisocial behavior and

한편 신경생리학에서는 반사회적 인성장애자들이 유해한 자극에 대해 불안을 적게 느끼고, 흥분도 적게 되며, 바로 이런 낮은 자율적 각성(automatic arousal)이 높은 수준의 흥분욕구를 만들며, 결과적으로 이들은 기발한 상황을 선호하고 자극을 단축하려고 하며, 따라서 통제를 적게 받는다는 것이다. 이런 주장은 뇌파의 EEG를 분석함으로써 입증하고 있는데, 반사회적 인성장애를 가진 사람이 심지어 흥분상태에서도 통제집단에 비해 파장은 아주 낮고 비정상성은 매우 높았다는 것이다.[61] 다른 한편에서는 자극-추구이론(stimulation-seeking theory)이라고 하여 파괴적인 행위와 자극(thrill)의 추구가 감각적 투입과 흥분의 수용과 용인수준을 더 높게 끌어 올린다는 것이다. 그러한 자극추구의 결과로 반사회적 인성장애자들은 행위를 다스리는 다수의 사회적 단서에 면역이 된다고 한다.[62]

모든 형태의 대인관계에서 반사회적 인성장애자들이 겪게 되는 어려움들이 초기 아동기 발달에 대한 면밀한 검토의 중요성을 보여주고 있다. 보편적으로 초기 아동기의 부모의 거부, 높은 빈도의 결손가정, 알코올중독, 그리고 낮은 사회경제적 지위, 신체적 학대, 성적 학대, 부모의 범인성, 아동기 부모와의 이별, 어머니의 반사회적 인성장애 기질, 그리고 부모의 부적절한 양육이 중요한 변인으로 지적되고 있다.[63] 초기 아동기 부모의 거부나 일관성 없는 훈육과 훈육의 부재로 인하여 아이들로부터 행동에 대한 환류를 확보하는 기제를 박탈하게 된다. 이 기제야말로 정상적인 아이들이 성인기의 행동을 통제하는 자신의 내재화된 체제(초자아)를 발전시키는 데 도움을 주는 것이다. 더구나 긍정적인 관계에 기초한 초기 부모와의 관계를 경험하지 못함으로써 반사회적 인성장애자들은 바람직한 성인관계에 가담하는 능력을 개발하지 못하게 된다. 이러한 견해는 반사회적 인성장애 행위를 성인기에 있어서 초기 아동기 시절 자신을 거부하는 부모를 대변하는 사회에 대한 행동으로 간주하는 것이다. 더구나 이들의 그러한 행위에 대한 불안감의 부재는 아동기 부모 훈육의 부재나 비일관성의 또 다른 반영이라고 할 수 있다.[64]

반사회적 인성장애에 있어서 가장 많이 인용되는 병리적 변수는 가족기능, 아동기 행동, 그리고 유전적 영향 등의 우리에게 익숙한 것들이다. 오래전부터 애정의 결핍과 부모의 거부가 일

---

neuropsychological measures of executive function," *Clinical psychology*, 2000, 20:113-136

61 Greene *et al.*, *op ci*t., p.79

62 *Ibid.*

63 A. Forth and Mailloux, D. L., "Psychopathy in youth: What do we know?" in C. B. Gacono(ed.), *The Crlinical and Forensic Assessment of Psychopathy*, Mahwah, NJ: Erlbaum, 2000, p.39

64 Rodgers, *op cit.*, pp.87-88

차적 병리요인으로 지목되어 왔으며, 나아가 종단연구에서도 아동기 초기 다양한 행동문제들이
성인으로서 반사회적 인성장애 행위와 밀접한 관련이 있는 것으로 지적되어 왔다. 학교결석, 거
짓말, 비동조, 죄의식의 부재, 그리고 학교와 가정에 관한 무책임함 등이 대표적인 아동기 문제
에 해당된다고 한다. 또한 아버지의 반사회적 행위와 훈육의 부재와 결핍이라는 가족특성도 후
기의 반사회적 인성장애 행동과 밀접한 관련이 있는 것으로 알려지고 있다.[65]

　　그러나 이런 유형의 아동기 이상행동들이 반사회적 인성장애로 이름 붙여지지 않는 범죄행
위를 비롯한 후기 생애의 다양한 장애뿐만 아니라 각종 신경 및 정신질환 등 폭넓은 범주의 임
상장애의 예측요인이기도 하기 때문에 이러한 연구결과들이 반사회적 인성장애만의 특정한 전
례라고 할 수는 없다. 또한 일부에서는 극단적인 반사회적 행위로 간주되는 반사회적 인성장애
의 기반은 유전적 전이에 있다고 주장한다. 쌍생아연구와 입양아 연구의 결과들을 반사회적 인
성장애로까지 확대, 적용하는 것이다.

　　한편, 가족, 종단, 그리고 유전 연구들은 반사회적 인성장애에 대한 다양한 유형의 상관관계
요인들을 제시하지만, 그렇다고 의문에 대한 모든 해답을 제공하지는 못하고 있다. 예를 들어,
유전적 전이가 어떻게 작용하는지, 부적절한 부모역할이나 기능이 반사회적 인성장애 행동을 유
발하도록 중재하는 요소는 무엇인지 등의 궁금증은 해소하지 못한다는 것이다. 일부에서는 반사
회적 인성장애가 사회적 조건이나 영향력과 신경심리학적 요소들의 복잡한 상호작용의 산물일
가능성이 높다고 설명하고 있다. 이들 신경심리학적 요소에는 자극이나 흥분이 잘 되지 않는 신
경계통, 사건이나 경험의 정서적, 감정적 중요성을 제대로 이해하지 못하며, 언어의 정서적 진실
성을 활용하거나 처리하지 못하여 말은 이해하나 음악은 이해하지 못하고, 단어나 글이나 말의
사전적 의미만 알고 살아있는 뜻을 이해하지 못한다고 한다. 이러한 결핍이나 결함에도 불구하
고, 타인을 이용하는 데는 심리적, 사회적으로 매우 기술적이어서 집중적인 눈 맞춤, 신체언어로
시선 끌기, 매력성, 그리고 듣는 사람의 취약점의 파악 등이 타인을 통제하고, 지배하고, 착취하
는 무기들이라고 한다.[66] 그렇다면, 반사회적 인성장애의 문을 열 열쇠는 그 특성상 생리학적인
것인가?

---

65 Hollin, *op cit.*, p.119
66 Bartol and Bartol, 2006, *op cit.*, p.421

(4) 생리학과 반사회적 인성장애

지금까지 반사회적 인성장애와 생리학적, 심리생리학적 기능에 대한 연구는 대부분 중앙신경계(central nervous system, CNS)와 자율신경계(auronomic nervous system, ANS)에 집중되었다. 중앙신경계 기능에 대한 연구는 주로 뇌의 전기활동을 기록하는 EEG, 즉 뇌파검사에 의존해 왔는데, 반사회적 인성장애자들에게서 EEG 이상의 빈도가 높다는 것을 발견하였다. 그러나 문제는 모든 반사회적 인성장애자가 모두 EEG 이상을 보이지 않으며, 보이는 경우에도 일관적이지 못하다는 것이다. 더구나 상황에 따라 변하고 달라진다는 것이다.[67]

반사회적 인성장애자들에 대한 자율신경계연구는 자율신경활동의 지표로서 반응성과 각성수준에 집중되어 왔는데, 쉴 때는 반사회적 인성장애자들이 낮은 수준의 뇌파반응을 보이지만 스트레스를 받는 상황에서는 매우 높은 수준의 심장반응을 보인다고 한다. 그러나 이러한 생리학적 연구결과들은 인지－행동 증거(cognitive－behavioral evidence)의 입장에서 고려될 때 더 중요해진다고 한다.[68]

(5) 반사회적 인성장애자의 인지-행동 수행

일반적으로 반사회적 인성장애의 주요 특성 중의 하나가 경험으로부터 배우지 못한다는 점이었다. 이와 같은 학습부진은 반사회적 인성장애자들이 반사회적 행위의 부정적 결과를 피하지 못하는 데서 잘 입증되고 있다. 이러한 주장은 주로 실험실에서 전기충격을 가하는 등의 방법으로 불쾌한 결과를 피하기 위하여 예견적 단서(anticipatory cues)에 반응하는 것을 학습하는 수동적 회피학습(passive avoidance learning)에 의하여 검증되고 있다. 대체로 반사회적 인성장애자들이 이 수동적 회피학습을 제대로 수행하지 못하는 것으로 조사되고 있으며, 이는 반사회적 인성장애자들이 자율신경계 각성상태가 낮으며 비교적 상대적으로 불안으로부터 자유롭다는 것을 의미한다.[69]

---

67 R. Blackburn, "Aggression and the EEG: a quantitative analysis," *Journal of Abnormal Psychology*, 1975, 84: 358－365; R. Blackburn, "Cortical and autonomic arousal in primary and secondary psychopaths," *Psychophysiology*, 1979, 16: 143－150

68 J. W. Jutai and Hare, R. D., "Psychopathy and selective attention during performance of a complex perceptual－motor task," *Psychophysiology*, 1983, 20: 323－333

69 F. A. Chesno and Kilmann, P. R., "Effects of stimulation intensity on sociopathic avoidance learning," *Journal of Abnormal Psychology*, 1975, 84: 144－150

표 4-5 범죄행동의 심리학에서 본 PCL-R[70]

1. 불변의 범죄이력
▶ 기생적 생활 유형(parasitic life style)
▶ 조기 행동문제
▶ 다수의 단기적 혼인관계
▶ 청소년비행
▶ 조건부 석방의 위반
▶ 범죄적 다양성(criminal versatility)
2. 역동적인 우범적 욕구(dynamic criminogenic needs)
▶ 병리적 거짓(pathological lying)
▶ 속임수/조작적
▶ 죄의식 또는 죄책감의 결여
▶ 부족한 행위통제
▶ 문란한 성적 관계
▶ 현실적, 장기 목표의 결여
▶ 충동성
▶ 무책임성
▶ 책임을 받아들이지 못함
3. 반응성(Responsivity)
▶ 입심/가공적 매력
▶ 자기가치에 대한 지나친 과장
▶ 자극의 필요/지루함에 취약
▶ 얇은 감정

실험결과를 보면, 일반인들은 손실을 최소화하기 위하여 과거의 경험에 비추어 상황에 적응하는 반면 반사회적 인성장애자들은 그러한 적응에 실패한다는 것이다. 이러한 행동유형을 반응고집(response perseveration)이라고 하는데, 행동의 결과에도 불구하고 동일한 행동을 지속한다는 것이다. 이러한 학습의 어려움은 아마 반사회적 인성장애자의 부족한 사회적 역할수행과 사회화의 부족에 관련되는 것이라고 할 수 있다.

최근 들어, 점차적으로 PCL-R과 아마도 반사회적 인성장애의 개념이 심리병리학적 전통에만 매달리지 않는 방법으로 고려되고 있다. <표 4-5>처럼 대표적인 것이 위험성, 필요성, 그리고 반응성의 원리를 활용하는 것으로, 반사회적 인성장애를 범죄행동의 심리 속에서 하나의 광범위한 인성 유형으로 개념화함으로써 PCL-R의 예측정확성에 대한 기초를 이해하는 것은 물론이고 처우에 대한 긍정적, 사전적 계획도 제공할 수 있게 하였다.

5. 사이코패스(Psychopath), 소시오패스(Sociopath), 그리고 반사회적 인성장애(Antisocial Personality)

"소시오패스"라는 용어는 종종 비－양심(non－conscience)적인 사람을 자의적으로 기술하려고 이용되고, "사이코패스"라는 용어는 다중 살인범이나 연쇄 살인범과 같이 단순히 더 위험한 반사회적(sociopathic)인 사람을 시사한다. 임상적으로, 반사회적(sociopathic)이나 정신병적(psychopathic)인 것은 다른 사람의 권리와 감정을 폭넓게 무시하는 것으로 분류되는, 반사회적 인성장애(antisocial personality disorder, ASPD)의 특성을 보이는 그러한 사람들이라고 한다. 현재는 두 용어가 두 가지 서로 다른 형태의 반사회적 인성장애(ASPD)를 별도로 기술하는 것으로 간주되고 있다. 때로는 두 용어가 비록 각각이 광의로 기술될 수 있는 각자의 경계선을 가지더라도, 상호 교환적으로 사용되고 있다고 한다.[71] 이들 개념을 분명하고 명확하게 정의하기란 어렵지만, 분명한 것은 사이코패스, 소시오패스, 그리고 반사회적 인성장애가 공통적으로 가지는 핵심 개념은 다른 사람에 대한 배려나 공감의 결여라고 할 수 있을 것이다.

(1) 소시오패시(sociopathy)

5~60년대 MMPI 4－9로 규정된 바대로 소시오패스를 진단하기 위한 초기의 기술적 범주 반사회적 일탈행위를 분명하게 나타내는 것 외에도, 과민하고, 외향적이고, 말이 많고, 야심적이고, 정력적이며, 빈번하게 짜증을 내고 가끔은 폭력적인 것과 같은 기질들을 기술하고 있다고 한다. 여성들에게 있어서 전형적으로 관련된 그러한 기질은 경박하고, 자기－중심적이고, 절제되지 않고, 연극적이고, 성가시고, 비도덕적이고 약취적인 것을 포함한다는 것이다. 40년대를 시작으로, Hervey Cleckley는 일 집단의 16가지의 주요 특성으로 구성된 이 집단의 인성 기질과 행동 특성으로 다른 사람들이 때로는 사이코패스로 대안적으로도 규정하는 소시오패스를 정의하려고 하였다. 피상적인 매력과 높은 지능, 주요 감정적 반응에 있어서 일반적 빈곤, 망상과 다른 비합리적 사고의 신호의 부재, 초조함과 다른 정신 신경적인 버릇의 부재, 병적 자기 중심성과 사랑할 수 없음, 음주와 무관하게 기상천외하고 마음을 끌지 못하는 행위, 일반적인 대인관계에서의 민감함, 잘못된 판단과 경험에 의한 학습 실패, 어떠한 인생의 계획도 따르지 못함, 비

70 Andrews and Bonta, *op cit.*, p.221, Table 6.4: The PCL－R as seen from a psychology of criminal conduct
71 L. P. Bhambhani, S. Prakash, and M. A. Tripathi, "Psychopathy and sociopathy: A modern understanding o Antisocial Personality Disorder," *Indian Journal of Social Studies and Humanities*, 2021, 1(5):17－23

신뢰성, 비인간적, 사소하고 하찮은, 통합되지 못한 성생활, 회한과 수치심의 결여, 자살을 거의 행하지 못함, 통찰의 구체적 손실, 부적절하게 동기 부여된 반사회적 행위, 그리고 불성실과 경박함이 바로 그 16가지 특성이라고 한다.[72]

MMPI도 소시오패스를 진단하는 데 매우 광범위하게 사용되었다고 하는데, 그중에서도 가장 중요한 것은 척도 4 정신 병질적 일탈(Psychopathic deviate)과 척도 9 경조증(Hypomania)의 점수가 높았다고 한다. 여기서 척도 4는 미성숙, 과격성, 폭넓게 다양한 범위의 사회적, 대인적 어려움, 그리고 약물 남용을 포함하는 인성장애와 감정적 불안정을 예측하는 것이다. 척도 9는 종교성, 수다스러움, 떠벌림, 적대감, 그리고 음주 문제 등을 포함하고 있다. 이 두 가지 척도에서의 높은 점수는 충동적이고, 미성숙하고, 적대적이고, 성가시고, 도덕관념이 없고, 비교적 불안감, 우울, 죄의식으로부터 자유롭고, 전과가 있고, 직장, 이성 관계, 약물과 음주, 재정문제가 있고, 판단이 흐린 것으로 일관되게 기술되고 있다는 것이다.[73]

(2) 사이코패시(Psychopathy)

사이코패시는 부적응적 인성 기질의 집합체로 특징되는 장애이며, 보편적으로 지속적인 반사회적 일탈과 범죄 행위를 초래하는 부족한 감정반응, 공감의 결여, 그리고 부적절한 행동 조절 등으로 특징되는 신경정신과학적 장애라고 한다. 사이코패스는 과도한 비율의 범죄를 범하고, 그들의 기만적인 약취적 대인관계 형태는 전형적으로 개인의 생활, 직장, 그리고 관계에 광범위하고 파괴적인 영향을 미친다고 한다. 사전적으로도, 자기 행동에 대한 회한의 결여, 다른 사람들에 대한 공감의 부재, 그리고 종종 범죄적 경향으로 특징되는 자기중심적이고 반사회적인 인성을 가진 사람으로 정의하고 있다. 사이코패시는 유전적이거나 자신을 사이코패스로 만든 자신이 살아가는 환경에 의해서 야기될 수 있다고 한다. 사이코패스는 일반적으로 자기 주변 사람들을 약취하는 본성을 가지고, 자기 생활, 삶, 인생에 더욱 밀접한 사람의 감정을 이용할 수 있다고 한다.[74]

---

72 M. D. Gynther, H. Altman and R. W. Warbin, "Behavioral correlates for the Minnesota Multiphasic Personality Inventory 4−9, 9−4 code types : A case of the emperor's new clothes?" *Journal of Consulting and Clinical Psychology*, 1973, 40(2):259−263

73 F. Heley, "Differentiating and diagnosing sociopathy, psychopathy, and anti−social personality disorder," 2019, www.criminaljusticeaccess.com/wp−content/uploads/2019/12/differentiating−and−diagnosing−sociopathy−psychopathy−and−antisocial−personality−disorder, 2024. 3. 30 검색

74 Bhambhani et al., *op cit.*, 2021.

Hare의 원래 PCL−R은 이기적이고, 냉담하고, 다른 사람의 무자비한 이용을 기술하는 정서적, 감정적(affective) 요소와 대인적(interpersonal) 요소와 만성적으로 불안정하고 반사회적인 생활유형을 기술하는 행위 요소(behavioral factor)를 포함하는 두 가지 요소 모형(two−factor model)이었으나, 나중에 두 요소가 자료에 제대로 적합하지 않을 수도 있다는 고려에서 대인적, 정서적, 그리고 행위적 요소라는 20가지 항목으로 구성된 3가지 요소 모형으로 발전되었다고 한다. 먼저 대인적 차원의 요소로는 입심이 좋고 피상적인 매력, 자기−가치에 대한 과장된 감각, 병리적 거짓말, 속이거나 약취적, 회한이나 죄의식 결여, 천박한 정서, 감정, 냉담하거나 공감의 결여, 자신의 행동에 대해 책임지지 않음 등을 포함하고 있다. 정서적 차원의 요소에는 자극을 필요로 하거나 지루함에 취약, 기생적 생활 유형, 제대로 행동을 통제하지 못함, 조기 행동 문제, 현실적, 장기적 목표의 결여, 충동성, 무책임성, 소년비행, 조건부 석방의 위반 등이 포함되고, 행위적 차원의 요소에는 난잡한 성 행위, 다수의 단기 혼인 관계, 범죄적 다양성 등이 해당된다고 한다.[75]

(3) 반사회적 인성장애(Antisocial Personality Disorder, ASPD)

DSM III는 이들 장애를 정의하는 데 새로운 패러다임을 도입하였다. 미국 심리학회(APA)는 소시오패시와 사이코패시를 반사회적 인성장애와 동의어인 고루한 용어로 간주하고, 사이코패시의 범주를 버리고, 반사회적 인성장애로 대체하였다. Robert Hare는 이 새롭게 명명된 사이코패시가 이제 전통적으로 사이코패시를 규정했던 정서적, 감정적이고 대인적 기질이라기보다는 오히려 사회규범의 지속적 위반으로 구별된다고 주장하였다. 그러나 관찰할 수 있는 행위적 범주에 초점을 맞춤으로써, 임상의들은 신뢰할 수 있는 진단을 더 확신하게 된다. 반사회적 인성장애(APD)에 대한 현재 DSM IV의 정의는 지역 문화에서의 도덕적, 윤리적 또는 법률적 기준에 대한 고려의 결여로 특징되는 것으로 규정하고 있다. 이는 곧 다른 사람들과 어울려 지내거나 사회적 규율을 지키지 못하는 현저한 무능력을 지적하는 것이다. 이러한 인성을 가진 사람들이 때로는 사이코패스나 소시오패스로 불린다고 한다. 반사회적 인성장애(APD)의 범주는 15세 이후 나타나는 것으로, 다른 사람에 대한 만연한 무시와 그들의 권리의 침해로 구성된다. 이러한 형태는 다음과 같은 특성 중 3가지 이상을 보이는 경우라고 한다. 체포의 기반이 되는 행위를 반복적으로 수행함으로써 보여지는 적법 행위에 관련한 사회적 규범에 동조하지 못함, 반복된

75 Heley, 2019, *op cit.*

거짓말, 가명의 사용, 또는 개인적인 이익이나 쾌감을 위하여 다른 사람들을 속이는 등으로 지적되는 속임, 충동성이나 미리 계획하지 못함, 반복된 물리적 싸움이나 폭력으로 지적되는 과민성과 과격성, 자신이나 다른 사람의 안전에 대한 무모한 무시, 일관된 일을 유지하거나 재정적 의무를 반복적으로 다하지 못하는 일관된 무책임성, 다른 사람을 해치거나 잘못 대하거나 다른 사람으로부터 훔친 데 대해 무관심하거나 합리화하는 등 회한의 결여 등이 그러한 특성들인 것이다.[76]

(4) 소시오패스와 사이코패스의 유사점과 차이점

소시오패시와 사이코패시가 상호 교환적으로 사용되어 왔지만, Hare는 둘 사이의 차이가 우리가 기여 요소를 어떻게 고려하는가에 달렸다고 설명한다. 즉, 사이코패시와 소시오패시에 기여하는 요소가 다를 수 있다는 것이 둘의 차이가 될 수 있다는 것이다. 사회학자는 인간의 행위를 사회갈등에서 일어나는 것으로 간주함에 따라 소시오패스라는 용어를 사용하는 경향이 더 많은 반면에, 심리학자는 유전적, 심리학적, 생물학적, 그리고 환경적 요소에 의해서 영향을 받는 조건을 기술하려고 사이코패스라는 용어를 활용한다고 Hare는 설명하고 있다. David Lykken도 소시오패스가 빈곤, 일탈적 또래, 결손가정을 포함하는 부정적 환경의 산물인 반면에 사이코패스가 사회적으로 동조하지 못하고 위험을 추구하도록 인도하는 충동성과 피질 각성의 부족을 가지고 태어난다는 점에서 두 개념, 정의 사이에 차이가 있다고 동의한다. 그는 환경적 요소와 유전적 요소 둘 다 소시오패스와 사이코패스라는 두 가지 장애에 역할을 하는 것으로 간주하지만, 사이코패스가 생물학적 요소로 기우는 반면에 소시오패스는 보다 더 환경에 의해서 규정된다고 설명한다.[77]

---

76 R. D. Hare, "Psychopathy and antisocial personality disorder: A case of diagnostic confusion," *Psychiatric Times*, 1996, 13(2), www.psychiatrictimes.com/view/psychopathy−and−antisocial−personality−disorder−case−of−diagnostic −confusion, 2024. 3. 30 검색

77 R. D. Hare, "Psychopathy as a risk factor for violence," *Psychiatric Quarterly*, 1999, 70(3):181−197

표 4-6 **소시오패스와 사이코패스의 증상과 원인 비교**[78]

	사이코패스	소시오패스
신호와 증상	▸ 다른 사람과 감정을 조종	▸ 본성적으로 오만함
	▸ 거짓말쟁이와 협잡꾼	▸ 많은 경우 거짓말쟁이와 협잡꾼 되는 경향
	▸ 감정의 결여	▸ 사람들과 일반적으로 나쁘거나 학대적 관계
	▸ 충동적이고 자기 책임있는 데 대해 타인 비난하는 경향	▸ 무책임하고 직장과 인생에 실패
	▸ 책임 덜 느낌	▸ 자기 주변 사람들에게 공감 보이지 않음
	▸ 삶의 목표 결여	▸ 충동적
	▸ 보통 기생적 삶	▸ 본성적으로 파괴적
	▸ 범행에 가담	▸ 인간과 동물 등 생명체에 대해 공격적
원인	▸ 유전학적 유산	▸ 유전학적 유산
	▸ 환경과 주변 상황	▸ 외상적(traumatic) 경험
	▸ 뇌 손상	▸ 사고 형태의 방식 또는 진단 후

Meyer에 의하면, 물론 이처럼 사이코패스와 소시오패스는 전형적으로 반사회적 인성장애의 하위 집단으로 간주되지만, 사이코패스와 소시오패스는 실제로 두 개의 구별되는 유형의 반사회적 인성장애라고들 한다. Hare에 따르면, 진정한 사이코패스와 소시오패스를 구별하는 특징은 사이코패스가 사이코패스로 태어나는 반면에, 소시오패스는 개인의 발달 환경의 산물이라는 것이다. 실제로 초기부터 이 사이코패스적 인성이라는 용어를 환경 영향의 중요성을 강조하고, 행위적 일탈의 원인론에 있어서 환경적 또는 문화적 요소의 역할을 지적하고, 사회적 요구에 따르지 못하는 것을 강조하기 위하여 사용되었다고 한다. 물론 Hare는 사이코패스와 소시오패스 두 가지 반사회적 인성장애가 모두 유전적 소인과 환경적 요소의 상호작용의 결과이지만, 사이코패스가 유전적인 것으로 기우는 반면, 소시오패스는 환경을 지향하는 경향이 있다고 설명한다[79].

78 D. R. Lyman, "Early identification of the fledgling psychopathic child in the current nomenclature," *Journal of Abnormal Psychology*, 107(4):566－575; R. J. R. Blair, "The development of psychopathy," *Journal of Child Psychology and Psychiatry*, 2006, 4:262－275; Bhambhani et al., *op cit.*, 2021.

79 R. G. Meyer, D. Wolverton, and S. Deitsch, "Antisocial personality disorder," in H. S. Friedman(ed.), *The Encyclopedia of Mental Health*, Waltham, MA: Academic Press, 1994, pp.119－128; P. B. Sutker and A. Allen, "Antisocial personality disorder, Chapter 16," in P. B. Sutker and H. Sutker(eds.), *Comprehensive Handbook of Psychopathology*, New York: Kluwer Academic Publishers, 2001, pp.445－490, p. 446; R. D. Hare, *Without Conscience: The Disturbing World of the Psychopaths Among Us*, New York: The Guilford Press Inc., 1993, p.23

표 4-7 사이코패스와 소시오패스의 차이점[80]

소시오패스	사이코패스
▶ 다른 사람이 어떻게 느끼건 신경 쓰지 않는다는 것을 분명히 한다	▶ 신경 쓰는 척한다
▶ 통상적으로 공격적이고 충동적으로 행동한다	▶ 통상적으로 냉혈적으로 행동한다
▶ 분노와 노여움의 발작에 취약하다	▶ 공허하고, 진실되지 못하고, 피상적인 관계
▶ 직업과 개인적 생활을 유지하지 못한다	▶ 범죄 활동을 숨기기 위한 위장으로 정상적 생활 유지한다
▶ 어렵지만 감정적 전념을 형성할 수 있다	▶ 순수한 감정적 전념을 형성하지 않지만 자기 방식으로 사람을 사랑할 수 있다

대중적 믿음이나 보편적 오해와는 반대로, 사이코패스와 소시오패스는 같지 않다고 한다. 심지어 우리가 유사점을 고려하더라도 사이코패스와 소시오패스는 아주 다르며, 그래서 둘 사이에는 상당한 차이가 있고 따라서 서로 다른 방식의 처우를 포함하여 이들 정신 질환을 가진 사람들을 다루는 방식도 완전히 다르기 때문에 사이코패스와 소시오패스의 차이를 아는 것은 극단적으로 중대하고 결정적이라고 할 수 있다는 것이다.

그 둘 사이의 주요 차이 중 하나는 사이코패스인 사람은 정신 질환을 가지고 태어난다는 것이다. 정신 질환은 지금까지 살펴본 바와 같이 죄의식/후회의 결여, 공감의 부재, 깊이 있는 감정적 전념의 부재, 지속적인 자기도취, 흠잡을 데 없는 피상적 매력, 반복되는 부정직, 일관된 조작과 조종, 그리고 무모한 위험−감수 등으로 특징지어진다. 과학적으로, 사이코패시는 편도체라고 불리는 뇌의 구조와 특정하게 관련이 있는 적정한 신경증적 구조의 결여로 입증되고 있다. 편도체는 두려움을 조절하고, 자극과 감정적 반응에 책임이 있는 것으로 알려지고 있는데, 이 편도체에 결함을 가지고 태어난 사람이라면 잠재적으로 사이코패스일 수 있다는 것이다. 이렇게 편도체의 결함으로 사이코패스는 도덕성이나 윤리의식을 발전시킬 수 없으며, 따라서 옳고 그름을 말해주는 도덕적 잣대가 없어서 냉혈적으로 범행하기가 더 쉽다는 것이다.[81]

---

80 Bhambhani et al., *op cit.*, 2021.; N. Tracy, "Psychopath vs. sociopath: What's the difference? −Psychopath − Personality Disorder," 2017, https://www.healthyplace.com/personality−disorders/psychopath/psychopath−vs− sociopath−what−s−the−difference

81 M. Mattingly, "The difference between a psychopath and a sociopath," 2017, https://scholarlycommons.obu.edu/sociology _class_publications, 2024. 4. 1 검색

또한 사이코패시가 여러 이유로 소시오패시와 비교할 때 더 위험하다고 한다. 우선, 사이코패스는 자신의 범죄를 계획할 때 더 조심스럽다고 한다. 두 번째는 사이코패스는 심지어 자신의 가족에게까지도 감정적, 정서적 연계가 없다고 한다. 그들의 바로 이러한 감정적 연계의 부재는 단지 누군가가 사이코패스와 관련된다고 해서 그들이 혈연이기 때문에 그들에 대한 흉악한 범죄를 범할 개연성이 낮다는 것을 의미하지는 않는다는 것을 뜻한다. 마지막으로, 사이코패시는 사람이 느끼는 죄의식의 결여로 더 위험한 장애로 간주될 수 있다는 것이다.[82]

다른 한편으로 소시오패스는 집락 B 반사회적 인성장애를 가진 특별한 유형의 사람이라고 한다. 반사회적 인성장애를 가진 사람은 종종 범죄 행위인 자신의 행위에 대한 후회, 회한이 완전히 결여되었다고 한다. 동물을 학대하고, 또래를 괴롭히고, 기물을 파손하고, 훔치는 아동이 이러한 반사회적 인성장애를 가진 사람의 증거가 될 수 있다고 한다. 소시오패시는 법을 반복적으로 위반하고, 거짓말이 몸에 배었고, 사기와 기만에 통달하고, 물리적 공격을 가하기 쉬운 사람으로 인식되고 있다. 또한 소시오패스는 자신이나 타인의 안전에 대해서 무모할 정도로 무시하고, 일과 가정 환경에서 일관되게 무책임하고, 대부분 유형의 회한, 후회도 전적으로 결여된 사람으로 알려지고 있다. 소시오패스는 사이코패스와는 달리 18세 이하 청소년들은 자신의 감정적, 생리적 성숙에 아직 도달하지 못했기 때문에 18세가 되어야 공식적으로 진단될 수 있는 정신 질환이라고 한다. 그래서 소시오패시의 신호가 때로는 미성숙의 잘못된 신호가 되기도 한다는 것이다. 소시오패시는 또한 사람이 가지고 태어나는 무언가가 아니라 일생에 걸쳐서 형성되는 무언가인 그러한 정신 질환이라고 한다. 이처럼 소시오패시는 개인의 생애 후반에 나타나는 무언가이기 때문에, 그들은 어떠한 유형의 도덕적 나침반을 가지고 있으며, 이는 소시오패스는 그래서 누군가와 얼마간의 감정적 연계를 가지고 또 그들에 관심을 가질 수도 있다고 한다. 소시오패스는 자신이 선택하고, 스스로 그러한 감정을 느끼도록 허용한다면 사람들에 대한 공감도 느끼고, 관심도 가지며, 사랑할 수도 있다고 한다. 소시오패스는 또한 극단적으로 조직화되어 있지 않고, 과민하고, 불안해하고, 예측할 수 없게 되는 경향이 있다는 점에서 사이코패스와 다르다고 한다.[83]

---

82 Mattingly, *op. cit.*

83 C. Weller, "What's the difference between a sociopath and a psychopath?(not much, but one might kill you)", 2017, http://www.medicaldaily.com/whats−difference−between−sociopath−and−psychopath−not−much−one−might −kill−you−270694; Tracy, *op cit.*, 2017.; Mattingly, *op cit.*, 2017.

6. 반사회적 인성장애와 형사사법

지난 20여 년 동안 반사회적 인성장애에 대한 관점의 극적인 변화 중 하나는 특히 재범과 폭력 위험성의 평가에 대한 중요성이라고 할 수 있다. 예를 들어, 어느 범죄자가 강력 범죄로 유죄가 확정되면 반사회적 태도를 포함한 임상병리적 진단은 범죄행위를 예측하는 데 크게 도움이 되지 않았다. 물론 이는 진단을 받은 범죄자의 80%나 Sociopathy의 진단을 받았기 때문이었을 것이다. 이와는 대조적으로, 반사회적 인성장애, Psychopathy에 대한 기존의 평가는 범죄자의 처우가능성, 재범위험성, 그리고 폭력성의 예측력이 매우 높다는 것이다. 물론 이러한 주장은 대부분 PCL-R을 활용한 연구에 전적으로 기초하고 있다.[84]

(1) 반사회적 인성장애(psychopathy)와 범죄의 관계

일반적으로 반사회적 인성장애자들의 인성은 다수의 우리 사회의 규율과 기대를 위반할 성향을 가지고 있어서 좀도둑(petty theft)에서 사기, 나아가 냉혈적 폭력에 이르기까지 다양한 범죄에 가담하지만 세간의 관심이 집중되는 것은 그들의 잔악한 살인과 같은 폭력성일 것이다. 이들이 냉정하고 도구적인 폭력에 쉽게 가담하는 것이 문제가 되는데, 예를 들어 미국의 경우 근무 중 사망한 경찰관의 절반 정도가 이들 반사회적 인성장애자의 인성 Profile과 매우 유사한 사람들에 의하여 살해되었다는 사실이 그 심각성을 잘 보여주고 있다.[85]

반사회적 인성장애 범죄자들은 종종 보복이나 복수의 형태로, 또는 지나친 음주로 폭력에 가담하는 것으로 알려지고 있다. 이들에 의한 성범죄와 연쇄살인은 다른 범죄자들에 의한 것에 비해 더욱 잔인하고, 가학적이며, 무감각하고, 반사회적 인성장애 강간범들은 기타 강간범들에 비해 분노, 복수심, 가학성, 그리고 기회주의에 의한 것일 확률이 더 높다고 한다.[86]

대부분의 반사회적 인성장애 범죄자들의 범죄이력은 비교적 짧지만, 일부는 청소년기와 성인기의 대부분을 범죄에 바치는 직업적 범죄자(career criminal)가 되기도 한다. 그러나 이들 직업

84 R. Hare, "Psychopathy: A clinical construct whose time has come," pp.107-118 in Bartol and Bartol, *op cit.*, p.112

85 R. C. Serin, "Psychopathy and violence in criminals," *Journal of Interpersonal Violence*, 1991, 6:423-431; S. E. Williamson, Hare, R. D. and Wong, S., "Violence : Criminal psychopaths and their victims," *Canadian Journal of Behavioral Science*, 1987, 19:454-462

86 R. D. Hare, Clark,. D., Grann, M. and Thornton, D., "Psychopathy and rhe predictive validity of the PCL-R: An International perspective," *Behavioral Science and the Law*, 2000, 18:623-645

적 범죄자의 대부분도 35~40세를 정점으로 중년기에 접어들면서, 특히 비폭력적 범행과 관련하여 비교적 덜 반사회적이 되는 경향이 있다고 한다. 물론 그들의 폭력성과 공격성에 대한 성향은 인생 전반에 걸쳐 지속적인 것으로 보이기도 하여, 이러한 약간은 상반된 사실은 결국 그들의 공공연한 범죄성이 나이가 들면서 감소되는 것이 반드시 그들이 따뜻하고, 사랑스럽고, 도덕적인 시민이 되었음을 의미하지는 않는다는 것을 보여주는 것이다.[87]

  그렇다면 반사회적 인성장애자들의 범죄성이 나이가 들면서 줄어들었다는 것이 그들의 핵심인성기질이 변했기 때문인가, 아니면 그들이 단순히 교도소에 가지 않을 새로운 방법을 배웠기 때문인가? 다수의 임상학자들은 반사회적 인성장애자들의 인성구조가 너무나 안정적이기 때문에 그들의 중년기에 가끔 일어나는 행동변화를 설명할 수는 없다고 한다. 최근의 한 횡단연구에 의하면, 16세에서부터 70세에 이르는 범죄자들의 PCL이나 PCL－R평가에서 제2요인인 사회적으로 일탈적인 특징에 대한 점수는 나이가 들면서 급격하게 줄었으나, 요인 1의 감정적/대인적 특징에 대한 점수는 나이가 들어도 안정적으로 유지되었다고 한다. 이러한 결과는 반사회적 인성장애자들의 반사회적 행위가 나이가 들면서 변하는 것이 반드시 반사회적 인성장애의 근본적인 기질인 착취적이고, 자기중심적이며 냉정한 기질의 변화로 인한 것이라고는 할 수 없다는 견해와 일치하는 것이다.[88]

(2) 반사회적 인성장애 범죄자의 책임성

  일반적으로 반사회적 인성장애는 형사책임을 결정할 때 감경보다는 가중요소로 고려되고 있다. 물론 그들의 정서결함, 사고장애, 뇌 역기능 등을 고려한다면 그들의 형사사건에 있어서 반사회적 인성장애가 가중요소의 하나로 간주될 수도 있다. 문제를 더욱 복잡하게 만드는 것은 그러나 대체로 반사회적 인성장애자들이 법적으로 그리고 정신병리학적으로 모두 정상(sane)인 것으로 판단되고 있으며, 또한 임상전문가들도 반사회적 인성장애가 정신병과는 양립할 수 없다고 믿고 있다는 점이다. 물론 다른 한편에서는 반사회적 인성장애와 정신분열은 장애의 공통영역에 속하며, 반사회적 인성장애는 정상성보다는 정신병에 더 가깝다는 주장도 제기되고 있다.

87 R. D. Hare, McPherson, L. M. and Forth, A. E., "Male psychopaths and their criminal career," *Journal of Counseling and Clinical Psychology*, 1988, 56:710－714; G. T. Harris, Rice, M. E. and Cormier, C. A., "Psychopathy and violent recidivism," *Law and Human behavior*, 1991, 15:625－637

88 J. T. Harpur and Hare, R. D., "The assessment of psychopathy as a function of age," *Journal of Abnormal Psychology*, 1994, 103:604－609

또 다른 한편에서는 정신병과 반사회적 인성장애를 동시에 앓는 경우도 있다고도 한다. 종합하면, 일부에서는 반사회적 인성장애자가 나쁜(bad) 사람이라서 형사책임에서도 감경이 아니라 가중처벌의 요인이 되어야 한다고 하고(sane), 다른 한편에서는 이들도 정신병자로서 미친(mad), 제정신이 아닌(insane) 사람이기 때문에 감경요소가 되어야 한다(Insane)는 주장이고, 또 다른 한편에서는 정신병과 인성장애를 동시에 앓고 있다는 주장도 제기하고 있다.[89]

제 3 절   논의: 정신장애 범죄자의 책임성

정신적으로 장애가 있는 범죄자들은 우리의 사법제도에 또 다른 문제를 초래한다. 바로 범행의사(criminal intention)의 문제로서 범행의사란 개인이 자신의 자유의사를 행사하여 범행의사를 가지고 행동했다는 것을 보여주고, 그래서 자신이 범한 범죄에 대하여 전적으로 책임을 질 수 있어야 한다는 것이다. 문제는 과연 '정신적으로 장애가 있는 범죄자들이 자신의 범죄에 대한 책임을 질 수 있는가'이다. 오늘날 이와 관련하여 소위 '정신이상변론(insanity defense)'으로서 정신이상으로 인하여 유죄가 아니다(not guilty by reason of insanity)라는 주장이 광범위하게 받아들여지고 있다. 그런데 이러한 주장에는 다음의 두 가지 원칙이 전제되어야 한다. 범행 시 피의자가 자신의 행동의 성질과 특성을 알지 못하였거나 또는 피의자가 자신의 행동이 잘못되었다는 것을 알지 못하였음을 입증해야 한다. 이 원칙들은 책임이 있는 것으로 간주될 수 있는 사람(예, 나쁜 사람)과 책임이 없는 것으로 간주될 수 있는 사람(예, 미친 사람)을 이분화하고자 하는 것이다. 그러나 완전한 책임과 완전한 무책임이라는 극단적 이분화는 문제라는 점이 지적되면서 '사실상 장애가 있는 정신적 책임성(substantially impaired mental responsibility)'의 입증을 근거로 소위 '경감된 책임성(diminished responsibility)'의 개념이 도입되어 이와 같은 극단적인 이분화의

---

89 S. D. Hart and Hare, R. D., "Discriminant validity of the psychopathy checklist in a forensic psychiatric population," *Psychological Assessment*, 1989, 1:211−218; Gacono, CV. B., Meloy, J. R., Sheppard, K., Speth, E. and Roske, A., "A clinical investigation of malingering and psychopathy in hospitalized insanity acquitees," *Bulletin of the American Academy of Psychiatry and law*, 1995, 23:387−397

문제를 해소하기도 한다.

여기서 또 다른 문제는 정신장애의 판단이다. 이와 관련하여 법률가나 정신의학자 모두가 정신적 책임성(mental responsibility), 정신적 장애(mental disorder), 그리고 마음의 상태(state of mind)와 같은 개념에 의존하고 있다. 그러나 '마음(mind)'이란 물질적 관점에서 존재하지 않고 단지 유추되는 이론적 구성이기 때문에 마음의 질을 측정하는 마음의 정상성에 대한 결정적인 검증이 있을 수 없다. 따라서 '정신적 책임성(mental responsibility)'에 관한 결정은 항상 논쟁과 토론의 대상이 되는 주관적인 것이 될 수밖에 없다는 것이다.[90]

---

90 Hollin, *op cit.*, p.126

제 3 편

심리학과 법

CRIMINAL PSYCHOLOGY

    법심리의 뿌리는 금세기 초에 심어졌지만 그 '나무'는 성장이 더뎠고, 최근에서야 비로소 과실이 맺기 시작하
였다. 더불어 최근까지도 심리학자들의 지식과 사실발견 능력에 대한 주장 모두가 지나치게 강압적이었고, 심리학
적 증거, 탐구, 그리고 정교한 기술도 모두가 지나치게 비합리적이었다. 따라서 법과 심리학이 서로 얼마나 상응한
가에 관계없이 둘 사이의 관계는 아직도 걸음마 단계이며, 아직도 그 정통성에 대한 의문이 남아있다. 그럼에도 불
구하고 심리학과 법학의 상호 상관성, 상응성이 쟁점이 아니라 법과 법률제도가 심리학을 받아들일 준비나 정도와
심리학자들이 자신들의 작업을 법률제도의 요구와 요건에 적용시키거나 준비하는 정도이다.[1]
    이러한 평가가 현재 법과 심리학의 관계 또는 법심리학의 현주소이다. 대체로 심리학을 법률에 적용하는 데는
① 법률속의 심리학(psychology in law), ② 법과 심리학(psychology and law), ③ 법의 심리학(psychology of
law), 세 가지로 규정할 수 있다. 법률속의 심리학은 목격자 증언의 신뢰성, 피의자의 정신상태, 이혼사건에 있어서
부모의 아동부양가능성 등을 포함하는 법률 테두리 안에서의 특수한 심리학적 응용을 말한다. 법과 심리학은 범법
자, 변호인, 순회재판관, 판사, 배심 등을 일컬으며, 법의 심리학은 왜 사람들은 법을 어기거나 준수하는가, 도덕발
달, 그리고 다양한 형사제재에 대한 대중의 인식과 태도 같은 쟁점에 대한 심리학적 연구라고 할 수 있다. 한편 법
정심리(Forensic psychology)는 재판부에 심리학적 정보를 직접 제공하는 것, 그래서 법정심리라고도 할 수 있다.
또한 비록 합의된 정의는 없지만 법심리(legal psychology)는 법률이 사람들에게 미치는 영향과 사람들이 법률에
미치는 영향, 그리고 법률제도와 법과 접촉하는 사람들에게 심리학의 관행과 연구를 적용하는 데 대한 과학적 연구
라고 할 수 있다.[2]

---

1 A. Kapardis, *Psychology and Law*(2nd ed.), Cambridge: Cambridge University Press, 2003, p.1

2 R. Blackburn, "What is forensic psychology?" *Legal and Criminological Psychology*, 1996, 1:3－16; G. H.
   Gudjonsson, "Forensic psychology in England: One practitioner's experience and viewpoint," *Legal and
   Criminological Psychology*, 1996, 1:131－142; J. R. P. Ogloff, "Two steps forward and one step backward: The law
   and psychology movement(s) in the 20th century," *Law and Human behavior*, 2000, 24(4):457－483

제 1 장
심리학과 법률의 다리 놓기

   '심리학과 법(psychology and law)'은 60년대 이후 크게 성장하였다. 이들의 노력으로 정신장애를 가진 사람들의 폭력성 예측, 용의자 신원확인 증거와 배심결정, 자백증거, 충동성, 범죄자의 이성과 사고력 또는 비이성 등에 대한 연구가 활발해진 것이다.[3] 그러나 이러한 노력들에도 불구하고, 아직도 법과 심리학이 교차하는 영역의 발전에는 상당한 장애와 문제도 없지 않다.

   심리학자들이 기만과 그 발견, 배심결정, 목격자 증언의 정확성, 그리고 양형결정을 이해하는 데 관심을 돌리기 시작하였다. 사회심리학에 강한 관심을 가진 초기 심리법학 연구자들의 대부분은 형사사건에 있어서 배심원에 초점을 맞추고, 임상심리와 관련된 사람들은 정신이상 변론(insanity defense)에 관심을 두는 반면, 인지심리학자들은 목격자 증언을 검증하였다. 오늘날도 이러한 대체적인 추세는 크게 달라지지 않았지만 심문은 보다 복잡해지고 이에 답하기 위한 방법은 더욱 정교해졌다. 더구나 일부에서는 행정법, 반신용법, 민사소송법, 상사법, 환경법, 가족법 그리고 특허법까지 포함하는 더 많은 법의 영역을 다룰 수 있도록 법률심리학자들의 영역을 확대해야 한다는 주장도 일고 있다. 법은 목격자 증언 하나만 있는 것이 아니며 따라서 탐구되지 않은 법률적 지평의 영역도 탐구해야 한다는 것이다.[4]

   그렇다면 왜 심리학과 법학이 상당한 공통점과 공통의 관심사가 있음에도 불구하고 법과 심리학, 즉 심리법학 분야의 발전이 그토록 오랜 시간이 걸렸을까? 아마도 비록 공통의 관심사가 있을지라도 한 가지 분명하고 단순한 사실은 심리학과 법학은 그 접근방법에 있어서 상당한 차이가 있다는 것이다. 예를 들어, 두 학문 간 갈등의 근원으로, ① 법률은 보수주의를 강조하지만

---

3 D. Carson, Milne, B., Pakes, F., Shalev, K. and Shawyer, "Psychology and law: A science to eb applied," in D. Carson, Milne, R., Pakes, F., Shalev, K. and Shawyer, A.(eds.), *Applying Psychology to Criminal Justice*, West Susex, GB: John Wiley and Sons, 2007, p.1

4 D. Carson and Bull, R., "Psychology in legal context: Idealism and realism," in R. Bull and D. Carson(eds.), *Handbook of Psychology in Legal Contexts*, Chichester: Wiley, 1995, pp.3－11

심리학은 창의성을 강조하며, ② 법률은 권위적이지만 심리학은 경험적이고, ③ 법률은 당사자 간 적대적 과정에 의존하지만 심리학은 실험성에 의존하고, ④ 법률은 지시적이지만 심리학은 기술적이고, ⑤ 법률은 표의 문자지만 심리학은 보편 문자이며, ⑥ 법률은 확실성을 강조하지만 심리학은 확률적이며, ⑦ 법률은 반응적이지만 심리학은 사전적이고, ⑧ 법률은 기능적이지만 심리학은 학술적이라는 두 학문분야의 갈등에서 찾고 있다.[5]

또한 두 학문은 인간에 대한 상이한 모형을 가지고 있다. 심리학이 인간행위의 관점을 결정하기 위하여 작동하는 무의식, 통제할 수 없는 세력을 강조하는 경향과 상반되게 법률은 개인적 책임을 강조한다. 더불어 심리학자들의 정보는 근원적으로 통계적인 반면에 법률제도의 업무는 임상적이고 진단적이다. 이런 점에서 두 학문은 가치, 기본전제, 모형, 접근방법, 설명과 방법의 범주 단위에 있어서 서로 갈라지는 것처럼 보인다.[6]

심리학은 과학의 방법과 논리를 통하여 인간의 행위와 경험을 발견하고, 기술하고 설명한다. 심리학적 연구와 응용은 논리적, 경험적, 분석적 접근에 기초한다. 반대로 전통이 법률가에게는 중요하며, 법은 실용적 예술이며, 규칙의 체계이며, 사회통제의 수단이며, 실질적 문제의 해결에 관심을 가진다. 더구나 법이란 상식의 심리학에 기초하고 있으며, 이런 점에서 통계적으로 매우 유의한 관계가 있다는 경험적 증거로 입증되는 심리학적 이론의 입장에서의 설명과는 전혀 다른 것이다.[7] 또한 심리학자들은 사람에 대한 인상이 '좋은 사람'이라는 인상을 가지는 반면, 법, 특히 형법은 사람에 대하여 보다 냉소적으로 바라본다.

대다수의 심리학자들에게 있어서, 상당수의 정보처리가 사람들이 모르게 이루어지는 반면, 법률가들은 자신의 행동을 통제하고, 그래서 책임이 있는 의식적이고 자유로운 존재로서의 사람을 모형으로 삼고 있다. 법이 '합리적 의심 이상(beyond reasonable doubt)'이라고 간주하는 것은 5%의 통계적 유의수준에서 유의미하다는 심리학자들의 결론과는 사뭇 다른 것이다. 그래서 법률가들은 계량화를 꺼려하고, 법정에서도 전문가증인으로 법정에 선 심리학자들에게 주어진 질문에 '네', '아니오'로 답하도록 요구하는 반면, 심리학자들은 기껏해야 '아마도'라는 대답을 더 편하게 느낀다고 한다.[8]

---

5 C. Haney, "Psychology and legal change: The impact of a decade," *Law and Human behavior*, 1980, 4:147－199

6 M. King, *Psychology In and Out of Court: A Critical Examination of Legal Psychology*, Oxford Pergamon, 1986, p.76; B. R. Clifford, "Psychology's premises, methods and values," in Bull and Carson(eds.), *op cit.*, pp.13－27

7 K. M. McConkey, "The social science, the humanities and science and technology in economic development: The place of psychology," *Bulletin of the American Psychological Society*, 1992, 14(6):3－6

두 학문의 이러한 차이 외에도, 두 학문이 함께하는 데 어려움을 가져다준 다른 문제들도 존재한다. 먼저 심리학자들이 지나치게 실험적 방법에 의존한다는 비판으로서, 그 중요성을 과장하고, 법률적 요소를 '사물'로 취급하여 실험적 기술과 통계적 방법을 적용함으로써 적어도 접근불가능, 외적타당성, 일반화가능성, 그리고 완결성이라는 4가지 문제를 야기하는 경향이 있다고 주장한다. 또한 모의실험에의 배타적 의존이 법심리학자들로 하여금 개인이 속한 사회적 여건은 고려하지 않고 개인 간 행위에만 초점을 맞추도록 권장하게 된다는 주장도 한다. 법심리학자들이 법률적 쟁점을 연구하는 유일한 또는 주 연구방법으로 실험의 방식을 활용하는 진짜 이유는 실험적 방법을 이용함으로써 연구수행에 있어서 자신이 과학적이라는 주장을 할 수 있게 한다는 심리학자들의 믿음, 심리학자들이 자신의 연구가 받아들여지고 인정받을 수 있다는 느낌, 그리고 만약 '과학적'으로 보이면 '전문가'로 받아들여지고 인정받기 더 쉬워진다는 심리학자들의 믿음 때문이라는 것이다.[9]

또 다른 문제는 심리학자들에게는 학문의 이론과 관점의 과잉은 과정의 문제(matter of course)지만, 법학에 있어서 주요목표는 통일성과 불균형의 회피이기 때문에 법률가들은 심리학에 있어서 다양한 관점들을 모순된 것으로 간주한다.[10]

---

8 Kapardia, *op cit.*, p.9

9 M. King, *Psychology In and Out of Court: A critical examination of Legal psychology*, Oxford: Pergamon, 1986, p.21, 82

10 G. Geis, "Sanctioning the selfish: The operation of Portugal's new 'bad Samaitan' statue," *International Review of Victimology*, 1991, 1:297−313

제 2 장
법률과 심리학자의 관계

　일반적으로 심리학자들의 역할은 크게 두 가지로 나누고 있다. 첫째는 인간행동의 발전과 원인에 대한 기본적 연구를 수행하는 과학자의 역할이며, 두 번째는 문제에 직면한 사람들을 개별적으로 또는 집단적으로 도움을 주려는 응용심리학자, 특히 임상심리학자의 역할이다. 그러나 심리학자들이 법률제도에 직면하게 되면 그 역할들이 보다 정교화될 가능성이 더 많다. 한편으로는 법과 심리학의 독립된 학문적 연구에서 다른 한편으로는 법률제도에 서비스를 제공하기 위하여 다른 학문분야의 사람들과 공조하는 연속선상의 4가지 대조적인 역할을 정리할 수 있다.[1]

1. 기초과학자로서의 심리학자

　기초과학자(basic scientist)는 자신을 위한 지식을 추구한다. 이들은 단순히 현상을 이해하는 즐거움과 만족을 위하여 그 현상을 연구하는 것이지 자신의 발견을 응용하고자 하지 않는다. 자신이 생산하는 지식이 실용적, 문제해결 용도로 활용되고 안 되고는 큰 관심이 없다. 예를 들어, 시각적 인식에 대한 실험연구는 범죄나 사고에 대한 목격자 증언의 정확성을 이해하는 데 도움을 주고, 기억에 대한 상이한 이론들을 검증하는 심리학자는 외상적 사건에 대한 장기적 망각을 초래할 수 있는지 여부를 더 잘 이해하도록 조장하며, 개인의 사회적 태도와 자신의 행위에 대한 관계의 연구는 왜 사람들이 법을 지키거나 어기는지를 깨닫게 도와준다. 인성심리학의 연구는 어떤 유형의 사람이 테러집단의 추종자가 될 것인지 조망하는 데 도움을 주고, 임상연구는 범죄원인에 대한 심리학자의 기본적 태도가 범죄피의자의 전문적 평가에 영향을 미치는지 평가할 수 있게 한다.

---

1 E. Greene, Heibrun, K., Fortune, W. H. and Nietzel, M. T., *Wrightsman's Psychology and the Legal System*(6th ed.), Belmont, CA: Thomson Wadsworth, 2007, p.18

2. 응용과학자로서 심리학자

응용과학자(applied scientist)는 현실생활의 문제를 해결하기 위하여 지식을 응용하고자 헌신하는 사람이다. 자신의 발견을 응용하는 데 관심을 가진 심리학자의 중요한 역할은 법정이나 입법 공청회 등에서 전문가 증인(expert witness)으로 봉사하는 것이 대표적이다. 이들 전문가 증인은 주제에 대한 특수한 지식을 소유한 사람이며, 이들의 전문성을 요하는 심리학적 주제들은 거의 한계가 없을 정도로 넓다.

심리학자들의 전문적 지식, 전문성 등이 활용될 수 있는 전문가 증언은 다음과 같은 주제나 분야에서 다양하게 활용될 수 있다. 범행 당시 피의자의 정신상태와 재판받을 수 있는 정신능력, 사건으로 인하여 피해자가 겪는 감정적 손상이나 뇌손상의 정도, 선발과 승진을 통한 피고용인 차별, 목격자에 의한 용의자 신원파악과 확인의 정확성, 유죄가 확정된 피의자에 대한 교화개선과 처우, 허위자백의 요인 등과 같은 쟁점을 이해하는 데 유용하게 활용될 수 있다.

3. 정책평가자로서의 심리학자

정책평가자로서 활동하는 심리학자는 10대 운전자들에게 탑승자의 수를 제한하도록 법률을 개정하는 것이 교통사고를 줄일 수 있을지, 또는 석방된 강간범에게 화학적 거세(chemical castration)를 시키면 성폭력의 발생률을 낮출 수 있을지 등의 질문을 받게 된다. 뿐만 아니라 법집행기관이나 기타 형사사법기관에서는 운용절차를 빈번하게 바꾸게 되는데, 예를 들어 경찰과 지역사회의 관계를 향상시키고 감시기능을 증대시키기 위하여 자동차순찰에서 도보순찰로 순찰방법을 바꾸는 등의 변화를 시도하지만 변화의 결과를 평가하기 위한 계획은 종종 제대로 준비되지 않아서 결과가 좋은지 혹은 나쁜지 결정할 수가 없게 된다. 바로 여기서 정책평가자로서의 심리학자들의 방법론적 기술이 개혁을 고안, 설계하는 데 핵심이 되어 그 결과도 검증될 수 있는 것이다.[2]

---

2 N. D. Reppucci and Haugaard, J. J., "Prevention of child sexual abuse: Myth or reality?" *American Psychologist*, 1989, 44:1266−1275

4. 대변자로서의 심리학자

　　어떤 사람들은 심리학자는 인간행동의 중립적 관찰자로서만 활동하고 어떠한 파당적 논쟁에서도 편을 들지 않아야 한다고 주장하지만, 현실은 같은 쟁점에 대한 상반된 연구결과와 가치가 있기 마련이어서 때로는 어느 한 쪽을 선택하고 편을 들고 지지하지 않을 수 없게 된다.

　　심리학자의 역할 중 전문가 증인과 여기서의 대변자의 한 가지 중요한 차이는 대변자는 어느 한편만 강력하게 동일시하는 반면, 전문가 증인은 법률로서 진실만을 말하도록 서약한다는 사실이다. 대변자로서 심리학자는 심리학적 연구방법을 활용하고, 자료의 객관적 분석을 시도하지만 자신의 전문성과 기술을 어느 한편에만 전념하게 되어 당파적이 되는 것이다.[3]

---

3 Greene *et al.*, *op cit.*, p.21

제 3 장
현안과 전망

최근 들어 일반적으로 법심리학의 희망적인 발전에도 불구하고, 아직도 해결해야 할 과제가 남아있다고 한다. 예를 들어, Losel은 법심리학의 법심리학 내에서의 다양한 주제에 대한 관심의 불균형, 극히 소수만이 법심리학자로서 아직도 응용심리학의 큰 영역에 속하지 못하며 법심리학자들의 관심을 가지는 주제도 이질성, 법심리학의 법과학과 실무에의 관계 정립, 새로운 심리학적 발견에 비한 법학에서의 장기적 실현, 다양하고 개별적인 경험적 실험과 법률의 평등한 처우, 그리고 고정된 관할영역의 갈등 등을 해결해야 할 과제로 제시하였다.[1]

한편 Ogloff(오그로프)도 법심리학의 발전을 방해하였으며, 법심리학이 발전하고 성장하기 위해서 반드시 해결되어야 할 필요가 있는 몇 가지 '악'을 논한 바 있다. 그에 따르면, 다른 나라에서의 경험으로부터 배우는 것이 개별 연구자는 물론, 법심리학 학문에도 이익이 됨에도 불구하고 자신의 나라에만 초점을 맞추는 맹목적 애국주의(jingoism), 창의성과 진전을 억누르는 독단주의(dogmatism), 소수인종과 여성에 대한 연구의 필요성과 문화적 다양성에 대해 민감하고 그래서 연구대상자를 확대해야 함에도 그러지 못하는 배타주의(chauvinism), 외적 타당성을 높이기 위해서 극복해야하는 지나친 순박함(naivete), 그리고 법률에 대한 상당한 영향을 미치고자 한다면 관심분야를 확장해야 함에도 불구하고 배심이나 목격자증언 등 일부 지극히 협의의 분야에만 관심을 두는 근시안(myopia)이 극복해야 할 과제라고 한다.[2]

그렇다면 앞으로의 전망은 어떨까? 두 학문 사이에는 물론 차이가 존재하지만 그 차이는 두 직업 간의 소통의 결여와 결과적인 협동연구의 부재로 실제보다 과장된 것도 사실이다. 그럼에

1 F. Losel, "Psychology and law: Overtures crescendos and reprises," in F. Losel, D. Bender and T. Bliesener(eds.), *Psychology and Law : International Perspectives*, New York: Walter de Gtuyter, pp.11－16

2 J. R. P. Ogloff, "Jingoism, dogmatism and other evils in legal psychology: Lessons learned in the 21th century," in Roesch, R., Corrado, R. R., and Dempster, R.(eds.), *Psychology in the Courts: International Advances in Knowledge*, London and New York: Routledge, 2001, pp.7－14

도 불구하고, 심리학적 연구의 범주가 일차적으로는 형법에 대한 초기의 관심과 특히 법정에서의 목격자 증언과 기타 절차에 대한 관심 그 이상으로 확장되고 있다. 최근의 납세자의 정직성에 대한 심리학적 연구의 급증이 그 좋은 예라고 할 수 있다. 더구나 요즘엔 법심리학이 반드시 응용분야일 필요도 없어서 심리학적 연구의 가치가 실무자나 학계, 그리고 법률가들 모두에게 이익이 되는 이론적이면서 실용적일 수 있다는 점이 받아들여지고 있다. 결과적으로 기존의 법과 심리학 연구의 주제들이 너무나 다양하고 넓게 자리 잡고 있어서 이제는 심지어 그 목록을 작성하기조차 불가능할 지경이다. 따라서 심리학 분야는 사람들이 어떻게 사회통제력을 행사하고, 어떻게 책임, 자원, 그리고 위험이 할당되는지에 관한 의문들을 망라하고 있어서 아직도 심리학과 법률에 있어서 기본적 연구능력은 완전히 탐구되지 않았다.[3]

현재 '법과 심리학'이라는 울타리 안에서 가장 대표적인 합작품이라고 한다면 단연 회복적 사법(Restorative Justice)을 들 수 있다. 형사사법제도는 범죄에 의하여 방해를 받은 균형, 특히 범죄자에 대한 응보보다는 오히려 피해자, 증인, 그리고 광범위한 공동체 사회의 이익에 더 많은 관심을 가져야 한다고 회복적 사법은 주장하고 있다. 뿐만 아니라, 회복적 사법은 심리학적 개념과 과정, 예를 들어 형사사법제도에 관계되는 사람들의 변화를 용이하게 하기 위해 고안된 중재나 기타 과정들을 포함하는 경우가 빈번하다.[4]

비록 많은 진전이 있었지만, 아직도 발전하고 성장할 여지는 충분하다. 법률 또는 법학이 사회과학에 의해 소개되는 다양한 경험적 현실에 점점 더 개방적이 됨에 따라 심리학이 법제도에서 더욱 환영받게 될 수 있는 것이다. 그러나 동시에 법조인이나 법률가들이 사회과학적 발견들을 왜곡하거나 잘못 대변하지 않도록 지속적인 교육이 필요한 것도 사실이다. 종합하자면, 법심리학의 미래는 밝지만, 동시에 법과 심리학의 영향은 항상 쌍방향적 과정이라고 할 수 있다. 많은 심리학적 실험연구의 외적 타당성과 관련된 한계를 인식하고 특정한 현상을 연구하기 위하여 하나 이상의 방법론을 활용함은 물론이고 법조계에 심리학적 연구결과를 지나치게 강조하는 등 두 학문의 간극을 매우기 위한 노력에서 생겨난 실수들도 인식할 필요가 있다.

3 S. M. A., Lloyd－Block, "Psychology and law: A critical review of research and practice," *British Journal of Law and Society*, 1981, 8: 1－28; Kapardis, *op cit.*, pp.14－15

4 Carson *et al.*, p.4

제 **4** 편

심리학과 형사사법

CRIMINAL PSYCHOLOGY

　　형사사법제도는 대체로 법집행, 법원, 그리고 교정, 때로는 검찰까지 포함되어 구성된 관료제 또는 체계라고 할 수 있다. 이렇게 보면 형사사법제도는 경찰, 검찰, 법원, 그리고 교정이라는 4륜 마차라고 할 수 있으나 일반적으로 검찰은 사법절차의 하나인 재판과정의 당사자로서 법원과 함께 다루어지는 경향이 있다. 그 결과 대부분 형사사법제도를 논함에 있어서는 경찰, 법원, 그리고 교정을 중심이 되고 있기 때문에 여기서도 경찰심리, 법정심리, 그리고 교정심리를 중심으로 살피고자 한다.

제 1 장
경찰심리학
(Police Psychology)

경찰심리라고 하면 통상 우리는 경찰에 대한 심리학적 연구와 경찰업무에 적용된 심리학을 말한다고 할 수 있다. 물론 지금까지도 경찰에 관한 엄청난 연구가 있어 왔지만 대부분은 거시적인 수준의 단계에서 범죄학, 법, 정치, 사회학, 그리고 경찰 자체로부터 쏟아져 나왔을 뿐 심리학자들은 이 광범위한 사회적 수준과 단계에서는 거의 역할을 하지 못하였다. 그러나 개별 경찰관의 미시적 단계와 수준에서는 심리학이 훨씬 많은 공헌을 할 수 있었다. 경찰과 심리학 또는 경찰단계에서의 심리학은 결국 경찰관의 심리, 즉 경찰의 심리학적 연구와 경찰업무에 적용된 심리학적 방법과 개념이라고 할 수 있다.

실제 우리는 경찰분야에 있어서 심리학의 응용을 다양하게 경험하고 있다. 경찰관이 직무와 관련된 스트레스에 관한 workshop에 참가하여 사생활에서 직면할 수 있는 상황들에 대한 역할극을 수행하고, 심리학자가 이어지는 토론을 주도한다. 또는 경찰심리학자에게 자살하겠다고 위협하는 사람을 설득하도록 요구하거나, 인질협상을 벌이도록 하거나, 아니면 피의자에게 심리적 프로파일링을 시도하도록 하며, 경찰관의 선발을 위하여 심리검사를 시행하고, 때로는 피해자에게 피해상담을 제공하며, 심지어는 회복적 사법(restorative justice)으로서 가족집단회합(Family group conferencing)을 심리학자에게 맡기기도 한다.[1]

심리학적 연구가 그동안 경찰 관리(police management)나 평가(evaluation)분야에서 더 많이 이루어짐에 따라 심리학자들이 광범위한 영역의 경찰활동과 그 쟁점사항에 대한 지식에 기여하고 발전에 영향을 미치는 데 중요한 역할을 해온 것으로 평가할 수 있다. 구체적으로 경찰심리학자들은 경찰관 선발, 훈련, 상담과 치료, 그리고 인질협상 등 다양한 분야에서 결정적인 역할을 수행하고 있다.[2]

---

1 C. R. Bartol and Bartol, A. M., *Psychology and Law: Theory, Research, and Application*(3rd ed.), Belmont, CA: Thomson Wadsworth Publishing, 2003, p.27

　　최근 들어, 경찰분야에 대한 심리학의 기여가 점증하고 있는데, 이는 부분적으로 경찰기관이 점점 더 전문화되고, 기관장 등이 더 많은 교육과 훈련을 받았기 때문이며, 또 다른 부분적으로는 대중이 경찰에게 더 많은 책임을 요구하기 때문이다. 그 결과, 오늘날 심리학자들이 경찰관으로서 직면할 수 있는 다양한 특수상황에 대한 심리학적 측정과 평가를 채용 전부터 하게 되고, 일부는 경찰관과 그 가족에게까지 상담과 치료를 제공하며, 인질협상에 도움을 주고, 스트레스 관리를 위한 workshop도 개최하곤 한다. 그뿐만 아니라, 범죄심리학자들은 범죄자 프로파일링, 심리적 부검(psychological autopsy)이나 증인에 대한 최면술과 같은 수사적 형태의 활동까지 요청받고 있다.[3]

제1절 경찰심리학의 발전과 추세

　　경찰심리학의 발달은 인지평가와의 관계를 시작으로 인성평가와 조직적 접근을 거치는 때로는 중첩되지만 4가지로 구별되는 추세를 경주해 왔다고 할 수 있다. 첫 번째는 경찰관의 인지기능, 특히 지능과 태도에 대한 관심이었다. 즉, 경찰관 지원자들에 대한 심리검사로 시작하여 60년대 중반을 거치면서 경찰관의 인성 기질을 평가하는 것으로 관심이 옮겨졌다. 인지평가에서 인성평가로의 이런 관심의 이동은 아마도 IQ검사와 소수집단에 미치는 부정적 영향에 관한 광범위한 우려 때문이었을 것이다. 그러나 더 큰 계기는 미국의 '법집행과 사법행정에 관한 대통령위원회(President's Commission on Law Enforcement and Administration of Justice)'가 모든 경찰관에게 감정적, 정서적 안정성을 결정할 수 있는 심리검사를 광범위하게 활용하도록 권고한 보고서라고 할 수 있다. 이 보고서에서 위원회는 심리검사와 임상면접을 통해서 자신의 감정적, 정서적 안정성이 경찰업무에 부적합하게 하는 모든 지원자를 추려낼 것을 주장하였다.[4]

2 P. B. Ainsworth, "Psychology and police investigation," pp.39－63 in J. McGuire, Mason, T., and O'Kane, A.(eds.), *Behavior, Crime and Legal Process: A Guide for Forensic Practitioners*, Chichester: Wiley, 2000, pp.40－41

3 Bartol and Bartol, *op cit.*, 2006, p.5

4 President's Commission on Law Enforcement and Administration of Justice, *Task Force Report: The Police,*

70년대 초까지도 인성평가는 증가하였지만, 그렇다고 모든 기관에서 다 시행할 정도로 인성평가가 보편적 규범 정도는 아니었다고 한다. 인성검사를 실시했던 기관에서 가장 많이 활용한 검사는 당연히 MMPI(Minnesota Multiphastic Personality Inventory)였다고 한다. 그런데 인성평가는 두 가지 부산물이 있었는데, 그중 하나는 '경찰인성(police personality)'을 찾는 것이어서 '경찰기관에서는 과연 경찰은 특정 유형의 사람을 끌어들이는가?'라는 의문을 갖기 시작한 것이다. 두 번째 부산물은 지원자들 중에서 선발하거나(screen in) 탈락시킬(screen out) 수 있는 도구를 파악하는 노력이었다. 심리학자들은 지원자들을 만족할 만한 지원자와 우수한 지원자를 가려낼 수 있는 기질, 습관, 반응, 그리고 태도가 있으며, 그러한 요소들을 평가하여 지원자들을 서열화할 수 있다고 믿었었다. 그러나 아직까지는 만족할 만한 성과를 이루었다는 증거는 없다고 할 수 있다.[5]

반면, 부적합한 지원자를 추려내는(screen out) 절차와 과정은 심각한 수준의 정신병리나 감정적, 정서적 불안정성을 보이는 지원자나 안전하고 책임 있는 방법으로 직무를 수행할 수 있는 정신적 통찰과 예민성이나 기본적 능력이 부족한 지원자를 제거하기 위한 시도이다. 미국에서는 보통, 15%의 지원자가 인성평가에 걸려서 제외되는 것으로 알려지고 있으며, 인성평가를 통과한 사람을 골라 뽑는 것(screen in)보다 부적합한 지원자를 제외시키는(screen out) 결정에 더 성공적이었다는 평가이다.[6]

세 번째 추세는 스트레스란 단어로 가장 잘 표현되는 것으로서, 70년대 중반부터 80년대 초까지 지배적인 주제였다. 제대로 관리하지 않거나 치료되지 않고 내버려 둔다면 아마도 경찰관 자신에게 여러 가지 정신적, 육체적 문제를 초래할 뿐만 아니라 잠재적으로는 대중까지도 위험에 빠뜨릴 수 있는 스트레스를 파악하고 가시게 하도록 임상의학자들의 요구를 받게 된 것이다. 결과적으로, 스트레스 요인, 탈진, 외상 후 스트레스 장애(PTSD) 등이 경찰심리학자들의 일반적 용어가 된 것이다. 물론 아직까지도 경찰이 다른 고위험 직업군에 비해 더 많은 스트레스를 받는지 여부는 논란의 대상으로 남아있지만 그럼에도 불구하고 스트레스가 거의 모든 경찰관의 일과 생활에 중요한 역할을 한다는 데 대해서는 크게 의심의 여지가 없다. 이처럼 경찰관의 스트레스를 강조하고 초점을 맞춘 것은 결과적으로 경찰심리학자로 하여금 전통적 검사기능에서

Washington, DC: Government Printing Office, 1967, p.164

5 J. J. Murphy, "Current practices in the use of psychological testing by police agencies," *Journal of Criminal Law, Criminology, and Police Science*, 1972, 63:570−576

6 R. D. Meier, Farmer, R. E. and Maxwell, D., "Psychological screening of police candidates: Current perspectives," *Journal of Police Science and Administration*, 1987, 15:210−216

더 나아가 더 큰 기회와 역할을 가져다주었기 때문에 매우 중요한 변화의 추세라고 할 수 있다. 그 결과 경찰심리학자들은 스트레스 관리는 물론이고 위기개입훈련, 가정폭력 워크샵, 그리고 약물남용 처우까지도 시작하기에 이르렀다고 한다.[7]

네 번째 추세는 경찰심리가 전적으로 임상적이거나 정신건강적인 것에서 벗어나 산업/조직 심리적인 차원으로의 관심이 이동된다고 할 수 있다. 즉, 때로는 다른 요소들을 배제하고 경찰관 개인을 강조하는 것보다 경찰조직을 더 면밀하게 관찰하려는 방향으로 경찰심리가 발전하였다는 것이다.

보다 최근에는 특히 미국에서의 Rodney King(로드니 킹) 사건에 이은 다수의 유사사건들로 인하여 경찰관의 과잉대응과 진압에 대한 우려가 증대되어 경찰심리학자들이 그러한 과다한 무력 사용에 관련된 다양한 심리적 요소들을 찾아내고, 그러한 사건을 예방하고 감시하기 위한 전략을 개발하도록 요구받게 되었다.

한편, 증가하고 있는 미국 대도시 경찰의 부패도 경찰심리학자들의 역할을 더해주게 되었는데, 경찰의 일탈을 통제하기 위해 부적절한 지원자를 골라서 배제시키는 걸러내기(screen out)의 아류로서 임용 전 검증(pre–employment screening)은 앞으로도 경찰심리학자들의 주요한 역할로 남게 될 것이다. 그러나 이러한 임용 전 검증이 경찰행위를 설명하는 데 적합한 것이지만, 잠재적으로 문제가 있는 경찰관을 파악하는 노력은 지속될 것으로 예견되고 있다.[8]

인구구성의 변화는 경찰관의 구성도 바꾸게 될 것이고, 이는 또한 경찰심리의 특성에도 영향을 미치게 될 것이다. 먼저 여성경찰의 증대로 인한 경찰활동에 있어서의 성별논쟁을 들 수 있다. 지금까지 여성과 남성이 경찰업무를 수행하는 데 있어서 인지적, 감정적, 행위적으로 동일한 능력을 가졌다고 주장되어 왔다. 심지어는 여성경찰이 의사소통과 대인관계 기술을 보다 더 효과적으로 활용할 줄 알기 때문에 법집행에 오히려 더 많은 '온화효과(gentling effect)'를 가져다 줄 수 있다고 주장한다. 지역사회에 기초하여 지역사회와 함께하는 지역사회 경찰활동(community policing)이 강조되는 현재와 미래의 경찰활동에는 바로 그러한 소통과 대인관계의 기술과 그로 인한 주민과의 관계에 있어서 '온화효과'는 중요한 변수가 아닐 수 없다. 뿐만 아니라, 경찰의 피해자에 대한 관심이 커지는 것도 경찰인력의 구성과 경찰심리에도 큰 영향을 미치지 않을 수 없을 것이다.[9]

---

7 Bartol and Bartol, *op cit.*, p.18

8 P. K. Manning, "Economic rhetoric and policing reform," *Police Forum*, 1994, 4:1−8

앞으로는 또한 경찰심리가 상담/임상 지향에서보다 비정신건강 지향의 심리서비스로의 이동을 겪게 될 것이라는 예견도 있다. 이러한 변화는 경찰의 전반적인 변화에 따른 것으로 예를 들어, 경찰활동이 점점 과거 전통적으로 전문적 범죄투사모형에서 멀어지는 대신 경찰활동이 공공 서비스 기관보다는 사기업 모형에 더 가까운 보다 기업전략 모형에 가까워질 것이기 때문이다. 또한 문제해결전략과 전략적 의사결정 모형이 강조됨에 따라 산업/조직 심리, 지역사회 심리, 그리고 사회심리가 경찰심리에 주요 이론적, 실무적 기여를 할 것으로 기대되며, 특히 인적 자원관리, 조직심리, 지역사회경찰활동 등에 현저하게 기여할 것으로 보인다.[10]

과거 일부에서 경찰행위는 경찰로 입직하기 전부터 가지고 있었던 일부 인성특성의 결과가 아니라 오히려 각 조직 내에서 발견되는 문화의 결과라고 주장하였다. 그 유명한 Wilson(윌슨)의 경찰행태유형 연구에서도 개인의 이미 존재하던 인성은 다양한 경찰기관의 행태에 아무런 영향을 미치지 않으며, 경찰기관과 조직이 특정한 경찰활동의 형태를 조장하였다고 주장되었다.[11] 극단적으로 어느 한 곳에서는 실패였던 경찰관이 전혀 다른 곳에서는 성공적일 수도 있으며, 따라서 경찰행위의 연구는 개인, 조직, 문화, 가족, 지역사회 등 관련된 모든 체제에 대한 조심스러운 검토가 필요하다는 것이다.

2절 경찰관과 심리

1. 경찰인성(Police personality)

과연 경찰인성이란 실제로 존재하는 것이며, 존재한다면 어떤 것이며, 경찰이 특정한 형태의 사람들을 끌어들이는가? 분명한 것은 경찰이라는 직업은 다양한 임무와 책임을 수행하는데

---

9 C. R. Bartol, Bergen, G. T., Volckens, J. S. and Knoras, K. M, "Women in small town policing: Job performance and stress," *Criminal Justice and behavior*, 1992, 19:240 – 259

10 Maning, 1994, *op cit.*

11 J. Q. Wilson, *Varieties of Police Behavior*, Cambridge, MA: Harvard University Press, 1968 참조

대부분 적합한 폭넓은 범위의 인성을 요한다는 것이다. 결과적으로, 경찰에 가장 적합한, 어울리는 특정한 유형의 고정된 인성을 찾는다는 것은 그리 생산적이지 않을 수 있다. 결국, '인성'은 일과 함께 변하는 것, 즉 경험이 없는 경찰관이 특히 자신이 존경하거나 모범으로 삼고 싶은 다른 경찰관들과의 접촉을 통하여 '직업적 인성(occupational personality)'을 학습하거나 변화시킬 가능성이 더 많다고 할 수 있다. 이를 우리는 경찰관의 '실용인성(working personality)'이라고 하며, 이들 공유경험이 일반적으로 '직업적 사회화(occupational or professional socialization)'라고 불리는 과정인 직업에 대한 신념, 가치 그리고 태도를 형성, 내재화(internalization)하게 된다는 것이다.[12]

(1) 경찰인성의 특성

보편적 상식은 경찰관은 일반시민들과는 구별되는 독특한 형태의 인성을 가진 것으로 믿고 있다는 것이다. 적어도 미국에서는 전형적인 경찰인성이란 권위주의, 의심, 인종주의, 적대감, 불안함, 보수주의, 그리고 냉소주의를 포함하는 것으로 알려지고 있다. 영국에서도 경찰관은 권위적이고, 독단적이고, 그리고 보수적인 것으로 그려지는 경향이 있다.[13]

구체적으로, Eysenck 인성 설문(Eysenck Personality Questionnaire, EPQ)을 이용하여 경찰관의 구체적 인성을 측정, 평가하는 경우가 있다. 이 인성검사는 정신병(Psychoticism, P), 신경증(Neuroticism, N), 그리고 외향성(Extraversion, E)으로 이름이 붙여진 척도로 구성되는데, 정신병(P)은 '강한 마음가짐, 정신(tough-mindedness)', 신경성(N)은 감성, 정서성(emotionality), 그리고 외향성(E)은 사회성, 사교성(sociability)으로 간주되며, 하위척도로 충동성(Impulsiveness:Imp), 모험심(venturesomeness, Vent), 그리고 공감성(Empathy, Emp)으로 구성된다.

영국에서 후보생, 수습경찰관, 20년 경력자, 그리고 간부 4집단의 경찰관에 대한 실제 연구결과에 의하면, 후보생들은 공감성(E), 충동성(Imp), 모험심(Vent)은 점수가 높은 반면, 정신병(P)은 낮았으며, 수습경찰관들은 내향적이고 공감성이 낮은 것으로 조사되었다. 경력 경찰관과 간부 경찰관은 두 집단 모두 충동성, 모험심, 그리고 정신병증에 아주 낮은 점수를 보였다고 한다.[14] 이러한 후보생들의 인성 프로파일은 아마도 흥분되고 변화무쌍한 직업으로서 경찰의 보편적, 대중적 이미지의 매력을 반영한 것으로 해석되며, 후보생과 경력 경찰관의 차이는 정신을

---

12 Bartol and Bartol, 2006, *op cit.*, p.454

13 자세한 내용은 L. J. Siegel, *Criminology*(2nd ed), St. Paul, MN: West Publishing, 1986, p.500

14 G. H., Gudjonssion and Adam, K. R. C., "Personality patterns of British police officers," *Personality and Individual Differences*, 1983, 4:507－512, p.509

바짝 차리게 하는 경찰업무의 영향으로 이해할 수 있다. 이러한 연구로부터 두 가지 결론이 가능한데, 하나는 위와 같은 인성 프로파일의 다양성은 경찰관에 대한 철저한 정형화, 즉 정형화된 경찰인성이 존재한다는 주장에 반한 것이지만, 공감성에 대한 낮은 점수는 '통제된 조금은 느끼지 못하는 사람(controlled somewhat unfeeling individual)'이란 경찰관의 이미지에 대한 믿음을 갖게 한다. 그렇다고 경찰이 대중에 대하여 무심하다는 것을 반드시 의미하는 것은 아니며, 오히려 그와 같이 '감정적으로 개입되지 않으려는 경향'은 경찰관으로 하여금 스트레스로 가득한 상황들을 보다 성공적으로 극복하는 데 도움을 주는 효과적인 적응기제라고 할 수 있다.[15]

여기서 논쟁거리가 될 수 있는 것은 바로 '경찰인성'이라는 것이 두 가지 상반된 모형으로 설명될 수 있다는 점이다. 경찰의 인성기질이나 사회적 태도는 경찰이 되기 전에 이미 존재하거나 가지고 있던 것이어서 이러한 특수한 개인적 자질이 그러한 사람에게 경찰업무를 더 매력적으로 만든다는 '사전적 기질모형(predispositional model)'과 인성과 가치는 경찰문화에 만연한 가치의 경과로 형성된다는 '사회화 모형(Socialization model)'이 그것이다. 만약 사회화 모형이 옳다면 경찰관이 경찰을 떠나게 되면 가치관의 변화가 있어야 하는 반면에 소질모형이 옳다면 가치관은 경찰문화와 관계없이 독립적으로 안정적 특성이어야 하고 경찰을 떠나는 것이 가치관의 변화를 초래해서는 안 될 것이다.[16]

그렇다면, 일반시민과 구별되는 경찰관의 전형적인 인성은 처음부터 그러한 인성을 가진 사람들이 경찰관이 되는 것인지, 아니면 경찰관이 되고 나서 그러한 인성을 가지게 된 것인지가 불분명해진다. 경찰업무의 특성이 그러한 인성의 소유자를 유인하고 끌어들인 결과인지, 아니면 경찰업무의 특수성이 경찰관을 그러한 인성으로 변화시키는 것인가? 아마도 지금까지 알려진 바로는 경찰인성과 관련된 성향의 사람들이 주로 경찰관이 되지만, 경찰관으로서의 직업활동이 그러한 성향을 가진 사람은 그 성향을 더욱 강화시키고 성향이 없거나 약했던 경찰관은 직업적 사회화를 거치며 그 성향을 함양시킨다고 이해하는 편이 옳다고 보는 것이다.

또 다른 쟁점의 하나는 경찰관 개인별 차이이다. 많은 사람들이 경찰업무에 대한 다양한 보상이 매력으로 작용한다고 하지만, 개인에 따라 상이한 것에 끌리거나 매력을 느끼기 마련이다. 연구에 따르면, 특등 경찰관(supercop)은 심각한 범죄로부터 사회를 보호하는 데 관심을 두고 강

15 Gudjonsson and Adam, 1983, op cit., p.512

16 A. M. Colman and Gorman, L. P., "Conservatism, dogmatism and authoritarianism in British police officers," Sociology, 1982, 16:1－11; L. Brown and Willis, A., "Authoritarianism in British police recruits: Importation, socialization or myth?" Journal of Occupational Psychology, 1985, 58:97－108

도나 살인과 같은 '진짜 범죄'와의 싸움에 무력을 사용할 준비가 되어 있는 반면에, 전문가 (professional)는 자신을 다양한 기술과 능력을 요하는 어렵고 복잡한 임무를 수행하는 전문인으로 인식하며, 그들은 대체로 자신의 업무에 유능하고 효율적이다. 봉사지향 경찰관(service－oriented)은 범죄투사라기보다는 오히려 사회복지사에 더 가까우며, 법의 힘을 사용하기보다는 지역사회 내에서 도움을 주거나 재활시키는 것이 목적인데, 이런 유형의 경찰관이 그들의 목표가 다수의 경우 성취할 수 없는 장기적 변화이기 때문에 좌절을 경험하기 가장 쉽다고 한다. 회피자 (avoider)는 가능한 일을 안 하거나 적게 하려는 경찰로서 반드시 항상 게으르기 때문만이 아니라 혼돈, 두려움, 또는 '소진(burn out)'에 기인할 수도 있다고 한다. 초능력 경찰관의 이미지가 우리들에겐 가장 친숙한 것이지만, 점점 인간적, 전문적, 봉사지향적 경찰상이 보편화되고 있는 추세이다.[17]

직업이 사람을 만든다는 주장, 즉 사회화 모형에 대한 연구도 다양하게 존재한다. 영국에서는 경찰관들이 경찰로의 사회화가 증대될수록 보다 자기 주장적, 확신적이고, 보다 독립적이며, 보다 지배적이 되는 것으로 알려지고 있다. 그런데 이러한 사회화 과정에는 몇 가지 단계가 있다고 한다. 초기 몇 년은 일반적으로 경험을 확장하는 단계이며, 이어서 독립성과 감정적, 정서적 경화(hardening)의 발전의 단계가 따르며, 궁극적으로는 보다 확신적이고, 보다 의심이 많아지며 냉소적이 되고, 다른 사람의 처지를 보다 이해하고 보다 동정적이며, 보다 계산적이고 착취적으로 된다는 것이다.[18]

일부에서는 경찰관의 특성으로 간주되는 인성특질(personality trait)을 두 가지 집락으로 파악하고 있다. 첫 번째 집락은 소외와 비밀성, 방어적임과 의심, 그리고 냉소주의의 기질을 포함하는 것이다. 이러한 기질들이 사실은 소위 '사회적－직업적 소외'로 경찰관을 이끌게 되고 나아가 경찰관들을 다른 동료 경찰관들과의 연대와 결속을 강화하는 소위 '그들 대 우리(they vs. we)'라는 경찰 부문화를 형성하게 된다.[19] 이러한 기질집락의 또 다른 표현은 소위 '침묵의 푸른 벽(blue wall of silence)'이라고 하는 것으로, 동료 경찰관의 잘못을 덮어주려는 경찰관의 경향을 말한다.

두 번째 집락은 권위주의, 지위우려, 그리고 폭력의 성질을 포함하고 있다. 경찰관이 권위적

---

17 E. Hochstedler, "Testing types: a review and test of police types," *Journal of Criminal Justice*, 1981, 9:451－466

18 R. C. A. Adlam, "The police personality," in D. W. pope and N. L. Weiner(eds.), *Modern Policing*, London: Croom Helm, 1981, p.157

19 J. Lefkowitz, "Psychological attributes of policemen: A review of research and opinion," *Journal of Social issues*, 1975, 31(1):3－26

이고 폭력적이라는 말은 대체로 보수적이고, 관습적이며, 서로에게 매우 충직하고, 현상유지에 신경을 쓴다고 한다. 경찰관은 자신이 봉사하는 법, 국가, 정부에 대한 더 높은 권위를 존중한다는 점에서 권위주의적이라고 한다.[20]

(2) 경찰인성의 구체적 유형[21]

1) 연기성 인성(Histrionic personality)

연기성 인성이란 과다한 감정과 정서성, 관심－추구, 흥분욕구, 말과 행동에 있어서 현란한 연극성, 인상주의적이고 충동적 인지형태, 그리고 다른 사람으로부터 보살핌을 받고 존중받음으로써 충족되는 감정적, 정서적 욕구를 얻기 위해 대체로 가공적 관계를 유지하려고 지나치게 과장하는 것 등의 특징을 가진 인성유형이다.

이러한 유형의 인성을 가진 경찰관은 관심의 초점이 되고 싶어 하며, 시민과 동료들로부터 칭찬을 듣기 위해 무엇이건 하는 사람이다. 또한 뉴스에 나오는 것을 즐기며, 자신에게 관심이 집중되는 한 초과근무도 자원한다. 전형적으로 이들은 기본적으로 유능하며 열정적인 경찰관으로 간주되나, 관심을 얻고 싶어 하는 갈망이 적절하게 충족되지 않을 때 이들은 우울해지고 분개하며, 특히 정신신체적(psychosomatic) 질환과 증상을 갖게 되기 쉬워지게 되어 위험해진다. 더 큰 문제는 그들의 갈망이 충족되지 않을 때 일을 더 좋은 방법으로 더 잘함으로써 해결하는 것이 아니라 더 인정받기 위해서 보다 더 공격적인 경찰활동에 호소하게 된다는 것이다.

2) 경계성 인성(Borderline Personality)

경계성 인성은 대인관계의 불안정성, 박약한 자아상, 그리고 거친 감정적 전환의 유형이다. 이런 유형의 경찰관은 지나친 이상화(overidealization)와 동료, 시민, 그리고 기관에 대한 평가절하 사이를 오락가락하는 변덕스럽고 격렬한 대인관계를 보인다. 업무과정에서 종종 자동차 추격, 시민농락, 그리고 기타 권력남용의 형태로 자기 파괴적인 충동을 보이기도 한다. 이들의 감정적 불안정성의 신호는 부적절하게 격렬한 분노와 우울한 기분전환과 자살 가능성 등을 포함하고 있다.

---

20 Greene *et al.*, *op cit.*, pp.15－16

21 L. Miller, *Practical Police Psychology: Stress Management and Crisis Intervention for Law Enforcement*, Springfield, IL: Charles C. Thomas, 2006, pp.225－231을 재편집한 것임

3) 자기도취적 인성(Narcissistic Personality)

과장함, 권리의 주장, 오만함, 존경받고 싶어 하는 욕구, 그리고 타인의 감정과 의견에 대한 동정심, 공감의 결여라는 특징을 가진 인성유형으로서, 이런 유형의 인성을 가진 경찰관은 규율과 규칙은 다른 경찰관들에게나 해당되는 것이며, 자신의 특별한 인식능력, 직관력, 판단력, 기술적 전문성 또는 신체적 용맹성으로 인하여 자신은 법 위에 군림한다고 믿는다. 이들은 다른 사람들이 자신을 감사하고, 존중하고, 그리고 경의를 표하리라 기대하며, 특혜나 승진이나 이익, 그리고 자신이 받아야 마땅하다고 생각하는 특별한 고려를 받지 못할 때 즉각 분개하거나 안절부절 못하게 된다.

4) 반사회적 인성(Anti social Personality)

이는 전형적으로 충동성, 약물남용, 범죄행위, 성적 난잡함, 그리고 착취적, 약탈적 생활유형과 관련되는 타인의 권리를 지속적으로 경시하고 위반하는 유형이다. 이들은 다른 사람들은 단순히 자신의 개인적 만족감의 원천으로서 존재한다고 스스로 믿게 하는 전적으로 양심이 결여된 사람이다. 이들은 또한 모든 복종과 아첨을 착취당할 수 있는 약점의 신호로 간주한다. 이러한 인성의 경찰관은 높은 수준의 자극을 필요로 하고 그래서 대다수 유형의 일상적 경찰활동에 쉽게 지루해하지만, 반대로 무언가 자신의 흥미와 관심을 끄는 일이 생기면 거의 초인간적 에너지와 결단을 보인다. 이들은 권력을 지향하기 때문에 아마도 복수나 보복이 그들의 행동을 위한 강력한 동기가 될 수 있다고 한다. 이들의 충동성과 계획과 판단의 부족은 결국 언젠가는 일련의 문제에 빠지게 만든다고 한다. 그러나 일부 이런 유형의 경찰관은 오히려 부와 권력을 축적하고, 심지어는 상당한 지위에까지 올라갈 수도 있다고 한다.

5) 편집증적 인성(Paranoid personality)

편집증적 인성의 소유자는 불신과 의심이 넘치는 사람이어서 다른 사람의 동기와 행동은 거의 불가피하게 기만적이고, 학대적이고, 악의적인 것으로 해석한다. 만약 적의 위협에 대처하기 위해서라면 목표의 성취를 위해서 상당한 에너지를 투입하고 상당한 기술도 가지기 때문에 직장에서 실제로 상당한 성공을 거두기도 한다. 그러나 그들의 너무나 지나치게 냉소적이고 통제되지 않은 '그들에 대항한 우리(us-against-them)'라는 입장의 견지가 무력대치를 남용하고 무고한 동료나 시민들에 대하여 지나치게 시기하여 수사하도록 만들기도 한다.

6) 회피성 인성(Avoidant personality)

사회적 금지(social inhibition), 부적격감, 그리고 부정적 평가나 비판에 대한 과민함을 특징으로 하며, 이런 인성의 경찰관은 대부분 처음부터 경찰활동이 사람을 도울 수 있다는 점에 이끌려 경찰관이 되었고, 시민들로부터는 선의와 존중을 받고 동료로부터는 동지애를 확보할 수 있기 위한 자기-치료(self-therapy)로서 '경찰관 우호적(officer friendly)'인 역할을 추구한다. 그러나 이들은 특히 자신의 친절하고 숭고한 노력이 동료와 시민들로부터 기대했던 만족감을 충족시켜주지 못하면 우울함과 탈진에 취약해질 수 있다.

7) 의존적 인성(Dependent personality)

이들은 보살핌과 보호에 대한 지나친 욕구로부터 초래되는 순종적이고 의존심이 강한 행위를 보이는데, 회피성 인성이 사람을 무서워하고 멀리 떨어지려고 하는 반면에 이들은 사람을 필요로 하고 오로지 그들의 거절이나 지원의 결여를 두려워한다. 이런 인성의 경찰관은 독자적인 의사결정이 최소한이라면 훌륭한 경찰이 될 수도 있으나 만약에 동료의 보호나 지원이 거절되면 업무수행에 지장을 받게 되고 우울해지며 당황하게 된다. 문제는 업무수행이 방해를 받아 평가가 나빠지면 자살위험을 가중시키거나 자신을 입증하려는 지나친 노력으로 무력이나 권한의 남용을 초래할 수도 있으나, 정반대로 안정적이고 안전한 지위가 보장된다면 헌신적이고 충성적인 경찰관이 될 수도 있다고 한다.

8) 강박적-충동적 인성(Obsessive-Compulsive personality)

이들은 질서정연함, 완전무결함, 그리고 통제에 선점당한 사람이어서 정확성과 정밀성을 요하는 직업에서 뛰어난 경향이 있다. 이들의 주요 심리적 역동성은 질서와 통제로 이루어져 있어서 부정확성, 모호성, 분명함의 결여 등에는 매우 불편해 하는 반면, 상황에 대해서 지적이고 물리적으로 더 분명하고 정확할수록 더 좋은 것이다. 이들은 따라서 고전적 교과서 같은 경찰관들이라고 할 수 있다. 그러나 더 많은 동시성과 사회성이 요구되는 상황에 직면하면 문제가 생기게 된다. 무엇을 할지 확실치 않으면 이들은 완전히 마비가 될 수도 있기 때문이다.

9) 분열적 인성(Schizoid personality)

이들은 제한적인 범위의 감정적 표현을 하는 사회적 상호작용으로부터 떨어진 유형이다. 이들은 사람을 필요로 하지 않고, 홀로 남아도 완전히 행복한 사람들이어서 결과적으로 사람지향의 경찰활동에는 별로 끌리지 않는 사람들이다. 그러나 일부 분열적 인성 소유자는 일부 기관에서는 적절하게 기능할 수도 있어서 실제로 결코 문제를 야기하지 않지만 동료들과 어떠한 사회적 유대도 형성하지 않는다. 시민과의 상호작용에 있어서는 대체로 저자세를 유지하지만, 익숙하지 않거나 위협적인 상황에서는 폭발하는 경향도 있다고 한다.

2. 경찰관의 선발(Selection)

경찰의 역할은 점점 더 광범위해지고 경찰에 대한 요구도 점점 많아지고 있다. 범죄에 대응하여 수사하고, 사고를 처리하고 피해자와 증인도 다루어야 하며, 화난 군중들도 다스려야 하고, 가정폭력과 분쟁도 처리해야 하며, 교통사고에서 가족이 사망했다는 하고 싶지 않은 통지도 피해자 가족에게 해야 하는 등 그 어떤 직업도 경찰만큼 다양한 업무를 수행하지는 않을 것이다. 바로 이 점이 경찰관이 반드시 지녀야 할 자질이 무엇인지 합의에 이르지 못하고 그에 가장 적합한 경찰관을 선발한다는 것 또한 사실상 불가능에 가깝게 만든다. 이러한 현실로 인한 결과 중 하나가 바로 '직업에 맞는 적임자(right person for the job)'를 찾기 위한 목적으로 보다 정교한 경찰관 선발 방식을 적용하는 것이었다.[22]

물론 여러 가지 요소가 선발된 신임 경찰관의 잠재적 성공과 실패에 영향을 미치겠지만, 대부분의 기관에서는 지원자의 감정적 또는 심리적 적절성에 지대한 관심을 가진다. 그래서 일부에서는 이 심리적, 감정적 적절성(adequacy)을 심리적 적당함(psychological suitability) 또는 인적 신뢰에 기여하는 인적 요소의 존재와 비신뢰성을 조장하는 요소의 부존재로 규정하고 있다.[23]

경찰관의 임용 전 검증(pre-employment screening)에는 몇 가지 목적이 있다. 먼저, 동료 간의 신뢰를 붕괴시키고, 과다한 초과근무수당을 초래하며, 인력부족을 초래하는 경찰관의 결근이나 게으름을 제거하고, 두 번째는 훈육으로 인하여 경비와 시간을 소모하게 되며, 세 번째는 시민이나 동료 경찰관에 대한 잠재적 위험을 피할 수 있게 하며, 마지막으로 부주의하고 무책임

---

22 D. G. Dutton, "The Punlic and the police: Training implications of the demand for a new model police officer," pp.141-157 in J. C. Yuille(ed.), *Police Selection and Training: The Role of Psychology*, Dordrecht: Martinus Nijhoff, 1986, Kapardis, *op cit.*, p.302에서 재인용; M. A. Gowan and Gatewood, R. D., "Personnel selection," pp. 205-228 in S. Brewer and Wilson, C.(eds.), *Psychology and Policing*, Hillsdale, NJ: Eralbaum, 1995.

23 Bartol and Bartol, *op cit.*, p.25

한 경찰로 인한 나쁜 평판과 소송을 피하기 위해서이다. 굳이 이런 목적들을 일일이 열거할 필
요도 없이 시민의 생명과 자유를 제한하고 보호하는 경찰의 임무와 역할을 고려한다면 작은 실
수의 여지도 용납되지 않으며, 따라서 경찰관의 행위의 결과는 기관, 개인, 그리고 지역사회 전
체에 부정적인 영향을 초래할 수 있기 때문에 부적절한 지원자는 솎아내고, 적합한 자원만 선발
하는 임용 전 검증은 중요하지 않을 수 없는 것이다.[24]

비록 경찰관의 바람직한 자질에 대해서 합의에 이르지는 못하였지만 일부에서는 유머감각, 의
사소통의 기술, 적응성, 상식, 회복탄력성(resilience), 감수성, 인내심, 확신, 단호함(assertiveness),
성실성, 정직성, 교양, 그리고 문제해결능력을 경찰관의 중요한 자질로 중요성의 순서대로 나열
한 바 있다. 여기서 문제의 핵심은 가치관이나 태도 또는 인성 등의 관점에서 볼 때 특정 유형
의 사람들이 더 경찰관이 되고 싶어 하고, 그래서 이 점이 경찰관의 특성을 설명하는 것(사전적
기질 모형: Pre-dispositional model)인지, 아니면 그와 같은 경찰관의 특성이 훈련과 사회화의 영
향(사회화모형: Socialization model)인지가 분명치 않다는 것이다.[25]

지금까지 알려진 바로는 경찰관의 가치관도 자신의 출신 계층이나 나이의 일반 대중들과 매
우 유사하다는 것이다. 그러나 이들 가치의 일부는 경찰관으로서의 경력이 쌓임에 따라 변화하
는 것으로 보인다. 전형적인 경찰관은 시민에 대하여 비뚤어진 편견을 가지고 있으며, 직업의
고립성과 격리감이 '우리 대 그들(us against them)'이라는 정신세계를 갖도록 한다는 것이다.[26]
한편 경찰은 일반적으로, 특히 젊은 사람들에 의해서 권위적이고 보수적인 것으로 인식되고 있
다고 한다. 그런데 바로 이 점이 매우 중요한데 그 이유는 그것이 절대로 용인되어서는 안 될
경찰의 적대적인 태도와 행위에 관련이 되기 때문이다.[27] 경찰의 권위주의적 태도와 가치는 원
래 그러한 가치와 태도를 가진 사람이 경찰관이 되기 때문이라는 유입모형(importation model)이
라기보다는 경찰관이라는 경험 때문이라는 사회화모형(socialization model)에 기인한 바 크다고
한다. 이러한 주장은 신임경찰관들이 훈련기간 중에는 권위주의 척도에 점수가 낮았으나 직무경

---

24 E. J. Shusman, Inwald, R. E. and Landa, B., "Correction officer job performance as predicted by the IPI and MMPI,"
   Criminal Justice and Behavior, 1984, 11:309-329

25 Kapardis, *op cit.*, p.303

26 E. Burbeck and Furnham, A., "Police officer selection: A Critical review of the literature," *Journal of Police Science
   and Administration*, 1985, 13:58-69; A. P. Worden, "The Attitudes of men and women in policing: Testing
   conventional and contemporary wisdom," *Criminology*, 1993, 31:203-241

27 L. Brown and Willis, A., "Authoritarianism in British police recruits: Importation, socialization or myth?" *Journal of
   Occupational Psychology*, 1985, 58:97-108

력이 많아짐에 따라 권위주의 척도의 점수도 높아졌다는 연구결과가 이를 증명해주고 있다. 이 러한 연구결과는 경험이 많은 선배 경찰이 신임경찰에게 경찰의 부문화를 전수한다는 오랜 관행의 중요성을 강조하는 것이다.[28]

그렇다면 과연 성공적인 경찰관은 어떤 경찰관일까? 일단 지능이나 교육수준은 경찰관으로서의 성공을 보장하지 않는다고 한다. 오히려 높은 교육수준이 역설적으로 더 높은 불만족과 낭비를 초래할 수도 있다는 것이다. 그렇다고 경찰심리학자들에게는 실망스럽겠지만 심리학적 검사 또한 신임경찰관의 차후 업무수행을 예측하지 못하는 것으로 알려지고 있는데, 그것은 경찰관이 된다는 것이 너무나 다양한 것을 요구받게 되기 때문이라고 한다. 즉, 성공과 실패가 과연 무엇인지 그 의미조차 합의점을 찾지 못하고 있으며, 따라서 상사나 동료들이 판단할 수 있는 다면적이고 신뢰할 만한 척도가 필요하다는 것이다.[29]

경찰관을 선발하는 데는 바람직하지 않은 후보자를 걸러내서 제외시키는 것(screen-out)과 올바른 후보자를 골라서 뽑는(screen-in) 두 가지 측면이 있다. Screen-In은 잠재적으로 보다 더 효과적인 경찰관으로서 지원자들을 상대적으로 구별하자는 것으로, 이 접근법에 함축된 것은 지원자들의 순위를 매길 수 있다는 것이며, 이는 지원자집단으로부터 최고의 지원자를 선발할 수 있다는 것이다. 이는 곧 만족스러운 지원자로부터 우수한 지원자를 구별하는 기질, 습관, 태도 그리고 반응 등이 있다는 점을 가정하지만 안타깝게도 지금까지는 이에 대한 만족할 만한 결과를 얻지 못하고 있다. 반면에 Screen-out은 정신병리나 감정적, 정서적 문제의 심각한 증상을 보이거나, 안전하고 책임 있는 임무수행의 능력이 부족한 지원자를 제외시키려는 절차로서 경찰관을 선발할 때 경찰심리학자들이 가장 보편적으로 적용하는 절차이다.[30]

경찰지원자에 대한 심리적 평가는 경찰업무에 심리학적으로 가장 적합한 지원자는 선발하거나 경찰업무에 가장 적합하지 않은 지원자를 제외시키는 데 초점을 맞추고 있다. 물론 지금까지는 대부분 경찰관의 '이상적'인 윤곽(profile)에 의견의 일치를 보기 어렵기 때문에 장애가 있는 지원자를 제외시키는 데 집중되어 왔다. 그러나 기존의 심사기준으로는 충분하지 못하다. 기존의 심리검사들은 잠재적인 문제행위나 태도를 찾아낼 수 있는 직무시험이나 상황적 검증, 또는 위험평가보다는 직무수행능력에 방해를 줄 수 있는 정신병리의 수준을 평가하기 위한 것이기

---

28 Brown and Willis, 1985, *op cit.*

29 Burbeck and Furnham, *op cit.*, pp.62-64; D. Lester, "The Selection of police officers : An Argument for simplicity," *Police Journal*, 1983, 56:53-55

30 Bartol and Bartol, 2006, *op cit.*, p.462

때문이다.[31]

경찰관 선발을 위한 스크린 방법 중 하나는 MMPI(Minnesota Multiphastic Personality Inventory), 캘리포니아 심리검사(California Psychological Inventory, CPI)와 같은 심리통계검사를 활용하는 것이었다. 대체로 CPI가 바람직한 지원자를 골라서 뽑는데(screen—in) 가장 좋은 방안인 반면, MMPI는 바람직하지 않은 지원자를 걸러내는(screen—out) 데 더 적합하다고 한다. 심리통계검사와 함께 면접도 경찰관 선발에 종종 활용되고 있는데, 면접은 전통적인 면접위원회 방식을 채택하기도 하지만 때로는 개인적인 압박감에 대한 지원자의 반응을 보기 위한 소위 '스트레스 면접(stress interview)'을 활용하기도 한다.[32]

경찰관을 선발할 때는 물론 지원자의 특정한 장·단점의 평가에도 관심을 가지기 마련이다. 대표적인 예로서, 만약 경찰업무가 대단히 스트레스를 주는 것이라면 스트레스의 영향을 가장 적게 받는 지원자를 선발하는 것이 바람직할 것이다. 반대로 경찰은 공명정대하고 정직한 일처리가 생명이라면 정직하지 못한 지원자를 골라내는 것이며, 이를 위해 성실성이나 진솔함의 결여 또는 부정과 부패의 지향성 등을 평가하는 데 성숙성과 도덕적 판단의 측정이 도움이 될 것이다.

보다 장기적인 예측인자들도 경찰관 선발에 활용되고 있는데, 대체로 성취에 대한 높은 가치, 가족이동이 거의 없음, 업무장려요건의 단순함, 학교에서의 체육활동 참여 등이 지적 효율성, 지배, 성취, 사회성, 그리고 지위 등에 대한 능력 척도에 대한 CPI 점수가 높은 것으로 알려지고 있다. 이를 토대로 신체적, 인구사회학적 변수, 심리학적 속성, 그리고 상황적 검증에 대한 수행평가의 세 가지 범주의 예측변수를 제시하였다. 그러나 경찰관의 경력단계에 따라 성공을 평가하기 위한 상이한 수행평가 범주가 필요하며, 여성과 소수인종에 대해서도 상이한 예측인자가 필요할 것으로 여겨진다. 결론적으로 타당성이 있고 파악 가능한 경찰관의 성공에 대한 직무관련 예측인자를 찾기 위한 더 많은 연구가 필요하다고 볼 수 있다.[33] 더불어 일부에서는 심리검사를 받는 지원자들이 대부분 바람직하다고 여기는 방향으로 거짓 답변을 함으로써 자신을 좋게 보이려고 속임수를 쓴다(faking good)는 비판도 제기되고 있다. 이러한 이유들로 일부에서는 인성검사 결과가 경찰관을 선발하는 데 도움을 주는 보조적인 것이어야지 그 자체가 결정자

---

31 Greene *et al. op cit.*, p.96

32 S. P. James, Campbell, I. M., and Lovegrove, S. A., "Personality differentiation in a police—selection interview," *Journal of Applied Psychology*, 1984, 69:129—134: R. B. Mills, "Simulated stress in a police recruit selection," *Journal of Police Science and Administration*, 1976, 4:179—186

33 Hollin, *op cit.*, p.138

(decision−maker)가 되어서는 안 된다는 경고가 제기되고 있다.[34]

제3절　경찰업무와 심리

 1. 경찰의 좌절과 갈등[35]

　　경찰뿐 아니라 우리 모두는 끝날 줄 모르는 크고 작은 문제, 전혀 실현되지 않는 꿈, 그리고 무너지는 계획 등 우리를 혼란스럽게 하고 동요시키는 사건에 직면하기 마련이다. 이상적으로는 자아, 초자아, 그리고 본능이 공동으로 작동하여 우리의 기능을 극대화시키는 심리적 균형을 유지하게 된다. 자아, 초자아, 그리고 본능의 균형을 방해하지 않기 위해서 이들 문제를 해결할 방어기제(Defense mechanism)를 자아가 차용하게 된다. 그러나 이 방어기제가 효과적으로 작동하지 못하면 종종 감정적 문제와 정신질환으로 이어지게 된다. 그런데 이 방어기제를 완전하게 이해하기 위해서는 갈등과 좌절과 같은 다른 심리적 개념에 대한 지식을 요하게 된다. 우리가 이 갈등과 좌절을 성공적으로 해결하지 못하면 불안(Anxiety)과 죄책(Guilt)으로 이어지게 된다.

(1) 좌절과 갈등의 기제

　　본능이란 일 집단의 생물학적 충동과 욕구에 관한 것으로 규정되는데, 이들 욕구는 인성으로 전시되는 최초 형태의 행위에 동기를 제공하고 움직이게 하는 힘을 제공하기 때문에 동기와 동력이라고도 한다. 이들 동기와 동력 속에 성취되기를 추구하는 대부분의 생물학적, 심리학적,

---

34　A. Furnham and Henderson, M., "The good, the bad and the mad: response bias in self−report measures," *Personality and Individual Differences*, 1982, 3:311−320; E. Burbeck and Furnham, A., "Personality and police selection: trait differences in successful and non−successful applicants to Metropolitan Police," *Personality and Individual Differences*, 1984, 5:257−263

35　이 부분은 B. A. Rodgers, *Psychological Aspects of Police Work: An Officer's Guide to Street Psychology*, Springfield, IL: Charles C. Thomas, 2006, pp.25−33을 재편집한 것임

그리고 사회적 욕구가 자리하게 된다. 그러나 불행하게도, 어떠한 장애가 개입하게 되어 우리의 모든 욕구가 다 성취되는 것은 아니며, 이럴 때 사람들은 좌절을 경험하게 된다.

　그 장애는 시간, 거리, 공간 등 물리적이거나, 지적 능력의 부족, 신체적 기형과 장애, 힘의 부족 등 생물학적이거나, 인성요인과 두려움, 죄책, 불안의 느낌 등 심리학적이거나, 또는 집단 규범, 압박, 그리고 욕구 등 문화적인 것일 수 있다. 이와 유사한 것으로, 갈등의 개념이 있는데, 이런 상황에서 사람들은 서로 동반할 수 없는 두 개의 목표 중 하나를 선택해야 되는데 때로는 이 선택이 매우 어렵게 되어 갈등을 겪게 된다. 선택이 중요한 것일수록 그 갈등은 더 심각해지고 결과적으로 심리적이고 심지어는 신체적인 균형에까지 파괴적이 되고 만다. 만약 갈등이 성공적으로 해결된다면 인성장애의 가능성은 아주 낮아지지만, 그렇지 못하면 어떤 형태로든 인성의 파손이 초래될 가능성이 높아진다.

　사람은 누구도 좌절과 갈등에 무감각하거나 영향을 받지 않을 수가 없다. 좌절과 갈등에 대한 가장 보편적 반응으로서 불안(anxiety)과 죄의식(guilty)은 일상생활의 어떤 부분에서의 문제가 빨리 해결되지 않을 때 일어난다고 한다. 불안과 죄책은 자아에게 심리적 균형이 위협받고 있다고 경고하는 일종의 신호로 작용하는 것으로 보인다.

(2) 좌절과 갈등의 방어기제

　경찰관이 어떤 장애 때문에 혹은 자신의 무능이나 이룰 수 없는 목표 때문에 자신의 목표를 성취하지 못하게 되어 불안과 죄책에 빠지게 된다면 어떻게 경찰관의 자아가 자신의 불안과 좌절을 다루며, 심리적 균형을 유지하는가?

　가장 보편적인 방어기제는 싸우(fight)거나 도주(flight)하는 것이라고 한다. 사람들은 싸움을 수단으로 한다면 공격적인 행위를 통하여 자신의 불안과 죄책을 극복하려고 한다. 그러나 때로는 공격적이고 적대적인 행위가 더 적대적이고 공격적인 행위를 자극할 수도 있어 악순환을 가져올 우려가 있다. 그러나 싸우기보다는 도주를 택하는 것도 손상을 가져오기는 마찬가지이다. 지속적으로, 반복적으로 도주하고 피하려는 사람은 수동적이거나 낙오된 사람이 될 수 있고, 심지어는 피하는 수단으로서 술이나 약물에 의존하게 된다.

　한편, 때로는 위에서 기술한 외형적, 물리적 방어기제가 아니라 내적 방어기제(internal defense mechanism)가 더 중요한 방어기제가 되기도 한다. 내적 방어기제에는 다양한 방식이 있는데, 그 중에서 가장 보편적인 방식은 감정의 전이 또는 이동, 대체(displacement)라고 할 수 있다. 이 경우에는 분노와 같은 강력한 감정이 처음 그 감정을 자극했던 사람이나 대상이 아닌 다른 사람이나 대상에게 그 감정이 전이되거나 이동되는 것이다. 속된 말로 동대문에서 뺨 맞고 서대문에서 화풀이한다는 격이다.

다음은 합리화(rationalization)로서 이는 경찰관이 양해를 구하거나 자신의 행위가 논리적이며 받아들일 수 있는 것이라는 가공적인, 사회적으로 수용되는 주장을 함으로써 자신과 다른 사람들에게 자신의 행위를 정당화하도록 해주는 방어기제이다. 이는 마치 비행소년이 자신의 비행을 중화하는 것과 유사한 방식이라고 할 수 있다. 예를 들어, 모든 경찰관이 다 그렇다거나, 내가 아니면 다른 누군가가 하게 된다는 등의 합리화로 죄책과 불안을 피하는 것이다.

보상(compensation)은 사람들이 하나의 전문분야에서의 열등감과 관련된 불안을 자신이 우월하거나 뛰어난 다른 분야의 전문성으로 보상함으로써 불안을 극복하려고 시도하는 방어기제이다. 예를 들어서, 무술경관이 기획이나 학문분야의 열세를 뛰어난 무술에 집중함으로써 상쇄하고 보상하려는 것과 같다. 투사(projection)는 자아나 초자아에 수용될 수 없는 감정과 생각을 다른 사람에게 돌리는 것이다. 예를 들면, 고참 경찰관이 새로운 상사로부터 새로운 업무요구를 받게 되어 어려움에 처하게 되자 기관장에게 그 상사가 자신을 미워해서 더 이상 일을 할 수 없다고 주장하여 자신이 업무를 수행할 수 없는 불안과 죄책의 감정을 자신의 분노와 미움을 새로운 상사에게 투사함으로써 피하는 것이다.

또 다른 유형의 방어기제로서 반응형성(reaction formation)이라는 것이 있는데, 이는 사람들이 특정한 방식으로 행동하도록 동기화되지만 정반대의 방식과 방향으로 행동함으로써 자신의 충동을 통제하는 것이다. 예를 들어, 성적인 것에 대해서 죄악시하는 철저한 종교적 집안에서 자란 젊은이가 오히려 지나칠 정도로 지역사회의 성이나 도덕의식에 관심과 불평을 토로함으로써 자신의 수용할 수 없는 성적 충동을 통제하고 동시에 자신의 초자아를 지지하는 것이다. 다음은 부정(denial)의 기제로서 글자 그대로 현실을 인정하고 다루기를 거부함으로써 현실을 부정하는 것이다. 건강상의 문제로 일선 형사임무를 피하라는 의사의 권고에 대해서 '돌팔이'라고 의사와 의사의 진단을 믿지 않고 부정하는 것이다.

억제(repression)의 방어기제는 수용할 수 없는 충동이나 고통스러운 경험이 의식 속으로 들어가지 못하도록 완전하게 방지하는 무의식적 과정으로서 자신의 마음속에서 밀어냄으로써 고통스러운 생각과 경험을 감정적으로 잊으려고 시도하는 의식적 과정인 억압(suppression)과는 다른 기제이다. 성폭력 피해자가 자신의 고통을 잊기 위해서 무의식적으로 고통스러운 경험을 억압하여 제대로 기억하지 못하는 경우가 좋은 예가 될 수 있다. 동일시(identification)는 자신에게 중요한 사람의 특성을 취함으로써 자신의 열등감이나 부적절성, 그리고 외로움 등을 극복하려는 방어기제이다. 모방범죄나 유명인을 따라 자살하는 베르테르효과(werther effect) 같은 경우를 예로 들수 있으며, 수사현장에서는 자살과 타살을 밝히는 데 아주 중요한 단서가 될 수 있다고 한다.

사람들이 자신의 불안과 좌절을 극복하는 방어기제로서 대체(substitution)는 다른 대안적 목표와 만족을 성취하는 것이다. 다른 대리 또는 대체 만족을 얻음으로써 이룰 수 없는 목표나 받아들일 수 없는 충동 등으로 인한 불안과 좌절을 극복하는 것이다. 반복적으로 가출하여 나이많은 성인 남자와 생활을 하는 소녀가 어린 시절 가정에서 아버지로부터 받지 못한 사랑을 아버지를 대리하는 성인 남성과의 부적절한 관계에서 찾으려고 했기 때문이라는 원인의 분석이 여기에 해당된다고 할 수 있다.

사람은 때로는 무언가에 대한 환상(fantasy)을 통해서 자신의 불안과 좌절을 방어하고 극복한다. 이 세상 모든 문제와 장애를 다 해결할 수 있다고 상상하고 꿈을 꾸는 것이다. 회귀(regression)는 발달과 발전의 전 단계, 즉 아동기에나 적절한 행위, 사고, 감정형태로 되돌아감으로써 불안과 좌절을 극복하는 것이다. 어린 시절 모자라는 것 없이, 필요한 것은 즉시 해결되고 제공받고 자란 사람이 보채고 조르면 다 해결되던 어린 시절로 되돌아가는 것이다. 승화(sublimation)는 수용할 수 없는 자아 충동을 사회적이고 문화적으로 수용할 수 있는 것으로 전환시키는 것이다. 어린 시절부터 적대적이고 공격적이던 사람이 그 적대성과 공격성을 권투라는 문화적으로, 사회적으로 수용되는 건전한 스포츠로 승화시킴으로써 좌절과 불안을 존경과 금전적 보상으로 전환시키는 것이다.

끝으로, 격리(isolation)는 마치 병원의 수술의사와 간호사가 냉정하고 무관심한 것처럼 보이도록 자신을 분리함으로써 환자들을 극복하는 것이나, 범죄현장에서 불쌍한 피해자를 보고도 차분하게 수사를 지시하는 경찰관들의 모습에서 볼 수 있는 방어기제이다. 이 방어기제는 경찰관으로 하여금 상황의 즉각적이고 직접적인 현실로부터 자신을 감정적으로 거리를 둘 수 있게 해주고 통제할 수 있는 것처럼 보이게 해줌으로써 경찰관으로서의 인상을 유지하고 감정적 개입을 거부할 수 있도록 하여 임무를 완수할 수 있게 해주는 중요한 방어기제이다.

2. 스트레스(Stress)

(1) 경찰과 스트레스

스트레스분야에서는 경찰이 직업의 특성상 상당한 연구와 관심의 대상이었다. 스트레스 연구에 있어서 주의를 요하는 쟁점의 하나는 바로 용어의 정의이다. 대부분은 신체적, 심리적 또는 대인적 고통과 혼란을 표출하는 상황적 요구와 개인적 특성의 상호작용의 견지에서 조작적 정의를 내리고 있다. 그러나 스트레스는 개인에게 주어지는 '어떤 요구에 대한 신체의 불특정한 반응'[36]이라고 정의되며, 그러한 신체반응은 경고(alarm), 저항(resistance), 그리고 고갈(exhaustion)의 세 단계로 스트레스에 반응한다고 한다. 처음의 경고단계에서는 잠재적 위협에 대한 경고이며, 두 번째 저항단계는 피로, 불안, 긴장, 그리고 성가심 등으로 특징지어지고, 마지막 고갈단계에 이르게 되면 신체적, 감정적 질병의 가능성이 높다고 한다. 스트레스가 대부분의 경우 탈진(burnout)의 시작단계라고 할 수 있다.[37]

경찰과 관련해서는 세 가지 근본적 쟁점이 있다. 스트레스를 주는 경찰업무란 무엇이며, 어떤 경찰관이 스트레스에 가장 취약하며, 스트레스가 경찰관에게는 어떤 영향을 주는가? 경찰 스트레스의 연구는 대체로 외적, 내적(조직적), 업무관련, 그리고 개인적인 4가지 유형의 스트레스 요인으로 구분하고 있다.

외적 스트레스 요인은 범죄자에 대한 지나치게 가벼운 처벌, 경찰에 대한 대중의 부정적 의견, 언론보도의 문제, 그리고 경찰의 작업을 방해하는 행정적, 정치적 의사결정에 대한 멸시 등과 같은 형사사법제도의 작동과 운용에 대한 좌절을 포함하는 것이다. 그 밖에, 경찰관이 직면한 가장 현저한 스트레스 요인의 하나는 대중, 언론, 법원, 그리고 정치집단으로부터의 인지된 지원의 부족으로 인한 소외(alienation)라고 한다. 이와 함께, 경찰과 지역사회와의 관계(police-community relation)도 경찰관의 소외감에 기여하는 중요한 요소의 하나라고 한다. 이와 관련된 것으로 범인 검거와 같이 경찰 자신이 생각하는 경찰관의 역할이나 임무와 시민의 보호와 같은 시민이 생각하는 경찰의 임무와 역할 사이의 역할갈등도 소외와 스트레스 요인의 하나로 지목되고 있다.[38]

내적(조직적) 스트레스 요인은 일반적으로 경찰관서의 정책이나 관행에 관한 것으로, 그 특성상 주로 조직적인 것으로서 보수수준, 행정업무의 양, 직업경로의 구조, 승진전망, 장비, 그리고 훈련에 대한 못마땅함을 포함하는 것이며, 일부에서는 교대근무(shift work)가 중요한 직업적 스트레스 요인으로 지적하고 있다. 이는 교대근무가 규칙적인 수면과 식사에 장애가 될 뿐만 아

---

36 H. Selye, *The Stress of Life*(2nd ed.), New York: McGraw-Hill, 1976, p.15

37 I. T. Van Patten and Burke, T. E., "Critical incident stress and child homicide investigator," pp.141-148 in Bartol and bartol(eds.), *op cit.*, p.142

38 M. Jirak, "Alienation among members of the New York City Police Department of Staten Island,: *Journal of Police Science and Administration*, 1975, 3:149-161

니라, 가정생활까지도 영향을 미치기 때문이다. 심지어 이러한 불규칙한 근무시간은 사회생활과 사회관계, 가족활동에도 방해가 되며, 이러한 특성이 곧 경찰관을 더욱 소외시키게 된다.[39]

　　업무관련 스트레스 요인은 경찰업무의 특성과 관련된 것으로서 비활동성과 지루함, 무력사용을 요하는 상황, 타인을 보호해야 하는 책임감, 재량권의 활용, 자신과 동료에게 위험이 따른다는 두려움, 폭력적이고 공격적인 범죄자를 다루는 일, 심각한 결정을 내려야 하는 일, 죽음에 대한 빈번한 직면, 고통에 처한 사람에 대한 지속적인 노출, 자신의 감정을 철저하게 통제해야 하는 어려움은 물론이고 아동학대와 사고, 그리고 업무과중 등 원치 않는 사건에의 노출, 위험, 그리고 두려움이 포함된다.[40]

　　개인적 스트레스 요인으로는 개인적 역량, 성공, 그리고 안전에 대한 관심과 우려가 포함되고 있다. 구체적으로 혼인관계와 상태, 건강문제, 중독, 동료 집단 압박감, 무력감과 우울감, 그리고 성취감의 부족 등이다. 경찰관들은 실제로 경찰업무가 가족에게도 공중의 부정적인 인상을 주고 있으며, 자신의 안전에 대하여 배우자가 주기적으로 우려하고 있으며, 상당한 직장과 업무 스트레스를 집으로 가져가며, 자신의 사회적 행사를 계획하기 힘들게 하고, 경찰이 아닌 사람들과의 교우관계를 불가능하게 한다고 생각한다는 것이다.[41] 스트레스의 영향으로는 두통, 소화기와 순환기 장애, 그리고 심장문제 등 직무관련 스트레스 요인의 35가지 생체학적 영향이 있다고 한다. 나아가 높은 수준의 경찰관 이혼율과 자살률도 스트레스와 관련될 수 있다는 주장도 나오고 있다.[42]

　　한편, 일부에서는 경찰관으로서 직면하게 되는 어려움의 하나가 바로 '어항 속의 삶(life in a fishbowl)' 현상이라고 한다. 이는 경찰관이 어항 속의 물고기처럼 항상 끊임없이 대중의 눈에 노출되고, 그들의 일거수일투족이 평가된다는 것을 깨닫고 있다는 것이다. 때로는 경찰관이 대중이 원하는 것과 달리 업무를 수행하게 되고, 그때마다 대중의 비난과 원성을 듣게 된다. 이처럼 경찰은 대중적 비판에 민감하고 따라서 이 또한 경찰관에게는 큰 스트레스요인이라는 것이다.[43]

---

39 T. Eisenberg, "Labor−management relations and psychological stress: View from the bottom," *The Police Chief*, 1975, 42:54−58

40 Bartol and Bartol, 2006, *op cit.*, p.482

41 W. H. Kroes, Hurrell, Jr. and Margolis, B., "Job stress in police administrators, *Journal of Police Science and Administration*, 1974, 2:381−387

42 W. C. Terry, "Police stress: the empirical evidence," *Journal of Police Science and Administration*, 1981, 9:61−75

43 Greene et al., *op cit.*, p.110

그렇다면 왜 경찰관들은 심각한 스트레스를 받는 것일까? 물론 경찰은 일부 경찰임무의 특성 때문에 스트레스에 취약하다고 하지만 한편으로는 또한 경찰의 한 가지 특징이 '매점문화(canteen culture)'[44]라고 하는 경찰의 불공정하고 보수적인 태도가 경찰관으로 하여금 스트레스와 스트레스요인에 대해서 논하지 못하게 하는 남자, 사나이, 남자다움, 사나이다움(macho)의 형태이기 때문이라고도 한다.[45] 실제로 소진이나 탈진(burnout)에 가장 취약한 경찰관의 특성으로 자신의 임무에 매우 전념하려는 사람과 완전주의자(perfectionist), 남에게 비밀을 털어놓지 않는 사람, 의지가 매우 강한 사람, 그리고 자신의 문제에 대해서 남을 비난하는 사람을 들고 있다.[46]

구체적으로 경찰관들의 설문조사에 대한 요인분석결과 9가지 유형의 스트레스 요인이 확인되었다. 그중에서도 업무과중이 절대적으로 중요한 변수였으며, 그 외에 개인적 인정과 좌절된 희망, 경찰기능을 어렵게 하는 인지된 불필요한 장애, 독재적 관리의 결과, 인지된 경찰/공공 관계의 영향, 직무기능과 환경의 충돌, 단기적 고강도 경찰 스트레스 요인, 경찰에 대한 소청제기, 경찰노조 등이 스트레스 요인으로 지적되었다.[47] 경찰에 대한 불평과 불만을 제기하는 시민소청과 역할의 모호성도 갈등과 스트레스의 주요원인으로 지적되고 있다. 역할갈등이 클수록 직무만족은 낮아지며, 낮은 직무만족은 역으로 우울함을 증대시키고, 결국 경찰업무과정에서 갈등적 기대에 직면한 경찰이 스트레스를 받게 된다는 것이다.[48]

나아가 일부에서는 경찰업무에 있어서 가장 큰 스트레스 요인은 어떤 일이나 사건에 대해 더 구체적으로 조사한 연구도 이루어지고 있다. 예를 들어서 인질로 붙잡히거나 인질협상을 하거나 총격전을 벌이거나 위험하고 폭력적인 대치를 하거나 동료의 죽음이나 업무 중 인명을 살상하거나 가까운 동료의 자살이나 죽음 등이 경찰관에게 스트레스를 주는 가장 심각한 상황

---

44 Canteen은 통상 구내매점이나 구내식당을 의미하는데, 여기서 canteen culture는 따라서 매점문화라고 할 수 있는 일종의 경찰 부문화, 하위문화이다. 영국경찰에서 시작된 것으로 처음에는 소수인종에 대한 차별적, 보수적 태도를 일컬었으나, 지금은 동료의 잘못이나 실수 등을 보고하지 않고 매점에서 자기들끼리만 이야기하는 등의 부문화적 태도라고 할 수 있다.

45 R. Bull, Bustin, B., Evans, P. and Gahagan, D., *Psychology for Police Officer*, Chichester: Wiley, 1983, pp. 112–137; M. Manolias, "Police stress," *International Criminal Law Review*, 1991, pp.13–17; M. R. Pogrebin and Poole, E. D., "Police and tragic events: The Management of emotions," *Journal of Criminal Justice*, 1991, 19: 395–403

46 M. Oligny, "Burnout in the police environment," *International Criminal Law Review*, 1994, pp.22–25

47 C. L. Cooper, M. J. Davidson, and P. Robinson, "Stress in the police service," *Journal of Occupational Medicine*, 1982, 24:30–36

48 Kapardis, *op cit.*, p.311

으로 지적되고 있다. 실제로 스트레스와 관련된 것으로 알려진 일련의 사건들을 검사하는 생애
－사건조사(Life－Event Inventory, LEI)와 심장박동이나 두통 등을 측정하는 신체적 감각설문
(Bodily Sensations Questionnaire)을 실시한 결과, 스트레스를 주는 사건으로서 경찰관들은 승진,
자녀와의 문제, 그리고 직장상사와의 문제를 전년도에 경험했던 가장 빈번히 스트레스를 주는
사건으로 지목하였다. 그러나 스트레스를 주는 상황이나 사건도 경력에 따라 달라질 수 있다고
한다.[49]

　　그러나 경력에 따른 스트레스 정도의 차이, 즉 오래 근무한 사람일수록 더 많은 스트레스를
느낄 것이라는 가정은 그렇게 단순하지만은 않다고 한다. 계급이 높을수록 서류작업과 업무과다
를 스트레스요인으로 지적하는 확률이 높은 반면, 하위직급자는 폭력적 대치상황을 접해야 한다
는 것을 주요원인으로 지적하였다. 이는 곧 근무연수와 관련이 있는 계급이나 직급에 따라 스트
레스의 근원이 상이하기 때문이다.[50] 이처럼 근무연수에 따라 행동의 차이가 나고 스트레스에도
차이가 나는 것은 경찰관이 자신의 직무와 자신에 대한 인식의 변화를 반영하거나, 경찰관으로
서 행복하지 않은 사람이나 자신을 경찰이라는 직업에 어울리지 않는다고 생각하는 사람은 단
순히 경찰을 떠나기 때문이라고 한다. 한 가지 더 흥미로운 사실은 직무경험이 길어질수록 법률
적 제약을 보다 쉽게 수용하게 만들고, 반대로 범죄투쟁으로 직무를 더 좁게 초점을 맞추고, 규
칙에 더 저항적이며, 선별적 집행을 선호하는 경향이 있고, 금전적으로 동기가 부여되기 쉽다고
한다.[51]

　　이와 같은 경찰관의 스트레스를 완화하거나 해소하기 위해서 다양한 노력이 시도되고 있다.
그중에서도 상담이 가장 일반적이며, 이어서 이완과 긴장완화, 명상, 그리고 다이어트와 운동이
추천되고 있다. 이러한 개인수준의 노력뿐만 아니라 조직적으로도 역할모호성과 역할갈등을 제
거하거나 직무내용과 업무량을 관리함으로써 긴장과 스트레스의 위험을 줄일 수 있다고 한다.
경찰관 스스로도 요구수준이 높은 상황을 극복하는 방법에 대한 더 좋은 훈련, 선배로부터의 지

---

49 G. H. Gudjonsson, "Life events stressors and physical reactions in senior British Police officers," *Police Journal*,
　　1983, 56:66－67; G. H. Gudjonsson, "Fear of failure and tissue damage in police recruits, constables, sergeants and
　　senior officers," *Personality and Individual Differences*, 1984, 5:233－236

50 G. H. Gudjonsson and Adlam, K. R. C., "Factors reducing occupational stress in police officers: Senior officers'
　　view," *Police Journal*, 198, 55:365－369

51 Worden, *op cit*.; S. B. Perrot and Taylor, D. M., "Attitudinal differences between police constables and their
　　supervisors: Potential influences of personality, work environment and occupational role," *Criminal Justice and
　　Law*, 1995, 2(2):127－138

지와 지원의 배가, 경찰절차에 대한 숙지, 민−경관계의 개선, 그리고 관료제적 장애의 축소 등이 스트레스를 완화하고 극복하는 데 도움이 될 것이라고 제안하고 있다.[52]

(2) 경찰의 임계사건(Critical incident)과 스트레스

경찰의 임계사건에 대한 정의는 다양하지만, 그것을 경험하는 사람이 비범한 수준의 적응을 요하는 사건이라고 할 수 있다. 이러한 임계사고는 단발 사고에만 국한되지 않고 사람이 반응하고 대응하는 방법에 영향을 집합적으로 미치는 사고 전후에 걸친 일련의 연속적인 것일 수도 있다. 가장 폭넓게 인정되고 있는 규정은 현장에서나 그 후에 그것을 경험하는 사람이 기능할 수 있는 능력에 장애를 줄 잠재성을 가진 비정상적으로 강력한 감정이라고 규정하는 것이다.[53]

경찰은 역할의 모호성, 행정지원의 부족, 다른 사람에 대한 책임감, 예측불가성, 두려움과 위험, 부적절한 보상제도, 근무교대, 지역사회 회피, 사법제도, 그리고 인간의 고통과 외상적 경험(traumatic experience)에의 노출 등과 같은 경찰고유의 스트레스 요인들을 가지고 있다. 그 중에서도, 경찰은 의도적인 폭력에 의한 죽음을 빈번하게 직접적으로 접하는 것이야말로 인간에게 심각한 감정적, 인지적 반응을 불러일으키지 않을 수 없다. 대부분의 경찰관에게는 죄책, 부끄러움, 그리고 황당함 등을 경험하는 것이 죽음에 대한 감정적 반응의 한 부분이다.[54]

(3) 스트레스 요인

경찰에게는 신체적 위험성 외에도 감정노동자(emotional laborer)로서 심각한 감정적 위험성도 함께 안고 있다. 그래서 경찰관에게 가장 중요한 스트레스 요인은 바로 감정적, 특히 정신적 고통을 야기하는 감정적인 것이라고 한다. 경찰업무가 세상에서 가장 감정적으로 위험한 직업 중 하나라는 것이다.[55] 다수의 심리적 스트레스의 근원을 파악하여 종합한 바에 의하면 조직 내

---

52 F. M. Stein, "Helping young policemen cope with stress and manage conflict situations," pp.301−305 in Yuille(ed.), *op cit.*, 1986; Bull et al., *op cit.*, 1983, p.134; Gudjonsson and Adlam, 1982, *op cit.*

53 I. T. Van Patten and Burke, T. W., "Critical incident stress and the chile homicide investigator," pp.141−148 in Bartol and Bartol, *op cit.*, p.141

54 F. V. Went, "Death anxiety among law enforcement officers," *Journal of Police Science and Administration*, 1979, 7:230−235; B. P. R. Gersons, "Patterns of PTSD among police officers following shooting incidents: A two−dimensional model and treatment implications," *Journal of Traumatic Stress*, 1989, 2:247−257; V. E. Henry, "The police officer as survivor: Death confrontation and the police subculture," *Behavioral Science and the Law*, 1995, 13:93−112

관행(Intra-organizational practice)과 특성, 조직 간 관행과 특성, 형사사법제도 관행과 특성, 공공 관행과 특성, 경찰업무 자체, 그리고 경찰관 개인의 여섯 부류로 나누고 있다.[56]

1) 조직 내적 요인

대표적인 경찰의 조직 내 스트레스 요인으로 부적절한 감독(Poor supervision)을 지적하는 경향이 있다. 경찰조직의 준군대식 특성으로 인하여 감독이 경찰관의 업무에 중요한 역할을 한다. 감독자가 능력이 부족하거나, 항상 법대로, 규정대로, 원칙대로만 하거나, 지나치게 많은 것을 요구하거나, 자신의 이익을 위하여 부하직원들을 약취하거나, 심각한 상황에서 부하를 밀어주지 않는다면 부하직원의 심리적 스트레스에 지대한 영향을 미친다고 한다. 실제로 현장 경찰관들에게 있어서 지휘관의 중요성은 결코 과소평가되어서는 안 됨에도 불구하고 대부분의 지휘관들이 지휘관 지도론(leadership)에 관한 아무런 교육과 훈련을 받지 못하기 때문이다.

한편, 경찰관의 승진 등 자기발전의 기회가 부족하거나 없다는 점도 중요한 스트레스 요인으로 지목되고 있다. 절대 다수의 경찰관이 가능한 높은 계급과 직위로의 조직 내 승진과 진급을 바라지만 현실은 그렇지 못하다. 더구나 승진과 진급이 다수의 경찰관들에게는 객관적이거나 공정하지 못하다고 그래서 좌절감을 느끼게 하기 때문이다. 그런데도 불구하고 각종 보고서 등 일선 경찰관들이 직면한 과도한 서류작업 등도 이들에게는 스트레스 요인으로 작용한다.

2) 정책적 요인

일부 경찰의 정책들이 때로는 경찰관에게 공격적이고 위협적이며 비합리적인 것으로 작용하고 있다. 예를 들어 총기의 사용과 관련된 정책으로서 찰나의 결정(split-second decision)을 요하는 긴급한 상황에서 적법하고 적절하고 필요하다고 판단하여 사용했던 총기가 내외부의 조사를 받게 되거나 심지어는 징계나 처벌까지도 받을 수 있게 되기 때문이다. 이와 더불어, 최근 미란다경고(Miranda Warning), 적법절차(due process)의 원칙, 그리고 불법증거 배제의 법칙 (Exclusionary rules) 등과 같은 피의자나 용의자에 대한 인권과 각종 권리의 신장이 경찰관을 더욱 힘들게 한다.

---

55 H. Selye, "The stress of police work," *Journal of Police Stress*, 1978, 1:7-9

56 T. Eisenberg, "Labor management relations and psychological stress," *Police Chief*, November 1975, pp.1954-1964

3) 형사사법조직과 제도상의 요인

경찰관들은 소년법원, 보호관찰소, 법원, 그리고 교도소 등 형사사법 기관들로 인해서도 스트레스를 받게 된다고 한다. 우선, 다수의 경찰관들은 지속적으로 재범을 하는 출소자들을 체포해야 하기 때문에 교정이 범죄자를 처벌하고, 교화개선하고 또는 제재하는 데 실패했다고 생각한다. 그 결과, 경찰관들은 일종의 무의미함을 느끼고, 교도소에서도 크게 신경 쓰지 않는데 왜 우리만 고생해야 하는가 의문을 갖기 시작한다는 것이다. 이와 더불어, 대부분의 경찰관들은 자신들이 힘들게 검거한 범죄자들에게 법원이 지나치게 관대하게 처벌한다고 비판하며, 동시에 자신들과 피해자들을 희생시켜 가면서까지 범죄 피의자들의 권익은 지나치게 보호하려고 한다는 불만도 토로하고 있다. 뿐만 아니라 재판을 위하여 법정에 출두하는 것도 시간을 빼앗기고 변호인단의 공격도 받아야 하는 등 적지 않은 스트레스 요인으로 작용하는 것으로 알려지고 있으며, 더구나 검찰의 수사지휘 등으로 인한 수사권갈등도 경찰의 중요한 스트레스 요인이 되고 있다.

4) 대외적 요인

경찰 조직 내 또는 형사사법제도 외부적인 요인도 경찰의 중요한 스트레스 요인으로 작용할 수 있다고 한다. 첫째는 대 언론 관계, 즉 대중매체로 인한 스트레스이다. 경찰의 사건, 사고는 물론이고 경찰과 관련된 크고 작은 일들에 대한 언론의 지나친 부정적 보도태도와 관행이 경찰관에게 상당한 스트레스 요인이 된다고 한다. 또한 사회의 소수인종, 소수계층 등의 경찰에 대한 부정적 인식이나 편견, 즉 자신들에 대한 차별성을 비판하며, 반대로 다수의 중상류층에서는 경찰의 관대한 대응이나 역차별을 비판하는 현실이 경찰관에게 스트레스를 준다는 것이다. 그 밖에, 이웃주민이나 대중들의 경찰을 비하하거나 비난하는 인식과 태도 또는 언행들도 자신은 물론이고 배우자와 자녀들에게까지 영향을 미치기 때문에 상당한 스트레스 요인이 된다고 한다.

5) 업무상 요인

경찰업무란 항상 경찰관에게 다수의 갈등적 역할, 예를 들어 법집행과 서비스와 같은 역할갈등을 겪게 하며, 그와 같은 역할갈등이 경찰관에게 스트레스를 주게 된다는 것이다. 공공서비스가 때로는 법집행이라는 경찰사명과 충돌할 때 생기는 것이다. 법집행의 효율성을 강조하는 범죄통제형(Crime control model) 경찰활동은 민주성과 적법절차를 강조하는 경찰활동(Due process model)과 갈등을 일으키게 된다. 단적인 예로, 대중들은 자신이 위험에 처했을 때 도움을 받기 위한 경우를 제외하고는 경찰과의 접촉은 물론이고 경찰관을 목격하는 것조차 원하지 않는다는 점이 이를 잘 보여주고 있다.

경찰의 업무교대 또는 근무시간도 개인과 가족의 사생활은 물론이고 결과적으로 생체리듬을 바뀌게 하고 건강에도 악영향을 미치며, 뿐만 아니라 경찰관의 사회관계의 어려움과 그로 인한 소외도 경찰관에게는 중요한 스트레스 요인이 되고 있다. 경찰관의 이러한 생물학적 스트레스는 곧 변비, 수면장애, 우울증, 피로, 그리고 소화장애와 같은 증상으로 나타나기도 한다.

경찰업무는 항상 심각한 부상, 장애, 그리고 심지어는 죽음에 이르게 하고, 그래서 두려움을 초래하는 위험한 활동과 행동을 요구한다. 그들이 일상적으로 경험하는 불확실성, 위험, 그리고 두려움이 경찰관들을 항상 긴장하게 만들고, 나아가 자율신경계통을 움직이게 하는데, 이것이 곧 스트레스 요인이 되는 것이다.

그 밖에도 경찰관들은 빈번하게 각종 위기상황을 경험하게 되고 더불어 총기사용 등 심각한 사건과 사고를 경험해야 한다. 그러한 경험들은 경찰관에게 심각한 외상 후 스트레스 장애(PTSD)를 초래하는 것으로 알려지고 있다. 뿐만 아니라 아무런 잘못이 없지만 자신의 도움이 필요한 사람들에게 아무런 도움도 줄 수 없다는 현실이 무력감, 무기력함, 아무 소용도 없다는 자의식으로 괴로워할 때가 많다. 극단적으로는 잔혹함, 고통, 죽음 등 신체적, 정신적으로 고통을 주는 일들이 경찰관들에게는 어쩌면 일상이 되고 있지만 그럼에도 불구하고 학대받은 아이, 성폭행당한 여성, 심각하게 상해당한 노인 등을 대할 때면 감정적으로 대응하고 괴로워하게 된다.

3. 소진(Burnout)

일반적으로 탈진 또는 소진은 '사람을 대하는 일(people work)'을 하며, 습관적인 긴장과 스트레스를 경험하고 있는 사람들과 밀착, 근접 대면하는 데 상당한 시간을 소모하는 사람들에게서 빈번하게 발생하는 감정적 고갈, 소진과 냉소주의의 증상을 말한다.[57] 또한 '사람들과 함께 일하는 개인들 중에서 발생할 수 있는 감정적 소진, 몰개성화 또는 비개인화(depersonalization), 그리고 개인적 성취도의 감소 등의 증상'이라고도 한다.[58] 여기서 감정적 고갈, 소진(emotional exhaustion)은 다른 사람들과의 접촉으로 감정적으로 도를 넘었고 '메마르게 되는(drained)' 느낌

---

57 C. Maslach and Jackson, S. E., "Burned-out cops and their families," *Psychology Today*, May, 1979, pp.59-62
58 C. Maslach and Jackson, S. E., "Burnout in organizational settings," pp.133-154 in S. Oskamp(ed.), *Applied Social Psychology Annal*, Newbury Park, CA: Sage, 1984, p.134

을 반영하며, 비개인화 또는 몰개성화는 다른 사람, 특히 범죄의 피해자나 기타 경찰의 도움을 요청하는 사람들에게 무감각하고 무정한 반응을 취하는 것이며, 개인적 성취도의 감소는 다른 사람들과 하루 일과를 끝낸 후의 적성이나 능력에 대한 저하의 느낌으로 나타난다고 한다.

이러한 탈진은 점진적 소진(Gradual burnout)과 급성 소진(Rapid burnout)의 두 가지 형태가 있으며, 여기서 점진적 탈진은 대체로 생애 소진(career burnout)이라고도 한다.[59] 생애탈진은 대부분의 사람들이 어느 정도는 탈진하기 때문에 그리 이상한 것은 아니라고는 하지만, 사람들이 스트레스를 주는 상황에서 지속적으로 일을 하고, 그들이 대하는 사람들에 대하여 책임을 져야 한다면 특히 탈진하기 쉬워진다고 한다. 그들이 접촉하는 사람들을 싫어하고 불신하게 되며, 심지어 없어지기를 바라기까지 하게 되는데, 이러한 상황이 고객들의 복지에 대해 정상적으로 공감을 하고 관심을 가지고 염려하는 전문직에게도 일어날 수 있다고 한다. 고객에 대해서 부정적 감정을 느낄 뿐 아니라 자신에 대해서도 부정적으로 느끼게 되고, 자신의 직업이나 일이 과연 어떤 의미나 가치가 있는지조차 의문스러워하게 된다. 그렇다면, 죽음, 살인, 강간, 폭력 등과 관련된 강력하고 때로는 폭력적인 감정적 자극에 지속적으로 노출되는 경찰관도 예외가 아니다.

경찰관들은 대부분 임용 초기 몇 년 동안에 그들이 경찰이라는 직업에 대해서 가졌던 모든 기대가 연기 속으로 사라지는 것을 보게 되는데, 이렇게 환상이 깨지는 것이 지나치게 큰 경우 직업과 직장에 대해서도 괴로워하거나 냉소적이게 되고, 그러한 냉소와 원망이 일선근무에까지 연결되어 시민과 상호작용하고 접촉하는 형태와 방식에까지 영향을 미치게 된다. 이러한 상황에 처한 경찰관들이 통상적으로 취하는 행태는 사람들과 자신의 사이에 거리를 두고, 문제를 비인 격화 또는 비인간화시키는 것이다.

마찬가지로 지적으로 논리화(intellectualization)하는 것도 경찰관이 취하는 또 다른 하나의 방어기제라고 한다. 예를 들어, 화마(火魔)에 휩싸여 사망한 여성에 대해서 심각한 화상으로 평생을 고통스럽게 사는 것보다 차라리 사망한 것이 다행일지 모른다고 하거나 자살한 사람에 대해서 나였더라도 자살했을 것이라고 하는 것이다. 경찰관은 또한 업무와 관련된 감정적 형벌이나 고통으로부터 거리를 두기 위하여 물리적 거리를 두기도 한다. 경찰관들이 대체로 선글라스(sunglass)나 장갑을 착용하는 것이 그러한 예이다. 그리고 경찰관들은 총기로 자신의 헬멧(helmet)을 치는 등 공격적인 몸짓으로 자신을 더욱 거리를 두려고도 한다. 다양한 방법과 방식으로 경찰관들은 자신은 관심이 없으며 관계하고 싶지 않다는 신호를 보내는 것이다. 뿐만 아니

---

59 Rodgers, *op cit.*, p.260

라 경찰관들이 규정대로 업무에 임하고 처리하는 것도 스트레스로부터 자신을 방어하는 것이라고 한다.

Reese(1987)는 탈진을 "방어적으로 전념의 결여를 초래하는, 전념의 질병(a disease of com-mitment, ironically causing a lack of commitment)"이라고 기술하면서, 탈진에는 세 단계가 있다고 주장한다. 그에 따르면, 첫 단계는 자원과 수요의 불균형(imbalance between resources and de-mands)인 스트레스 단계이고, 두 번째 단계는 일종의 긴장(Strain)으로서 그러한 불균형에 대한 즉각적이고, 단기적인 감정적 반응이며, 세 번째 단계는 방어적 극복을 대변하는 행동과 태도의 변화라고 한다. 그러나 동일한 스트레스요인에 대해서도 개인별 차이가 있어서 어떤 경찰관은 어마어마한 스트레스도 다스릴 수 있는 반면에 스트레스를 용인하는 임계값(stress-tolerance threshold)이 낮은 경찰관들도 있다. 이렇게 탈진된 경찰관(Burned-out)은 그들의 허무주의적 표정과 모든 것에 대한 부정적 느낌으로 식별될 수 있다. 역설적이게도 경찰관이 그의 태도와 접근방법이 부정적일수록 자신의 탈진증상은 더 심화된다.[60]

경찰관의 스트레스를 예방하거나 관리하기 위하여 경찰기관이나 조직에서 할 수 있는 일이 몇 가지 제시되고 있다. 우선, 개인적 성장(personal growth)이 탈진에 대응하는 주요한 방어의 하나이기 때문에 경찰관 개개인에 대한 지속적인 학습을 권장할 필요가 있다고 한다. 두 번째는 경찰관들이 종종 자신의 생각을 최상층부에 전달할 방법이 없다고 느끼기 쉽기 때문에 이들에게 아래로부터의 대화의 통로(communication from the bottom to the top)를 열어주어야 한다는 것이다. 세 번째는 신입 경찰관들이 경찰에 대한 인상을 주로 선배 경찰관으로부터 갖기 때문에 경찰관의 선발과 임용에 신중해야 한다는 장기적 제안도 나오고 있다.

지금까지는 주로 비교적 장기간에 걸쳐 겪게 되는 경찰관의 탈진에 대한 것이었으나, 경찰관의 탈진이 장기적으로 누적되어 초래되는 증상만이 아니라 급속한 탈진에 빠지는 경우도 있다고 한다. 일반적으로 경찰관들이 비상상황에서 그가 할 수 있는 모든 것을 다하고 가진 에너지를 전부 소모했음에도 그 상황을 적절하게 극복할 수 없을 때 급성 소진(Rapid burnout)이 일어난다고 한다. 이러한 탈진에 빠진 경찰관들은 높은 불안감, 증대된 부조리, 우울, 감정적 통제의 결여, 과도한 흥분, 냉담, 소외감과 같은 심리적 증상, 심각한 피로, 떨림, 두통, 위장장애, 과도한 땀, 한기, 충격의 증상과 같은 신체적 증상, 그리고 집중력 저하, 우유부단함, 혼돈, 느

---

60 J. T. Reese and Goldstein, H. A., *Psychological Services for Law Enforcement*, Washington, DC: US Government Printing Office, 1987, p.34

린 사고, 객관성의 상실, 망각, 생각을 분명하게 표현하지 못하는 등의 사고증상 등을 보인다고
한다.[61]

4. 피의자 신문과 허위자백

(1) 심문

심문의 목표는 범죄의 진실과 어떻게 발생했는지를 알고, 용의자로부터 자백과 유죄인정을
확보하며, 범죄의 수법과 상황을 확인하는 데 필요한 모든 사실을 확보하며, 수사관으로 하여금
논리적 결론을 내릴 수 있도록 하는 정보를 수집하고, 검찰에 요구되는 증거를 제공하기 위한
것으로 규정되고 있다.[62]

심문에 대한 법률적 제약이 존재하는 상황에서 일반적으로 경찰은 설득, 속임수, 중화, 일상
화 등 심문에 영향을 미치는 몇 가지 심리적 기법을 활용하여 심문한다고 한다. 실제 참여관찰
에 의한 연구결과에 따르면, 경찰심문은 진실의 밀고와 조작에 기초한 확신게임(confidence
game)으로 가장 잘 이해될 수 있다고 한다. 용의자가 최초 사실을 부정할 때 경찰심문관은 환류
설득기법(feedback persuasive technique)이라는 심리적 책략을 활용하는데, 구체적으로 증거가 없
을 때는 용의자의 대답을 단순히 반복하고, 신체언어를 평하고, 피해자에 대한 동정심을 표현하
며, 증거가 있을 때는 피해자/제4자 증인의 증거를 강조하고 제시하는 편이라고 한다. 때로는
용의자의 저항을 극복하기 위하여 이보다 더 적대적이고 강력한 기법이 동원되기도 하는데, 예
를 들어 조작과 위협 등 조작적 강제전술(manipulative coercive tactics)에 호소하기도 한다는 것
이다.[63]

한편, 사기꾼이나 협잡꾼, 또는 상습적인 거짓말쟁이들은 확신적이고 지능적이며 양심의 가
책도 느끼지 않기 때문에 심문하는 경찰에게는 큰 도전이 아닐 수 없다. 전문가들은 철저한 준

---

61 Rodgers, *op cit.*, p.262

62 J. J. Horgan, Criminal Investigation(2nd ed.), New York: McGraw Hill, 1979, Kapardis, *op cit.*, p.315에서 재인용

63 S. Moston, "From denial to admission in police questioning of suspects," pp.91−99 in Davies et al.(eds.), 1996; R. A. Leo, "Police interrogation and social control," *Social and Legal Studies*, 1994, 3:93−120; J. Pearse and Gudjonsson, G. H., "Measuring influential police interviewing tactics: A Factor analytic approach," *Legal and Criminological Psychology*, 1999, 4:221−238

비, 용의자 자신의 완전한 이야기를 끌어내기 위한 끊임없는 인내심과 조심스러운 경청, 경찰이 알고 있는 것과 용의자가 주장하는 것 사이의 차이, 대질보다 분명한 증거의 제시 등의 실무적 충고를 한다.

그런데 최근 용의자에 대한 경찰심문에 있어서 과거 물리적으로 강제 전술에서 지금은 심리학적으로 조작적 전술로의 전이가 일어나고 있다. 성공적인 심문이 되기 위해서는 용의자를 문민화된 방법으로 다루어야 하며, 온정적, 동정적 태도를 가지고 용의자와의 신뢰관계(rapport)를 구축하도록 노력해야 한다. 용의자에 대한 그런 식의 처우야말로 용의자의 마음을 열게 하고, 정직하고 솔직하게 만든다는 것이다.[64]

실제로 대부분의 용의자는 경찰의 심문과정에서 다양한 이유와 동기로 자신의 범행을 자백하게 된다고 한다. 범행을 하게 되면 범행을 한 사람에게 심리적, 생리적 압박을 초래하기 때문에 대부분의 용의자들은 범행을 자백할 필요를 느끼게 된다고 한다. 실제로 교도소 수형자들을 설문한 결과, 56%가 '자신의 가슴을 짓누르는 것을 제거하고자 하는 내적 필요성, 욕구 때문에 경찰에 자백했다'고 답했다는 것이다.[65] 자백을 하는 죄를 지은 사람은 처음부터 자신의 유책을 조사관에게 소통하기 위한 시기를 엿보지만 자긍심의 상실과 처벌의 두려움이 자신의 죄를 말하지 못하게 금한다고 한다. 자백을 얻기 위해서는 따라서 용의자가 편안하게 느끼고 조사자에게 확신감을 가져야 하는데, 훌륭한 수사관이 되기 위해서는 잘 듣는 사람이 되어 용의자가 자신의 시간과 말로 범죄상황을 기술하도록 해야 한다는 것이다. 일단 용의자가 하찮은 것이라도 죄를 인정하게 되면 용의자의 방어기제가 무너진 것임을 보여주는 것이기 때문에 그때부터 더 이상의 자백을 받기 위해 밀어붙일 수도 있다고 한다.[66]

이와는 반대로, 부족한 대화 관리, 부적절한 대화, 심문 속도(참을성 없이 지나치게 급하게 재촉하거나 밀어붙이기), 부적절한 형태의 주장과 청취(분열적 대화, 과다한 대화, 비생산적 질문, 답하기 전에 미리 답을 가정하는 것, 범죄에 대해서 면접관이 충분한 지식을 갖고 있지 않다고 믿게 하는 부적절한 내용의 주장) 등은 오히려 용의자의 저항을 불러일으킨다고 한다. 그러한 관행은 조사관에 대한 자신감의 상실, 불신, 소외, 측은감 등을 초래하기 때문이라고 한다.[67]

64 D. D. Toussignant, "Why suspects confess," *FBI Law Enforcement Bulletin*, 1991, 63(3):21–23

65 G. H. Gudjonsson and Bownes, "The reasons why suspects confess during custodial interrogation : Data for Northern Ireland," Medicine, *Science and the Law*, 1992, 32:204–212

66 Toussignanr, *op cit.*

67 E. Shepherd, "Resistance in interviews: The Contribution of police perceptions and behavior," *Issues in*

(2) 허위자백(false confession)

완벽한 세상이라면 당연히 죄가 있는 사람은 항상 자백을 할 것이고, 무고한 사람이라면 결코 자백하지 않을 것이다. 불행하게도 현실은 그렇지 못하다. 우리는 두 가지 엄청난 결과, 즉 죄가 있는 사람이 자백하지 않는 허위부정(false negative)과 죄가 없는 무고한 사람이 자백을 하는 허위긍정(false positive)의 가능성을 잘 알고 있다. 물론 허위부정이 허위긍정보다 훨씬 빈번하게 일어나지만, 무고한 사람은 누구라도 자신이 범하지 않은 범죄로 처벌되어서는 안 된다는 폭넓은 합의를 반영하여 후자, 즉 허위긍정이 더 많은 관심의 대상이 되고 있다. 그렇다면 왜 전혀 죄가 없는 완전히 무고한 사람이 자신이 범하지도 않은 범죄를 자백하는 것일까?[68]

실제로 범죄용의자들이 모두 자백을 하는 것도 아니지만, 더 심각한 것은 때로는 자백이 허위일 수도 있다는 것이다. 물론 대부분의 경찰 수사관들은 대부분의 용의자들은 일상적으로 거짓말을 한다는 가정과 함께 분명한 단서에 기초하여 거짓말쟁이를 골라내는 방법을 잘 알고 있다고 확신하는 것 같다. 그러나 불행하게도, 용의자에 불리한 심문관의 편견과 전반적인 심문과정과 여건의 강제성으로 인하여 특히 암시적 용의자에 의한 허위자백이 종종 초래되고 있다.[69]

우리는 일반적으로 누군가가 거짓말을 하고 있으면 그가 거짓말을 하고 있다는 것을 알고 있다고 믿고 있지만, 연구결과들은 사람이 정직한지 아니면 거짓말을 하는지를 평가하고 판단하는데 일반적으로 지나치게 확신하고 있으며, 기만적인 진술보다 진실 된 진술을 찾아내는 정확성이 비율이 더 높으며, 더구나 정확성과 자신감 사이에는 거의 아무런 상관관계도 없다는 것을 보여주고 있다. 실제로 기만을 발각해 내는 경찰관의 능력을 연구한 결과, 정확도가 겨우 우연 또는 기회 수준을 넘을 정도에 지나지 않았다고 한다.[70]

자백이 형사재판의 결과에 영향을 미치는 가장 강력한 형태의 증거 중 하나라는 데 대해서는 의심의 여지가 없다. 그러나 형사사법제도 내부에서는 한편으로는 개인의 권리를 보호할 필요성, 그리고 다른 한편으로는 폭력적 범법자들로부터 대중을 보호할 필요성 때문에 둘 사이의

Criminological and Legal Psychology, 1991, 18:5－11

68 S. M. Kassin and Gudjonsson, G., "The psychology of confessions: A review of the literature and issues," *Psychological Science in the Public Interest*, 2005, 5:33－67

69 D. Torpy, "You must confess," *Issues in Criminological and Legal Psychology*, 1994, 21:21－23

70 P. A. Granhag and Stromwell, L. A., "Deception detection: Interrogator's and observer's decoding of consecutive statements," *Journal of Psychology*, 2001, 135:603－621; S. Mann, Vrij, A. and Bull, R., "Detecting true lies: Police officers' ability to detect suspects' lies," *Journal of Applied Psychology*, 2004, 89:137－149

긴장이 팽배해 있다. 따라서 경찰심문단계와 과정에서의 자백이 논란의 근원이 된다는 것은 전혀 놀라운 일이 아니다.[71]

그렇다면 현실은 어떤가? 한 연구에 따르면 비행소년의 23%가 특별한 이면적 동기가 없음에도 불구하고 대부분 충성심이나 동료나 친구를 보호하기 위하여 경찰에 허위자백을 한 것으로 나타났다. 교도소 재소자를 조사한 다른 연구에서는 12%가 과거 경찰단계에서 허위자백을 했다고 답하였다. 그중 특히 여자재소자들이 허위자백을 할 확률이 남자재소자에 비해 3배나 높았으며, 대부분(78%)은 취소해봐야 소용이 없다고 생각하여 자신의 허위자백을 취소하지 않았고, 다수의 재소자(52%)는 경찰의 구금에서 벗어나기 위하여 또는 경찰의 압력을 피하기 위하여 허위자백을 한 반면에 절반 정도(48%)는 누군가를 보호하기 위하여 허위자백을 했다고 답하였다고 한다.[72] 이들 연구를 종합하면, 허위자백은 우리가 일반적으로 생각하고 믿는 것보다 더 빈번하게 발생하고 있지만 과연 비행소년이나 재소자들의 허위자백 주장이 진정성과 진실성이 있는가라는 쟁점은 남아있다.

심문의 과정에서 경찰관은 통상 상황을 통제하고 용의자에게 심리적 요구를 가하며, 과다한 기대감을 전하며, 특히 용의자는 경찰관이 가지고 있는 정보가 정확하게 어떤 것인지 확실히 알지 못하기 때문에 피의자의 감정을 조작하는 위치에 있다. 실제 실험에서도 기억과제에서 존재하지 않았던 사실을 기억하도록 요구받게 되면 그와 같은 요구를 하지 않았거나 그러한 기대감이 전달되지 않았을 때보다 사실과 관련된 더 많은 허위단서를 받아들이는 것으로 관찰되었다. 경찰서에서 심문을 받는다는 강압적 상황, 암시적 용의자, 그리고 자백을 얻고자 하는 조사관 등이 결합되면 허위자백은 언제라도 가능성이 있는 현실이 될 수 있는 것이다.[73]

피의자의 허위자백에도 세 가지 유형이 있다고 한다. 먼저 자발적 허위자백(voluntary false confession)으로서 허위자백을 하도록 압력을 받지 않았음에도 자기 자신의 상당한 이유로 허위자백을 하는 경우이다. 용의자가 각광을 받고 싶어 하거나 처벌을 받고 싶거나 진짜 범행을 숨기기 위해서 자발적으로 허위자백을 하는 것으로 알려지고 있다.[74] 다음은 강요된 복종적 허위

71 J. T. McCann, "A conceptual framework for identifying types of confessions," *Behavioral Science and the Law*, 1998, 16: 441−453

72 G. H. Gudjonsson and Sigurdsson, J. F., "How frequently do false confessions occur? An empirical study among prison inmates," *Psychology, Crime and Law*, 1994, 1:21−26

73 Tousignant, *op cit.*, 1991; G. H. Gudjonsson and Hilton, M., "The effects of instructional manipulation on interrogative suggestibility," *Social behavior*, 1989, 4:189−193

74 R. Horselenberg, Merckelbach, H. and Josephs, S., "Individual differences and false confessions: A conceptual

자백(coerced-compliant false confession)으로서 추가적인 신체적 고통을 피하기 위해서, 수면을 허락 받기 위해서, 집에 가기 위해서, 또는 가벼운 처벌을 받을 수 있도록 법관에게 요청하겠다는 등의 말을 믿고 진실이 아님을 알고도 자백에 동의하는 경우이다.[75] 끝으로 강요가 내재화된 허위자백(coerced-internalized false confession)으로 용의자가 자신의 기억을 더 이상 믿지 못하기 때문에 자신이 죄가 있다고 믿고 허위로 자백하게 되는 경우이다.[76]

한편, 대부분의 사람들은 만약 불확실성(uncertainty), 대인적 신뢰(interpersonal trust), 그리고 높아진 기대치(heightened expectation)라는 필요조건(necessary condition)이 충족된다면 제안(suggestion)을 받아들인다는 피암시성 이론(theory of suggestibility)으로 일부 용의자의 허위자백을 설명하기도 한다. 이 주장의 한 가지 함축적 가정은 심문적 피암시성이 독특한 유형의 피암시성이라는 가정이지만, 피암시성은 어느 정도 상황적 요소와 경험의 영향을 받는다고 한다.[77]

이처럼 허위자백의 가능성이나 확률은 사람에 따라 달라질 수 있다는 것인데, 반대로 말하자면 진실된 자백도 사람에 따라 차이가 날 것이라고 가정할 수 있다. 그렇다면 과연 어떠한 사람이 자백을 할 가능성이 더 높을까? 대체로 취약한(vulnerable) 용의자라고 취약하지 않은 용의자보다 자백을 할 확률이 더 높지 않다고 하는데, 이는 연구자들이 경미한 사건을 다루며, 그래서 자백하도록 그렇게 강한 압박을 가하지 않았기 때문일 수 있다는 조심스러운 지적도 나오고 있다. 그러나 분명한 사실은 젊은 용의자가 자백할 가능성이 더 높으며, 변호사와 함께 취조를 받거나 수용생활을 경험한 용의자일수록 자백할 가능성이 더 낮다고 한다.[78]

위와는 반대로 우리의 상식은 대부분 취약한 사람일수록 자백할 가능성이 더 높다고 생각할 것이다. 가장 보편적으로 파악된 취약성으로는 혼돈과 혼란, 약물사용의 중단, 의사소통의 문제, 편집증적 믿음, 그리고 단순한 문제도 이해하지 못하는 것 같음 등으로 알려지고 있다.[79] 그 밖

replications of Kassin and Kiechel," *Psychology, Crime, and Law*, 2003, 9:1-8

75 S. M. Kassin and Kiechel, K. I., "The social psychology of false confessions: Compliance, internalization and confabulation," *Psychological Science*, 1996, 7:125-128

76 G. H. Gudjonsson and McKeith, J.A.C., "Retracted confessions: Legal, psychological and psychiatric aspects," *Medical Science and Law*, 1988, 28:187-194

77 G. H. Gudjonsson and Clark, N. K., "Suggestibility in police interrogation: A social psychological model," *Social Behavior*, 1986, 1:83-104; G. H. Gudjonsson, The Psychology of Interrogations, Confessions and Testimony, Chichester: Wiley, 1992, pp.116-130

78 J. Pearse, Gudjonsson, G. H., Clare, I.C.H. and Rutter, S., "Police interviewing and psychological vulnerabilities: Predicting the likelihood of confession," *Journal of Community and Applied Psychology*, 1998, 8:1-21

79 G. H. Gudjonsson, Hayes, G. D. and Rowlands, P., "Fitness to be interviewed and psychological vulnerability: The

에 반사회적 인성특성과 과거 구금횟수가 허위자백의 가장 강력한 예측인자이며, 따라서 허위자백을 하는 것은 곧 그들의 범죄적 생활양식의 한 특징이라고 주장하는 경우도 있다.[80]

(3) 허위긍정의 허위자백

쟁점이 되고 있는 자백이 허위인지 여부를 가리는 4가지 방법이 있다고 한다. 첫째는 정신적으로 장애가 있는 용의자가 자신이 범할 수 없어서 범하지 않은 범죄를 자백하는 경우, 임신이 불가능한 장애여성이 자신의 신생아를 살해해서 버렸다고 자백하는 등의 경우이다. 두 번째는 용의자가 범죄발생 당시 시설에 수용되어 있어서 범행할 수 없는 상황임에도 범행을 자백하는 경우이고, 세 번째는 실제 용의자가 파악되고 객관적으로 유죄가 확인된 경우이며, 마지막으로 유전자감식 과학적 증거가 용의자의 무고를 확실하게 입증하는 경우이다.[81]

그렇다면 왜, 무엇이 사람들을 자신이 범하지도 않은 범죄를 자백하게 하는가? 대부분의 전문가들은 이 물음에 대하여 수사관의 강압적 전술과 용의자의 취약적 상태의 상호 복합적 영향이라고 설명하고 있다. 우선 심리학자들에 의하면, 때로는 용의자들이 계속되는 혐오스럽고 기피하고 싶은 심문을 피하거나 탈출하고 싶어서, 또는 일종의 약속된 보상을 얻기 위해서 자백한다는 것이다. 이런 유형의 자백을 강요된-복종적 허위 자백(coerced-compliant false confession)이라고 하며, 이러한 허위자백은 용의자가 자신이 무고하지만 혼자 남겨진다거나 혼자 나갈 수 있게 해주는 등 자백의 단기적 이익이 유죄가 확정되는 등 장기적 비용을 초과한다고 믿게 될 때 일어날 수 있는 것이라고 한다. 다른 한편으로는, 강요가 내재화된 허위자백(coerced-internalized false confession)이라고 하여 심문하는 동안 활용되는 교묘한 속임수에 직접적으로 관련된 것이 있다.[82]

수사관들은 대부분 용의자의 유죄나 유책을 미리 추정하고 있기 때문에 심문에 영향을 미치고, 용의자를 혼란스럽고 방어적으로 만들게 되어 결국 허위자백의 기회를 높인다는 것이다. 이런 현상을 흔히 자기 성취적 예언(self-fulfilling prophecy) 또는 행위적 확인(behavioral

views of doctors, lawyers and police officers," *Journal of Forensic Psychiatry*, 2000, 11(1):75-92

80 J. F. Sigurdsson and Gudjonsson, G. H., "False confession: The relative importance of psychological and substantive abuse variables," *Psychology, Crime and Law*, 2001, 7:275-289

81 S. Drizin and Leo, R., "The problem of false confessions in the post-DNA world," *North Carolina Law Review*, 2004, 82:891-1007

82 S. M. Kassin and Wrightsman, L. S., "Confession evidence," pp.67-94 in S. M. Kassin and L. S. Wrightsman(eds.), *The Psychology of Evidence and Trial Procedure*, Newbury park, CA: Sage, 1985

confirmation)이라고 하며, 이런 현상은 사람이 용의자의 유죄와 같은 특정한 신념을 형성한 후에는 그 신념을 정당화하기 위한 정보만 찾고 반대되는 자료는 간과하고 자신의 신념에 동조하는 행동을 하게 되어 일어난다고 한다.[83]

또 다른 보편적 심문전술의 하나는 용의자로 하여금 제3의 가공인물을 상상하고, 주장하는 바대로 범행 동안에 발생한 사건을 시각화하도록 권하는 것이다. 이렇게 함으로써 무고한 용의자가 후에 범죄 자체의 회상으로 허위로 해석할 수 있는 생생한 이미지를 만들어낼 수 있다는 것이다. 이는 소위 '출처 오귀인(source misattribution)'이라는 현상을 통해 일어나는 것으로, 이 현상은 실제의 경험한 사건으로부터 나오는 기억에 대한 자신의 생각과 상상에서 주로 야기되는 기억오류이다. 과거의 경험에 대한 상상과 인상이 실제 일어나지도 않은 사건도 발생한 것으로 믿게 한다는 것이다. 수사관이 범죄현장을 상상하도록 요구한다면, 그리고 사람들이 자신의 상상으로부터 얻어진 정보와 실제 경험을 혼돈한다면, 용의자는 자신의 회상을 실제인식으로 잘못 귀속시킬 수 있다는 것이다.[84]

83 C. Meissner and Kassin, S., "You are guilty, so just confess! Cognitive and behavioral confirmation biases in the interrogation room," pp.85－106 in G. D. Lassiter(ed.), *Interrogations, Confessions, and Entrapment*, New York: Kluwer Academic/Plenum, 2004; D. McNatt, "Ancient Pygmalion joins contemporary management: A meta－analysis of the result," *Journal of Applied Psychology*, 2000, 85:314－322

84 L. Henkel and Coffman, K., "Memory distortions in coerced false confessions: A source monitoring framework analysis," *Applied Cognitive Psychology*, 2004, 18:567－588; M. Garry and Polaschek, D. L., "Imagination and meomory," *Current Directions in Psychological Science*, 2000, 9:6－10; G. Mazzoni and Memon, A., "Imagination can create false autobiographical memories," *Psychological Science*, 2003, 14:186－188

제 2 장
법정심리
(The Psychology of the Courtroom)

재판단계에서의 심리학자들의 역할은 매우 다양하다. 목격자 증언이나 재판 전 공명성이 배심에 미치는 영향 등과 같은 사법제도에 관련된 다양한 연구를 수행한다. 이들은 스스로를 법심리학자라고 불리기를 원하며, 법심리학(legal psychology)과 법정심리(Forensic Psychology)라는 용어가 때로는 상호 교환적으로 혼용되기도 한다.

심리학자들은 또한 판사와 변호사와도 자문을 하며, 평가를 하며, 민형사 법정에서 재판을 받을 수 있는 능력(competency to stand trial), 정신이상변론(Insanity defense)과 같은 범죄책임성, 아동양육권 결정, 그리고 양형 등에 대해서 증언도 한다. 아마도 임상적 활동에 기초한 이 전문가 증언(expert testimony)이 협의의 법과학심리학 정의의 핵심이고 이 하위전문 영역에서는 가장 가시적인 기능이라고 할 수 있을 것이다. 그들은 피의자에 대한 재판 전 평가를 수행하고, 비행소년의 교화개선 가능성을 평가하여 재판과 양형에 도움을 제공하고 있다.

|1절 증언의 심리학(Psychology of testimony)

영국의 내무성은 "범죄의 목격자는 시민의무로서 범죄를 경찰에 신고하고 … 훗날 자신이 목격한 것을 법정에서 육성증언을 하고 대질심문 동안 변호인단의 심문에 답하도록 요구받을 수 있다"라고 명기하고 있다. 그럼에도 한편에서는 개인의 신상에 대한 증언은 허위에 가깝다고 비판도 받는다. 그러나 비록 증언이 빈번하게 도전받고는 있지만, 아직도 기타 유형의 증거보다 더 믿을 수 있는 것으로 폭넓게 가정되고 있으나 수많은 실험에서 오류에 상당히 취약하다는 사실이 입증되고 있다. 주된 이유는 아마도 인간의 기억은 포착하기 어렵고 실질이 없는 창조물이기 때문일 것이다. 기억이란 보완되고, 부분적으로 재구성되며, 심지어 사후 경험이나 인식으로 완전히 변경될 수도 있다. 사실 기억이란 간단한 말 한 마디에도 영향 받기 쉬울 정도이다. 그렇다고 모든 기억이 변하고 원래 기억이 모조리 그대로 손상되지 않는다는 것도 아니다. 따라서 인간의 기억처럼 틀리기 쉬운 것도 없다고 지나치게 과장하지 않는 것이 중요하다. 기억이란 종종 너무나도 상세하고 정확하기 때문이다.[1]

사실, 적지 않은 수의 범죄 용의자들이 거의 목격자의 증언에만 기초하여 피의자가 되고 있다. 그래서 목격자의 증언이 법정에 제출되는 가장 영향력 있는 증거가 되고 있으며, 특히 총기나 지문 등 다른 증거가 확보되지 않는 경우라면 더욱 그 영향이 큰 것이다. 실제로 배심원들은 다른 증거에 의해서 크게 대조되는 경우임에도 목격자의 증언을 액면 그대로 받아들이는 경향이 있는 것으로 알려지고 있다. 사람들은 사건 현장에 있었던 사람을 믿게 되는 것이다. 결국, 증언대에 서서, 피의자를 향하여, 바로 저 사람이라고 말하는 살아있는 사람보다 더 확실한 것은 없는 것이다.[2]

1. 인지과정과 증언(Cognitive process and testimony)

미국에서는 19세기 초부터 기억과 기타 인지과정에 대한 심리학적 연구를 증언과 배심결정에 적용해 왔다고 한다. 그러나 안타깝게도 적대적인 법조인들의 반대로 대부분은 기억에 대한 실험실에서의 연구에 지나지 않았지만, 이 연구결과들이 범죄에 대한 증인인 사람들의 기억이 실험실에 기초한 연구를 분명하게 현실세계에 응용한 것이라고 할 수 있다.

1 D. S. Lindsay and Read, J. D., "Psychotherapy and memories of childhood sexual abuse: A cognitive perspective," *Applied Cognitive Psychology*, 1994, 8:281−338; E. F. Loftus and Ketcham, K. E., "The malleability of eyewitness account," in S. M. A. Lloyd−Block and B. R. Clifford(eds.), *Evaluating Witness Evidence: Recent Psychological research and New perspective*, Chichester: Wiley, 1983, pp.168−169; Home Office, *Speaking up for Justice: Report of Interdepartmental Working Group on the Treatment of Vulnerable or Intimidated Witness in the Criminal Justice System*, 1998, p.19

2 G. L. Wells, Small, M., Penrod, S., Malpass, R. S., Fulero, S. M. and Brimacombe, C. A. E., "Eyewitness identification procedures: Recommendations for lineups and photo−spreads," *Law and Human behavior*, 1998, 23:603−647; Loftus, E. F., *Eyewitness Testimony*, Cambridge, MA: Harvard University Press, 1979, p.19

대부분의 사람들은 우리의 기억이 녹화기처럼 수동적으로 작동한다고 믿고 있다. 즉, 녹화된 것과 정확하게 동일한 형태로 '정보'를 되돌려 볼 수 있기 때문에 세상과 세계에 대한 정확하고 객관적인 기록을 제공할 수 있다고 믿는 것이다. 만약 우리의 기억이 이처럼만 작동한다면 증인이 자세한 상황을 잃지 않고 사건의 전모를 정확하게 제공할 수 있고 그래서 실수의 가능성이 전혀 없이 피의자를 확인할 수 있기 때문에 증인의 기억에 대해 아무런 쟁점도 생길 수 없다. 그러나 우리의 기억은 그렇지 않기 때문에 증인들이 때로는 사건의 극히 일부만, 때로는 사실과 다르게 기억하여 피의자를 잘못 확인할 수도 있다.

(1) 능동적이고 선별적 인지

동일한 사건, 상황, 심지어 영화를 본 사람들에게 무엇을 어떻게 보았는지 설명해보라고 하면 아마도 백인백색일 것이다. 그것은 특정한 상황에 대해 수많은 다른 요소들을 대입시키고, 이것이 또 우리가 그 상황을 인식하는 데 영향을 미치기 때문이다. 이것이 바로 인식의 능동적 부분으로서 우리가 감각적 정보를 처리하는 데 있어서 편견을 가진다는 것이다. 마치 유명한 보이지 않는 고릴라와 같이 사람들은 자신이 보고자 하는 것만 골라서 보고자 하는 방향으로만 보는 것과 같은 경우이다. 그런데 문제는 인지과정이 자율적이고 의식적 통제를 요하지 않기 때문에 이들 편견들을 숙지하지 못한다는 것이다. 그래서 보통 인식을 기술하기 위하여 '능동적'이라는 단어를 사용할 때는 우리가 인식하는 세상이 있는 그대로 존재하는 것처럼 보이지만 우리의 인지과정과 독립된 것이 아니라는 것을 암시하는 것이다. 이는 마치 우리가 세상을 심리학적 색안경을 끼고 인식하지만 색안경의 존재를 알지 못하는 것과 같다. 일반적으로 사람들은 기대감, 감정, 상황과 문화 등의 다양한 요소에 의하여 인식에 영향을 받는다고 한다. 마찬가지로 우리가 범죄를 목격했을 때도 그 범죄에 대한 우리의 인식은 객관적이 아니라 그 사건에 대한 우리의 해석의 요소를 내포하게 된다.[3]

(2) 재구성(개조) 기억(Reconstructive memory)

인식이 선택적이라는 사실은 곧 사람들의 기억에는 간극이 있다는 의미이다. 우리들의 인지 체계의 기본적 특징은 기존의 지식을 활용하여 이 간극을 메우려는 것이다. 다시 말해서, 우리는 새로운 정보를 우리가 가지고 있는 기존의 지식구조에 맞춤으로써만 새로운 정보를 이해할

---

3 Putwain and Sammons, *Psychology and Crime*, NY: Routedge, 2002, p.97

수 있는 것이다. 하지만 새로운 정보가 복잡하거나 가공의 것인 경우와 같이 새로운 정보를 기존지식구조에 맞추기 어렵게 되면 그러한 새로운 정보는 잊혀지거나 왜곡될 가능성이 높아진다. 일단 기억이 재구성되거나 개조되면 사건의 원전을 회상할 수 없으며, 그 개인은 어떠한 변화도 전혀 알 수 없게 된다. 그러나 물론 이러한 재구성 기억 이론이 폭넓게 받아들여지고는 있지만, 원래의 기억이 돌이킬 수 없을 정도로 없어지거나 손실되는지에 대해서는 논쟁의 여지가 있다. 일부 이론가들이 원래의 기억도 적절한 회복이나 되돌림 단서를 활용하면 저장될 수 있다고 주장하기 때문이다.

바로 이 점이 증언에 있어서 증인의 기억의 재구성적, 개조적 특성이 문제가 되는 이유이다. 기억의 재구성적 특성으로 인하여, 증인의 기억이 극단적으로 믿을 수 없다는 주장이 제기되고 있는 것이다. 즉, 만약에 증인이 자신의 기억에 그러한 간극이 있고, 완전한 이야기를 제공하도록 압력을 받는다면, 언론에서 듣거나 조사관이나 면접관이 제안하는 결과적인 정보나 자신의 경험에 바탕한 '상상적 재구성(imaginative reconstruction)'으로 그 간극을 메꿀 수 있다는 것이다.[4]

(3) 망각

잊어버리거나 기억하지 못한다는 것은 증인의 기억에 대단히 중요하다. 일단 우리가 무언가 잊어버리게 되면 그 정보는 영원히 사라지게 되기 때문에 우리들의 증인에 대한 접근방법에 큰 영향을 미치게 된다. 그러나 반대로 만약 우리가 무언가를 잊어버려도 어떠한 단서가 있어서 그 잊어버린 정보를 되찾거나 되돌릴 수 있다면 증인에 대한 접근방식도 매우 달라질 것이다. 그런데 대체로 사람들의 망각에는 주로 다음의 세 가지 이론이 있다고 한다.

1) 흔적-의존 망각(Trace-dependent forgetting)

기억의 흔적들은 시간과 함께 사라지며, 일단 망각이 일어나면 그 소재는 우리의 기억체계로부터 영원히 사라진다는 것이다. 만약 이것이 사실이라면 증인은 범죄발생 후 가능한 한 빨리 조사하거나 면담하여야 한다. 물론 이 주장에 대해 경험적 지지도 없지 않지만 시간이 그렇게 핵심적인 요소는 아니라는 주장도 만만치 않다.

---

4 Putwain and Sammons, *op. cit.*, 2002., p.99

2) 단서-의존 망각(Cue-dependent forgetting)

이는 상황단서(context cue)라고 하는 주변(surrounding)과 상태단서(state cue)라고 하는 분위기(mood)와 같은 올바른 단서를 활용하면 잊어버린 기억에도 접근할 수 있다는 것이다. 이 주장은 기억은 기억체계에서 쇠퇴하거나 사라지는 것이 아니라 현존하며 단지 접근하지 못할 따름이라는 것이다. 만약 이것이 사실이라면 이런 저런 단서들을 활용한다면 증인의 회상과 기억을 향상시킬 수 있는 것이다.

3) 동기화된 망각(Motivated forgetting)

무섭거나 방해가 되는 기억은 높은 수준의 불안과 걱정을 유발하기 때문에 사람들은 그러한 기억들은 억누르기 마련이다. 따라서 만약 증인이 폭력적인 범죄의 상세한 내용들을 기억할 수 없다면, 이 정보는 우리의 기억체계 속에 존재하지만 단지 활용할 수 없을 뿐이다. 이것이 사실이라면 그와 같은 기억에 어떻게 접근할 수 있을까? 전문가들은 최면술(hypnosis)을 활용하면 이들 기억들도 회복할 수 있다고 한다. 물론 이러한 주장이나 기법에 대해서 과학자들은 비과학적이라고 회의적이지만 경험적으로 검증하기가 너무나 어렵다.

(4) 사회인지(Social cognition)

인식, 기억 그리고 망각에 대한 연구 외에도, 심리학자들은 인지과정이 사회적 상황 속에서 어떻게 작동하는지 사회적 인지에 대해서도 많은 연구를 해 왔다. 사회적 인지는 대체로 사회적 정보가 처리되는 방법, 특히 우리가 사회적 정보를 처리하는 방법에 있어서 편견에 관심을 가진다. 이들은 정형화, 편향성 그리고 정체성과 같은 사회적 현상들이 사고되고 고려되는 방식과 방향 그리고 방법들에 관심을 두는 것이다. 범죄 그 자체가 하나의 사회적 현상이기 때문에 사회적 정보처리과정에 대한 검토와 연구는 범죄에 대한 우리의 이해를 증진시키는 데 유용하게 적용되고 응용될 수 있는 것이다. 그런데 증인기억에 가장 적합한 사회적 정보처리과정은 바로 기질, 귀인(attribution)이론일 것이다.

2. 증인증언에 있어서 귀속이론과 편견

귀속이론이란 사회적 상황에서 자신과 타인의 행위의 원인을 어디에 귀속시키는가, 즉 인간

행위의 원인이 어디에 귀속되는가에 관심을 가지는 이론이다. 그런데 일반적으로 행위가 인간의 내적 요소, 즉 기질적 요소에 의해서 야기되거나, 또는 외재적 요소, 즉 상황적 요소에 의한 것으로 간주해왔다. 내재적 요소 또는 기질적 귀속(dispositional attributes)은 인성과 같은 자신에 대한 무언가가 행위의 원인이라고 보는 반면, 외재적 요소 또는 상황적 귀속(situational attributes)은 상황이라는 개인 외적인 무언가가 행위의 원인이라고 본다. 쉽게 설명하자면, 만약 누군가가 화를 내면, 우리는 그 사람이 성질이 급하거나 나빠서(기질적 귀속), 또는 그 사람을 매우 화나게 하는 상황에 대한 반응(상황적 귀속) 때문이라고 설명할 수 있다. 그런데 사람들은 이때 편향되거나 편견을 가지는 경우가 생긴다고 한다. 증인의 증언도 예외가 아니어서 이 편향된, 편견이 내포된 속성이 회상될 수 있는데, 목격자의 증언에 적용되는 귀속적 편향이나 편견은 세 가지 상이한 유형이 있다고 한다.[5]

(1) 근본적 귀인오류(Fundamental attribution bias)

근본적 귀속편견이란 자신의 행위에 대해서는 상황적 귀속을, 타인의 행위에 대해서는 기질적 귀속을 취하는 경향을 일컫는다. 즉 자신의 행위는 상황을 탓하고, 타인의 행위에 대해서는 기질을 탓하는 경향을 말한다. 공정한 세상 가설(just-world hypothesis)이 이에 대한 좋은 예이다. 일부 사람들의 공정세상가설은 세상은 안전하고 공정한 곳이라는 신념과 믿음을 말한다. 일부 사람들은 일반적으로 그들이 당연히 가질 자격이 있는 것을 가지며, 그들이 가진 것을 가지는 것이 당연한 공정한 세상에 살고 있다는 것을 믿을 필요성을 가진다고 한다. 이러한 사고는 범죄피해자에게도 적용되어, 범죄의 피해자를 자신이 통제할 수 없는 상황의 불행한 피해자(상황적 귀속)라기보다는 자신의 운명에 책임이 있는(기질적 귀속) 것으로 판단하는 근본적 귀속오류를 보이기도 한다는 것이다.[6]

그러나 이러한 믿음은 '묻지마' 범죄와 같은 무차별 범죄의 무고한 피해자를 만나게 되면 세상은 결코 공정한 곳이 아니라는 경험을 하게 되어 도전받게 된다. 그럼에도 불구하고 그와 같은 상황에서도 자신의 믿음을 포기하지 않고 그들의 운명이라고 피해자의 고통을 제거하거나 피해자를 비난하고자 한다. 불행하게도 피해자의 고통을 제거할 수는 없는 것이기에 피해자를 비난하거나 명예를 훼손시키는 경향이 있다. 즉, 피해자들은 자신의 불운을 자신이 스스로 불러

---

5 Putwain and Sammons, *op cit.*, p.101

6 *Ibid.*

온 것으로 판단하는 것이다. 이와 같은 기질적 귀속은 노출 등 피해자의 외관, 야간에 혼자 길을 걷는 등 행동, 그리고 항상 관심끌기를 원하는 등 인성 등 다양한 방법으로 유지된다는 것이다.[7]

(2) 행위자-관찰자 효과(Actor-Observer Effect)

이 귀속, 귀인 편견도 자신의 행위는 상황적, 외부적 요소로 귀인시키는 반면, 타인의 행위는 내적, 기질적 요소로 귀속시키는 경향이다. 이러한 형태의 귀인, 귀속편견을 쾌락적 적절성, 상응성, 타당성(hedonic relevance)이라고 하는데, 이는 특별히 개인적으로 타당성, 적절성, 상응성이 있다고 생각하는 무언가가 일어날 때 가지는 귀속, 귀인편견의 하나이다. 예를 들어 자동차 접촉사고가 나면 상대방이 과속을 했다고 상대방의 기질적 속성에 귀인시키는 반면 자신의 운전에 대해서는 도로가 빙판이었다고 상황적으로 귀속, 귀인시키는 경향이다. 그런데 목격자들의 귀인이나 귀속은 행동의 결과에 따라 달라질 수 있다고 한다. 같은 자동차 사고라도 부상이나 손실이 크지 않을 때는 운전자에게 책임을 돌리기보다는 기계적 결함과 같은 상황적 귀인으로 돌리고, 반면에 부상이나 손실이 클 때는 핸드브레이크를 제대로 잡지 않았다는 등 기질적 귀인으로 운전자를 비난하는 경향이 있다는 실험결과가 나오기도 하였다. 이러한 결과는 곧 사고 목격자의 증언은 객관적이고 정확한 사건의 기록이 아니라 편견을 처리하는 사회적 정보에 좌우된다는 것을 암시하는 것이다.[8]

(3) 이기적 귀인편견(Self-serving attribution bias)

이 편견은 성공은 자신의 기질적 요소로, 실패는 상황적 요소로 귀인시키는 경향이다. 대표적 예가 강간범들이 자신의 강간행위를 어떻게 설명하고 정당화하는가를 면담한 결과 40%가 피해여성을 의도적으로 남자를 유혹하는 것으로 묘사하여 피해자를 비난하였다는 연구결과이다. 나머지 60%마저도 자신의 행위에 대해서 알코올이나 약물을 비난하였다고 한다. 이러한 편견은 둘 다 강간범들이 강간의 책임을 자신이 아니라 상황(음주, 마약 또는 피해자 비난 등)으로 돌리는 귀인편견을 가진다는 것을 의미하며, 이처럼 강간범들이 이기적 귀인편견을 유지하는 목적은 긍정적 자아상을 유지하기 위함이라고 한다.[9]

---

7 C. L. Klinke and Meyer, C., "Evaluation of rape victim by men and women with high and low belief in a just world," *Psychology of Women Quarterly*, 1990, 14:343-353

8 Putwain and Sammons, *op cit.*, p.103

9 D. Scully and Marolla, J., "Convicted rapists' vocabulary of motive: excuses and justifications," *Social Problems*,

(4) 귀인편견과 목격자 증언

종합하자면, 이들 귀인편견들이 사건이 어떻게 해석되는가에 영향을 미친다고 할 수 있으며, 그 결과 목격자들은 무의식중에 자신의 필요와 편견에 맞추는 범죄의 해석을 제공할 따름이지 범죄의 사실을 제공하지 않을 수 있다는 것이다. 특히 정당한, 공정 세상(just world)이라는 신념이 강한 목격자는 범죄의 책임이 용의자가 아니라 피해자에게 있다는 것을 암시하는 방식으로 사건을 기억하게 된다는 것이다. 쾌락적 타당성의 원리는 사고에 관련된 사람들이 사고의 책임을 다른 사람이나 상황으로 돌리는 증언을 편향시킬 경향을 가진다고 한다. 그리고 자신이 아닌 다른 사람들이 관련된 사고에서는 부상이나 손실이 크면 사고의 책임을 사고 당사자에게 돌리는 확률이 더 높다고 한다. 결국 자신이 관련되었거나 무관하거나 상관없이 사고의 목격자들은 매우 주관적이고 편견적인 증언을 할 수 있다는 것이다.[10]

3. 증인의 기억

일반적으로 사람의 기억은 습득(acquisition), 보존(retention), 그리고 복구(retrieval)의 세 단계로 이루어진다고 한다. 이를 증인의 사례에 적용하면 사건의 목격, 증언 전의 기다림 기간, 그리고 증언의 순서에 해당될 것이다. 이러한 일련의 연속적 과정에 영향을 미치는 다양한 요소들이 있다고 하는데, 누구는 목격시간과 같은 자극요소(stimulus factors)와 목격자의 성별이나 연령과 같은 주관적 요소(subject factors)로 구분하기도 하고, 일부에서는 사건요소(event factor)와 목격자요소(witness factor)로 나누며, 또 다른 일부에서는 여기에다 심문적 요소(interrogational factor)를 추가하기도 한다. 이를 종합하여, <표 2-1>에서처럼 증인기억의 연구에 있어서 주요 변수들을 정리하고 있다.[11]

결국, 증인기억에 관한 연구는 습득, 보존, 그리고 검색 단계에서의 이들 변수의 영향에 관심을 두는 것이다.

1984, 31:530-544

10 Putwain and Sammons, *op cit.*, p.104

11 Hollin, *op cit.*, p.154

표 2-1 **증인기억 연구의 변수**

사회적 변수	상황적 변수	개인적 변수	심문적 변수
▸ 태도	▸ 사건의 복잡성	▸ 연령	▸ 화가의 스케치
▸ 동조성	▸ 사건의 기간	▸ 인지유형	▸ 전산체계
▸ 편견	▸ 조도	▸ 인성	▸ 신분증 나열
▸ 심문자의 지위	▸ 시간지연	▸ 성별	▸ 사진대조
▸ 정형화	▸ 범죄유형	▸ 인종	
		▸ 훈련	

(1) 습득

관찰시간의 길이가 기억에 영향을 미치는 것으로 알려지고 있다. 실제 실험연구에 따르면, 표적이 된 사람에게 15초만 노출되었을 때보다 30초 노출되었을 때 경찰관이 기억을 더 잘했던 것으로 밝혀진 바 있다.[12] 범죄현장의 조도(밝기)도 매우 중요하여 목격자들이 해질녘이나 새벽녘과 같이 어둑어둑할 때보다 대낮에 일어난 사건에 대해서 더 완전한 진술을 했다는 것이다.[13]

또한 목격된 사건의 특성도 기억과 관련하여 상당한 관심의 대상이 되고 있다. 일반적으로 비폭력적 사건에 대한 기억이 훨씬 더 좋다고 한다. 목격된 사건의 복잡성과 특성을 비교한 결과, 표적의 외관에 대한 기억이 폭력적 장면에 있어서 훨씬 덜 정확했으며, 비폭력적 장면에서는 사람의 수가 영향을 미치지 못하였으나 폭력적 장면에서는 관련된 사람의 수가 증가함에 따라 점진적으로 덜 정확해졌다고 한다.[14] 그렇다면 강력범죄가 부적절한 기억수행으로 이어질 수 있다는 것인가?

실험대상자들에게 비싼 물건과 싼 물건의 절도장면을 실시간으로 목격하게 했을 때, 즉 목격자가 품목의 가치를 알고 그래서 범행의 심각성을 알았던 경우일수록 정확한 확인의 가능성이 더 높아졌다고 한다. 이 실험의 결과는 일반적으로 지금까지 알려졌던바, 강력범죄일수록 기

---

12 B. R. Clifford and Richards, V. J., "Comparison of recall of policemen and civilians under conditions of long and short durations of exposure," *Perceptual and Motor Skills*, 1977, 45:503-512

13 L. Kuehn, "Looking down a gun barrel: person perception and violent crime," *Perceptual and Motor Skills*, 1974, 39:1159-1164; A. D. Yarmey, "Verbal, visual and voice identification of a rape suspect under different level of illumination," *Journal of Applied Psychology*, 1986, 71:363-370

14 B. R. Clifford and Hollin, C. R., "Effects of the type of incident and the number of perpetrators on eyewitness memory," *Journal of Applied psychology*, 1981, 66:364-370; C. R. Hollin, "Nature of the witnessed incident and status of interviewer as variables influencing eyewitness recall," *British Journal of Social Psychology*, 1981, 20: 295-296.

억의 장애를 초래한다는 실험결과들과 상반된 것이다. 다른 한편에서는 중간정도의 각성 (arousal)상태에서 가장 기억을 잘 했으며, 흥분상태가 높거나 낮았을 경우에는 기억에 장애를 초래할 수 있다고 한다. 그래서 중간수준의 흥분상태를 초래하는 범죄는 좋은 기억수행으로 이어지지만 아마도 폭력성 때문에 높은 수준의 흥분상태로 이어지는 범죄는 나쁜 기억수행을 초래한다고 할 수 있다. 아마도 범죄의 강력한 관점이 사건에 대한 관심에 영향을 미치기 때문일 것이다.[15]

(2) 보존

습득과 검색 사이의 기간의 길이가 보존간격을 고려함에 있어서 가장 분명한 출발점이라고 할 수 있다. 일반 상식적 관점에서 보면, 사건에 대한 기억은 당연히 시간의 흐름에 따라 덜 정확해지는 것이다. 그러나 얼굴은 특별한 부류의 자극, 시간의 흐름에 따라 정확성이 낮아지는 데 대한 더 큰 저항이라는 특수성을 가지고 있다. 그래서 일반적으로 몇 주나 몇 개월이 아닌 한, 지연간격이 자동적으로 인식정확성을 떨어뜨리지는 않는다고 할 수 있지만 그렇다고 목격자의 신원확인이 시간의 경과에도 불구하고 떨어지지 않는다는 것을 의미하지는 않는다. 연구결과들을 분석해보면, 시간의 경과가 정확한 확인의 가능성이나 기회를 줄이며, 이것이 사실이라면 범죄발생과 용의자 확인 사이에 지연시간이 긴 경우에는 지연기간이 훨씬 짧은 경우에서보다 목격자들 사이의 불일치가능성이 더 높고 확인율도 더 낮아질 가능성이 높았다고 한다.[16]

물론 지연기간도 중요하지만, 보존기간 사이에 일어난 사건도 중요한 것으로 알려지고 있는데, 특히 증언하기 전 목격자들끼리의 토론과 지명확인 전에 범인의 상반신 얼굴 사진을 보는 것이 상당한 영향을 미치는 것으로 보고되고 있다. 실제로 집단이 합의한 기술이 평범한 개인의 기술보다 더 완전하였다. 자신들이 보았던 사건을 토론한 목격자가 토론하지 않았던 목격자보다 더 정확한 기억을 제공하였다고 한다.

---

15 M. R. Leippe, Wells, G. L., and Ostrom, T. L., "Crime seriousness as a determinant of accuracy in eyewitness identification," *Journal of Applied Psychology*, 1978, 63:345−351

16 H. D. Ellis, "Practical aspects of face memory," in G. L. Wells and E. F. Loftus(eds.), *Eyewitness Testimony: Psychological perspective*, Cambridge: Cambridge University Press, 1984, p.25; J. W. Shepherd, "Identification after long delays," in S. M. A., Lloyud−Bostock and B. R. Clifford(eds.), *Evaluating Witness Evidence: Recent Psychological Research and New Perspectives*, Chichester: Wiley, 1983, p.177

(3) 복구

복구단계에서는 기억에 접근하여 기억으로부터 정보를 복구해 내는 목격자의 능력에 초점을 맞춘다. 복구는 일련의 의구심, 심문 등의 과정을 거쳐서 이루어지는데, 이 과정에서 작은 글귀나 언어나 어휘의 변화도 증언에 상당한 영향을 미칠 수 있다. 이 심문의 과정은 또한 후에 증언의 정확성에 영향을 미칠 수 있는 잘못된 정보의 근원이 될 수도 있다. 이 잘못된 정보는 정보원의 지위가 높으면 받아들여질 확률이 가장 높으며, 핵심사건보다는 주변의 사사로운 상세함이 영향을 받기가 더 쉽고, 목격자가 잘못된 정보의 가능성에 대해서 미리 경고를 받았다면 그 영향은 한참 줄어든다고 한다.[17]

이에 대해서 일부에서는 기억이란 연금될 수 있는 것이어서 사건 후의 투입에 따라 부분적으로 재구성되거나 때로는 완전히 변경될 수도 있기 때문이라고 설명한다. 따라서 심문에 내포된 잘못된 정보가 기억의 변화가 일어날 수 있게 하고, 그래서 원래의 구성요소가 기억에서 사라질 수 있다는 것이다. 이러한 이론적 입장이 기억의 변화가 심문절차 그 자체의 산물인지 아니면 기억의 영구적 변화에 기인한 것인지에 대한 치열한 논쟁을 불러일으키기도 하였다. 결론적으로, 비록 이론적 입장은 그리 분명하지는 않지만, 실무적 관점에서는 잘못된 정보가 목격자 증언의 오류와 왜곡을 초래할 수도 있다고 조심스럽게 말할 수 있을 것 같다.[18]

증언의 형태와 심문자의 지위와 신분도 중요하다고 한다. 예를 들어, ‘서술적, 이야기 식

---

17 N. J. Bregman and McAllister, H. A., "Eyewitness resrimony: the role of commitment in increasing reliability," *Social Psychology Quarterly*, 1982, 45:181−184; J. D. Read and Bruce, D., "On the external validity of questioning effects in eyewitness testimony," *International Review of Applied Psychology*, 1984, 33:33−49; R. E. Christiansen and Ochalek, K., "Editing misleading information from memory: Evidence for the coexistence of original and postevent information," *Memory and Cognition*, 1983, 11:467−475; E. Greene, Flynn, M. S., and Loftus, E. F., "Inducing resistance to misleading information," *Journal of Verbal learning and Verbal behavior*, 1982, 21: 207−219

18 E. F. Loftus anfd Ketcham, K. E., "The malleability of eyewitness accounts," in S. M. A. Loyd−Bostock and B. R. Clifford(eds.), *Evaluating Eyewitness Evidence: Recent Psychological research and New Perspective*, Chichester: Wiley, 1983, p.168; D. A. Bekerian and Bowers, J. M., "Eyewitness testimony: were we misled?" *Journal of Experimental Psychology: Learning, Memory and Cognition*, 1983, 9:139−145; M. McCloskey and Zaragoiza, M., "Misleading post−event information and memory for events: arguments and evidence against the memory impairment hypotheses," *Journal of Experimental Psychology: General*, 1985, 14:375−380, 381−387; M. S. Zaragoza, McCloskey, M. and Jarvis, M., "Misleading post−event information and recall of the original event: further evidence against the memory impairment hypothesis," *Journal of Experimental Psychology: Learning, Memory and Cognition*, 1987, 13:36−44

(narrative)'의 증언은 증인이 자신이 본 것을 말하는 것인 반면, '심문적(interrogative)' 증언은 정해진 질문에 답하는 것으로, 대체로 서술적 증언이 심문적 증언에 비해 비록 완결성, 완전성은 부족할지 모르나 더 정확하다고 한다.[19]

한편 증언에 영향을 미치는 몇몇 요소는 습득, 보전, 검색의 어느 한 단계에서만 중요하지만, 증인 간의 개인 차이는 어떤 단계에서나 중요하다. 지능, 인지유형, 상상능력, 다양한 관점의 책임감, 불안, 성별, 그리고 인종 등이 해당되지만 대부분은 분명한 증거가 없는 반면 연령과 피해자 신분은 세 단계 어디서나 매우 중요한 것으로 알려지고 있다. 즉, 젊은 사람일수록 노인에 비해 암시효과에 취약한 반면 노인들은 인지오류에 더 취약하며, 목격자보다 피해자가 증언에 더 큰 영향을 가진다.[20]

위에서 설명한 것처럼 사람의 기억은 단계별 과정으로 조직되지만 기억의 단기저장은 20초를 넘기지 못하는데, 그 시간쯤이면 이미 새로운 정보가 기존의 정보를 대체하기 때문이며, 이는 또한 기억은 정보가 기억이 검색되는 영구저장을 위하여 장기저장으로 옮겨지지 않는 한 한꺼번에 7개 이상의 정보를 저장하지 못하기 때문이다. 기억으로부터 정보를 검색해내지 못한다는 것은 정보를 정확하게 저장하지 못했거나, 그 정보가 대체되었거나, 기억의 흔적이 시간의 흐름과 함께 희미해지거나 사라졌거나, 아니면 단기기억에 부정적으로 영향을 미치는 사후 투입으로 인해 방해를 받았음을 반영하는 것이다.[21]

4. 목격자 증언에 영향을 미치는 변수

(1) 상황적 요소

1) 시간적 요소

상식적으로 목격자가 관찰할 수 있는 시간이 짧을수록 사물에 대한 인식과 기억도 그만큼 완전하지 못할 것이다. 인지심리학이나 기억에 따르면, 또한 사람이 어떤 물질에 더 길게 노출

---

19 Hollin, *op cit.*, p.160

20 H. M. Hosch and Cooper, S. D., "Victimization as a determinant of eyewitness accuracy," *Journal of Applied Psychology*, 1982, 67:649−652; H. M. Hosch, Leippe, M. R., Marchioni, P. M. and Cooper, D. S., "Victimization, self−monitoring, and eyewitness identification," *Journal of Applied Psycholgy*, 1984, 69:280−288

21 G. C. Davenport, *Essential Psychology*, London: Collins Educational, 1992, pp.153−4; P. Gray, *Psychology*, New York: Worth Publishers, 1999, p.484

될수록 그 물질에 대한 기억도 그만큼 더 정확해진다는 것이다.[22] 목격자 증언에 영향을 주는 시간적 요소로는 사건 발생 후 경과한 시간, 빈도, 발생시간, 그리고 범행소요시간이 주로 논의되고 있다.

가. 시간의 경과: 사건의 목격과 심문 사이의 간격은 시간의 흐름에 따라 천차만별일 수 있다. 당연히 시간의 경과가 짧을수록 보다 완전한 기술을 기대할 수 있다는 것이다. 그러나 누군가의 외관이나 차림새 등과 같은 기억은 몇 주 또는 그 이후에도 매우 정확하다고 한다.[23]

나. 빈도: 상식적으로도 사건이 자주 일어날수록 사람들은 그 사건이 일어났다는 것과 그 사건에 관한 상세를 더 잘 기억할 것이라고 한다. 그러나 만약 반복적으로 발생하는 사건이 다시 발생했을 때 특정한 경우를 기억하도록 요구받는다면 회고의 정확성은 그 사건이 발생한 횟수가 많을수록 감소하게 된다.

다. 발생시간: 사건이 발생한 시간을 정확하게 기억한다면 사건에 관련된 것으로 사료되는 용의자나 피의자의 신원확인을 포함하여 사건정보에 대한 목격자의 기억과 회상의 신뢰성을 더하게 된다. 상식적으로 사람들은 오래된 사건보다 최근의 사건을 더 정확하게 기억한다지만, 한편으로는 사람들에게는 검증기간이 오래된 사건을 최근의 사건으로 생각하는 경향인 소위 '선도적 끼워넣기(Forward telescoping) 현상'을 보여서 사실은 검증기간 이전의 사건임에도 조사에 끼워넣기도 한다는 것이다.[24]

라. 범행시간(Duration): 특정한 범행을 하는 데 걸리는 시간은 범죄에 따라 상당한 차이가 있다. 그런데 이러한 차이가 바로 기억의 정확성에도 관련이 된다는 것이다. 실제 연구에서도 증인의 기억의 정확성과 증인이 관찰할 기회 사이에 강력한 상관관계가 있다는 것이 밝혀지기도 하였다. 즉 범행의 시간이 길어지면 목격자의 관찰기회와 가능성도 높아지기 때문에 그 범죄에 대한 기억도 더 정확해진다는 것이다. 실무적으로도 양질의 증언과 그렇지 않은 증언의 차이는 바로 용의자를 자세히 볼 수 있는 충분한 시간과 기회가 있었는가에 달렸다는 것이다. 실제로도 증인과 강도 사이의 거리가 짧을수록 더 완전한 기술을 한다는 것이다. 잠재적 배심원들도 목격자 신원확인의 정확성을 결정하는 가장 중요한 요소 중의 하나로 범죄의 기간, 즉 범행하는 데 걸리는 시간을 들었다고 한다. 그러나 다른 한편에서는 선별적 주의력이

22 G. R. Loftus, "Eye fixations and recognition memory," *Cognitive Psychology*, 1972, 3:525−557

23 P. J. Van Koppen and Lochun, S. K., "Portraiting perpetrators: The validity of offender descriptions by witness," *Law and Human behavior*, 1997, 21:661−685

24 W. J. Friedman, "Memory for time of past event," *Psychological Bulletin*, 1993, 113:44−66

존재하는 한 범행기간에 더 많이 노출된다는 것이 반드시 더 정확한 기억을 의미하지는 않는 다고도 한다.[25]

(2) 상황의 구체성(Detail Significance)

사건현장의 모든 구체적 상황이 동일하게 기억되지는 않는다. 복잡하고, 애매하며, 자극적인 특징이 다른 요소보다 더 많은 관심과 주의를 끌기 때문이다. 피, 총기, 가면, 공격적 행동 등이 복장, 헤어스타일, 신장, 얼굴특징 등 보다 주목을 끌기가 더 쉬운 것이다.[26]

가. 무기초점(weapons focus): 사람들은 자신에게 겨누어지는 총기에 대해서 복장과 같 은 다른 요소보다 훨씬 더 집중적으로 인식하고, 기억할 것이다. 사람들은 총기나 칼이 자신을 위협하고 있었는지에 대해서는 아주 확실하고 분명할 수 있지만 가해자의 복장이나 얼굴특징에 대해서는 그처럼 분명하고 확실치는 않다고 한다. 이런 현상을 우리는 무기효과(weapons effect) 또는 무기초점(weapons focus)이라고 하는데, 이는 목격자나 피해자가 위협적인 무기에 관심을 집중하는 반면, 범죄의 다른 부분에는 비교적 관심을 적게 쏟는 것을 의미한다. 이러한 현상은 무기란 목격자에게는 비정상적인 것이고, 어떠한 비정상적인 물체라도 적어도 일시적이라도 목 격자의 관심을 끌기 때문이다.[27]

범행상황에서 흉기의 존재는 피해자나 목격자 모두에게 매우 스트레스를 주기 마련이고, 감 정적 흥분과 기억에 관해서 심리학자들은 만약 증인이 분명하게 무장한 범법자를 직면하게 되 면 적어도 일정 기간 동안은 흉기에 관심을 집중하게 되어 범법자의 얼굴을 파악할 능력이 줄어 들 것이라고 가정한다. 실험연구에서는 적어도 수표보다는 흉기에 눈동자를 더 고정시키고 더 오랜 기간 흉기에 초점을 맞추게 되어 결과적으로 기억의 정확성이 떨어졌다고 한다.[28]

이러한 무기초점효과는 증인의 감정적 흥분이 증인이 자신의 관심과 주의를 무기로 좁힌다 는 사실만큼 영향을 주는 것 같지는 않다. 즉, 증인이 가해자의 신체적 특징 등과 같은 다른 관

---

25 Van Koppen and Lochum, *op cit.*; B. R. Clifford and Richards, G., "Comparison of recall by policemen and civilians under conditions of long and short durations of exposure," *Perceptual Motor Skills*, 1977, 45:39－45

26 Bartol and Bartol, 2006, *op cit.*, p.233

27 N. M. Steblay, "A meta－analytic review of the weapon focus effect," *Law and Human behavior*, 1992, 16:413－424; K. L. Pickel, "The influence of context on the weapon focus effect," *Law and Human behavior*, 1999, 23:299－311

28 E. F. Loftus, Loftus, G. R. and Messo, J., "Some facts about 'weapon focus'" *Law and Human behavior*, 1987, 11: 55－62

점에 주의할 수 있는 관심과 주의력의 정도를 제한하고 제약하기 때문이다. 이 무기초점효과나 영향은 무기가 놀랍고 예기치 않던 상황에서 특히 발생할 가능성이 높다고 한다. 무기의 존재는 시각적 정보의 인식만 방해하는 것이 아니라 청각정보의 처리에도 영향을 미친다고 한다.[29]

나. 방관자 무관심(Bystander apathy): 목격자 증언의 정확성에 영향을 미치는 또 다른 요소는 범죄의 와중에서 사람들이 무언가 중요한 일이 벌어지고 있다는 것을 항상 인식하지는 못한다는 것이다. 실제로 사람들은 종종 범행 동안에 현장에 있었지만 그것을 깨닫지 못하는 경우가 있다는 것이다. 사회심리학자들은 이를 방관자 무관심이라고 하여, 사람들이 때로는 사고나 범죄사건의 피해자를 돕지 못하는 경우라고 설명한다. 많은 경우, 관찰자들이 사건을 그렇게 심각하게 이해하지 않았거나 군중 속에 책임을 분산시키기 때문이라고 한다.[30]

다. 폭력의 수준: 보편적으로 폭력성의 증대가 그에 상응한 흥분이나 자극도 증대시켜서, 아마도 너무나 무서워서 목격자가 더 이상 안 보거나 못 볼 정도여서 더 이상의 흥분이나 자극을 증대시키지 못할 때까지 폭력성의 증대가 목격자의 자극과 흥분도 증대시킨다고 한다. 구체적으로, 폭력의 수준이 높을수록, 그 사건에 대한 감정적 반응도 그만큼 더 높아지며, 결과적으로 피해자나 목격자의 증언의 완결성이나 정확성도 따라서 그만큼 더 낮아진다는 것이다.[31]

그런데 폭력적·외상적 사건에 대한 기억은 상반된 연구결과를 보이고 있다. 한편에서는 흥분과 목격자 수행성적 사이에는 거꾸로 된 U형(종형, bell-shaped)의 관계가 있다고 하지만, 다른 한편에서는 지나치게 높은 수준의 흥분은 오히려 역으로 기억에 영향을 미친다고 주장하는 것이다. 즉, 높은 수준의 스트레스가 오히려 기억에 유용하다는 주장으로, 가장 높은 수준의 흥분상태를 가졌던 살인사건의 증인이 2일 후 평균 93%, 심지어 4~5개월 후에도 88%라는 높은 수준의 정확성을 보였다고 한다.[32]

---

29 V. Tooley, Brigham, J. C., Maass, A. and Bothwell, R. K., "Facial recognition: Weapon effect and attentional focus," *Journal of Applied Social Psychology*, 1987, 17:845-859; J. Shaw and Skolnick, P., "Weapon focus and gender differences in eyewitness accuracy," *Journal of Applied Social Psychology*, 1999, 29:2328-2341; K. L. Pickel, "The influence on context on the 'weapon focus' effect," *Law and Human behavior*, 1999, 23:299-311; Pickel, K. L., French, T. and Betts, J., "A cross-modal weapon focus effect: The influence of a weapon's presence on memory for ayditory information," *Memory*, 2003, 11:277-292

30 J. M. Darley and Latane, B., "Bystander intervention in emergencies: Diffusion of responsibility," *Journal of Personality and Social Psychology*, 1968, 8:377-383

31 B. R. Clifford and Scott, J., "Individual and situational factors in eyewitness tesrimony," *Journal of Applied Psychology*, 1978, 63:352-359; B. R. Clifford and Hollin, C. R., "Effects of type of incident and the number of perpetrators on eyewitness memory," *Journal of Applied Psychology*, 1981, 66:365-370

　　라. 조도(Illumination): 범죄란 언제, 어디서나 일어날 수 있기 때문에 범죄현장의 빛의 양
이나 밝기도 증인에게 중요한 요소가 아닐 수 없다. 연구에서도 목격자 신원확인 정확성의 중요
한 결정요인의 하나로 잠재적 배심원들이 지적한 것으로 알려지고 있다. 실제로 증인들은 대낮에
일어난 범죄에 비해 야간에 발생한 범죄사건을 제대로 기억하지 못하며, 구체적으로 사건의 세부
사항에 대한 정확성과 관련된 사람들의 인식이 야간보다 대낮에 더 좋았으며, 심지어 상업지역
강도사건 범죄자에 대한 목격자 기술의 정확성에 중대한 영향을 미쳤던 유일한 요소가 조명상황
이었던 것으로 보고되고 있다. 어둠에 적응하는 데는 30분의 시간이 필요한 것으로 알려지고 있
는데 범죄가 오랜 시간 동안 밝은 조명 아래 발생하는 경우는 거의 없기 때문일 것이다.[33]

　　마. 섬광기억(Flashbulb memory): 섬광기억이란 미국의 케네디대통령 암살사건과 같은
가장 중요하고 예기치 않았던 사건이 오히려 그 당시 목격되었던 모든 흔적에 대한 생생하고 자
세하고 정확한 기억을 초래한다는 것이다. 그러나 다른 한편에서는 이 섬광기억이 항상 정확하
지는 않다고 주장한다. 그러나 이러한 연구결과와 주장의 차이는 사건의 당사자나 특징 등과 같
이 섬광기억을 어떻게 규정하는가의 차이에 기인한다고 볼 수 있다. 물론 강력한 감정적 경험이
두드러진 상세사항에 대한 기억을 향상시킬 수도 있겠지만 아직은 섬광기억이 항상 정확하다는
증거는 찾기 어렵다.[34]

(3) 목격자 요인: 인식과 습득의 영향

　　가. 생리적 각성(physiological arousal)과 스트레스: 흉기의 존재는 피해자나 목격자 모
두에게 대단한 스트레스를 주고 그래서 일반적으로 생리적 각성수준을 증대시키는 요인으로
인식되고 있다. 실제로 은행 강도의 목격자들이 인질로 잡히거나 심각한 부상을 당하거나 심지
어 죽게 될지도 모른다는 근심과 우려를 하는 것으로 알려지고 있으며, 잠재적 배심원들도 이

32 K. A. Deffenbacher, "The influence of arousal on reliability of testimony," in S. M. A. Lloyd—Bostock and B. R.
　　Clifford(eds.), *op cit.*, pp.235–251; S. M. Kassin, Ellsworth, P. C. and Smith, V. L., "The general acceptance of
　　psychological research on eyewitness testimony: A survey of experts," *American Psychologist*, 1989, 44:
　　1089–1098; J. C. Yuille and Cutshall, J. L., "A case study of eyewitness memory for a crime," *Journal of Applied
　　Psychology*, 1986, 71:291–301

33 Koppen and Lochum, *op cit.*; J. A. Horne, "Stay awake, stay alive," New Scientist, 1992, 4:20–24

34 C. K. Morse, Woodward, E. M. and Zweigenhaft, R. L., "Gender differences in flashbulb memories elicited by the
　　Clarence Thomas hearing," *Journal of Social Psychology*, 1993, 133:453–458; R. E. Christianson, "Flashbulb
　　memories: Special, but not so special," *Memory and Cognition*, 1989, 17:435–443

생리적 흥분, 자극, 각성을 목격자 신원확인 정확성에 중요한 영향을 미치는 것으로 답하였다고 한다. 범죄의 결과로 초래되는 이런 심리적 외상에 대해서 고통과 괴로움에 대한 민사배상을 인정하고 있으며, 심지어 은행원이나 경찰관들에게도 휴가나 상담을 제공하는 것도 이런 연유에서이다.[35]

　　오래전부터 심리학자들은 사람들의 인지효율성(cognitive efficiency)이 그들의 감정적 긴장 흥분 수준에 밀접하게 관련된다고 가정해 왔다. 그들에 의하면 인지효율성은 흥분수준이 중간 정도일 때 가장 높은 것으로서 흥분수준과 인지효율성의 관계는 일종의 U자형이라고 할 수 있다는 것이다. 즉, 흥분수준이 적정수준을 넘어서면 인지효율성도 떨어진다는 것이다. 구체적으로 사람들의 흥분수준이 높아지면 그들이 주의를 기울여서 활용할 단서가 줄어들지만 흥분, 각성 상태가 적정수준이라면 적절한 단서에는 주의를 기울이지만 부적절한 단서는 배제하는 위치에 있기 때문에 주의력과 기억을 향상시킨다는 것이다. 반면에 스트레스 등의 결과로 흥분상태가 적정수준을 넘어서면 주의를 집중할 수 있는 단서들이 줄어들게 된다. 결국 매우 흥분된 사람은 자신의 에너지의 상당부분이 그들의 불안에까지 확대된다는 단순한 이유로 자신을 에워싼 환경 속에서 줄어든 단서에 초점을 맞추게 되는 것이다.[36]

　　나. 기대와 정형화: 사람들이 무엇을 어떻게 인식하느냐에 대한 가장 강력한 결정인자는 주어진 상황에서 무엇을 어떻게 인식하려고 기대하는가이다. 심리학자들에 의하면 사람의 눈은 실제로 묘수를 부린다고 한다. 과거의 경험과 학습으로 형성된 기대치가 비범한 경험이 비교되는 인식의 틀을 형성하게 된다는 것이다. 정상적인 시각을 벗어난 어떤 것이 이러한 인식의 틀에 어울릴 방향으로 해석될 수 있는 것이다. 어두운 호수에서의 비정상적인 잔물결조차도 쉽게 설명되지 않는 창조물이 될 수 있는 것이다. 당연히 범죄, 특히 폭력범죄는 대부분의 사람들에게는 아주 비정상, 비범한 사건이고 따라서 기대치와 일관된 왜곡에 특히 취약할 수 있는 것이다. 예를 들어, 우리가 대다수 강도범들이 권총을 소지한다고 배웠다면 실제 강도가 망치만 들고 있는데도 권총을 들고 있었다고 착각하기 쉬운 것이다. 이처럼 기대치가 기술의 정확성에 영향을 미친다는 연구는 있지만 목격자 증언과 관련된 이 기대치 가설(expectancy hypothesis)을 검증한 연구는 없다. 대부분의 연구자들은 '그 사람의 기대가 자신이 보았다고 주장하는 것에 엄청난 영향을 미친다'는 주장에는 이의를 제기하지 않는다.[37]

35　S. A. Christianson and Hubinette, B., "Hands up!: A study of witnesses' emotional reaction and memories associated with bank robberies," *Applied Cognitive Psychology*, 1993, 7:365−379

36　Kapardis, *op cit*., pp.40−41

기대치의 한 형태인 정형 또는 전형(stereotype)도 복잡한 사회에 존재하는 다양한 종류와 유형의 사회적 자극을 우리가 조직화하고, 단순화할 수 있도록 해주는 인식속기도구라고 할 수 있다. 그런데 이러한 정형화나 전형화는 다른 사람에 대한 우리의 인식과 결과적인 정체성파악을 왜곡시킬 수 있다. 실제로 일부의 사람들이 용의자의 신원확인에 있어 범죄자에 대한 자신의 정형이나 전형을 참조한다는 증거가 나오고 있다. 많은 사람들은 범죄자는 어떻게 생기고, 보일 것이라는 자신만의 정형이나 전형을 가지며, 이들 전형이나 정형이 목격자의 용의자 지목에 영향을 미칠 수 있다는 것이다.[38]

다. 목격자의 기억력: 지금까지 인지심리학에서는 사건발생과 기억 사이의 간격이 길수록 짧은 경우에 비해 사건에 대한 기술이 덜 정확하고 덜 완전하다고 굳게 믿고 있다. 부분적으로는 간격이 길어질수록 이러한 비정확성이 사람들에게 새로운 정보가 들어가고 처리되는 가능성이 그만큼 더 높아지기 때문으로 추정하는데, 이를 오정보효과(misinformation effect)라고 한다. 그런데 추가정보에의 노출과 같은 사건 후 경험(post-event experiences)이 원래 사건에 대한 기억에 심각한 영향을 미칠 수 있다고 한다. 뿐만 아니라, 목격자들은 최초의 관찰과 갈등의 소지가 있는 새로운 정보를 학습하게 되면 자신의 기억을 새로운 정보와 타협하게 된다는 것이다.[39]

라. 목격자의 확신: 배심원들의 실수에 의한 잘못된 유죄평결은 다른 어떤 이유보다 목격자의 피의자 오인에 기인한 바 크다고 한다. 잘못된 신원확인은 목격자의 증언이 잘못되었음에도 자신의 증언에 대하여 매우 확신에 찰 때 더욱 악화된다고 한다. 목격자가 자신의 목격에 대해서 확신할수록 그들의 관찰과 증언도 그만큼 더 정확하다고 사람들은 믿기 마련이다. 그 결과, 확정적이고 긍정적으로 제시된 증언은 일반적으로 법원에 의해서 정확하고 믿을 만하다고 맹목적으로 믿고 처리된다는 것이다. 이처럼 목격자의 확신이 목격자 증언의 신뢰성을 판단할 타당한 범주가 된다는 것이다.[40]

그러나 이 확신과 정확성의 관계는 더 복잡하다고 한다. 일부에서는 이 확신-정확성의 관계가 아주 미약하거나 극단적으로는 거의 없다고 주장한다. 이들은 인식 정확성은 목격자 확신

37 E. F. Loftus, *Eyewitness Testimony*, Cambridge, MA: Harvard University Press, 1979, p.48

38 D. J. Shoemaker, South, D. R. and Lowe, J., "Facial stereotypes of deviants and judgements of guilt or innocence," *Social Forces*, 1973, 51:427-433

39 E. F. Loftus, "Shifting human color memory," *Memroty and Cognition*, 1977, 5:696-699; E. F. Loftus, "Leading questions and the eyewitness report," *Cognitive Psychology*, 1975, 7:560-572

40 G. L. Wells and Bradfield, A. L., "Distortions in eyewitness's recollections: Can the post-identification-feedback effect be moderated?" *Psychological Science*, 1999, 10:138-144

과 거의 관련이 없다고 주장하는데, 그것은 주로 사람들은 자신의 결론으로 이끄는 부정확한 정신적 작용에 대해서 통상 알지 못하기 때문이라는 것이다. 목격자가 사건을 목격하는 조건이 인식정확성에는 영향을 미칠 수도 있지만 확신에는 아무런 영향을 미치지 못한다는 것이다.[41]

그런데 다른 한편에서는 정확성과 확신의 관계가 목격자가 범죄자와 사건을 관찰하는 조건에 좌우된다고 주장한다. 관찰조건이 좋을수록 정확성과 확신의 관계도 그만큼 더 강해진다는 가설이다. 이를 그들은 소위 '최적성 가설(optimality hypothesis)'이라고 한다. 그들에 의하면, 관찰을 위한 최적의 조건으로 용의자를 자주 볼 수 있는 기회, 용의자에 대한 높은 숙지성, 증인의 적정한 불안감 등을 제시한다. 당연히 관찰하기 좋지 않은 조건에서는 정확성－확신의 관계가 정반대가 되어, 목격자가 용의자를 정확하게 파악했다고 거의 확신하지만 신원확인에서는 정확하지 않을 수도 있다는 것이다.[42]

5. 목격자의 특성요인

(1) 신경증

두 변수 간의 관계의 특성을 검증하려면 우리는 언제나 가능한 매개변수에 관심을 가져야 한다. 증인의 증언 정확성과 증인의 생리적 흥분수준 사이의 관계를 조사하는 데 있어서 중요한 매개변수의 하나는 인성기질로서 그 사람의 신경증의 정도라고 한다. 연구결과에 따르면, 흥분수준이 낮은 데서 중간, 그리고 높은 수준으로 올라감에 따라 신경증이 낮은 것으로 분류된 증인의 신원확인 정확성은 증가한 반면, 신경증이 높은 것으로 분류된 증인에게는 그 반대였다. 이러한 결과는 따라서 증인의 신경증을 통제하지 못하면 증인의 기억 정확성과 흥분 사이의 어떤 관계도 복잡하게 만들 것이다.[43]

---

41 M. R. Leippe, "Effects of integrative memorial and cognitive processes on the correspondence of eyewitness accuracy and confidence," *Law and Human behavior*, 1980, 4:261－274

42 K. A. Deffenbacher, "Eyewitness accuracy and confidence: Can we infer anything about their relationship?" *Law and Human behavior*, 1980, 4:243－260

43 R. Blackburn, *The Psychology of Criminal Conduct: Theory, Research and Practice*, Chichester: Wiley, 1993, pp.124－127; R. K. Bothwell, Brigham, J. C. and Pigot, M. A., "A exploratory study of personality differences in eyewitness memory," *Journal of Social behavior and Personality*, 1987, 2: 335－343

(2) 외향성(Extraversion)

목격자의 수행능력의 개인별 차이는 외향성의 정도로 예시된 개인의 기본적 흥분 수준과도 관련이 있는 것으로 알려지고 있다. 그러나 개인의 외향성의 중요성을 분석하려면 하루 중 시간과 기억의 종류에 따라 달라질 수 있다는 사실을 고려해야 한다. 우선 하루 중 시간이 중요한 이유는 내향성이 외향성보다 흥분의 최고점에 더 빨리 도달하기 때문이며, 사람들의 기억 수행은 하루 중 시간과 요구되는 기억의 유형에 따라 다양하다. 만약 즉각적이고 단기 기억, 그리고 정리된 기억이라면 아침이 더 좋고, 만약 요구되는 기억이 지연된 기억이고, 산문적 기억이라면 오히려 저녁이 더 좋다는 것이다.[44]

(3) 심사숙고-충동(Reflection-Impulsivity)

심사숙고하는 사람은 어떤 질문에 답하기 전에 그 질문에 가능한 다수의 답변을 고려하는 강한 경향이 있는 사람이다. 따라서 용의자가 신원확인 대상에 있는지 여부를 질문 받게 되면 충동적인 사람은 심사숙고하는 사람보다 빨리 답하게 된다. 실제 연구에서도 정확한 신원확인은 확인속도와 상관관계가 있는 것으로 밝혀지기도 하였다.[45]

(4) 아침형과 저녁형(Morning-Evening Type)

종달새형이라고도 알려진 아침형 사람은 올빼미형으로 알려진 저녁형 사람보다 3시간 정도 먼저 흥분이 최고조에 이르는 것으로 알려지고 있다. 아침형이 저녁형보다 먼저 자극을 받고 각성하고 흥분한다는 것이다. 실제로 아침형(종달새형)은 아침에, 저녁형(올빼미형)은 저녁에 자유 기억을 더 잘 하는 것으로 밝혀지고 있다. 구체적으로 아침형과 저녁형 실험집단에게 아침 10시와 저녁 8시에 교통사고 관련 영상을 보여준 결과 증언의 정확성에 영향을 미치는 주요요인이 시간이었는데, 이는 기억의 정확성은 자신이 깨어 있을 때, 자극, 각성되어 있을 때 훨씬 더 정확하게 기억한다는 것이다.[46]

---

44 M. Diges, Rubio, M. E. and Rodriguez, M. C., "Eyewitness memory and time of day," In Losel, F., Bender, D. and Bliesener, T.(eds.), *Psychology and Law: International perspectives*, New York: Walter de Gruyter, 1992, p.317

45 S. L. Sporer, "Verbal and visual process in person identification," pp.303-324 in Wegener, H., Losel, F. and Haisch, J.(eds.), *Criminal Behavior and the Justice System: Psychological Perspectives*, New York: Springer-Verlag, 1989.

그러나 전반적으로 저녁보다는 아침 시간대(10시)에 영상을 본 경우가 아침형이건 저녁형이
건 관계없이 더 정확하게 기억하였다고 한다. 더구나 저녁형 사람은 아침 검사에서 부적절한 정
보를 아침형 사람만큼 구별해 내지 못하였다고 하는데, 이 결과를 저녁형 사람들의 외향성 경향
때문이라고 설명하고 있다. 즉 올빼미형이 아침시간에 각성수준이 낮기 때문에 사건의 정확한
상세를 다수 알아차리는 데 필요한 자원이 부족하기 때문이라는 것이다. 또한 이들 외향성 사람
들은 보다 자기주장과 확신이 강하여 사건의 상세내용을 기억할 때 의사결정범주가 더 낮은 것
이라고 한다. 결과적으로 이들은 정보를 통합할 때 긴 보고서를 작성하고, 일을 급하게 처리하
며, 실수를 한다는 것이다.[47]

(5) 자기감시(Self-monitoring)

일부에서는 사람을 자신을 엄격하게 감시하는 형과 그렇지 않은 형으로 구분하는데, 여기서
자기감시는 사람들이 사회상황과 대인관계에서 자신의 대중적 표현과 표출을 관찰, 규제, 통제
하는 정도를 말한다. 일반적으로 자기-감시의 수준이 높은 사람(high self-monitors)일수록 자
신이 상호작용하는 사회상황에 관심을 더 가지며 자신을 표현하는 방식과 자신이 비추는 인상
을 감시하고 통제하는 데 더 많은 노력을 한다는 것이다. 이처럼 자기감시가 강한 사람이 사회
환경에 더 민감하고 주의를 기울이기 때문에 더 정확한 목격자가 될 것이라고 기대되는 것이다.
실제 연구에서도 이 관계가 밝혀지기는 하였으나 그 관계가 반드시 그렇게 간단한 것만은 아니
라고 한다. 예를 들어, 비록 이들 자기감시가 높은 사람이 그들이 목격자가 아닌 해당 범죄의 피
해자인 경우에 더 정확한 목격자였으며, 또 다른 한편에서는 자기감시의 개인적 차이는 생물학
적으로 기인한 것이라고 주장한다.[48]

(6) 인지형태(Cognitive Style)

인지형태 또는 유형은 일반적으로 정보를 인식하고, 저장하고, 변형하며, 이용하는 특징적

46 G. Kerkoff, "Individual differences in the human circadian system: A review," *Biological Psychology*, 1985, 20:
    83-112

47 *Ibid.*, p.320

48 H. Hosch, "Individual differences in personality and eyewitness identification," pp.328-347 in D. F. Ross, Read, J.
    D. and Toglia, M. P.(eds.), *Adult eyewitness Testimony: Current trends and Developments*, Cambbridge: Cambridge
    University press, 1994.

형태라고 규정한다. 심리학에 폭넓게 쓰여지는 인지형태의 예로서 현장의존/현장독립(Field de-pendence/field independence)이라는 유형이 있는데, 이는 전체에서 부분을 구별하는 능력이라고 할 수 있다. 현장독립이 이론적으로는 얼굴확인 정확성과 관련이 있다고 할 수 있는데, 실제로 현장의존형 사람이 현장독립형보다 일반적으로 얼굴에 더 신경을 쓰고 주의를 기울이기 때문에 얼굴을 더 잘 인식한다는 것이다. 그러나 이에 대한 연구결과는 복합적인 것으로 알려지고 있다.[49] 한편, 얼굴인식 정확성에 긍정적으로 관련되는 것으로 알려진 또 다른 개념으로서 범주화의 폭(breadth of categorising)을 활용하는데, 이는 특정한 범주에 대해 수용할 수 있는 범위를 정할 때 포함시키고자 하는 폭이라고 할 수 있으며, 대체로 목격자가 지나치게 포괄적이면 정확성이 떨어진다고 할 수 있다.[50]

(7) 감정상태(Mood)

80년대 들어 개인의 감정상태와 인지과정의 관계에 대한 연구가 활발했던 적이 있다. 즉, 암호화(encoding)할 때 개인의 기분이 결과적으로 학습된 정보에 대한 검색단서로 기억 과정에서 작용한다는 가설을 검증하고자 했던 것이다. 이 가설을 우리는 상태-의존 효과(State-dependent effect)라고 하는데, 이 상태 의존효과는 거의 일어나지 않으며, 결과 또한 복제하기가 거의 불가능하다는 주장이 제기되고 있다. 따라서 상태의존효과보다는 오히려 기분(분위기)-조화 효과(mood-congruent effect), 즉 암호화 당시 기분상태나 분위기와 조화를 이루는 물질을 더 쉽게 검색해낸다는 관점이 강조되고 있다.[51]

이런 주장의 기본적 생각은 사람들은 사건을 증언할 때 자신이 유사한 기분이나 분위기에 있다면 그 사건을 기억하는 것이 훨씬 쉽다는 것이다. 외부환경에서의 단서의 촉진효과와 관련하여 범죄현장으로 목격자를 데리고 가거나 범죄현장의 사진을 목격자에게 보여주거나 범죄현장의 인상을 그리게 하는 등 목격자를 원래상황으로 되돌리는 것이나 범인의 목소리나 자세 등 범인과 관련된 강력한 물리적 상황단서를 제공하는 등 검색단서를 극대화함으로써 기억을 향상시킬 수 있다는 것이다. 실제로 상황을 복기하는 것이 증인기억력을 향상시키는 한 가지 특별한

---

49 N. Kogan, "Educational implications of cognitive style," pp.242-292 in G. S. Lesser(ed.), *Psychology and Educational Practice*, Glenview, IL: Scott, Foresman, 1971.

50 Hosch, *op cit.*, pp.338-339

51 H. C. Ellis and Ashbrook, P. W., "The state of mood and memory research," pp.1-21 in D. Kuiken(ed.), *Mood and Memory*, CA: Sage Publications, 1991.

기술로서 이를 '인지면접기술(cognitive interview technique)'이라고 한다.[52]

(8) 음주

알코올이 감각과 인식기능에도 장애를 초래하는 것은 널리 알려진 사실이다. 당연히 음주상태나 주취상태가 증인의 기억과 회상 부정확성을 초래할 수도 있다고 가정되는 것이다. 그러나 기억수행에 관한 경험적 연구결과는 상반되고 있다. 한편에서는 음주와 주취상태가 정보의 습득과 암호화와 주변정보의 기억을 방해한다고 하는 반면, 보존기간(retention interval) 동안의 알코올소비가 알코올을 소비하지 않았을 때보다 더 좋은 인식과 기억수행을 하는 것으로 보고되기도 하였다. 한편 잠재적 배심원들은 범죄 중의 음주는 목격자 증언 정확성 결정요소로서 중간 정도로 중요한 요소라고 답하였다.[53]

(9) 연령

증인의 나이와 기억의 정확성의 관계에 대한 대부분의 연구는 아동 증언의 증거성에 초점을 맞추고 있다. 동시에 노령인구의 증가에 따라 노인들의 증언에 대한 정확성도 연구의 대상으로 떠오르고 있다. 그 결과, 가정과 시설에서의 노인학대도 점증하고 있고, 범죄의 취약한 피해자로서 낯선 사람에 의하여 범죄피해를 당할 가능성이 가장 낮음에도 불구하고 종종 범죄에 대한 두려움 속에서 생활하고 있는 데 대한 관심도 증대되고 있다.[54]

물론 상식적으로도 우리는 나이가 들어갈수록 기억력이 쇠퇴한다고들 하며, 실제로도 나이가 많은 사람이 젊은 사람보다 기억에 대해 더 많은 불평을 토로하고 있다. 더불어 나이가 많아짐(늙어감)에 따라 인지감속(cognitive slowing)도 뒤따르게 되어 사람이 늙는 만큼 인지도 느려지

---

52 G. H. Gudjonsson, *The Psychology of Interrogations, Confessions and Testimony*, Chichester: Wilsey, 1992, p.90; B. L. Cutler and Penrod, S. D., "Improving the reliability of eyewitness identification: Lineup construction and presentation," *Journal of Applied Psychology*, 1988, 73:281－290

53 J. D. Read, Yuille, J. C., and Tollestrup, P., "Recollections of robbery: Effects of arousal and alcohol upon recall and person identification," *Law and Human behavior*, 1992, 16:425－446; C. M. Steele and Josheps, R. A., "Alcohol myopia: Its prized and dangerous effects," *American Psychologist*, 1990, 45:921－933; J. C., Yuille and Tollestrup, P. A., "Some effects of alcohol on eyewitness memory," *Journal of Applied Psychology*, 1990, 75: 268－275; J. F. Parker, Birnbaum, I. M., Weingartner, H., Harley, J. T., Stillman, R. C. and Wyatt, R. J., "Retrograde enhancement of human memory with alcohol," *Psychopharmacology*, 1980, 69:219－222

54 L. W. Kennedy and Silverman, R. A., "The elderly victim of homicide: An application of the routine activities approach," *Sociological Quarterly*, 1990, 31:307－319

기 마련이라는 것이다.[55] 그러나 기억력이 더 이상 향상되지 않고 오히려 감소하는 정점이 과연 언제쯤인지에 대해서는 논란이 많다. 누구는 10살 때가 정점이라고 하는 반면에 일부에서는 16살 때까지는 얼굴인식능력이 성인수준에 이르지 못한다고도 하지만, 70세 이상이 되면 인식과 기억능력이 낮아진다는 사실에 대해서는 이론이 없다. 노인들이 보편적으로 고통받는 것은 단기 기억보존과 가까이 있거나 멀리 있는 물체에 대한 시각적 날카로움뿐만 아니라 색깔을 적절하게 구별하는 능력을 잃게 된다는 것이다. 이런 관점에서 노인증인의 증언이나 얼굴확인의 정확성에 의문을 갖는 것이지만, 잠재적 배심원들은 나이를 증인 신원확인 정확성의 중요 결정요소로 생각하지 않는 것으로 조사되었다.[56]

(10) 성별

　　사람의 기억에도 성별의 차이가 있을까? 전통적으로 경찰에서는 여성 목격자보다는 남성 목격자를 선호하는 것으로 알려지고 있으며, 실제 연구에서도 목격자 신원확인과 얼굴인식에 있어서 성별이 영향을 미치는 변수로 여겨져 왔다. 그러나 증인의 증언에 있어서 성별이 얼마나 중요한가는 분명하지 않다. 그럼에도 일반적으로 사람들은 사건의 기간을 과대평가하는 경향이 있지만 여성이 남성보다 그러한 경향이 더 강한 것으로 알려지고 있다. 반면에 남성은 증인으로서 정확성에 불가피하게 부정적 영향을 미치게 되는 색약과 청력상실로 고통을 받을 가능성이 훨씬 더 높다고 한다. 뿐만 아니라, 성별은 사건으로부터 기억하는 상세유형에도 영향을 미친다고 한다. 예를 들어 여성은 여성지향적인 것을, 반대로 남성은 남성지향적인 것을 더 상세하고 정확하게 기억하는 경향이 있다고 하는데, 이는 곧 증인의 관심사나 흥미가 증언에 있어서 또 다른 하나의 중요한 요소임을 보여주는 것이다.[57]

　　성별의 중요성에 관한 연구는 상이한 결과를 내놓고 있다. 한편에서는 신원확인이나 얼굴인식 정확성에서 성별의 차이가 없다고 하는 반면, 다른 일부에서는 여성이 기억의 정확성이 더

---

55 L. H. Light, "Memory and aging: Four hypotheses in search of data," *Annual Review of Psychology*, 1991, 42:333−376

56 R. Diamond and Carey, S., "Developmental changes in the representation of faces," *Journal of Experimental Child Psychology*, 1977, 23:1−22; S. Carey, "The development of face perception," pp.9−38 in G. M. Davies, H. Ellis and J. Shepherd(eds.), *Perceiving and Remembering Faces*, London: Academic Press, 1981.

57 P. Feldman, *The Psychology of Crime*, Cambridge: Cambridge University Press, 1993, p. 66; Blackburn, *op cit.*, 1993, pp.50−52; E. F. Loftus, Banaji, M. R., Schooler, J. W. and Foster, R. A., "Who remembers what? Gender differences in memory," *Michigan Quarterly Review*, 1987, XXVI:64−85

높으며, 목격자를 확인하는 데도 더 낮다고 보고한다.[58]

더불어 동일한 성별을 기억하는 것이 자신과 다른 성별을 기억할 때보다 더 정확하다는 사실도 알려지고 있다. 또한 폭력의 사용과 피해자의 신체적 손상 여부도 영향을 미치는 것으로 알려지고 있다. 일반적으로 폭력적 범죄에 대해서는 여성보다 남성이 더 정확하였으나 비폭력적 사건에 대해서는 성별의 차이가 없다고 하며, 피해자의 부상과 관련해서는 피해자가 아무런 부상을 당하지 않았을 경우에는 성별의 차이가 없으나 피해자가 부상을 당했을 경우에는 여성이 남성보다 범법자의 외모나 외관에 대한 상세한 진술을 훨씬 적게 한다는 것이다.[59]

(11) 선험적 도식/전형(Schemas/Stereotypes)

사람들은 순식간에 일어나는 강도를 얼핏 목격하는 등 모호한 상황에서는 자신이 보기를 기대하거나, 바라거나, 또는 볼 필요가 있는 것을 보았다고 보고하는 경향이 있다고 한다. 사람들은 원래 암호화된 정보를 기억하지만 전형적인 정보, 그리고 자신의 각본으로부터의 정보와 결합시킨다. 기대치가 증언에 가장 상응한 영향을 미치는 것으로는 목격자의 사회적 선험, 즉 사회적 범주에 대한 정신적 묘사라고 할 수 있다. 선험이나 선험적 도식은 사람, 사회적 사건 또는 사회적 역할에 관련될 수 있는 것으로, 특정한 대상이나 사람에 관한 지식, 그 대상이나 사람과 관련된 다양한 생각들 간의 관계에 대한 정보, 그리고 구체적인 예를 포함하고 있다. 이러한 사회적 선험이 종종 다른 사람들에 대하여 우리가 가지고 있는 인상에 영향을 미치게 된다. 특정한 사람이 어떤 특정한 집단에 속한다고 결정하게 되면 그 집단의 사람들에 대한 우리의 정신적 묘사는 우리의 기대감, 결과적으로 어떻게 우리가 그 사람을 기억하고, 어떤 추론을 하는지, 그리고 어떻게 그들을 평가하는지에 영향을 미칠 수 있다고 한다. 그러나 안타깝게도 대부분의 학자들은 범죄행위와 특정 신체유형의 관계를 믿지 않음에도 불구하고 대중매체는 범죄자의 외형에 관한 대중적 정형을 반추하고 있으며, 그러한 정형화는 시청자들에게 영향을 미치고 결과적으로 목격자 증언에도 영향을 미칠 수 있다는 것이다.[60]

---

58 J. L. Cunningham and Bringmann, W. G., "A re-examination of William Stern's classic eyewitness research," *Perceptual and Motor Skills*, 1986, 63:565-566; T. H. Howels, "A study of ability to recognize faces," *Journal of Abnormal and Social Psychology*, 1983, 123:173-174; P. N. Shapiro and Penrod, S., "Meta-analysis of facial identification studies," *Psychological Bulletin*, 1986, 100:139-156

59 B. R. Clifford and Scott, J., "Individual and situational factors in eyewitness memory," *Journal of Applied Psychology*, 1978, 63:352-359; M. D. MacLeod and Shepherd, J. W., "Sex differences in eyewitness reports of criminal assaults," *Medicine, Science and the Law*, 1986, 26:311-318

전형(stereotypes)이란 일 집단의 사람들이 공유하는 개인적 속성에 대한 일련의 신념으로서, 일종의 선험의 한 유형이며 따라서 현실을 왜곡하고 어느 정도까지 지나치게 단순화시킨다. 실제로 사람들은 집단구성원이 아닌 사람은 비교적 상대적으로 그 의견과 행동이 동질적이라고 여기는 경향이 있는 반면, 자신이 속한 집단은 보다 이질적인 것으로 인식하는 경향이 있다는 것이다. 구체적으로 만약 사람들이 특정한 개인이 마음씨가 따뜻하다거나 정직하다거나 잔인하다는 등과 같은 몇 가지 핵심특징을 안다면 다른 신체적 특징이나 인성특징도 그렇게 추론하는 경향이 있다고 한다.[61]

(12) 신체적 매력(physical attractiveness)

사람이란 누구나 다른 사람에 대한 첫인상에 그 사람의 신체적 매력에 크게 영향을 받는다. 심지어 실험연구에서도 피고인의 얼굴이 더 매력적일수록 그들에게 내려지는 모의배심의 양형은 그만큼 더 낮아졌다고 한다.[62] 그러나 사람의 신체적 매력이 증인의 증언에는 어떤 영향을 미칠까? 일반적으로 매력적인 얼굴이 그렇지 못한 얼굴보다 더 잘 인식되고, 남성 증인들은 만약 여성들이 화장을 하지 않고 있을 때보다 하고 있을 때 그 여성의 의상을 자세하게 더 잘 기억하며, 심지어 전화통화만 했어도 그 사람이 매력적이지 않다고 말해줄 때보다 매력적이라고 설명해주었을 때 통화 후 대화를 더 자세하게 기억할 확률이 더 높은 것으로 연구에서 밝혀지고 있다. 그러나 실제 잠재적 배심원들은 목격자 신원확인에서 피의자의 외관을 가장 중요하지 않은 결정요소로 지적하였다.[63]

60 G. S. Goodman and Gareis, K. C., "The influence of status on decisions to help," *Journal of Social Psychology*, 1993, 133:23−31; M. D. MacLeod, Frowley, J. N., and Shepherd, J. W., "Whole body information: Its relevance to eyewitness," pp.125−143 in Ross et al.(eds.), *op cit.*, 1994.

61 D. Hurwitz, Wiggins, N. and Jones, L., "Semantic differential for facial attributions: The face differential," *Bulletin Psychonomic Science*, 1975, 6:370−372; G. A. Quattrone and Jones, E. E., "The perception of variability with in−groups and out−groups: Implications for the law of small numbers," *Journal of Personality and Social Psychology*, 1980, 38:141−152

62 L. Efran, "The effects of physical appearances on the judgement of guilt, interpersonal attraction and severity of recommended punishment in a simulated jury task," *Journal of Research in Personality*, 1974, 8:44−54; H. Sigall and Ostrove, N., "Beautiful but dangerous: Effects of offender attractiveness and nature of the crime on juridic judgement," *Journal of Personality and Social Psychology*, 1975, 31:410−414

63 J. Cross, Cross, J. and Daly, J., "Sex, race, age and beauty as factors in recognition of facess," *Perception and Psychophysics*, 1971, 10:393−396; R. Kleck and Rubenstein, C., "Physical attractiveness, perceived attitude similarity and interpersonal attraction in an opposite−sex encounter," *Journal of Personality and Social Psychology*, 1975,

(13) 증인의 피해자 여부

범죄피해자가 할 수 있는 많지 않은 역할 중 하나가 증인으로 법정에 서는 것이다. 사실 많은 경우 피해자 자신이 범죄에 대한 가장 핵심적인 증인이다. 만약 증인이 강도나 강간과 같은 폭력범죄의 피해자라면 당연히 사건 직후에 용의자를 지목하여 기술하도록 요구받을 때의 심리상태로 인하여 사건을 상세하게 접근하기는 어려울 것이다. 그러나 다른 한편에서는 피해자들이 범죄자의 얼굴에 초점을 맞추고 그것을 잘 기억하도록 동기가 부여될 수 있다고 생각할 수도 있을 것이다. 또한 시간이 흐를수록 피해자증인의 기억이 더 좋아지는 반면에 그냥 일반 증인과 피해자-증인의 정확성에 관해서는 연구결과가 복합적이다. 한편에서는 단순 목격자가 피해자에 비해 사건과 외관에 대한 정보를 더 적게 제공한 것으로 연구결과 밝혀졌으나 절도의 경우 그 차이가 거의 없었다고 보고되기도 하였다. 그러나 이러한 비교는 많은 범죄가 목격자가 없는 상황에서 발생하며, 심지어 피해자도 현장에 없는 상황이 다수이기 때문에 큰 의미가 없을 수도 있다.[64]

(14) 자신감

일반적으로 확실성에 대한 두 가지 요소로 신뢰성과 전문성을 포함시킨다. 증인의 일관성에 더하여 증인의 외관과 자신감과 같은 행태와 품행도 확실성과 진실성, 피의자의 유죄와 양형의 평가에 영향을 미친다고 한다. 증인의 확실성과 진실성에 관한 한 증인의 자신감이 가장 중요한 단일 결정인자로 인식되고 있다.[65]

자신감과 정확성의 관계에 대해서, 우리는 자신이 기술하는 것의 정확성에 더 강한 자신감을 가진 사람이 평균적으로 더 증언에 있어서도 더 정확하다고 기대할 것이다. 실제로도 사람들은 믿을 만한 것 같은 사람을 더 믿는다고 하는데, 모의배심/잠재배심원들도 증인의 정확성을 추론하기 위하여 목격자의 자신감, 확신에 절대적으로 의존한다는 것이다. 심지어 많은 배심원

31:107-114; R. C. L. Lindsay, "Expectations of eyewitness performance: Jurors' verdicts do not follow their beliefs," pp.362-383 in Ross et al.(eds.), 1994.

64 Lindsay, 1994, *ibid.*; B. P. Bradley and Bradley, A. D., "Emotional factors in forgetting," *Psychological Medicine*, 1990, 20:351-355

65 M. Stone, "Instant lie detection? demeanor and credibility in criminal trials," *Criminal Law Review*, 1991, 821-830; G. L. Wells, "The eyewitness," pp.43-66 in S. Kassin and L. S. Wrightsman(eds.), *The Psychology of Evidence and Trial Procedures*, CA: Sage Publications, 1985, p.58

들이 자신의 앞에서 증언하는 확신에 찬, 자신만만한 증인에 의해 설득되는 것으로 알려지고 있을 정도로 증인의 자신감과 확신이 증언 정확성의 중요한 지표라고 한다.[66]

　　일단 증인의 확신과 정확성의 관계가 입증되면, 목격자 정확성의 결정인자로서 인식되는 변수의 유형들을 파악하는 것이 중요하다. 대체로 범행의 기간과 조도와 같은 범죄 자체 변수, 증인이 범죄피해자인지, 범죄자와의 사전 면식 여부, 약물복용 여부 등 암호화에 영향을 미치는 증인 특성, 그리고 범행 이후 범죄자가 외관을 바꾸었는지 여부 등 검색과정에 영향을 미칠 수 있는 변수들이 가장 중요하다고 알려지고 있다. 그런데 증인의 확신이나 자신감은 노출시간, 조도, 약물과 스트레스보다는 덜 중요하지만, 증인의 연령, 인종, 성별보다는 더 중요하다고 한다.[67]

6. 심문변수

(1) 보존간격(Retention interval)

　　범죄의 목격자는 사건이 발생한 얼마 후에 어떤 일이 일어난 것을 보았는지를 진술하도록 요구받게 되는데 이것을 우리는 보존간격이라고 한다. 실제로 배심원들은 범죄와 신원확인 사이의 시간적 간격이 목격자 신원확인 정확성 결정의 가장 중요한 결정요인으로 꼽는다고 한다. 소송기간 동안 사건에 대한 목격자의 기억은 불가피한 정상적인 망각과 장애로 인하여 악화되기 마련이기 때문이다. 당연히 기억과 인지 정확성은 시간의 기능으로 떨어지게 되는 것이다. 기억과 인지는 정보를 암호화한 직후에 최고이지만 처음엔 급격하게 그리고 점점 떨어지게 된다. 이는 곧 초기의 원래 진술이 몇 달, 몇 년 후 재판에서 기억하는 것보다 훨씬 더 정확하다는 것을 의미한다.[68]

66 K. D. Williams, Loftus, E. F. and Deffenbacher, K. A., "Eyewitness evidence and testimony," pp.141–166 in D. K. Kagehiro and W. S. Laufer(eds.), *Handbook of Psychology and Law*, New York: Springer, 1992; M. R. Leippe, "The appraisal of eyewitness testimony," pp.385–418 in Ross et al.(eds.), 1994; B. L. Cutler, Penrod, S. D. and Stuve, T. E., "Juror decision making in eyewitness identification cases," *Law and Human behavior*, 1988, 12: 41–56

67 Lindsay, *op cit.*, 1994, p.373

68 *Ibid.*, p.372; P. N. Shapiro and Penrod, S., "Meta–analysis of facial identification studies," *Psychological Bulletin*, 1986, 100:139–156

(2) 기억의 형태

증인으로 하여금 사건이 벌어지는 동안 일어난 모든 것을 자신이 본 대로 자신의 말과 속도로 말하게 하는 것을 일명 '자유기억(free recall)'이라고 하며, 반면에 지시된 대로 따르게 하는 것을 '심문기억(interrogative recall)'이라고 한다. 기억하는 데 어려움을 겪고 있는 증인은 망설이기 마련이고 이때 경찰에서 현명하지 못하게 망설이는 증인에게 용의자의 신체적 기술 등을 '추측'하게 하는 등의 행동은 오히려 이후의 정확성에 부정적 영향을 미치는 것으로 알려지고 있다.[69]

심리학자들은 심문식 기억이 자유기억보다 훨씬 넓은 범주의 정보, 즉 더 완전한 정보를 제공하지만 덜 정확하다고 오랫동안 알아왔다. 하지만 기억 형태가 증언에 미치는 영향은 이보다 훨씬 더 복잡하다고 한다. 심문적이고 구조화된 질문은 더 완전한 기억으로 유도할 수 있지만 동시에 정보의 어려운 부분에 대해서 증인에게 질문할 때면 더 많은 부정확성을 초래할 수도 있다는 것이다. 결국, 증언의 정확성과 완결성은 증인에게 질문되는 정보가 얼마나 어려운 것이며 동시에 질문이 얼마나 구체적인가에 직접적으로 관련된다는 것이다. 여기서 완결성과 정확성 사이의 접점을 찾을 필요가 생기는 것이다.[70]

(3) 기억 시도 횟수

일반적으로 인지적 노력의 정도가 기억의 질에 영향을 미치는 것으로 알려져 있다. 일종의 기억증진(hypermnesia)으로 이름이 붙여진 것으로 반복적인 검증이나 시험으로 기억능력이나 기억수행능력이 향상, 증진되는 현상이라고 할 수 있다. 사실, 목격자의 정확성을 향상시킬 수 있는 인지면접기술(cognitive interview technique)의 하나가 바로 제공되는 정보의 양을 증대시키기 위하여 증인으로 하여금 여러 번에 걸쳐 기억하도록 하는 것이라고 한다. 이 기억증진을 일부에서는 연속적인 시도에서 순수기억(net recall)의 증가를 의미하는 것으로, 반면에 전체기억(gross recall)의 습득을 의미하는 것으로 '회상(reminiscence)', 즉 시간이 지난 후에 더 기억을 잘하는 현상으로 해석하기도 한다.[71]

---

69 Kapardis, *op cit.*, p.75

70 B. R. Clifford and Scott, J., "Individual and situational factors in eyewitness memory," *Journal of Applied Psychology*, 1978, 63:352－359

71 J. B. Jobe, Tourangeau, R. and Smith, A. F., "Contributions of survey research to the understanding of memory," *Applied Cognitive Psychology*, 1993, 7:567－584; D. G. Payne, "Hypermnesia and reminiscence in recall: A

　　일련의 실험을 통해서, ‘회상’ 개념, 즉 여러 번의 목격자 기억이 오류를 심각하게 증대시키지 않고도 전체적인 기억이라는 면에서 이익이 될 수 있다는 증거가 제시되고 있지만,[72] 다른 한편에서는 구조화된 기억 실험에서는 오히려 ‘기억증진(hypermnesia)’을 지지하는 결과를 얻기도 하였다.[73] 비록 반복적 기억이 더 많은 보다 정확한 정보를 제공할 수 있을지 모르지만, 연속적인 기억과 증언에서 있을 수 있는 비일관성은 법정에서 변호인단에게는 증인을 신뢰할 수 없다고 오히려 공격할 수 있는 좋은 무기가 될 수도 있다는 비판도 제기된다.

(4) 유도질문(Leading questions)

　　심리학자에게 있어서 증인에게 질문을 하는 것은 실험처우상황과 유사한 것이며, 질문의 형태와 질문을 하는 방식, 태도는 질문에 대한 답변에도 영향을 미치는 것이다. 그런데 특정 사건에 대한 누군가의 기억을 오염시키는 가장 보편적인 방법, 즉 오류를 불러오는 방법이 바로 원래의 사건에서는 존재하지도 않았던 정보항목을 포함하는 유도질문을 묻는 것이라고 한다.[74]

　　연구결과, 사건 후 오정보에 노출된 연구대상자는 그 오정보를 그 뒤의 기억과제에 그대로 그것도 확신적으로 보고할 가능성이 더 높았다고 하는 ‘통합(integration)’ 관점이 주장되기도 한다. 특히 정보를 습득한 후 기억하기 전까지의 기간이 오래 지연되었을 때 사건 후 오염과 오정보 효과가 가장 크게 일어났다고 한다. 또한 이와 같은 사건 후 정보는 사건에 대한 증인의 중심적인 특징보다는 주변적인 특징을 더 쉽게 방해한다고 한다.[75] 그러나 다른 한편에서는 오정보에 기초한 응답이 반드시 증인이 실제로 원래 사건에서 일어났다고 믿는다는 것을 의미하지는 않으며, 오히려 원래 사건은 사건 후 오염으로 지장을 받지 않으며, 적절한 여건이 되면 원래 기억에 다다를 수 있다는 ‘공존(coexistence)’의 견해를 주장한다.[76]

---

historical and empirical review,” *Psychological Bulletin*, 1987, 101:5−27

72 J. Turtle and Yuille, J. C., “Lost but not forgotten: Repeated eyewitness recall leads to reminiscence but nor hypermnesia,” *Journal of Applied Psychology*, 1994, 79:260271

73 H. Otani and Hodge, M. H., “Does hypermnesia occur in recognition and cued recall?” *American Journal of Psychology*, 1991, 104:101−116

74 W. Lilli, “The perception of social events and behavior consequences,” pp.216−227 in Wegener ey al(eds.), *op cit.*, 1989.

75 V. F. Holst and Pezdek, K., “Scripts for typical crimes and their effects on memory for eyewitness testimony,” *Applied Cognitive Psychology*, 1992, 6:573−587; R. C. L. Lindsay, “Biased lineups: Where do they come from?” pp.182−200 in Ross et al(eds.), 1994, *op cit.*

76 M. S. Zaragoza and Koshmider, J. W., “Misled subjects may know more than their performance implies,” *Journal of*

　　통합관점과 공존관점에 대한 치열한 논쟁이 조만간 해결되리라 기대하지는 않지만 사건 후 오정보가 증인의 기억과 증언의 정확성에 중요한 영향을 미친다는 데는 의견의 일치를 보이고 있다. 특히, 발달장애와 정신장애가 있는 증인은 이 오정보의 영향에 훨씬 더 취약한 것으로 알려지고 있다.[77]

2절 전문가 증인(Expert witness)으로서 심리학자

　　'법이란 다른 사람이 소유한 지식의 인질이다.' 따라서 법정에서의 전문가 증언은 새로운 시대를 맞게 되어 법률회사는 물론이고 보험회사에서도 전문가 증언에 매달릴 것이다. 당연히 전문가 증언은 비록 법정의 출입문에서 끝나야 하지만 형사사법제도에서 가치 있는 역할을 할 수 있으며, 다수의 전문가 증언이 지금까지 허용되었던 것에 비해 훨씬 더 넓은 분야에 대해서 훨씬 빈번하게 활용되고 허용될 것으로 기대되고 있다.[78]

　　전문가 의견을 듣기 위해 심리학자들을 요청하는 분야는 대체로 의학적인 것과 심리학적 두 분야로 나누어진다. 의학적 증거는 뇌손상의 영향을 평가하기 위한 신경학(neurological), 정신질환과 관련된 정신병리, 그리고 부상으로부터의 회복과 같은 심리의학의 세 분야를 포함한다. 때

Experimental Psychology: Learning, memory, and Cognition, 1987, 15:246−255; M. McCloskey and Zaragoza, M. S., "Misleading postevent information and memory for events: Arguments and evidence against memory impairment hypothesis," *Journal of Experimental Psychology: Learning, Memory and Cognition*, 1985, 114:1−16

77 G. H. Gudjonsson, "The vulnerability of mentally disordered witness," *Medicine, Science, and Law*, 1995, 35: 101−106; N. B. Perlman, Erickson, K. I., Esses, V. M. and Isacs, B., "The developmentally handicapped witness: Competency as a function of question format," *Law and Human Behavior*, 1994, 18:171−187

78 R. J. Allen and Miller, J. S., "The expert as educator: Enhancing the rationality of verdicts in child sex abuse prosecutions," *Psychology, Punlic Policy and Law*, 1995, 1:323−338; S. Landsman, "Of witches, madmen, and products liability: An historical survey of the use of expert testimony," *Behavioral Science the Law*, 1995, 13: 131−157; D. H. Sheldon and McCleod, M. D., "From normative to positive data: Expert psychological evidence re−examined," *Criminal Law Review*, 1991, pp.811−820; I. Freckelton and Selby, H., *Expert Evidence: Law, Practice, Procedure, and Advocacy*, Sidney: Lawbook Co., 2002, p.12

로는 심리학적 증거가 의욕, 인지, 정서나 감정, 지각과 인식, 개인적 차이와 인간적 속성의 분포 등과 관련된 심리학자의 과학적 지식에 근거한다. 물론 이들 분야가 전문가들의 전문 영역을 결정하는 것이지만, 사법절차에서 심리학자들이 할 수 있는 역할은 다양하다.[79]

1. 심리학자의 역할

(1) 실험역할

실험역할은 대체로 두 가지로 크게 나눌 수 있는데, 그 첫 번째는 해당사건에 상응한 실험연구의 결과를 심리학자가 법원에 알려주는 것으로, 어떠한 심리학자라도 이 역할을 수행할 능력이 있다. 실험역할의 두 번째 관점은 심리학자가 재판의 결과에 관계가 있는 쟁점사항을 해결하기 위하여 실험이나 현장연구를 수행하는 것이다.[80]

(2) 임상역할

임상역할의 경우는 대부분 심리학자가 다른 분야 전문가들과 합동으로 증언하게 된다. 예를 들어, 뇌손상의 경우라면 우선 의료전문가가 물리적 손상의 정도와 특성을 증언하고, 심리학자가 뇌손상으로 인하여 부수적으로 수반되는 인지장애나 행동문제에 대해서 재판부에 알려주는 것이다. 정신병리, 정신의학적 문제에 있어서, 심리학자는 범죄자의 마음의 상태에 관심을 가지며, 따라서 범행의사의 쟁점에 관심을 가진다. 그런데 이 범행의사(mens rea)가 심리학자에게는 어려움을 줄 수 있는데, 법률은 용어를 비교적 정확하게 사용하지만, 개념이 쉽게 심리학적 이론으로 전이되지 않는다. 이러한 임상적 의견은 이혼사건에서의 정신적 잔혹함, 지능의 추정, 그리고 공포의 존재 등을 포함한 다양한 사례에서 제공될 수 있다. 임상심리학자는 면담, 심리통계검증, 그리고 실험증거 등을 포함한 다양한 기법을 활용한다.[81]

---

79 L. R. C., Haward, "The uses and misuses of psychological evidence," in G. Gudjonsson and J. Drinkwater(eds.), *Psychological Evidence in Court, Issues in Criminological and Legal Psychology*, No.11, Leicester: British Psychological Society, 1987, p.12

80 L. R. C., Haward, "The psychologist as expert witness," in D. P. Farrington, K. Hawkins, and S., M. A., Lloyd－Bostock(eds.), *Psychology, Law and Legal Processes*, London: Macmillan, 1979, p.46

81 G. Gudjonsson, "Psychological evidence in court: Results from the BPS survey," *Bulletin of the British Psychological Society*, 1985, 38: 327－330; Hollin, *op cit.*, p.173

(3) 통계역할

때로는 심리학자들이 무언가의 평균을 계산하고 또는 사건의 확률을 계산하도록 요청받는다. 주로 민사사건에서 빈번하게 요청받고 있는데, 예를 들어, 도로교통사고에서 심리학자들에게 관련사고의 희생자의 소득의 손실을 계산하기 위하여 상이한 지능의 사람들의 평균소득을 계산해 줄 것을 요구한다. 또는 어떤 유형의 사회적 행위의 빈도에 관해서 평하도록 요구받기도 하는데 물론 통계학자들이 이런 유형의 증거를 제공하리라 기대되지만 심리학자들의 확률에 의존한 양적 방법과 인간행위 양자에 대한 지식이 때로는 이상적인 조합이 될 수 있다.

(4) 자문역할

이 경우, 심리학자들은 변호인이나 검찰을 대신하여 증언하는 것은 아니나, 법원에 기술적인 자문을 제공하는 것이다. 심리학자들이 다양한 분야에서 자문할 수 있지만 목격자 기억과 임상문제가 가장 빈번하게 자문되는 분야라고 한다.[82]

위의 역할 중에서도 모의배심원들을 대상으로 한 연구에서 배심원들은 통계적, 사실적 전문가 증언보다는 임상적 전문가 증언에 더 큰 영향을 받는 것으로 밝혀졌는데, 이와 같은 연구결과는 배심원들은 임상적 증언과 다른 형태의 증언을 일상적으로 구분하며, 임상적 증언이 다른 증언에 비해 영향력이 적다는 재판부의 가정의 타당성에 의문을 제기하게 한다.[83]

2. 심리학자들의 법정업무와 기존관행

심리학자들이 법정에서 육성으로 전문가 증언을 하는 데는 두 가지 단계가 있다고 한다. 먼저, 방침 설정 – 기술(orientation – delineation)이라고 하는 심리학자와 변호인단 사이의 상담, 협의과정이다. 이 과정에서 심리학자의 역할, 상응한 심리학적 쟁점, 그리고 심리학자가 제공한 증거의 특성 등을 규정하게 된다. 두 번째 단계는 직접증언과 대질심문의 준비단계로서 이 단계에서는 법정에서 최대한의 영향과 기억가능성을 높일 수 있도록 하기 위한 증거제출의 계획, 자료에 대한 논의, 강점과 약점의 파악, 그리고 증거자료제출의 순서를 정하는 데 관련된 것이다. 심

---

82 Gudjonsson, 1985, *op cit.*

83 D. A. Krauss and Sales, B. D., "The effects of clinical and scientific expert testimony on juror decision making in capital sentencing," *Psychology, Public Policy and Law*, 2001, 7:267–310

리학자가 증언을 하게 되면 당연히 대질심문을 받게 되는데 이때 전문가 증거의 신뢰와 평판을 떨어뜨리기 위하여 전문가의 개인적 기술의 공격, 전문직업으로서 심리학의 배제, 전문영역 밖의 영역으로 몰아가기, 그리고 전문지식과 입장에 대한 쟁점화를 통한 전문성과 전문가에 대한 공격 등 다양한 심문전략을 동원하게 된다.[84]

그렇다면 법정심리학자들은 구체적으로 어떤 사람이며, 무엇을 어떻게 하는 것인가? 한 설문조사에 따르면 법정에서 전문가 증언을 경험한 영국심리학자들의 71%가 임상심리학자이며, 22%가 교육심리학자였고, 67%가 남성으로서 여성보다 두 배 정도 많았다. 절반 이상이 보고서를 제출했고, 95%가 법정에 출석하여 증언했으며, 증언한 사건은 민사와 형사사건이 절반 정도로 거의 같았다고 한다.[85]

같은 설문에서 심리학자들은 증거를 수집하고 준비하기 위해 어떤 수단이나 방법을 활용하는지 물었을 때, 면접과 인지검사가 가장 보편적으로 활용되었고, 그 다음이 지능검사와 신경심리학적 검사가 빈번하게 이용된 것으로 보고되었다. 법정에 출석했던 심리학자의 절반 이상(56%)이 대질심문을 당하였으며, 이것이 일반적으로 보고되는 법정출석에 대한 불안에 기여하는 것으로 답하였다. 그럼에도 불구하고 법정 증언에 임했던 심리학자의 95% 이상이 자신들의 증언과 증거에 긍정적, 호의적이었다고 평가하였다고 한다.[86]

여기서 한 가지 염려스러운 것은 법정에서 심리통계검사자료를 공개하는 데 대한 논쟁이 해결되지 않았다는 것이다. 무려 1/4 이상의 심리학자들이 공개법정에서 검사내용의 상세사항을 제출, 공개하도록 요구받았다고 한다. 이 경우 다수의 문제가 수반되는데, 비밀보장의 약속이 깨지고, 조사당사자에 대한 추가조사의 신뢰성과 타당성이 훼손되며, 검사자체의 심리통계적 고유성질에도 악영향을 미칠 수 있다는 것이다. 그럼에도 불구하고, 만약 법원에서 명령을 하면 거부할 수 없어서 심리학자들에게는 우려이며 동시에 어려움이 되고 있다. 여기서 그치지 않고 심리검사결과를 공개법정에서 공개하게 되면 심리학적 증거가 단순히 '상식'이 되고 따라서 전문성이 없는 사람으로부터도 내팽개쳐질 수 있게 된다. 결국 심리학자들은 연구결과와 전문가로서 법정증언을 통해서 법정에서의 역할의 중요성이 증대되겠지만 동시에 직업적, 윤리적 의문과 쟁점도 논쟁거리로 남아있다.[87]

---

84 Hollin, *op cit.*, p.174

85 Gudjonsson, 1985, *op cit.*

86 *Ibid.*

87 *Ibid.*; A. Heim, "Professional issues arising frompsychological evidence in court: A reply," *Bulletin of the British*

3. 평가

심리학은 상식에 지나지 않으며, 심리학자는 일반적 수준의 지식 이상의 기술이나 이해를 가지고 있지 않다는 법원의 견해가 당장의 우려라고 할 수 있다. 그러나 더 보편적 인식은 상식 과는 별도의 지식과 기술을 보유하고 있으며, 이는 심리학자들의 신경심리학적 평가의 수행과 기억작동의 이해 능력이라는 두 가지 예만으로도 입증되고 있다. 여기에다 아동의 심리적 발달, 비언어적 소통, 행동분석, 심리통계검사 등도 심리학자들이 소유할 수 있는 능력이다.

그렇다면 여기서 우리가 만약 심리학적이라고 이름할 수 있는 별개의 지식체계가 존재한 다고 받아들인다면, 그 지식이 과연 법정에서 활용될 수 있는가 의문이 생기게 된다. 이 의문 의 핵심은 바로 심리학적 연구결과가 '현실세계'에서도 적용될 수 있는 정도라고 할 수 있는 '일반화(generalizability)'의 문제이다. 결국 실험의 '현실성(realism)'의 문제로 귀결된다. 그런데 이 실험의 현실성은 실험이 대상자에게 가지는 진정성의 정도라고 할 수 있는 실험적 현실성 (experimental realism)과 실험실 조건이 현실세계에서 일어날 수 있는 정도인 속세적 현실성 (mundane realism)이 있다. 당연히 응용연구에서는 높은 수준의 속세적 현실성과 실험적 현실성 모두가 갖추어져야 한다. 그러나 정확하게 왜 실험에서 현실세계로의 일반화가 기대될 수 없는 지 그 이유가 분명하지 않다. 사실 일반화의 쟁점은 '사람들이 실험에서는 현실세계와 전혀 다 르게 수행하는가?'라는 경험적 의문이다. 안타깝게도 이 경험적 의문에 대한 증거는 매우 제한적 이다.[88]

또 다른 쟁점의 하나는 심리학적 연구의 예측력의 부족으로서, 이는 심리학적 연구가 특정 한 증인이 특정한 사건에 대해 특정한 증거를 제공하는 것이 맞는 것인지 아니면 틀리는 것인지 예측할 수 없다는 사실이다. 이런 점에서 일부에서는 법원이 기껏해야 경험적 연구에 기초한 확 률적 진술을 받을 수 있다고 주장하며, 반면에 다른 일부에서는 상식 이상의 그 무엇도 얻을 수 없다고 주장하는 입장에 직면하게 되었다. 그러자 또 다른 일부에서는 다윈처럼 적자생존의 입 장을 취하면 될 것이라고 주장하지만, 직업적, 전문적 또는 법률적 관점에서 볼 때 과연 적자생

Psychological Society, 1982, 35:323−325; O. Tunstall., Gudjonsson, G., Eysenck, H., and Haward, L., "Professional issues arising from psychological evidence in court," *Bulletin of the British Psychological Society*, 1982, 35: 329−331; Tunstall et al., "Response to professional issues arising from psychological evidence in court: A reply to Dr. Heim," *Bulletin of the British Psychological Society*, 35:333

88 Hollin, *op cit.*, p.177

존이라는 이 '전문가들의 전쟁'이 바람직한 것인지는 논쟁의 여지가 있다.[89]

이보다 더 심각한 쟁점은 과연 심리학자들이 법률문제에까지 참여해야 하는가라는 근본적 의문이다. 아주 작은 수의 증인의 증언에 기초한 오판은 '수용가능한 위험'이며, 따라서 증인 증언을 조사하는 심리학자는 필요 이상의 에너지를 소모한다는 것이다. 물론 이러한 주장은 누가 그 위험을 정하는가에 달렸으며, 심지어 잘못된 증언으로 인한 투옥과 사형까지 제기하며 반박도 만만치 않다. 그러나 대세는 법정심리는 더 이상 거스를 수 없으며, 그렇다면 우리가 앞으로 해야 할 것은 법률분야로 진출하는 심리학자들에 대한 훈련과 법률분야 종사자들에게 심리학을 교육시키는 것이다.[90]

결론적으로 형사사법에 있어서 전문가의 증언과 역할은 매우 중요하다. 그들은 다른 데서 얻을 수 없는 정보를 제공하기 때문이다. 그러나 한편으로는 전문가 '증거'는 배심원들에게는 너무나 전문적이고 복잡하며 그래서 이해하기가 쉽지 않으며, 때로는 또한 편견의 위험도 도사리고 있다.[91]

그렇다면, 심리학자의 전문가 증언은 어떠한 영향을 미쳤을까? 마치 우리가 목격자 증언의 정확성에 영향을 미치는 요소에 대해서 아는 것이 많지 않은 것처럼 전문가 증언이 어떤 영향을 미치는지도 잘 알지 못한다. 그럼에도 불구하고, 전문가 증언이 제공되면 사건에 영향을 미친다는 긍정적인 증거들이 나오고 있다. 지금까지의 경험적 증거들은 성적으로 학대된 아이들에 관련된 전문가 증언은 배심원의 결정에 영향을 미친다는 것을 보여주고 있다.[92]

---

89 E. F. Loftus, "Ten years in the life of an expert witness," *Law and Human behavior*, 1986, 10:241－263; R. G. Pachella, "Personal values and the values of expert testimony," *Law and Human Behavior*, 1986, 10:145－150

90 T. Grisso, "The economic and scientific future of forensic psychological assessment," *American Psychologist*, 1987, 42:831－839

91 Kapardis, *op cit.*, p.189

92 B. L. Cutler, Penrod, S. D., and Dexter, H. R., "The eyewitness, the expert psychologist, and the jury," *Law and Human behavior*, 1989, 13:311－332

제3절 아동 증언(Child witness)

어린이는 사법정의에 대한 권리를 가지며, 우리 사회가 그들의 이익을 보호하고 그들을 해치는 사람들을 효과적으로 다루려면 그들의 증거가 핵심적이라고 주장한다. 그러나 다른 한편에서는 아이들의 증언은 부적절한 직업적 언행을 조장하고 사법정의를 그래서 좌절시킨다고 항변한다. 그러나 믿을 만한 정보가 아동으로부터도 확보될 수 있다는 증거가 무시되어서도 안 될 것이다. 연구결과가 항상 일관적이지는 않지만 형사사법제도 내에서 아이들에게 더욱 힘을 실어 줄 수 있는 방법론적 발전이 이루어지고 있다.[93] 결국, 아동의 진술과 증언도 점점 그 신뢰성과 활용도가 점점 향상되고 있는 추세라고 할 수 있다.

현실적으로, 어린이에 대한 성범죄가 급증하고 있음에도 불구하고 이들 범죄가 종종 유일한 증거라고는 피해자와 혐의를 의심받고 있는 가해자뿐이기 때문에 이들 범죄를 성공적으로 수사하고 기소하고 처벌하기란 여간 어려운 것이 아니다. 따라서 피해 아동의 증언이 절대적으로 중요한 것이다. 다행하게도 최근에는 3~4세 정도로 어린 아동도 향후 수사와 재판에서 그 활용가치가 매우 높은 관계 사건에 대한 진술을 할 수 있다는 피할 수 없는 결론에 이르고 있다.[94]

법조인이나 경찰관들은 오랫동안 아동의 증언이나 신문을 통해 얻어진 정보는 성인에 비해 훨씬 더 부정확하고 왜곡될 수 있다고 믿어 왔다. 심지어 심리학자들조차도 어린 아동들을 제안이나 암시(suggestion)에 매우 약하며, 자신의 증언이 그렇게 정확하지 않다고 인식하는 경향이 있다. 그 결과, 그렇다면 과연 어린이가 몇 살이 되어야 믿을 수 있고 유능한 목격자로 증언할

---

93 L. S. McGough, "For the record: Videotaping investigative interviews," *Psychology, Public Policy and Law*, 1995, 1: 370－386; M. E. Lamb, Strenberg, K. and Esplin, P., "Making children into competent witness: Reactions to the amicus brief in re Michaels," *Psychology, Public Policy and the Law*, 1995, 1:438－449; B. R. Clifford, "methodological issues in the study of children's testimony," pp.331－344 in Westcott, H. L., Davies, G. M. and Bull, R. H. C.(eds.), *Children's Testimony: A Handbook of Psychological research and Forensic Practice*, Chichester: Wiley, 2002

94 H. Wakefield and Underwager, R., "Sexual abuse allegations in divorce and custody disputes," *Behavioral Science and the Law*, 1991, 9:451－468; J. A. McIntosh and Prinz, R. J., "The incidence of alleged sexual abuse in 603 family court cases," *Law and Human behavior*, 1993, 17:95－101; J. Doris, Mazur, R. and Thomas, M., "Training in child protective services: A commentary on the amicus brief of Bruck and Ceci(1993/1995)," *Psychology, Public Policy and Law*, 1995, 1:479－493

수 있는지 논란이 되고 있다. 여기서 문제는 구체적인 아동의 나이보다는 어쩌면 이 '자격 또는 능력 결정(competency determination)'은 아동이 진실과 허위의 차이를 구별할 줄 아는지, 진실을 말할 의무를 잘 알고 있는지, 아동이 일어난 일을 관찰하고, 기억하고, 소통하고 그 사건에 대한 질문에 대답할 수 있는지 여부에 달렸다고 한다.[95]

1. 아동기 기억

　　증인으로서의 아동에 관한 연구를 보면 뭔가 불균형을 발견할 수 있다. 대부분이 아동의 기억의 정확성과 암시성(suggestibility)에만 관심을 가졌지 발달심리학적 관점에서 아동의 기억수행에 관심을 가지지는 않았다. 자신의 경험을 기억해 내고 회상하는 아동의 능력을 이해하려면 많은 요소가 관련되지만 기본적인 요건은 기억력이다. 따라서 아동의 기억력에 관련해서 과연 상이한 연령의 아이들 간에 기억 정확성의 어떤 차이가 존재하는지, 그리고 상이한 연령의 아동이 진술의 정확성이라는 견지에서 성인과 어떻게 비교될 수 있는가 두 가지 핵심적인 의문이 생기게 된다.[96]

　　우리의 상식은 어린이들의 기억은 성인들의 기억만큼 신뢰할 수 없다고들 한다. 실제로 배심재판에서 배심원의 믿음은 증언의 정확성보다 증인의 말하는 행태나 나이에 더 좌우되는 것으로 알려져 있어서 심지어 아이들이 어른과 동등하게 정확함에도 불구하고 아이들이 어른들에 비해 덜 정확하고 믿음이 덜 가는 것으로 평가되고 있다. 왜 이처럼 아이들의 기억이 성인에 비해 믿음이 덜 가고 신뢰성이 떨어지는 것으로 간주되고 있을까?

　　일부에서는 기억을 담당하는 뇌의 영역이 아직 완전하게 발달하지 않았기 때문이라고 성장에 초점을 맞추어 설명한다. 다른 일부에서는 심리적 과정에 초점을 두어 아이들이 정보를 조직하고 해석하는 데 요구되는 필요한 일반적 지식의 개요를 발전시키지 못했기 때문이라고 설명한다. 전문가들은 아이들은 일반적 지식의 성장이 아이들이 경험을 자리 잡게 하는 데 도움을

95　D. F. Ross, Dunning, D., Toglia, M. P. and Ceci, S. J., "The child in the eyes of the jury: Assessing the mock jurors' perceptions of the child eyewitness," *Law and Human behavior*, 1990, 14:5−23; C. A. E. Luus, Wells, G. L. and Turtle, J. W., "Child eyewitness: Seeing is believing," *Journal of Applied Psychology*, 1995, 80:317−326

96　L. Baker−Ward and Ornstein, P. A., "Cognitive underpinnings of children's testimony," pp.21−35 in Westcott et al.(eds.), *op cit.*, 2002; R. Fivush and Shukat, J. R., "Content, consistency and coherence of early autobiographical recall," pp.5−23 in Zaragoza et al.(eds.), *op cit.*, 1995; C. H. Wilson, "Developmental issues concerning testing children's evidence in court," *Expert Evidence*, 1995, 4:20−24

주고, 행동의 전형적 결과나 각본을 학습하여 기억에 도움을 주고, 새로운 정보를 암호화하는 더 좋은 전략을 배우기 때문에 5~10세 사이에 아이들의 기억력이 빠르게 발달하게 된다고 한다. 이처럼 아이들의 기억력의 미성숙 때문에 어린이 증인은 슬쩍 일러주거나 생각나게 하거나 단서를 활용할 필요가 생기는데, 바로 이 점으로 인해 아이들은 어떠한 암시에 특히 취약하다는 문제를 노출하게 된다.[97]

경험적 연구결과를 종합하면, 심지어 취학 전 어린이도 오히려 정확하며, 자신이 경험한 사건에 대한 정보를 상당한 기간 동안 보전하는 것으로 결론내릴 수 있다. 그러나 동시에 이들 취학 전 어린이의 회상(recall)은 나이가 더 많은 아이들만큼 자세하고 철저하지는 못하며, 어떠한 단서가 주어지면 더 잘 회상하고, 보존간격의 기간에 관계없이 동시에 많은 정보를 회상하지는 못하며, 나이가 더 많은 어린이나 성인과는 달리 사건의 다른 관점에 초점을 맞추고 기억한다는 것이다.[98]

그럼에도 불구하고, 아이들은 세 살만 되어도 기억이 아주 정확하며, 심지어 스트레스를 주는 경험조차도 일상적인 경험만큼 회상할 수 있다고 한다. 그러나 여기서 주의할 것은 모든 사건이 동일한 방법으로 회상되는 것은 아니라는 점이다. 사건의 경험으로 인한 스트레스의 수준, 사건을 경험한 나이, 다른 사람과 경험에 대해서 논의했는지 여부, 사건의 공개여부 등에 따라 크게 영향을 받는다고 한다.[99]

2. 아동 증언의 문제점

일반적으로 아이들의 기억력에 대해서, 아이들의 인지능력은 성인에 비해 잘 발달되지 않아서 아이들의 기억력이 성인에 비해 열등하며, 아이들은 환상과 현실을 구분할 수 없고, 이야기를 지어내는 데도 취약하여서 아이들의 보고는 믿기 어려우며, 아이들은 매우 암시적이기 때문에 아이들의 증언은 유도질문에 쉽게 영향을 받게 되는 것으로 가정을 하고 있다. 그러나 아이들이 성인보다 환상에 더 취약하다는 증거는 없으며, 비록 성인에 비해서는 전형적으로 덜 세밀

---

97 Putwain and Sammons, *op cit.*, p.135

98 R. Fivush, "Developmental perspectives on autobiographical recall," pp. 1–24 in Goodman, G. S. and Bottoms, B. L.(eds.), *Child Victims, Child Witnesses: Understanding and Improving Testimony*, New York: The Guildford Press, 1993.

99 Fivush, 2002, *op cit.*

할지라도 목격한 사건에 대한 정확한 진술을 하는 것으로 알려지고 있다. 또한 아이들이 약간은
세밀하지 못한 진술을 하기 때문에 성인에 비해 유도질문의 영향을 더 많이 더 쉽게 받는다고는
하지만 그것이 아이들이 기억력의 재구성에 더 취약하기 때문이 아니라 성인의 권위(경찰 등)에
영향을 받기 때문이라고 할 수 있다.[100]

　　더불어 12세 이상의 아이들은 성인과 같은 수준의 상세함을 가지며, 성인보다 유도질문에
더 취약하지 않다고 한다. 결국, 나이를 기준으로 믿을 수 있고 믿을 수 없는 증인을 구분하고
차별할 아무런 이유가 없다고 보인다. 혹시라도 있을 수 있는 잠재적 기억 오류를 예방하기 위
해서 인지적 면접(cognitive interview)을 활용하기도 한다.[101]

　　어린이 기억력의 정확성과 신뢰성에 관한 또 하나의 문제는 상이한 시간에 동일한 사건에
대한 기억이라고 할 수 있는 일관성의 정도, 즉 시간의 경과에도 불구한 안정성이라고 할 수 있
다. 어린이들의 비일관성은 어린 아이들일수록 제한된 일반지식, 제한된 검색구조로서 일상적이
고 일반적인 정보에 초점을 맞추기 때문이라고 할 수 있다. 결과적으로 어린이들이 많은 정보를
암호화하더라도 그것을 검색하는 데 어려움이 있고, 그래서 여러 번에 걸친 질문에 취약하고 일
관성을 잃기도 한다는 것이다.[102]

3. 증인으로서의 아동에 대한 법률적 관점

　　전통적으로 대부분의 나라에서는 아동을 본질적으로 믿을 수 없다고 간주하여 아동 증인의
활용을 매우 엄격하게 제한해 왔다. 아동증인과 증언의 신뢰성에 대한 의구심은 역량요건이나
협조요건 등의 이유로 아직도 쉽게 관찰되고 있다. 최근까지도 아이들은 법의 눈으로는 2류 시
민으로 취급되었다는 것이 그리 과장되지 않았으며, 아동을 성적으로 학대한 범죄자의 극히 일

---

100 D. P. H., Jones, "The evidence of three year old child," *Criminal Law review*, 1987, pp.677−681; S. Moston, "How children interpret and respond to questions and situation sources of suggestibility in eyewitness interview," *Social Behavior*, 1990, 5:155−167

101 R. E. Geiselman, Saywirz, K. J., and Bernstein, G. K., "Cognitive interviewing techniques for child victims and witnesses of crime," 1990, Report to the State Justice Institute, Torrence, CA, in Putwain and Sammo, *op cit.*, p.136에서 재인용

102 J. A. Hudson, "Memories are made of this: General event knowledge and the development of autobiographic memory," pp.97−118 in K. Nelson(ed.), *Event Knowledge: Structure and Function in Development*, New Jersey: Erlbaum, 1986.

부만이 성공적으로 기소되었다는 사실도 그리 놀라운 일이 아니다. 그러나 많은 연구와 사회－
정치적 요구로 더 많은 아동증인과 증언이 법정에서 활용되기에 이르렀고, 그 결과 지금까지 전
통적으로 신뢰할 수 있는 것으로 간주되었던 성인 증인은 도전을 받게 되고 반면에 전통적으로
믿을 수 없다고 간주되었던 아동증인의 법정 지위는 강화되는 상황에 직면하게 되었다.[103]

　　통상적으로 누구나 질문을 이해하지 못하고 합리적, 이성적 답변을 하지 못한다면 그 사람
은 무능력한 것으로 간주되곤 한다. 법정에서는 아동의 능력이 있는가 없는가를 결정하는 인위
적, 작위적인 연령이 규정되어 있는 것은 아니며, 아동의 능력은 다른 사람들과 마찬가지로 법
원에서 판사에 의해 판단되고 결정되는 것이다. 그러나 재판부에 아동이 지능적인 증언을 할 수
없는 것으로 보이지 않는 한 아동의 증거는 받아들여져야 한다는 것이다. 아동의 능력을 검증하
는 기본적인 내용은 법정에서 거짓말을 하는 것과 진실을 말하는 것의 차이를 이해하는지, 또한
진실을 말할 의무를 이해하는지 여부라고 한다.[104]

　　또 다른 한 가지 쟁점은 아동증인을 위한 폐쇄회로 텔레비전(CCTV)의 도입이다. 도입의 이
유는 피해아동이 법정에서 피의자를 직면하는 상황을 피하기 위한 것은 물론, 공식적이고 불안
을 촉발하는 법정의 분위기에서 증언하는 외상적 경험으로부터 아동을 보호하기 위한 것이다.
그러나 이는 반대로 자신에게 불리한 증언을 하는 증인을 만날 피의자의 권리와 충돌한다. 그러
나 이익의 충돌에도 불구하고, 영상기술은 재판과정의 일부로서 아동증인이 직면해야 하는 어려
움의 일부를 완화시켜줄 수 있는 하나의 대안을 제공한다. 물론 영상기술이 만병통치약은 결코
아니며, 일부에서는 아직도 존재하는 가장 중요한 계층의 법률적으로 무능한 증인은 바로 어린
이라는 주장까지 나오기도 한다.[105]

103 B. Naylor, "The child in the witness box," *Australian and New Zealand Journal of Criminology*, 1989, 22(2): 82－94; G. M. Davies, "Children on trial? Psychology, videotechnology and the law," *The Howard Journal*, 1991, 30: 177－191; Clifford, *op cit.*, 2002.

104 Kapardis, *op cit.*, pp.97－98

105 L. A. L., Howells, Furnell, J. R. G., Puckering, C. and Harris, J., "Children's experiences of the Children's hearing System: A preliminary study of anxiety," *Legal and Criminological Psychology*, 1996, 1:233－250; M. A. Small and Melton, G. B., "Evaluation of child witness for confrontation with criminal defendant," *Professional Psychology: Research and Practice*, 1994, 25:228－233; Cashmore, J., "Innovative procedures for child witness,: pp.203－217 in Westcott et al.(eds.), *op cit.*, 2002.

4. 아동의 증언에 영향을 미치는 요소

어린이의 마음은 자신의 물리적, 대인적 환경과 상호작용하며, 따라서 아동의 증인으로서의 정확성과 암시성(suggestibility)을 아동의 인지발달수준으로 인하여 할 수 없는 무언가가 아니라 특정한 여건과 상황을 반영하는 것으로 개념화할 필요가 있다. 다시 말해, 특정한 환경에 익숙하고 낮이 익은 정도와 특정한 여건과 환경에 대해 어떤 기대치를 가지고 있는지가 그 상황을 어떻게 인식하고 나중에 기억하는가에 영향을 미친다는 것이다. 결국 아동의 나이는 증인으로서 아동을 평가하는 데 단지 하나의 중요한 요소라는 것이다.[106]

(1) 과거 피학대 경험

아동에 대한 학대가 그 아동의 증언에 어떤 영향을 미치는가를 알아보기 위한 비교연구에서 학대를 당하지 않은 아동이 특정한 질문에 더 정확한 답을 하였으며, 사진 신원확인 과제에서도 닮은 사람을 확인하는 데 실수를 적게 하였고, 특히 어린 아동일수록 학대받지 않은 아동이 더 많은 정보를 자유롭게 회상하였다고 한다. 학대를 경험한 아동들 중에서도 더 심각한 학대를 당한 아동이 특정한 학대관련 질문에 더 많은 생략오류를 범하였으며, 과거의 학대 경험이 아이들로 하여금 학대적인 행동에 관련된 질문의 반응에 있어서 더 피암시적이지는 않았다고 한다.[107]

(2) 가해자의 존재

지금까지의 연구는 어린이들의 목격증언에 대한 기대나 증인의 동기 등과 같은 사회인지적 요소들에 대해서는 별 관심을 가지지 않고 대신에 아이들은 과연 믿을 만한 증인인가에 집중되었다. 사회인지이론은 사건을 밝힘으로써 예견되는 결과의 중요성을 강조하는데, 예견결과로는 사건을 보고하는 결과 처벌되거나 창피를 당하고, 황당해지거나, 지지를 받거나 신뢰를 받을까 등이며, 특히 증인이 증언하지 않겠다고 약속했거나, 증언하지 말라고 경고를 받거나 부정적인

106 K. Fisher and Bullock, D., "Cognitive development in school－age children: Conclusions and new directions," pp. 70－146 in W. Collins(ed.), *Development during Middle Childhood: The Years from Six to Twelve*, Washington, DC: National Academy press, 1984; J. M. Batterman－Faune and Goodman, G. S., "The effects of context on the accuracy and suggestibility of child witness," pp.301－330 in Goodman and Bottoms(eds.), *op cit.*, 1993.

107 G. S. Goodman, Bottoms, B. S., Rudy, L., Davis, S. L. and Schwartz－Kenny, B. M., "Effects of past abuse experiences on children's eyewitness memory," *Law and Human Behavior*, 2001, 25(3):269－291

결과로 위협을 받는다면 더욱 그러한 예견되는 결과가 중요해지는 것이다. 이런 관심과 염려가 바로 아이들로 하여금 허위진술을 하게 할 수도 있기 때문이다. 이런 예로 가해자의 존재가 어린 아동으로 하여금 가해자의 비행을 제대로 신고하고 진술할 가능성을 낮춘다는 것이다.[108]

(3) 스트레스성 사건

법정에서 증언하는 그 자체가 아이들에게는 심각한 스트레스의 근원이며, 결과적으로 아이들의 진술의 정확성과 진술의 정도 모두에 부정적 영향을 미치기 마련이다. 실제로 아이들이 성적 학대, 가정폭력, 강도와 살인과 같은 심각한 외상적 사건의 피해자/증인으로서 법정에 서게 되어 심리적으로 심각한 영향을 받곤 한다. 따라서 이러한 심각한 외상적 심리 상태에서 과연 아이들이 사건과 경험을 얼마나 잘 기억하고 증언할 수 있는지는 매우 중요한 것이다.[109]

당연히, 그러한 심각한 스트레스성, 외상성 사건에 대한 기억이 아이들의 정확성과 비정확성 모두에 영향을 미치는 것으로 보고되고 있다. 예를 들어 더 고통스러운 치료를 경험했던 아이들이 고통을 덜 받은 아이들보다 더 자세하게, 더 정확하게 기억하였다고 한다. 그러나 다른 한편에서는 아이들의 치과치료경험에서는 오히려 치료경험이 정확성에 부정적 영향을 미친 것으로 조사되기도 하였다. 아이들의 불안이 기억에 부정적 영향을 미친다는 것이다. 이러한 연구결과의 상이는 관련된 사건(치과치료, 참사목격)의 차이, 그 사건과의 친숙성과 숙지 정도, 회상의 기간, 불안의 정도, 그리고 측정방법 등에 따라 차이가 날 수도 있다고 한다.[110]

(4) 유도질문

아이들의 증언에 대한 가장 큰 우려 중의 하나는 암시적인 질문의 영향을 쉽게 그리고 크게 받는다는 점, 즉 아이들은 피암시적이라는 지적일 것이다. 지금까지 암시적인 질문에 내재된 위

---

108 K. Bussey, Lee, K. and Grimbeck, E. J., "Lies and secrets: Implications for children's reporting of sexual abuse," pp. 147－168 in Goodman and Bottoms(eds.), *op cit.*, 1993.

109 P. Hill and Hill, S., "Videotaping children's testimony: An empirical review," *Michigan Law Review*, 1987, 85: 809－833; S. Burman and Allen－Meaves, P., "Neglected children of murder: Children's witness to parental homicide," *Social Work*, 1994, 39:28－34; M. J. Herkov, Myers, W. C. Burket, R. C., "Children's reaction to serial murder: Behavioral," *Science and the Law*, 1994, 12:251－259

110 R. Pynoos and Eth, S., "The child as witness to homicide," *Journal of Social Issues*, 1984, 40:87－108; M. Steward, "Preliminary findings from the University of California－Davis' child memory study," The Advisor, 1992, 5:11－13; M. O. Vandermaas, Hess, T. M. and Baker－Ward, L., "Does anxiety affect children's reports of memory for a stressful event?" *Applied Cognitive Psychology*, 1993, 7:109－127

험에 대해서 빈번하게 지적되었으며, 실제로도 비윤리적이고 질투와 시기심 많은 조사관들이 기소할 수 있도록 사건을 구성하고 자신의 이익을 지키려는 목적으로 사건의 실체보다는 자신이 필요로 하는 대답을 아동 증인으로부터 얻기 위해 그러한 암시적, 유도질문을 활용하고 있음이 지적되곤 하였다.[111]

실제, 암시적, 유도질문이 일부 학대받지 않은 아이들로 하여금 학대를 인정하게 할 수 있다고 한다. 다수의 연구에서 아이들은 암시적 질문에 굴복할 수도 있다는 결과가 발표되었다. 문제는 일단 한번 허위진술을 하게 되면, 종종 허위진술이 매우 구체적이고 자세하기 때문에 허위진술과 참진술을 확실하게 구별하기란 매우 어려워진다는 것이다.[112] 그러나 흥미로운 것은 아이들이 같은 나이(7세)로부터 동일한 유도, 암시적 질문을 받았을 때는 허위진술을 하도록 굴복하지 않는 경향이 있다는 것이다. 결국, 이 두 가지 상반된 연구결과는 아이들은 어른들을 권위의 상징으로 간주하고 어른들의 질문에 동조, 동의함으로써 어른들을 기쁘게 해주려 하기 때문이라는 것을 암시해 준다. 종합하면, 아이들은 특히 경찰과 같은 권위와 권력자로부터의 유도질문에 특히 영향을 받기 쉽다고 할 수 있다.[113] 더 중요한 것은 일단 어린이가 암시적 사건에 동의하게 되면 암시된 사건이 일어난 것으로 실제 믿게 된다는 것이다. 그 결과, 아이들은 이어지는 질문에도 경험하지도 않은 사건을 마치 일어났던 것처럼 계속해서 보고한다는 것이다.

5. 아동증언의 평가

아동의 증언에 영향을 미치는 기타 요소로 사람들은 오정보(misinformation)효과를 들고 있다. 허위정보를 아이들에게 심어줌으로써 잘못된 증언을 하게 만든다는 것이다. 더구나 유도질문이 아이들의 기억에 영향을 미치는 것으로 잘 알려져 있지만 이 유도질문의 영향과 효과에 대해서는 아동의 자기존중감(self-esteem)이라고 하는 중요한 매개변수가 작용한다는 사실을 기억

---

111 M. Bruck and Ceci, S. J., "Amicus brief for the case of New Jersey vs. Margaret Kelly Michaels presented by committee of concerned social scientists," *Psychology, Public Policy and Law*, 1995, 1:272-322; S. J. Ceci and Bruck, M., "Suggestibility of the child witness: A historical review and a synthesis," *Psychological Bulletin*, 1993, 113:430-439

112 M. Bruck and Ceci, S. J., "The suggestibility of children's memory," *Annual review of Psychology*, 1999, 50:419-439

113 S. J. Ceci, Ross, D. F. and Toglia, M. P., "Suggestibility of children's testimony: Psychological implications," *Journal of Experimental Psychology*, 1987, 116:38-49

해야 한다. 자기존중감이 낮은 아이들과 자기확신감(self-confidence)이 낮은 아이일수록 오정보
나 유도질문 등이 아동의 기억에 미치는 영향을 더 받는다는 것이다. 그 외에도 일반적으로 아
이들의 암시성(suggestibility)에 영향을 미치는 것으로 알려지고 있는 요소는 다수가 있다고 한
다.[114] 면접관의 편견, 반복질문, 반복된 오정보, 면접자의 감정, 동료압박, 권위적인 성인에 의한
심문, 정형화의 주입, 해부학 인형의 사용 등이 아동의 암시성에 영향을 미치는 요인들이라고
한다.

(1) 암시성의 문제

종종 암시적 면접을 받게 된 아이들도 매우 믿을 만하고 심지어는 잘 훈련된 전문가까지도
속일 수 있을 정도여서 암시적 면접의 영향은 대단히 오래 지속되는 것으로 알려지고 있다. 또
한 어린이의 암시성에 영향을 미치는 요소들 간의 상호관련성은 매우 복잡하며, 따라서 그 영향
은 결코 보편적이지 않다고 한다. 결국 잘못된 인터뷰가 아이들의 실제 학대의 발견을 어렵게
만든다는 것이다.[115]

물론 성인도 암시적일 수 있다고 하는데, 암시성이 연령과 인성기질과 관계된 요소라는
보편적 믿음과는 대조적으로 개인, 환경, 그리고 그 환경에서의 중요한 사람 사이의 역동적이
고 복잡한 상호작용의 결과라는 것이다. 사람들로 하여금 유도질문에 영향을 받기 쉽게 하는
데는 불확실성, 대인적 신뢰, 그리고 기대감이라는 세 가지 요소가 영향을 미친다고 한다. 그러
나 성인들은 인터뷰에 그러한 요소들이 숨어있을지라도 만약 면접관을 의심한다면 증인은 그
러한 암시적 질문에 저항할 가능성이 높다고 한다. 일반적으로 아이들의 암시성에 영향을 미치
는 잠재적 근원으로 요구특성(demand characteristics), 허위정보의 신뢰성(credibility of misleading
information), 반복면담(repeated interview), 그리고 심문의 언어적 형태를 들고 있다.[116]

---

114 P. M. Hoie and Dowd, H. J., "Self-esteem and the perceived obligation to respond: Effects on children's
    testimony," *Legal and Criminological Psychology*, 1996, 1:197-209; A. Vrij and Bush, N., "Differences in
    suggestibility between 5-6 and 10-11 year olds: The relationship with self-confidence," *Psychology, Crime and
    Law*, 2000, 6:127-138; M. Bruck and Ceci, S. J., *op cit.*, 1995.

115 Bruck and Ceci, *Ibid.*

116 G. H. Gudjonsson and Clark, N. K., "Suggestibility in police interrogation: A social psychological model," *Social
    behavior*, 1986, 1: 83-104; M. Siegel and Peterson, C. C., "Memory and suggestibility in conversationswith
    children," *Australian Journal of Psychology*, 1995, 47:38-41; A. Warren, Hulse-Trotter, K. and Tubbs, E. C.,
    "Inducing resistance to suggestibility to children," *law and Human behavior*, 1991, 15:273-285; S. Moston, "How
    children interpret and respond to questions: Situation sources of suggestibility in eyewitness interview," *Social*

(2) 성인과의 비교

우리의 상식은 당연히 아동이 성인에 비해 기억능력이 떨어질 것이라고 암시하지만 일부에서는 우리가 일찍이 생각했던 것보다 아이들이 더 좋은 증인이며, 일부 사례에서는 성인과 비교해서 더 낫지는 않을지 모르지만 적어도 그리 심하게 차이가 나지도 않는다고 주장한다. 적어도 12살 이상의 아이라면 자유롭게 회상해 낸 기억정보의 양이 성인에 뒤지지 않으며, 성인보다 암시적 유도질문에 더 영향을 받지도 않았다는 것이다.[117]

일반적으로는 아동증언의 정확성과 완결성은 나이가 많아짐에 따른 일반적 인지발달에 비례한다는 결론이다. 그러나 아이들이 나쁜 또는 바람직하지 않은 증인이라고 할 수 있는 나이는 과연 몇 살인지 특정하기란 불가능하다. 회상과 기억의 질은 대체로 상황-의존적(context-dependent), 즉 같은 아동이라도 어떤 상황에서는 훌륭한 증인일 수 있지만 다른 상황에서는 정반대일 수도 있기 때문이다. 결국 피암시성은 모든 아이들에게 해당되는 보편적 기질은 아니라고 할 수 있을 것이다.[118]

이미 우리는 아이들에게 상황적 단서를 제공하면 아이들의 복구과정(retrieval process)에 도움이 되어 아이들의 회상을 향상시킨다는 것을 알고 있는데, 이를 일부에서는 '암호화특화, 한정성(encoding specificity)이라고 한다. 이는 피의자의 권리를 침해하지 않고도 아이들이 보다 완전한 회상을 할 수 있도록 경찰에서 심문을 받거나 법정에서 증언하기 전에 도움을 줄 수 있는 방법들이 있다는 것을 암시해 준다.[119]

---

behavior, 1990, 5:157－167

117 B. R. Clifford, "Witnessing: A comparison of adults and children," *Issues in Criminological and Legal Psychology*, 1993, 20:15－21; G. M. Davies, "Children on trial? Psychology, videotechnology and the law," *The Howard Journal*, 1991, 30:177－191

118 Davies, *Ibid.*; Clifford, *Ibid.*

119 K. J. Saywitz and Snyder, L., "Improving children's testimony with preparation," pp.117－146 in Goodman and Bottoms(eds.), *op cit.*, 1993.

4절 기만의 탐지와 파악

거짓말은 어디에나 존재한다. 거짓말을 한 적이 없다거나 거짓말을 당해본 적이 없다고 말할 수 있는 사람은 거의 없다. 인간은 속임을 당하기를 싫어하지만 거짓이 없다면 인간성(humanity)도 존재할 수도 없을 것이다. 기만, 속임은 누군가가 의도적으로 다른 사람에게 거짓신념을 갖게 하기 위하여 무언가를 말하거나 행동하는 것을 의미한다.[120]

그렇다면 왜 사람들은 거짓말을 할까? 일반적으로 다른 사람에게 인상을 남기기 위해, 당황스러움을 피하기 위해, 비난을 피하기 위해, 우월한 지위나 이익을 얻기 위해, 처벌을 피하기 위해, 다른 사람에게 이득이 되기 위해, 사회관계를 용이하게 하기 위해서 거짓말을 한다는 것이다. 거짓말을 하는 경우에도 남녀 간에는 약간의 차이가 있어서 여성이 타인 지향적 거짓말을 하는 경향이 더 강한 반면에 남성은 자기 지향적 거짓말을 하는 경향이 강하고, 거짓말을 할 때도 여성이 남성에 비해 더 불편해진다고 한다.[121]

그러나 속임, 기만의 이질성과 엄청남 그리고 중요성에도 불구하고, 아직도 우리는 속임과 기만의 심리학을 기억의 심리학에 대해서 말할 수 있는 동일한 관점에서 이야기할 수 없는 현실이다. 일련의 일관성 있는 상호 관련된 심리학적 가정의 견지에서 기만상황에 내포된 광범위한 심리학적 쟁점들을 설명할 수 있는 일관된 틀이 존재하지 않는다. 그래서 심리학자들의 관심은 대부분 거짓말과 거짓말 탐지에 초점이 맞춰지고, 이 거짓말탐지는 임상, 인지, 사회심리학 등 하위영역의 도움을 받는 실정이다.[122]

1. 인식조사(Paper-and-pencil test)

일부 전문가들은 개인의 일부 특성들은 시간의 흐름에도 안정적이고, 그 사람이 부정직한 행위를 할 수 있을지 결정하는 데 유용하다고 가정한다. 그러나 다른 한편에서는 왜 사람들이

120 G. R. Miller and Stiff, J. B., *Deceptive Communication*, CA: Sage Publications, 1993, pp.16-31; A. Vrij, *Detecting Lies and Deceit: The psychology of lying and the Implications for Professional Practice*, Chichester: Wiley, 2000, p.6
121 Kapardis, *op cit.*, p.227
122 R. Hyman, "The psychology of deception," *Annual Review of Psychology*, 1989, 40:133-154

거짓말을 하고 남을 속이는가 등을 이해하는 데 있어서 개인의 인격특성보다는 상황적 요소가 더 중요하다고 가정한다. 바로 이 점이 진정성 검사의 미래를 약화시키는 한 요인으로 작용하기도 한다.[123]

이 진정성 검사(Integrity test)는 공개(overt) 검사와 인성에 기초(personality-based)한 검사가 있다. 공개검사는 절도에 대한 태도를 공공연하게 측정하는 것이며, 인성에 기초한 검사는 양심적임(conscientiousness)과 같은 기질을 측정하는 것이다.[124] 미국심리학회의 조사에 따르면, 진정성 검사는 반생산성(counter-productivity, 15), 정직성(honesty, 9), 업무성과(job performance, 9), 태도(attitude, 8), 진정성(integrity, 6), 신뢰성(reliability, 4), 그리고 기타(12)로 구성되었다. 마지막 범주에는 결근/지각, 부정직성과 약물남용의 용인, 신뢰성, 의존성/양심적임, 감정적 안정성, 관리/영업/서무 잠재성, 단기 이적 가능성, 스트레스 인내력, 그리고 약물남용 저항 등을 포함하고 있다. 반면에 공공연한 검사(overt test)는 다른 사람에 비해 훔치는 것에 대하여 더 자주 생각한다, 다른 사람에 비해 훔치는 사람에 대하여 보다 관용적이다, 대부분의 사람은 주기적으로 절도를 범한다고 믿는다, 절도범 간의 충성심을 믿는다, 절도에 대한 합리화를 받아들인다는 다섯 가지 보편적 구성에 기초하고 있다고 한다.[125]

그러나 진정성 검사의 신뢰성과 타당성에 대해서는 논란의 여지가 많아서 그 활용성에 대해서는 결론에 이르지 못하고 있다. 그럼에도 불구하고 진정성 검사가 고용주들에게 다수의 결과를 예측해줄 수 있으며, 고용환경에서 이용되는 다수의 다른 검사와 비교하여 상당한 수준의 타당성이 있다는 데 일반적으로 동의하는 것으로 알려지고 있다. 물론 다른 한편에서는 진정성의 정의가 문제가 있고, 인성에 기초한 진정성 검사와 다른 인성검사의 구별이 분명치 않으며, 고위험성을 파악할 수는 있을지 모르나 아주 성실한 사람을 찾아내는 데는 유용하지 않다는 한계를 지적하기도 한다.[126]

---

123 Kaprdis, *op cit.*, p.229

124 R. M. Wooley and Hakstian, A. R., "An Examination of construct validity of personality-based and overt measure of integrity," *Educational Psychological Measurement*, 1995, 52:475-489

125 W. J. Camara and Schneider, D. L., "Integrity test: Facts and unresolved issues," *American Psychologist*, 1994, 49:112-119; H. J. Bernardin and Cooke, D. K., "Validity of an honesty test in predicting theft among convenience store employees," *Academy of Management Journal*, 1993, 36:1097-1108

126 K. R. Murphy, "Integrity testing," pp.205-228 in N. Brewer and C. Wilson(eds.), *Psychology and Policing*, Hillsdale, NJ: Erlbaum, 1995.

2. 사회심리학적 접근

증인의 품행이 증인의 신뢰성을 판단하는 데 도움이 된다고 한다. 심리학자는 물론이고 일반대중도 대부분은 언어적이거나 비언어적인 소통인 개인의 품행에서 거짓을 찾아낼 수 있다고 믿는다. 일부 실무자들은 심지어 이를 '인간 거짓말 탐지(human polygraph)'라고 하여 지연된 반응이나 대답 등과 같은 기만에 대한 언어적, 비언어적 단서에 관한 자문과 충고를 할 수 있다고 확신한다. 물론 이러한 사고의 저변에는 대다수 용의자들은 일상적으로 거짓말을 한다는 다소 위험한 가정을 전제로 한다. 그러나 과연 우리가 지금 막 경찰서로 연행되어 온 무고하지만 떨고 있는 사람과 유죄가 의심되는 용의자를 기만적 대화에 대한 언어적, 비언어적 단서에 기초하여 구별할 수 있는 능력이 정당화될 수 있는가? 일부 실무전문가가 주장하는 '인간 거짓말 탐지'가 높은 수준의 기만탐지 정확도를 성취할 수 있는가? 일반적으로 우리는 다른 사람이 말하는 거짓을 탐지하는 능력을 지나치게 과장되게 믿고 있으며, 이런 관점에서 우리는 판단의 허위 긍정(false positive)의 오류에 대한 관심이 부족하다.[127]

(1) 거짓행동에 대한 신념

사람들이 비언어적 단서를 활용하여 진실과 기만을 믿을 만하게 구별할 수 없는 확실한 무능력은 부분적으로 '거짓행위'에 대한 신념에 기인하는 것으로 보인다. 거짓과 관련된 비언어적 단서에 관한 설문에서 사람들이 거짓말을 할 때 머리 뒤통수를 때리거나, 코를 만지거나, 머리카락을 만지거나 손질하거나, 옷의 실밥을 당기는 등 팔과 다리의 움직임과 같은 비언어적 행위들이 증가한다는 것이다.[128]

그러나 용의자에 대한 심문에서 대부분은 용의자의 신뢰성에 관한 일종의 사전인식, 특히 용의자라는 의심이라는 편견을 가질 수 있다는 점을 명심해야 한다. 실제로 용의자에 대한 긍정적 배경정보를 미리 알려준 경우에는 높은 수준의 진실편견(truth-bias)을 가진 반면, 부정적 배경정보를 알려준 경우에 비해 작은 거짓편견(lie-bias)을 가지는 것으로 조사되기도 하였다. 결국 기만에 대한 단서는 물론이고 거짓탐지 능력은 가장 보편적 형태가 의심(suspicion)인 그 사

---

127 M. Stone, "Instant lie detection? Demeanor and credibility in criminal trials," *Criminal Law Review*, 1991, pp.821-830; T. Oxford, "Spotting a liar," *Police Review*, 1991, 15:328-329.

128 L. Akehurst, Kohnken, G. Vrij, A. and Bull, R., "Lay persons' and police officers' beliefs regarding deceptive behavior," *Applied Cognitive Psychology*, 1996, 10:461-471

람의 사전인식이 중요한 역할을 한다는 점을 고려해야 한다.[129]

(2) 기만에 대한 비언어적 단서

사람들은 일반적으로 거짓이 탄로날까봐 또는 거짓이 죄스러워서 거짓말이나 행동을 잘 하지 못하거나 하지 않는다. 반면에 일부의 사람들은 기만적 의사소통을 숨기기 위한 기만에 대해 죄의식을 느끼지 못하는 경우도 적지 않다. 당연히 기만은 기만탄로와 그로 인한 기만불안을 동반하게 된다. 사람들은 대체로 다음과 같은 경우에 기만의 탄로에 대한 불안이 증대된다고 한다. 기만해야 될 상대가 속이기 어렵다는 평판이 있을 때, 발각의 두려움에 특히 취약하거나, 특별히 뛰어난 재주가 없거나, 거짓이 발각되었을 때 그 결과가 심각할 때, 발각되면 처벌이 무거울 때, 속이고 싶은 행동에 대한 처벌이 너무 심각하여 자백할 이유가 없을 때 등이 그러한 경우이다.[130]

거짓말쟁이는 기만하는 동안 세 가지 상이한 과정을 경험하는 것으로 알려져 있다. 우선 기만은 흥분, 두려움, 죄의식 등과 관련이 되는 감정적 접근을 하고, 거짓은 매우 어렵다는 것을 알게 되어 복잡한 인지적 임무를 수행하게 되고, 이어서 기만에 대한 다수의 단서로 나타나게 되며, 거짓의 어려움과 심정을 잘 알기 때문에 둘 다를 숨기려고 시도하게 되고, 따라서 정직한 인상을 주기 위해 '통상적으로(normally)' 행동하려고 한다는 것이다. 그러한 행위는 언어적인 것과 비언어적인 것으로 구분되는데, 비언어적인 행위에는 다음의 세 가지로 구성된다. 말을 머뭇거림, 말실수, 목소리 높임, 쉬는 빈도와 간격 등 음성적 특성(vocal characteristics), 째려봄, 눈깜박임, 웃음 등 안면특성(facial characteristics), 그리고 손과 손가락 동작, 다리와 발동작, 머리움직임, 자세 변화 등 움직임(movement)이다.[131]

구체적으로, 거짓말을 하는 사람들은 스트레스로 인한 고음의 목소리를 내는 경향이 있고, 힘들게 생각해야 하기 때문에 말할 때 더 오래 숨을 돌리게 되고, 대체로 말실수, 머뭇거림 등이 증가하고, 질문과 대답 사이의 침묵의 기간은 별 차이가 없으며, 팔, 다리, 손, 손가락, 발 등의

---

129 P. A. Grnahag and Stromwall, L. A., "Effects of preconception on deception detection and new answers to why lie-catchers often fail," *Psychology, Crime and Law*, 2000, 6:197-218

130 P. Ekman and O'Sullivan, "Hazards in detecting deceit," pp.297-332 in D. C. Raskin(ed.), *Psychological methods in Criminal Investigation and Evidence*, New York: Springer, 1989.

131 A. Vrij, *Detecting Lies and Deceit: The Psychology of Lying and the Implications for Professional Practice*, Chichester: Wiley, 2000, pp.29-33

움직임이 적다고 한다.[132]

(3) 기만에 대한 언어적 단서

　　Vrij는 부정적 진술, 듣기좋은 대답, 관련 없는 정보, 전혀, 모두 등 지나치게 일반화된 진술, 자기−참조, 직접적인 대답과 응답의 길이 등 기만의 단서라고 할 수 있는 7가지 객관적 언어특성을 제시하였다. 비언어적 단서와 마찬 가지로, 이들 언어적 단서들도 당연히 감정, 내용의 복잡성, 그리고 시도된 통제의 영향을 받으며, 거짓말의 전형이라 할 수 있는 언어적 행위는 없다고 한다.[133]

　　다수의 연구에서 받아들이기 어려울 것 같이 들리는 짧은 진술, 간접적인 반응과 응답 등이 의심을 불러일으킬 수도 있으며, 거짓말쟁이들이 부정적 진술을 더 많이 하고, 자기−참조(self−reference)를 잘 하지 않는다고 주장한다. 기만적 진술을 하기 위해서는 진실적 진술을 하는 것보다 더 많은 인지적 노력을 필요로 하며, 따라서 다수의 언어적 단서도 초래될 수밖에 없다는 것이다.[134]

　　말을 지체하거나 주저하는 것이 거짓과 연관이 있으며, 지연된 허위진술에서 숨을 돌리거나 지체하거나 주저하는 횟수가 더 많았고, 허위진술이 진실된 진술에 비해 더 길다고 한다. 그러나 기만에 대한 가장 일관적인 언어적 상관성은 응답의 길이이며, 진실한 진술에 비해 허위진술은 더 짧고, 보다 일반적이고, 사람과 사건이 발생한 장소와 결과에 대한 구체적인 참조가 적고, 전부, 모두, 모든, 다, 아무도 등과 같은 단어를 지나치게 일반화하여 사용하는 경향이 있다고 한다.[135]

(4) 거짓말 탐지기로서의 인간: 얼마나 정확할 수 있는가?

　　지금까지의 경험적 연구 자료들은 인간이 비록 남을 속이는 데는 비교적 성공적이라 할 수 있지만 거짓을 탐지하고 발각하는 전문가 지식을 충분하게 습득하지 못했기 때문에 일상적 경

---

132 Vrij, *op cit.* pp.34−35

133 *Ibid.*, pp.103−104

134 *Ibid.*, p.109

135 M. L., Alonso−Quecuty, "Deception detection and reality monitoring: A New answer to an old question?" pp.328−332 in Losel et al.(eds.), 1992; A. Harrison, Halem, M. and Raney, D. F., "Cue to deception in an interview situation," *Social Psychology*, 1978, 4:156−161; G. R. Miller and Stiff, J. B., Deceptive Communication, CA: Sage Publications, 1993, p.65

험에만 의존한다면 좋은 거짓말 탐지기가 될 수 없다고 한다. 더구나 성인이 성인보다 아이들의 거짓을 발각하기가 더 쉽지 않으며, 성인이 남아보다 여아의 거짓을 발각하기가 더 어렵다고 하며, 심지어 훈련된 전문가라고 해서 일반시민보다 나을 것이 없다는 것이다.[136]

　네덜란드에서 평균 17년의 경력의 수사관들을 대상으로 한 실험연구 결과, 형사들이 거짓과 진실을 구별해낸 정확도가 49%에 불과하여 다른 연구에서 아무런 훈련도 받지 않고 경험도 없는 일반인들만큼이나 부정확한 것으로 나타났는데, 이는 수사관들이 자신의 판단을 순전히 의사소통 중 손과 발의 과다한 움직임, 정갈하지 못한 복장, 잘 웃지 않음, 더 많은 사회적 불안, 비협조적 행위 등에 기초하여 판단하기 때문이라고 한다. 즉, 그들도 단순히 정형화된 전형에 기초하여 판단할 뿐이라는 것이다. 다시 말해, 기만적 행위의 특성에 관한 잘못된 사전인식이 오히려 기만발각을 방해한다는 것이다.[137]

---

136 B. M. DePaulo, Zuckerman, M. and Rosenthal, R., " Humans as lie detectors," *Journal of Communication*, 1980, 30:129－139; H. L. Westcott, Davies, G. M. and Clifford, B. R., "Adults' perceptions of children's videotaped truthful and deceptive statement," *Children and Society*, 1991, 5:123－135

137 A. Vrij and Winkel, F. W., "Objective and subjective indicators of deception," *Issues in Criminological and Legal Psychology*, 1993, 20:51－57

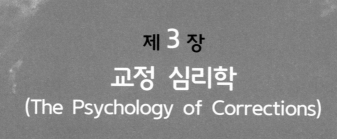

제 3 장
교정 심리학
(The Psychology of Corrections)

아마도 모든 교도관들을 비롯한 교도소 근무자들은 자신의 업무를 수행하기 위해서, 때로는 단순히 살아남기 위해서라도 어느 정도의 심리학을 활용하지 않을 수 없을 것이다. 심리학을 통하여, 교도관들은 재소자들의 어려움, 곤경, 그리고 공격성 등을 이해하고, 재소자들의 정상 행동과 비정상 행동을 이해하게 될 뿐만 아니라 재소자를 정형화된 다중집단으로가 아니라 개인으로서 바라보게 하며, 그래서 재소자 개인에 맞는 처우와 치료를 제공할 수 있게 되는 것이다.

예를 들어보자. 재소자들은 모두가 같지 않고 다르다. 일부는 잔혹하기 때문에, 일부는 교도소 내에서 지위와 신분을 얻기 위해서, 일부는 교도소 생활의 단조로움을 깨기 위해서, 그리고 또 다른 일부는 도움을 구하기 위해서 소란을 피운다. 어떤 재소자는 자신의 강함을 보여주기 위하여 동료 재소자를 비난하거나 공격하고, 또 어떤 재소자는 독방에 가기 위해 사방을 훼손하며, 또 다른 재소자는 지루함에 다른 재소자를 인질로 삼기도 한다. 이처럼 교도소에서 벌어지는 다양한 소란과 문제 저변의 심리는 모두가 다를 수밖에 없다. 당연히 재소자들을 이해하고, 통제하고, 관리하기 위해서는 그들의 동기, 사고과정, 그리고 생에 대한 개인적 접근방식 등을 이해할 필요가 있다.

이는 심리학이 왜 교도소 근무자들에게 관심과 흥미를 끌 수 있는지에 대한 하나의 작은 예에 지나지 않는다. 흔히들 교도소를 교도관과 재소자가 서로 속이고 속는 심리적 경기(Con Game)의 장이라고들 한다. 그만큼 교도관과 재소자의 심리적 상호작용이 중요하다는 의미일 것이다. 또한 교도관을 제2의 재소자라고들 하듯이, 교도관들의 업무와 관련된 다양한 심리작용과 변화도 중요한 논의의 과제가 아닐 수 없으며, 실제로 심리학이 교도관들의 일을 좀 더 쉽게 해주고 더 큰 직무만족도(job satisfaction)를 갖게 하는 데 도움이 되고 있다.

그렇다면 교도소와 관련된 모든 사람이 결국은 심리학자이지 않을까? 교도관은 어느 화난 재소자가 폭력적으로 돌변하지는 않을지, 상사가 자신의 변명을 믿어 줄지, 누가 자신에게 친근하고 누가 친근하지 않은지, 또는 갑자기 옆에 오던 자동차가 끼어들지는 않을지 일생을 예측하는데 보내고 산다. 그렇다고 교도관 스스로를 심리학자라고 하지는 않는다. 이유는 인간행동의 연구는 반드시 정확하고 체계적이어야 하기 때문이다. 뿐만 아니라 심리학은 일이 어떻게 일어나는지, 즉 과정의 연구이고 따라서 특정 재소자가 왜 그리고 어떻게 폭력적이 되며, 폭력에 이르는 사고의 과정에 대한 연구이기도 하다. 교도관들이 그들만의 '직감(gut feeling)'이 있어서 나름 맞는 예측을 할 수도 있지만 왜 그런 생각과 예견을 했는지 그 과정을 파악하기란 어렵다. 우리는 다른 사람을 제법 정확하게 기술할 수 있을지 모르지만, 체계적이고 완전하게 기술할 수는 없으며, 이는 곧 우리의 기술이 분석되어 다른 사람에게 기술되고 전달될 수 없음을 의미한다. 바로 여기서 교정과 교도소에 있어서 전문 심리학이 필요한 것이다.

그래서 심리학자가 아마도 교도소에서 가장 필요한 사람일지도 모르는 것이다. 심리학자들이 재소자분류(Inmate classification), 심리학적 측정과 평가, 처우의 제공과 평가, 위기개입전략, 그리고 성범죄자, 정신질환자, 약물중독자 등 특수 재소자들에 대한 처우(treatment) 등 교정에 크게 기여하기 때문이다.

구체적으로 심리학자들이 특히 성범죄자 처우, 약물남용자 처우, 그리고 폭력예방과 같은 위기개입과 개인 및 집단 상담과 치료를 포함한 재소자에 대한 직접적인 서비스를 제공한다. 또한 재소자에 대한 지능, 태도, 직업과 교육, 그리고 인성 등의 검사와 측정 및 평가도 담당하며, 그들의 결과보고서는 양형과 석방결정, 보안등급의 변경, 처우 프로그램의 결정에서도 크게 고려되고 있으며, 이러한 서비스는 물론 이미 형을 살고 있는 기결수는 물론이고 만기가 되가는 수형자, 보호관찰 등 지역사회 교정 대상자들에게까지도 제공되고 있다. 뿐만 아니라 연구심리학자들은 교정제도가 수형자들에게 미치는 심리학적 영향에 대해서도 많은 연구를 하고 있으며,[1] 구체적으로 정신장애나 고령수형자들에 대한 수용의 일반적 영향, 과밀수용의 영향, 소외의 영향, 그리고 다양한 교화개선 프로그램의 결과 등을 연구하고 있다. 흥미롭게도 그러나 교정심리학자들이 지나치게 교정당국과 밀착하고 수용의 부정적 영향을 경시한다는 비판을 받기도 한다.[2]

또한 교정심리학자들은 교도관의 선발과 채용, 교도관에 대한 지원 상담, 인질협상이나 위기지원 팀에 대한 정신건강자문 등을 포함하는 교도관에 대한 자문적 서비스도 제공하고 있다.

---

1 최근 이러한 관점의 연구를 범죄학이론의 새로운 하위이론으로서 소위 '수형자범죄학(Convict criminology)' 또는 '실험범죄학(Experimental criminology)이라고 한다.

2 C. R. Bartol and A. M. Bartol, *Psychology and Law: Theory, Research, and Application*(3rd ed.), Belomont, CA: Thompson Wadworth, 2003, pp.28－29

여기서 그치지 않고, 교정심리학은 교도소화(prisonization)와 같은 수형생활이 수형자 일반에게 미치는 심리적 영향은 물론이고, 특히 정신장애자나 노령 수형자와 같은 특수 수형자에게 미치는 수용과 교정의 영향, 과밀수용(overcrowding)과 소외의 영향, 교화개선(rehabilitation) 프로그램의 개발과 수형자 분류제도의 개발 등 전문적인 활동도 담당하고 있다.

제1절 교정심리의 역할

　교정심리학자란 때로는 교정기관에서 근무하는 심리학자와 구별되기도 한다. 교정심리학자는 전형적으로 재범률을 낮추기 위한 목적의 처우와 그 결과, 법의학적 보고서의 작성, 교정철학과 제도 및 재소자관리 등 전문적인 학문적, 실무적 훈련을 받은 사람이라면, 교정기관에 근무하는 대부분의 심리학자들은 그러한 특수한 배경을 갖지 않은 것으로 구분하고 있다.[3]

　전통적으로, 교도소에서 전일제로 일하는 심리학자들이 제공하는 가장 보편적인 심리학적 서비스는 상담과 처우, 그리고 두 번째로 심리평가라고 알려져 있다.[4] 최근까지도 이런 추세는 크게 변하지 않았으며, 흥미롭게도 이들 심리학자들에게 자신의 시간을 어떻게 활용하고 있는가를 물었을 때 실제 업무상으로는 직접적인 처우와 평가나 위기개입, 자문, 또는 직원훈련보다는 행정업무에 더 많은 시간을 빼앗기고 있다고 답하였다고 한다. 반면에 자신이 원하는 이상적인 시간의 분배를 물었을 때는 처우, 직원훈련, 자문, 그리고 연구, 특히 재소자 처우에 더 많은 시간을 할애하기를 원하였다고 한다.[5]

3 R. Althouse, "AACP standards: A historical overview(1978-1980)," *Criminal Justice and Behavior*, 2000, 27:430-432

4 Bartol and Bartol, 2006, *op cit.*, p.315

5 J. L. Boothby and Clements, C. B., "A national survey of correctional psychologists," *Criminal Justice and Behavior*, 2000, 27:716-732

1. 재소자의 심리평가(Psychological assessment)

(1) 신입 재소자 분류(Initial Inmate Classification)

재소자의 분류는 교정의 역사와도 그 궤를 같이할 정도로 오랜 정책이요, 관행이다. 도구적 정책의 문제로서 모든 교정시설에서는 재소자들이 심리학적으로 처리되고 그에 따라 특정한 시설이나 사동에 수용될 수 있도록 입소단계에서의 재소자 평가를 요하고 있다. 구체적으로 구치소에서는 특히 재판 전 구금자들에 대한 분류란 일차적으로 재소자가 어느 정도의 구금을 요하는지 그리고 자살의 위험은 얼마나 되는지 등을 중심으로 이루어지고 있는 반면, 교도소에서는 보안과 처우 둘 다를 다루지만 재소자들이 특정한 처우에 참여하거나 처우를 제공받을 법률적 권리가 있지 않을 뿐만 아니라 자신의 수용분류에 대해서도 도전할 법률적 권리를 갖지 못하는 것이 일반적이다.

교화개선 또는 사회복귀 지향적(rehabilitation–oriented) 교도소에는 소위 신입 재소자 분류를 위한 분류센터가 있어서 신입 재소자들에 대한 각종 검사를 하고, 면담을 하며, 기록을 검토하고, 처우 프로그램을 추천, 건의하고 있으며, 다수의 교도소에서는 소위 '적응위원회(adjustment committee)'라고 하는 분류위원회를 두어 재소자들이 교정환경에 적응하는 데 도움을 주고자 한다.[6]

그러나 안타깝게도 최근 들어 대부분 과밀수용으로 인하여 다수의 교정시설에서는 주요 관심사가 재소자나 교도소의 관리(management)를 목적으로 분류심사를 활용하는 것이 되고 있다. 처우를 위한 분류라기보다 오히려 구금(custody)을 위한 분류가 지배적인 목표가 되고 있어서 재소자의 위험성과 잠재적 도주 위험의 추정이 매우 중요하게 되었다. 그 결과, 분류심사위원회가 종종 재소자를 분리하는 데 있어서 진단적 범주(diagnostic categories)보다는 오히려 정형화로 회귀하며, 뿐만 아니라 분류결정도 종종 재소자의 필요(needs)가 아니라 오히려 교도소의 필요에 더 기초하기 때문에 학업이 더 필요한 재소자를 인력보강이 필요한 교도작업에 배치하는 예가 발생하는 것이다.[7]

---

6 미국에서는 이러한 기능의 교정시설을 Reception Center라는 이름으로 운영하고 있다.

7 T. R. Clear and Cole, G. F., *American Corrections*(5th ed.), Belmont, CA: West/Wadsworth, 2000, p.321

2. 보호관찰부 가석방 결정

석방결정을 위한 심리평가는 가석방심사위원회(Parole Board)가 재소자로 하여금 잔여 형기를 지역사회에서 보낼 수 있게 해줄 것인가 여부에 대한 재량을 행사하는 부정기형(Indeterminate sentencing) 상태에서 이루어지고 있다. 가석방심사위원회의 요구로 준비되는 석방결정을 위한 심리평가는 종종 지속적인 수용의 가치, 지역 공동체에 대한 위험의 정도, 그리고 재범의 가능성 등을 묻게 된다. 사실 그동안 심리학의 기여로 그러한 위험성평가도구의 개발에 상당한 진전을 보았기 때문에 가석방심사위원회의 요구에 비교적 충실하게 응할 수 있다고 한다.[8]

가석방심사위원회에 자문하는 심리학자들은 재소자를 직접 만나고, 그들의 기록을 검토하고, 심리검사도 진행한다. 물론 아직도 위험성평가도구가 폭넓게 활용되고 있는지 그렇게 분명하지는 않지만 이런 목적으로 권하고 있는 도구로는 PCL-R이 대표적이라고 할 수 있다. 그러나 심리학자들이 모든 가석방심사에 일상적으로 참여하는 것은 아니며, 재소자가 정신장애의 경력이 있고, 교도관들이 장래 위험성을 우려하는 경우에 주로 자문하고 있다고 한다.[9]

3. 위기개입(Crisis intervention)

교정심리학자들의 평가기술을 요하는 세 번째 분야는 바로 위기개입이다. 재소자들에게는 자살시도, 감정적, 정서적 동요, 정신병리적 행동, 그리고 단식이나 처우 참여의 거부 등이 심리평가와 자문을 요하는 사례들이다. 한편 교도관은 장래 유사한 문제를 피하는 데 도움이 될 장기적인 해결책과 위기에 대한 즉각적인 해결책을 심리학자들로부터 얻고 싶어 한다. 여기에 더해 교도관 자신의 문제, 예를 들어 난동이나 폭력 등으로 인한 심리학자의 위기개입을 필요로 하는 경우도 적지 않을 것이다.

물론 위기개입에 있어서 평가가 핵심적인 요소이지만, 전형적으로 정해진 처우 서비스가 따르기 마련이다. 그런데 지금까지 알려지기로는 교도소보다는 오히려 구치소에서 위기개입이 더 필요하고 중요하다는 지적들이 나오고 있다. 물론 구치소 수용은 대체로 짧은 기간이지만, 구속

---

8 H. J. Steadman, Mulvey, E. P., Monahan, J., Robbins, P. C., Applebaum, P. S., Grisso, T., Roth, L. H. and Silver, E., "Violence by people discharged from acute psychiatric inpatient facilities and by others in the same neighborhood," *Archive of General Psychiatry*, 1998, 55:393-401

9 Bartol and Bartol, 2006, *op cit.*, p.317

과 그로 인한 구금은 대부분의 수용자들에게는 매우 큰 외상(trauma)이 아닐 수 없기 때문에 자존심 상실, 명예의 실추, 굴욕감, 가족에의 미안함 등 소위 '입소충격(entry shock)'을 겪게 되는 것이다. 이로 인하여 실제로 구치소에서 자살이 가장 큰 사망원인이며, 오히려 교도소보다 자살률이 더 높을 수 있음에도 불구하고 현실은 구치소가 교도소보다 정신건강 서비스가 오히려 더 부족하다고 한다.[10]

제 2 절   재소자의 심리(Psychology of inmates)

1. 수용의 일반적 영향

(1) 통제력의 상실

우리는 누구나 자유로운 삶을 살기를 원한다. 뿐만 아니라 우리는 또한 우리가 좋아하는 것을 선택하고 싶어 한다. 결국 우리가 어떻게 우리의 삶을 살아갈 것인가를 선택하는 것이 우리에게 매우 중요한 것이다. 그러나 누구나 교도소에 수용되면, 그와 같은 선택할 수 있는 능력, 자유와 자율성이 없어진다. 사실, 재소자는 언제 씻고, 먹고, 자고, 화장실에 가고, 옷을 입는 등 인간의 가장 기본적인 기능들마저 선택할 수 없다. 물론 우리 모두가 어린 시절 이런 경험들을 겪고 거치기는 하지만, 성인이 되어서 이렇게 삶의 선택과 통제를 상실한다는 것은 그만큼 충격이지 않을 수 없다. 자기선택과 통제의 상실은 재소자로 하여금 분노, 좌절, 우울, 무력감, 소동, 당혹감 등 다양한 대응을 하게 한다. 특히 초범 수용자들은 굴욕감을 느끼며 두려워한다.

(2) 가족의 상실

누구나 교도소에 수용되면 가장 먼저 크게 영향을 미치는 것이 바로 가족과 친지들을 떠난다는 사실이다. 가족과 친지가 재소자가 가장 믿고 따르고 그래서 여러 가지 문제와 압력들을

---

10 Bartol and Bartol, 2006, *op cit.*, p.317

해결하는 최선의 방법이지만 수용과 함께 더 이상 할 수 없게 되면 압박, 스트레스, 우울 등은 점점 더 악화될 것이다.

(3) 자극의 결여

교도소의 일상은 매우 단조롭다. 매일 같은 사람을 보고, 매일 같은 곳에서, 같은 일을 하기 마련이기 때문이다. 이런 자극의 결여는 사람들의 사고방식에 영향을 미칠 수 있다. 실제 연구에서도 자극의 결여가 사고능력을 변화시킨다고 보고되고 있다. 사고능력의 변화나 손상은 결국 재소자의 문제해결을 더 어렵게 만든다.

문제는 이러한 자극의 결여를 겪게 되면 일부에서는 매우 제한된 기회를 최대한 활용하려는 것과 같이 어떤 방법으로든 환경을 통제하려고 시도하게 되는데, 그것이 대부분은 다른 사람을 착취하여 비정상적인 환경에 대한 일부 통제력을 가지려고 하기 때문에 관리의 어려움을 초래하게 된다. 이런 현상은 자극의 결여가 증대될수록 더욱 심화되기 마련인데 교도소의 수형자들이 그 극단적인 예라고 할 수 있다.

실제로, 수용이 재소자의 일반적인 지적 능력을 손상시키는지 확실한 증거는 없지만, 문제해결능력은 상당한 영향을 받는 것으로 보인다. 이를 우리는 "시설수용의 영향(effects of institutionalization)"이라고 하며, 병원이나 교도소와 같은 대규모 시설에 장기간 수용되어야 하는 사람들에게는 보편적인 현상이다.[11]

(4) 역할모형의 상실

비행청소년들처럼 어리거나 젊은 재소자들에게는 수용에 따른 또 다른 중요한 변화가 생긴다. 이들은 다른 사람, 특히 자신에게 중요한 사람들을 모방하는 아직도 발전의 단계에 있다. 그러나 교도소에는 주변에 생활하는 동료 재소자 외에는 그들이 따를 수 있는 역할모형이 없어진다. 이는 곧 수용이라는 상황을 악용하고 착취하려는 영악하고 숙달된 수형자들의 영향을 그만큼 더 많이, 더 쉽게 받게 된다는 것을 의미한다. 이 또한 단기적으로는 교도관의 재소자 관리를 어렵게 만드는 한편, 장기적으로는 이들 젊은 재소자들의 발달 방향에 영향을 미치게 된다. 다름이 아니라 바로 교도소가 '범죄학교'라는 우려가 그것이다. 청소년 범죄자들은 보다 악명 높은 범죄자를 모방하고 싶어 하고, 그래서 범죄, 그것도 더욱 흉악하고 악랄한 범죄에 가담할 확률

11 Cooke, Baldwin, and Howison, *Psychology in Prisons*, London and New York: Routledge, 1990.

이 더 높아지게 된다.[12]

(5) 구금의 고통(Pains of Imprisonment)

수용은 극단적으로 불유쾌한 경험이고 극단적으로 불유쾌한 환경을 제공한다는 데는 의심의 여지가 없다. 무료함이나 폭력과 같은 너무나 분명한 문제들 외에도 재소자의 심리적 기능에 미치는 부정적 영향은 많다. 많은 연구결과가 수용이 일부 수형자들에게 정신병적 반응을 초래할 수 있음을 지적하고 있다. 실제로 영국의 재소자들을 검사한 결과 그들의 20%가 환각과 망상과 같은 정신병적 증상을 보이는 등 59%가 심각한 정신적 문제를 보였다. 독일에서도 조사대상 수형자의 약 절반이 비록 정신병적 증상을 보이지는 않았지만 심리적 장애의 신호를 보였다고 한다. 일관적으로 재소자들이 일반인들보다 높은 수준의 우울함과 불안을 보이는 것으로 보고되고 있다. 더구나 종단연구에 의하면, 재소자들은 수형생활 초기에 가장 높은 수준의 불안과 우울을 보이나 시간이 지남에 따라 점진적으로 줄어드는데 이는 무망함, 불안함, 그리고 우울함 등이 재소자들이 수용생활에 적응해감으로써 줄어드는 구금에 대한 심리적 반응임을 대변하는 것이다.[13]

뿐만 아니라, 범죄자가 교정시설에 수용됨으로써 다양한 고통을 겪게 된다고 한다. 이 고통들은 범죄자들이 시설에 수용되거나 구금됨으로써 밖에서는 누리던 필요한 것들을 박탈하기 때문에 겪게 된다는 것이다. Sykes(사이크스)는 이처럼 재소자들이 수용으로 인하여 겪게 되는 고통을 '구금의 고통(The pains of imprisonment)'이라고 이름하였다. 그에 따르면, 구금된, 수용된 재소자들은 기본적인 재화와 용역, 이성관계, 안전, 자유, 그리고 자율성을 박탈당하는 고통을 겪게 된다는 것이다. 일부에서는 바로 이 박탈의 고통이 재소자의 교도소화의 원인이라는 박탈모형(deprivation model)을 주장하기도 한다.

---

12 범죄학습과 낙인과 같은 수용에 따른 부정적 영향을 수용의 폐해라고 하며, 이런 뜻에서 흔히 소년원을 '범죄대학', 교도소를 '범죄대학원'이라고도 하는데, 이러한 현상은 비단 우리나라만의 경우는 아니어서 미국에서도 교도소를 'school of criminology'라고도 한다.

13 N. Heather, "Personal illness in lifers and the effects of longterm indeterminate sentences," *British Journal of Criminology*, 1977, 17:378-386; W. Rasch, "The effects of indeterminate detention: A study of men sentenced to life imprisonment," *International Journal of Law and Psychiatry*, 1981, 4:417-431

2. 수용의 심리적 영향

(1) Stanford 모의교도소 실험

1970년대 수행되었던 고전적 사회심리학 연구의 하나가 수용 그 자체가 재소자들에게 행사된 통제로 인하여 심리학적으로 상당한 손상을 가할 수 있다는 가능성을 처음으로 제기한 실험이었다. 재소자나 교도관이 되는 것이 심리학적으로 어떤 의미인지 이해하기 위한 미국 스탠포드대학교 심리학과의 Zimbardo(짐바르도) 교수 일행의 모의교도소실험이 바로 그것이다. 수용의 심리적 영향에 관한 실험의 결과는 2주로 계획되었던 실험이었지만 참여 학생들의 행동이 너무나 급속하게 나빠졌기 때문에 단 6일 만에 실험을 중단할 수밖에 없었을 정도로 심각한 것이었다.

Zimbardo 교수는 그 짧은 시간에 실험에 참여했던 학생들이 "인간의 가치는 중단되고, 자아관념은 도전받았으며, 인간본성의 가장 험상스럽고, 가장 기초적이고, 병리적인 측면이 표면으로 나타났다. 일부 학생(교도관역할)들은 잔인함에서 쾌락을 취하여 다른 학생(재소자 역할)들을 마치 비열한 짐승처럼 대하였고, 반면 다른 학생(재소자역할)들은 단지 탈출, 자기 개인의 생존, 그리고 교도관에 대한 쌓이고 쌓인 증오만 생각하는 노예근성의 비굴하고, 비인간화된 로봇이 되었다"라고 놀라워하였다.[14]

비록 사전에 숙지시킨 실험이었음에도 불구하고 재소자 역할을 한 실험참가자는 물론이고 심지어 교도관 역할의 참가자에게까지도 그처럼 심각한 심리적 변화와 영향을 초래하였다는 점에서 실제 교도소에서 장기간 수용되는 재소자들에게는 수용이 미칠 수 있는 심리적 영향은 미루어 짐작할 수 있을 것이다. 이러한 현상은 최근 미군이 관리하던 콴타나모 포로수용소에서의 미군헌병대원들의 잔혹행위로 입증되었으며, 이들 헌병대원들에 대한 재판에서 헌병대원이 아니라 제도와 환경이 만든 사건이라는 변호인단, 특히 Zimbardo 교수의 전문가 증언으로 확인할 수 있었다.[15]

---

14 P. G. Zimbardo, "The psychological power and pathology of imprisonment," in E. Aronson and R. Helmreich(eds.), *Social Psychology*, New York: Van Nostrand, 1973, p.163

15 이 사건과 그 재판에 대한 자세한 내용은 "루시퍼 이펙트"라고 국내에서도 번역된 Zimbardo 교수의 저서를 참고하면 좋을 것이다.

이 실험연구에서 제도적 환경(institutional environment)이 그것을 경험해야 하는 사람들에게 영향을 미치는 엄청난 힘을 발휘한다는 것을 알게 되었다. 교도소라는 '제도'가 전문가의 예측을 빗나게 했고 교도소를 만들고 참여했던 사람들의 기대도 파괴해버리는 방향으로 인간행동을 꺾고 흔들 수 있는 충분한 힘을 급속도로 발전시켰던 것이다. 문제는 오늘날의 교도소는 처음 실험이 행해졌을 때보다 더 강압적이고 강제적이 되었으며, 더 큰 문제는 일반 대중들이 범죄통제라는 이름으로 재소자들에게 부여하고자 하는 교도소 고통에는 한계도 없을 정도가 되어 수용의 심리적 영향은 더 심각해질 수 있다는 것이다.[16]

(2) 교도소에의 적응

의심의 여지도 없지만, 교도소 수용은 대부분의 수형자들에게는 잔인하고, 품위를 손상시키고, 심리적으로 유린당하는 경험이며, 이러한 현실의 일부는 교도관과 재소자 사이의 불가피한 권력불균형을 반영하는 것이다. 이처럼 구금이 다수의 수형자들에게 매우 스트레스를 준다는 사실은 곧 자살을 포함한 다양한 수형자들의 교도소 적응문제를 초래하게 된다. 지금까지 알려진 바로는 피구금자의 자살은 교도소보다는 구치소에서 그 비율이 더 높으며, 젊고, 미혼이며, 구금 초기단계의 피구금자들에게서 통상 발생하고 있다고 한다.[17]

미국의 Hans Toch 교수는 재소자를 억누르고 심지어 일부를 자해나 자살로까지 이끄는 '절망의 모자이크(mosaic of despair)'에 대해서 논하면서 수용이 초래하는 '자기의구심, 절망, 공포, 또는 포기의 위기'는 물론이고 망상과 공항을 야기하는 정신병적 위기를 지적하고 있다. 이러한 위기는 수형자의 유형에 따라 매우 다양하여 특히 연령, 성별, 그리고 문화의 차이가 크게 반영되는 것으로 알려지고 있다.[18]

그러나 구금된 수용자들의 자살률이 매우 높음에도 불구하고 대부분의 재소자들은 자신의 교도소 환경에 놀랍게도 잘 적응하는 것으로 알려지고 있다. 감정적 붕괴와 적응은 분명히 재소자들의 수용 초기에는 대부분의 재소자들에게 문제가 아닐 수 없다. 자살이나 자해와 같이 자신에게 해로운 반응은 교도소 생활에 어쩔 수 없는 다양한 제재와 제약, 그리고 박탈로 인한 관습

---

16 C. Haney and Zimbardo, P., "The past and future of U.S. prison policy: Twenty−five years after the Stanford Prison Experiment," *American Psychologist*, 1998, 53:709−727

17 Steadman et al., *op cit.*,

18 H. Toch and Adams, K., Coping: Maladaptive Behavior in Confinement, Washington, DC: American Psychological Association, 2002, Bartol and Bartol, 2006, *op cit.*, p.328에서 재인용

적 행위의 극적인 붕괴의 결과라고 할 수 있다. 그러나 이들 초기 반응은 대부분의 재소자들에게서는 곧 사라지게 되고, 재소자들이 교도소 일상에 적응해 감으로써 장기적인 감정적, 정서적 문제는 나타나지 않는다고 한다.

한편, 감정적, 정서적 고통은 형기의 초기단계에 있는 재소자들에게 가장 높다고 하며, 더구나 이들은 또한 교도소 규칙과 규정에 대해서도 가장 다루기 힘들고 파괴적이라고 한다. 그러나 점진적으로 대부분의 재소자는 '교도소화(prisonized)'된다고 하는데, 이 교도소화(prisonization)는 신입 수형자가 교도소 사회의 관습을 흡수하고 그것을 자기 것으로 내재화(internalization)하여, 환경에 적응하는 것을 학습하는 과정으로 정의되고 있다.[19] 실제로 재소자들은 바깥세상에 대해서 흥미를 잃고, 교도소를 가정으로 간주하며, 독립적인 의사결정능력을 상실하고, 일반적으로 자신을 전적으로 시설 내에서 규정하게 된다고 한다. 그러나 교도소 생활에의 적응은 매우 특이한 것이어서 이들 특징이 모든, 적어도 대다수 재소자의 특성이라고 가정해서도 안 된다고 한다. 부분적으로는 연령이 교도소 폭력과 가장 큰 관련이 있어서 젊은 재소자일수록 교도소 비행에 가담할 가능성이 더 높다고 한다. 이들 젊은 재소자들은 나이가 더 많은 재소자들에 비해 다른 재소자들에게 보다 공격적이고, 폭력적인 자세와 태도를 취하고 그래서 폭력적 피해자화(violent victimization)의 표적이 될 가능성도 더 높다는 것이다. 반면에 나이가 더 많은 재소자일수록 교도소 환경에 적응하는 데 있어서 보다 수동적이고, 회피기술(avoidance techniques)을 택하는 경향이 더 크다고 한다.[20]

교도소 적응문제는 나이 외에도 성별에 따른 차이도 크다고 한다. 구체적으로, 여성수형자의 인구가 적은 관계로 여자교도소 또한 많지 않고 따라서 가정과 가족 가까이 수용될 기회가 적어 사회적 소외와 격리가 더 심하며, 규모의 경제로 인하여 다양하고 전문적인 교육이나 처우를 받을 기회도 제약을 받게 되기 때문이다. 더구나 자녀가 있다면 자녀와의 관계도 심각하게 방해를 받게 되어 남자 재소자들보다 더 심각한 박탈감을 경험하게 된다고 한다.[21]

여성 수형자들에게서만 볼 수 있는 또 다른 특성은 '의사 또는 놀이가정(pseudo/play/mock family)'의 형성이다. 마치 어린 시절의 '소꿉놀이'처럼 놀이가정은 재소자들의 상호 합의에 따라 자발적으로 조직되며, 동성애 관계를 포함할 수도 있고 포함 안 할 수도 있다. 가족구성원들에

---

19 D. Clemmer, *The Prison Community*, Boston: Christopher, 1940, p.299

20 R. C. McCorkle, "Personal precautions to violence in prison," *Criminal Justice and Behavior*, 1992, 19:160－173

21 D. L. MacKenzie, Robinson, J. W. and Campbell, C. S., "Long－term incarceration of female offenders: Prison adjustment and coping," *Criminal Justice and Behavior*, 1989, 16:223－238

게는 일반가정에서와 같은 아버지, 어머니, 아들, 딸 등의 지위와 호칭이 주어지고, 재소자, 특히 교도소 환경에 새로운 신입 수형자들에게 이들 가정이 어려움을 극복하고 보호하는 구조를 제공하는 것으로 알려지고 있다.[22]

교도소 생활이 주는 심리적 영향에 관한 지금까지의 연구가 대체로 현재 수형생활을 하게 된 범죄유형이라는 중요한 변수를 방기하고 있다는 주장이 제기되고 있다. 대부분의 교정시설에서는 재소자 개인의 범죄경력과 범죄유형에 따라 결정되는 일종의 사회계층, 또는 역할이 존재한다는 것이다. 따라서 재소자의 범행특성에 따라 자신의 구금이 더 어려워지기도, 더 쉬워지기도 한다는 것이다.[23]

그러나 전반적으로 보면 교도소 재소자들이 자신의 구금으로 인한 심리적 손상으로 영구적인 고통을 받지는 않는 것으로 알려지고 있다. 연구결과, 구금으로 인한 감정적, 정서적, 심리적 손상의 일반화된 형태를 찾지 못했으며, 사실 불쾌감의 감소와 변화에 대한 확실한 동기의 상실을 제외하고는 구금(imprisonment)의 시간이 흐름에 따라 심리적 기능이 놀라울 정도로 안정적이었다는 것이다. 물론 구금의 긍정적인 심리적 영향도 찾을 수 없었기에 교도소에서의 긍정적인 행동의 변화도 거의 없었지만 일반화된 부정적 영향에 대한 증거도 거의 찾을 수 없다고 보는 것이 타당하다는 것이다. 그러나 수용기간이 7년을 넘어가면 악화보다는 향상의 증거가 더 많다는 주장도 제기되고 있다.[24]

(3) 과밀수용(overcrowding)의 심리적 영향

과밀수용의 문제는 교정시설이 원래 수용가능능력보다 더 많은 재소자를 수용하도록 강요받고 있어서 나타난 현상으로 범죄와 범죄자에 대한 사회적 보수화와 맞물려 점점 더 심각해질 것으로 예상되고 있다. 그런 점에서 이를 "정치적 증기(steam)에 의해서 움직이고, 언론이 부추기는 범죄에 대한 공포에 의해서 불이 집혀지는 탈주하는 처벌의 증기 기관차"라는 말로 설명되고 있다.[25]

문제는 과밀수용이 재소자들에게 주어지는 개인적인 물리적, 심리적 공간을 제한할 뿐만 아니라 지금도 이미 적정하지 못한 교도작업과 활동의 기회가 더 줄어들고, 그 결과 재소자로 하

---

22 McCorkle et al., 1989, *op cit.*

23 Bartol and Bartol, 2006, *op cit.*, p.330

24 E. Zamble, "Behavior and adaptation in long–term prison inmates: Descriptive longitudinal results," *Criminal Justice and behavior*, 1992, 19:409–425

25 C. Haney and Zimbardo, P., *op cit.*, 1998, p.712

여금 아무 할 일도 없이 보내는 무료함을 증대시키며, 이 무료함은 교도소의 각종 수용 사건과 사고의 주요 원인이 되고 있으며, 처우의 부족은 교화개선을 악화시키고 결과적으로 재범률을 높이게 된다는 점이다.

그런데 과밀수용은 물리적으로만 측정되는 것이 아니라 심리적으로도 측정될 수 있다고 한다. 물론 심리적으로는 과밀수용이 자신의 인접환경 내 수용인원이 증가함에 따른 개인적 불편함의 인식에 기초하는 주관적 조건이다. 당연히 과밀수용은 주어진 공간의 수용밀도를 계산하는 물리적 측정은 객관적이라고 할 수 있다. 과밀수용이 물리적이건 심리적이건 재소자에게 미치는 영향은 생리적(physiological), 심리적, 그리고 행위적(behavioral) 지표로 측정될 수 있다고 한다. 스트레스에 대한 생리적 반응으로는 혈압이 가장 빈번하게 거론되며, 행위적 척도로는 교도소 규칙의 위반이나 기타 비행의 빈도를 활용하고 있으며, 심리적 척도로는 불안, 우울, 적대, 무기력감에 대한 자기보고와 기타 감정적 불편함의 지표로 구성되고 있다.[26]

이들 지표를 종합한 연구들을 보면, 과밀수용은 실제로 더 높은 수치의 신체적 질병, 사회적으로 파괴적 행위, 그리고 감정적 고통과 상당한 관련이 있는 것으로 밝혀지고 있다. 더 구체적으로는 교정시설에서의 가용한 생활공간이 좁아지면 재소자들의 파괴적이고 폭력적인 행위들이 직접적으로 증가한다는 것이다. 이러한 관계는 청소년과 여성 수용자들에게 특히 더 강한 것으로 알려지고 있다.[27] 뿐만 아니라, 교정시설 수용인원의 증가가 긴장, 불안, 그리고 우울과 같은 부정적인 심리적 반응과 두통, 고혈압, 심장문제 등 부정적인 신체적 반응을 심각하게 증대시킨다는 주장도 제기되고 있다.

그런데 과밀수용에 대한 반응은 재소자의 사회경제적 수준, 교육수준, 그리고 구금경력과 관련이 있다고 한다. 구체적으로, 사회경제적, 교육적 수준이 높을수록 과밀수용에 적응하기 더 어려워하고, 과밀한 조건에 대한 용인수준(tolerance level)도 더 낮아진다는 것이다. 그러나 실제로는 교육수준과 사회경제적 수준이 더 높은 이들 소위 '우월한(advantaged)' 재소자들이 '불리한(disadvantaged)' 재소자에 비해 전반적으로 수용에 더 잘 적응한다는 주장도 있다. 이러한 사실

26 Bartol and Bartol, 2006, *op cit.*, p.331

27 L. H. Bukstel and Kilmann, P. R., "Psychological effects of imprisonment on confirmed individuals," *Psychological Bulletin*, 1980, 88:469−493; V. C. Cox, Paulus, P. B. and McCain, G., "Prison crowding research: The relevance for prison housing standards and general approach regarding crowding phenomena," *American Psychologist*, 19884, 39:1148−1160; R. B. Rubeck and Innes, C. A., "The relevance and irrelevance of psychological research: The example of prison overcrowding," *American Psychologist*, 1988, 43:683−693

은 아마도 우월한 재소자들은 그렇지 못한 재소자들에게는 없는 외부자원이나 개인적 자원이 더 많기 때문인 것으로 이해되고 있다. 한편, 과밀수용은 재소자들에게만 영향을 미치는 것이 아니라 교도관들에게도 영향을 미친다고 한다. 과밀수용으로 인한 처우의 부족과 그로 인한 무료함의 증대가 결과적으로 재소자의 스트레스를 가중시키고 자존감은 낮추고 무력감은 높이기 때문에 교화개선과 재소자관리를 더 어렵게 한다는 것이다.[28]

3. 수용의 심리적 장애

(1) 불안(Anxiety)

모든 사람은 불안을 겪기 마련이며, 정상적인 인간존재의 한 부분이다. 그래서 불안은 입술이 마르기도 하고 땀을 흘리기도 하며, 어지러움을 느끼기도 하고 머리가 아프기도 하는 등 다양한 형태로 나타난다. 대부분의 불안은 일시적인 것이지만, 일이나 개인적 어려움으로 인한 스트레스의 영향 때문이라면 불안증세가 지속될 수도 있다. 교도소에의 수용에 따라 여러 고통과 어려움에 직면하는 재소자들이 겪게 되는 불안이 그 대표적인 경우라고 할 수 있을 것이다. 특히, 재소자들에게는 안전이 보장되지 않는 불안과 미래가 불투명한 불안으로 고통받게 된다.

불안은 개인의 인성의 한 부분일 수도 있고, 일종의 스트레스에 대한 반응으로 나타날 수도 있다. 교도소에서는 스트레스가 집단 따돌림, 미래의 보호관찰부 가석방 결정에 대한 염려, 다른 시설로의 이감, 심지어 외부에서 벌어지는 일, 가족과 가정 등이나 자신의 건강문제 등 다양한 방향에서 올 수 있다. 이와 같은 스트레스로 인한 불안 증세는 다양하지만 대체로 두통, 어지러움, 얼굴이 붉어짐, 호흡곤란, 근육통, 소화불량, 피로감, 심장박동 빨라짐, 시야 흐려짐, 떨림, 침을 삼키기 어려움, 가슴통증, 땀 흘림, 다리 휘청거림 등을 경험하게 된다.[29]

문제는 재소자들이 불안으로 고통을 받고 있어도 자신의 불안을 극복하기 위해서 스스로 할 수 있는 것이 아무것도 없으며, 심지어는 자신이 경험하고 있는 것이 불안인지도 모르는 경우가 많다. 그 결과, 불안을 느끼는 재소자들이 때로는 교도관이나 동료 재소자들에게 소리를 지르고, 때리고, 시설을 손상시키고, 자해를 가하기도 한다. 재소자들은 불안을 극복할 수 있는

---

28 Bartol and Bartol, 2006, *op cit.*, p.332
29 Cooke *et al.*, *op cit.*, p.94

보편적 수단이 없기 때문에, 즉 긴장과 불안을 해소할 출구가 없기 때문에 이상하고 파괴적인 방식으로 행동할 수도 있는 것이다. 이것이 때로는 교도소에서의 각종 교정사고의 한 원인이 되기도 한다.

(2) 우울증

사람은 누구나 가끔 또는 빈번하게 우울해지기 마련이다. 그러나 우리는 또한 그 우울함을 견디거나 극복하기 위한 다양한 노력과 방법도 가지고 있으며, 극단적인 경우에는 전문의의 치료와 상담도 받을 수 있다. 불행하게도 재소자들에게는 대안이 거의 없거나 매우 제한적이다. 재소자들은 자신의 우울증에 대해서 할 수 있는 것이 매우 제한적이기 때문에 우울증에 대한 반응이나 대응도 훨씬 더 비정상적이기 쉽다. 다른 사람과 단절하고, 의사소통이 안 되며, 적대적이고, 아무것도 하지 않으려고 한다. 그 결과, 우울한 재소자들은 미래에 대한 희망을 상실하고, 심지어는 자살을 떠올리기도 한다.

우울증이란 단어는 너무나 다양하고 상이한 것을 의미하기 때문에 대단히 좋은 기술이라고는 할 수 없다. 살다보면 때로는 기분이 가라앉을 때도 있고, 기분 좋게 느껴지지 않을 때도 있으며, 아무것도 하고 싶지 않을 때도 있기 마련이다. 이런 경우를 사람들이 우울하다고 한다. 우울하다고 느끼는 것은 이런 경우처럼 경미한 경험에서부터 너무나 심해서 먹는 것도, 움직이는 것도, 무언가 관심을 가지는 것도 전혀 하지 않고 모든 것을 중단하는 경우까지 다양하다. 심지어 심한 경우는 사람들이 생과 사에 대해서도 별 관심이 없어서 오히려 죽는 것이 유일한 해결책이라고 결정할 수도 있다. 그래서 자살에 이르는 것이다.

그러나 정신의학에서는 우울증이란 단순히 일시적으로 실증을 느끼는 사람이 아니라 아주 특정적인 증상을 보이는 사람에게 통상적으로 붙여지고 있다. 재소자가 우울증을 갖게 되면 도움을 요청할 기운마저 끌어낼 수 없게 된다는 것이 문제이다. 그들은 오히려 아무도 자신을 도울 만큼 충분히 자신을 돌보고 보살피지 않는다고 생각하기 쉽다. 일반적으로 우울증이라고 판단할 수 있는 재소자는 비참하거나 불행하게 느끼고, 기가 딸리며, 통상적 활동에 흥미를 잃고, 수면장애를 겪거나, 예민하게 되며, 먹는 것에 흥미를 잃고, 체중이 감량되기도 하고, 그리 중요하지도 않은 일에 죄의식을 느끼고, 아무런 소용이 없다고 느끼며, 아무 것에도 희망을 갖지 못하고, 일이나 상황이 전혀 나아지지 않을 것이라고 생각하며, 죽고 싶다는 말을 하는 등의 증세를 보이게 된다.

(3) 소통의 결여

재소자들은 시설에 수용됨에 따라 전혀 다른 환경에 처하게 된다. 일부는 소위 교도소화하기도 하는 등 다양한 방법으로 전혀 다른 수용환경에 적응하게 된다. 한 가지 보편적인 방식이 다른 사람으로부터 자신을 철수하고 혼자만 남고자 하는 것이다. 교도소에서는 누군가 믿을 수 있는 사람을 찾기가 쉽지 않으며, 서로가 서로를 속고 속이는 환경이라서 누구에게 비밀을 털어 놓기를 피하고 모험을 하지 않으려고 한다. 이러한 상태가 지속되면 재소자는 긴장을 하게 되고, 긴장상태가 지속되면 불안하게 되며, 불안상태가 지속되면 앞에서 기술했던 불안으로 인한 각종 문제들, 교도관이나 재소자들에게 폭력적이거나 학대적이고, 재물을 손괴하고, 때로는 자해를 하게 된다.

(4) 자해

수용에 따른 각종 심리적 문제와 고통을 이기지 못한 결과 일부 재소자들은 동료 재소자나 교도관에게 폭력을 휘두르기도 하고, 때로는 탈출을 시도하는 등 각종 교정사고의 원인이 되기도 하지만, 아마도 가장 빈번한 것은 재소자 스스로 자신을 해치는 자해행위일 것이다. 일부에서는 '준자살(parasuicide)'이라고도 하는 재소자들의 자해는 언제나 일어날 수 있으며, 그 이유도 형태도 방식도 다양하지만, 대부분은 다음과 같은 이유로 일어난다.

우선, 가장 흔한 경우가 자살을 시도하였으나 성공하지 못한 자해이다. 때로는 일부 재소자들은 자신의 환경이나 상황에 대한 일부 통제력을 행사하기 위하여 자해하기도 하는데, 예를 들어 다른 교도소나 사방 또는 사동으로 자신을 이감시키려 할 때 항의나 관심을 받기 위한 수단으로 자해를 하는 경우이다. 또한 재소자들이 교도관이나 교도관에게 자신의 이야기를 하고 싶지만 할 수 있는 기회가 주어지지 않을 때 자해함으로써 기회를 얻고자 한다. 교도소에서는 자신의 상황과 환경이나 여건을 통제할 수 있는 방법이나 기회가 극히 제한적이기 때문에 재소자들이 때로는 더 비정상적인 방법에 호소할 수밖에 없는 것이다.

제 3 절 교도관의 심리(Psychology of correctional officers)

1. 교도관의 스트레스

(1) 스트레스의 영향

경력 20년의 어느 교도관이 예측불가능의 위험한 누범 수형자들을 수용하는 중구금 시설로 전근되었다. 재소자들에 대해서 강건한 태도로 그들을 잘 통제하였고, 상사도 매우 만족해 하였다. 그러나 얼마 되지 않아 가족들은 집에서 그가 많이 변했음을 느꼈다. 아내와 자녀들이 별 다른 아무 것도 하지 않았음에도 짜증과 화를 자주 내고, 혼자 술을 마시거나 담배를 피우기도 하였다. 몇 달 후 그는 결국 현기증을 느껴 병원까지 가게 되었다. 교도관의 전형적인 업무 스트레스의 예이다. 우리는 대부분 다양한 이유로 크고 작은 스트레스를 겪으며 살고, 그 스트레스는 다양한 형태와 방식으로 우리의 삶에 지대한 영향을 미친다. 예를 든 교도관처럼 스트레스는 우리에게 신체적으로도 정신적으로도, 집에서도 직장에서도 영향을 미치게 된다.

1) 심리적 장애

스트레스의 경험이 심리적 장애로 이어진다는 것을 보여주는 과학적 증거는 많다. 스트레스를 경험하게 되면 사람들은 불안, 우울, 정신질환과 자살행동을 보이게 된다. 그 중에서도 우울증과 불안이 가장 보편적인 영향이다. 누구나 우울하게 되면, 슬퍼지고, 울고 싶어지고, 짜증이 나며, 자신과 미래 그리고 세상을 우려하게 된다. 뿐만 아니라, 자살할 생각을 갖게 되고, 수면장애를 받게 되며, 체중이 줄고, 집중력이 떨어진다. 일반적으로 우울증의 1/3 이상이 스트레스로 인하여 초래되는 것으로 알려지고 있다.

불안은 스트레스를 겪은 사람에게 오는 또 다른 보편적 증상으로, 불안한 사람은 상당한 신체적 긴장을 경험하게 한다. 수면과 집중력이 장애를 받게 되고, 여러 가지 우려와 염려를 하게 된다. 직장에 가는 것과 같은 특정한 상황 속으로 들어가기를 두려워한다. 불안증세도 사실은 2/3 이상이 스트레스에 기인한 것으로 알려지고 있으며, 따라서 스트레스가 사람들의 심리적 복지(well-being)에 지대한 영향을 미치게 된다. 심한 경우, 스트레스가 정신적 붕괴를 초래하고,

급기야는 자살을 시도하게도 하며, 보통사람들보다 더 많은 직무상 스트레스 요인을 경험하게
되고, 그래서 더 심한 스트레스를 겪는 교도관들에게는 더 심각한 문제일 수 있다.

2) 신체적 질환과 장애

스트레스가 대체로 사람들을 우울하게 하고 불안하게 하는 심리적 영향을 미치는 것으로 알
고 있지만, 스트레스가 크고 작은 신체적 장애로 이어질 수 있다는 증거도 적지 않다. 경미한 수
준의 신체적 장애로는 피로, 두통, 집중력장애(이로 인한 사고로 이어질 수 있는), 수면장애, 소화불
량, 그리고 놀랍게도 감기 등이 나타날 수 있다고 한다. 보다 심각한 수준의 신체적 장애로는 고
혈압으로 인한 피부질환에서 심장질환과 나아가 위궤양과 염증은 물론이고 성적 어려움에 이르
기까지 다양하다.

3) 가정과 사회적 장애

스트레스는 직·간접적으로 가정에도 심각한 영향을 미칠 수 있다고 한다. 스트레스를 받게
되면 사람이 짜증과 화를 쉽게 자주 그리고 많이 내게 되고 긴장하게 된다. 이러한 상태는 곧
가정에서 언쟁과 갈등을 더 자주 벌이게 되고 심지어 결혼갈등으로까지 이어지게 된다. 사람이
지나치게 불안하게 되고 긴장하게 되면, 친지나 동료도 피하게 되어 더 이상 사교활동이나 친교
활동을 하지 않게 된다. 그렇지 않아도 직업, 직장위치, 그리고 근무시간 때문에 주류사회와 격
리와 소외되기 쉬운 교도관에게는 더 큰 영향을 미칠 수 있다.

4) 중독과 탈선

업무상 스트레스와 그로 인한 불안과 우울 등은 교도관으로 하여금 중독에 빠지게도 하고,
나아가 범죄와 같은 일탈로 이끌기도 한다. 여기서 중독이란 음식, 술, 약물(합법 약물과 불법약물
모두), 또는 담배에 지나치게 과도하게 의존하는 것을 의미한다. 일부 스트레스를 심하게 겪는
사람들이 술을 마시고, 담배를 피우며, 약물을 복용함으로써 마음이 편하고 기분이 더 좋게 느
끼게 된다. 그러나 이런 과잉의존성이 오랜 기간 지속되면 중독이 되는 것이다. 중독은 당연히
자신의 건강은 물론이고 교도소와 더 큰 사회적 문제를 초래할 수 있다.

5) 직무수행의 어려움

직장에서나 가정에서의 스트레스는 업무수행의 어려움으로 이어질 수 있다. 실제 교도관들

에게 교도소에서의 직무수행과 관련된 세 가지 유형의 문제가 나타난다고 한다. 스트레스로 인하여 일부 교도관들은 단기간 직장에 가는 것을 회피하고 싶어 하며, 교도관 활동의 핵심적인 부분인 복지적 임무를 수행하지 못하고 오히려 전통적인 구금역할로 되돌아가게 되고, 집중력이 약화되고 어려운 상황이 전개되면 재빨리 대응하지 못하게 된다.

2. 스트레스의 원인

물론 우리가 가장 묻고 싶고 알고 싶은 것은 과연 교도소란 그렇게 스트레스를 주고 또 받는 곳인가?라는 의문과 그에 대한 답일 것이다. 상식에 의하면, 신임교도관들은 모두가 임용조건으로 건강이상이 없어야 하기 때문에 임용당시엔 정신적, 육체적으로 매우 건강하다. 그러나 근무 중인 교도관들은 척추 고통, 고혈압, 피부문제, 소화 및 위장 문제 등의 건강문제 발병률이 일반 시민보다 훨씬 높은 것으로 조사되고 있다. 신체적 증상뿐만 아니라, 교도관들은 경미한 심리적 문제를 겪게 되는 확률도 높은 것으로 알려지고 있다. 이처럼 교도관들의 스트레스 장애율이 비교적 높은 데는 몇 가지 이유가 있다.

(1) 업무의 특성

먼저 교도관들은 때로는 전혀 예측할 수 없는 행동을 하는 다루기 어렵고 장애를 가진 재소자들을 대해야 한다는 것이다. 교도관들은 그래서 항상 스스로 경계하고 그만큼 긴장해야 한다. 예측불능(unpredictability)도 재소자들의 지속적인 적대감처럼 교도관들에게는 매우 스트레스를 주며, 시설에 따라서는 신체적으로도 매우 취약하다고 느끼며, 공격에 대한 지속적인 경계는 스트레스요인이 되고 있다. 이는 중구금 교도소(maximum security prison)에 근무하는 교도관들의 병가율이 경구금 교도소(minimum security prison)의 교도관보다 더 높다는 사실로 입증되고 있다.

(2) 교도관의 조직 내 역할

교정업무에 있어서 교도관의 지위와 기능이 교도관이 직면한 스트레스의 정도와 특성에 영향을 미칠 수 있다. 그것은 소장의 직무 스트레스와 일선 사동 근무 교도관의 직무 스트레스는 다르기 때문이다. 알려진 바로는 교도관들은 재소자들과의 문제보다는 조직 내 역할의 문제가 더 중요한 것으로 간주한다는 것이다. 우선, 지시나 명령, 정책, 절차 등은 하루가 멀다 하고 바뀌고 새로 생기지만 이를 제대로 전파하기 위한 위로부터의 의사소통은 제대로 되지 않아서 생기는 업무의 불확실성으로 인하여 교도관들이 스트레스를 받는다는 것이다. 일반적으로 사람들은 자신이 자신에게 영향을 미치는 정책의 결정에 아무런 영향을 미치지 못할 때 그래서 무력감을 느낄 때 스트레스를 받는다고 하는데 교도관들은 정책에 대한 영향을 거의 미칠 수가 없다. 이러한 상황은 자신이 정책결정자들보다 재소자를 더 잘 알고 있음에도 불구하고 아무것도 할 수 없다고 느끼기 때문에 교도관들을 분노하고 분개하게 만든다. 이는 교정뿐만 아니라 거의 모든 조직에서도 마찬가지로 의사결정에 참여할 수 없다는 것은 누구에게나 큰 스트레스를 주게 된다고 한다.

또한 교도관의 직무의 모호성도 그들에게는 큰 스트레스 요인이 된다고 한다. 이는 바로 교도관이 재소자의 복지와 보안이라는 어쩌면 상호 갈등적인 두 직무를 동시에 수행해야 하는 데서 오는 스트레스다. 한편으로는 재소자의 개별적 문제를 이해하고 도움을 제공하면서 동시에 또 다른 한편으로는 그들을 구금하고 감시, 통제해야하는 것이 교도관의 직무갈등, 역할갈등을 초래하게 된다. 특히, 현대의 교화개선이나 사회재통합적(social reintegrative) 교정정책하에서는 복지적 직무에 대한 성향이 낮고 교육과 훈련이 제대로 안 된 교도관에게는 더 심각한 문제가 된다.

제 4 절   교정처우의 심리학(The Psychology of Correctional treatment)

1. 교정처우와 교정심리

심리학, 특히 임상 심리학과 지역사회 심리학(community psychology)이 교정에서 맡고 있는 역할과 기능은 다양하고도 중요하다. 신입재소자에 대한 심사분류(classification)에서 시작하여 각종 심리치료와 처우는 물론이고 가석방심사와 교도관과 재소자 모두를 위한 상담 또한 그들의 몫이다. 더구나 중누범자(recidivists)의 증가, 장기수형자의 증가, 그리고 약물이나 정신질환 수형자의 증가 등으로 인하여 앞으로도 심리학의 역할증대는 더욱 분명해진다. 그러나 다른 한편에서는 수용인구의 증가와 그로 인한 과밀수용, 점점 더 강화되고 있는 양형정책(sentencing policy), 그리고 수형자의 처우보다 처벌을 선호하는 공중의 태도 등도 사실이어서 이러한 교정여건과

환경의 변화에 교정심리의 역할과 책임도 변할 수밖에 없다는 지적도 적지 않다.[30]

　　미국에서 교정기관과 시설에서 일하는 교정심리학자들을 설문조사한 한 연구에 의하면, 그들은 근무시간의 약 1/4 정도를 재소자들에게 치료와 처우를 제공하는 데 활용한다고 답했다고 한다. 그들은 또한 교정치료와 처우의 이론적 틀과 기초로서 절대적으로 인지모형(cognitive model)을 들었으며, 이어서 행동지향(behavior-oriented)과 합리적-정서적 접근(rational-emotive approach)을 들었다고 한다. 또한 이들 교정심리학자들이 지적한 가장 심각하고 보편적 수형자 문제는 재소자의 우울증이 단연 으뜸이었고, 분노가 그 뒤를 이었으며, 정신질환 증세, 불안, 그리고 적응문제도 빈전하게 지적된 재소들이 직면한 문제였다. 교정심리학자들은 대부분의 시간을 수형자를 심사, 평가, 분류, 그리고 처우하는데 할애하기 때문에 다양한 방법의 측정과 평가기법을 활용하겠지만, 조사결과 MMPI가 단연 가장 많이 사용하는 도구라고 답하였다고 한다.[31]

2. 심리적 교정처우

　　교정기관에서 일하는 심리학자들의 지배적인 임무는 심리적 처우(psychological treatment)를 제공하는 것이다. 심리적 처우는 개인은 인지결함이나 적응문제로 고통을 받고 있으며, 이들 문제는 전문적인 개입으로 다루어지고 희망적으로 고쳐질 수 있음을 함축하고 있다. 이와는 반대로, 인지결함(cognitive deficit)은 범법자의 자원, 사회관계, 인지유형, 그리고 태도 등을 변화시킴으로써 그의 범죄성향을 줄이고자 하는 다양한 개입에 대한 포괄적 용어인 교화개선의 전제조건은 아니다. 오히려 안정적인 범죄자에게는 교육수준을 높이고, 직업이나 소통기술을 가르치고, 폭력적 행동에 대한 대안을 학습하도록 도움을 주는 프로그램이 더 유리할 수 있다. 이러한 노력들을 우리는 교화개선(rehabilitation)이라고 하지만 처우를 요하지는 않는다.[32]

　　일반적으로 교정심리학자들은 범죄자를 교화개선하고 처우하는 두 가지 모두에 관계하지만, 교정심리학자들은 주로 범죄자의 인지나 행동을 변화시키는 것을 지향하고 목적으로 하는 다양한 치료형태의 처우를 제공하는 것으로 인식되고 있다. 교정시설에서 이들 심리학자들에 의하여

---

30 J. L. Boothby and Clements, C. B., "A national survey of correctional psychologists," pp.215-222 in Bartol and bartol(eds.), *op cit.*, p.215

31 *Ibid.*

32 F. T. Cullen and Applegate, B. K.(eds.), *Offender rehabilitation: Effective Correctional Intervention*, Dartmouth, UK: Ashgate, 1998, p.xiv

가장 보편적으로 이용되는 처우는 인간중심요법(human-oriented therapy), 인지요법(cognitive therapy), 행동요법(behavioral therapy), 집단 및 환경요법, 현실요법, 책임요법, 그리고 전환분석(transparent analysis) 등이 있다.[33]

　범죄율에 큰 차이를 가져다주지 못하는 사법적 제재(criminal sanctions)의 실패는 심리학자들로 하여금 심리학적 기초 위에 수많은 교화개선(rehabilitation) 프로그램을 도입하도록 하였다. 이들 심리학적 교화개선프로그램들은 그 목표가 범죄자에게 사법정의를 행사하기보다는 오로지 재범행의 가능성을 낮추기 위한 것이며, 사법적 제재가 기초하는 것처럼 보이는 때로는 애매한 '인간본성(human nature)', 특히 결정론적 본성보다는 범행의 심리적 이론에 기초한다는 점에서 사법적 제재와는 차이가 있다.

(1) 교환경제(Token economies) - 행동수정(Behavior modification)

　교환경제란 자발적 조건화(operant conditioning)의 원리에 기초한 처우 프로그램을 말한다. 핵심적인 사상은 범죄행위도 기타 다른 행위와 동일한 방식으로, 즉 보상과 처벌을 통하여 학습되며 따라서 보상과 처벌을 통하여 범죄행위는 학습되지 않고 그 대신에 수용할 수 있는 행위는 더 학습될 수 있다는 것이다. 교정시설에서 재소자들이 바람직한 행위를 하면 그들에게 교환권, 토큰이 주어지며, 그 토큰은 교도소에서 재소자들에게 주어질 수 있는 다양한 보상으로 교환될 수 있는 것이다. 이러한 교환경제의 이면적 합리성은 이처럼 선별적 재강화(selective reinforcement)를 통하여 사회적으로 수용되는 행위가 학습된다는 것이다. 동시에 바람직하지 않은 행위는 그러한 재강화가 주어지지 않기 때문에 하지 않게 된다는 것이다. 그런데 대부분이 박탈되는 교도소라는 통제된 환경에서 재강화가 다른 여건에서보다 더 정확하고 강하게 활용된다고 한다.[34]

　연구결과, 교환경제의 도입이 시설 내에서의 표적행위의 증가를 가져왔다고 하지만 안타깝게도 그 교환효과가 지속되는지에 대해서는 증거가 미약하며 논란의 여지가 많다고 한다. 실제로 교환효과가 시설 수용 중에는 있으나 시설을 떠나서 재강화가 중단되면 표적행위도 사라지는 것으로 보고되고 있다. 그러나 교환경제를 경험하지 않았던 재소자들보다 교환경제 프로그램에 참여하였던 재소자들이 보다 천천히 범죄로 되돌아갔다는 점에서 성공적이라는 보고도 있다.

---

33 Bartol and Bartol, 2006, *op cit.*, p.321
34 Putwain and Sammons, *op cit.*, pp.146-147

이 또한 2년까지는 그러한 효과가 나타났으나 3년부터는 차이가 나타나지 않았다고 한다. 결국 교환경제는 시설 내에서는 재소자들을 보다 더 관리가능하게 만드는 데는 가장 효과적일지 모르지만 실제 효과는 거의 없다고 할 수 있다. 이러한 결과는 강제교육이나 강제참여의 결과로 빚어지는 일이라고 할 수 있다. 즉, 강제성이 없어지면 교육참가와 효과가 없어지거나 약해지는 것과 같은 원리인 것이다.[35]

(2) 사회기술훈련(social skills training)

이는 범행, 특히 폭력적 범행은 사회기술의 결여에 관련된다는 가정에 기초한 인지행동처우(cognitive behavior treatment)이다. 다시 말해, 다수의 폭력적 범죄자들은 그들이 개인적 갈등을 다루는 공격적, 폭력적이 아닌 다른 보다 적절한 수단을 가지지 못했기 때문에 공격적으로 행동함으로 따라서 그들에게 효과적인 상호작용에 필요한 사회기술을 훈련시킴으로써 재범할 가능성을 낮출 수 있다는 것이다. 물론 보편적으로 표적이 되고 받아들여지는 기술의 목록이 있는 것은 아니지만 전형적인 프로그램으로는 사회적 교류 동안의 적절한 시각적 접촉과 거리와 같은 '미시적 기술'과 단호함과 협상과 같은 보다 보편적인 '거시적 기술'에 집중하게 된다. 사용되는 훈련기술은 다양하지만 대체로 다른 사람의 행동과 관찰을 통한 모델링과 역할놀이 등이 주로 활용되고 있다.

그런데 이 사회기술훈련에 대한 평가는 목표로 하는 사회기술의 향상이 있었는지, 기술의 향상이 훈련상황을 넘어 일상생활의 상호작용에까지 이어지는지, 그리고 재범의 위험을 낮추었는지 등의 의문에 답하는 것이다. 먼저, 사회기술훈련이 목표로 하는 사회기술의 향상이 있었다는 증거는 비록 향상결과의 지속에 관해서는 논란이 있지만 다수이며, 훈련상황을 넘어 일상생활의 상호작용으로 이어지는지에 대한 연구결과는 복합적이며, 재범위험성을 낮추는가에 대해서는 다른 개입에 비해 훨씬 더 효과적이지는 않은 것으로 보고되고 있다. 그러나 한 가지 긍정적인 강점이 있다면 청소년들에게 동료들의 압력에 저항하는 기술을 가르침으로써 범죄활동에 가담할 확률을 낮추게 되어 결과적으로 범죄를 예방하는 데 효과적일 수 있다는 점이다.[36]

---

35 T. R. Hobbs and Holt, M. N., "The effecvts of token reinforcement on the behavior of delinquents in cottage setting," *Journal of Applied Behavior Analysis*, 1976, 9:189–198

36 S. H. Spence and Marzillier, J. S., "Social skills training with adolescent male offenders: Shortterm, longterm and generalization effects," *Behavior Research and Therapy*, 1981, 19:349–368; T. W. Aiken, Stumphauzer, J. S. and Veloz, E. V., "Behavioral analysis of non–delinquent brothers in a high juvenile crime community," *Behavioral*

(3) 분노관리(anger management)

분노관리는 범죄자가 자신의 분노의 감정을 효과적으로 다룰 수 있는 능력을 향상시킬 목적의 일련의 인지행동기술이다. 이는 다수의 폭력적 범죄자는 분노를 효과적으로 다룰 수 없기 때문에 공격적이 되는데 단지 가용하다는 이유로 부적절한 표적에게 분노를 대체시키는 것이라고 한다. 분노를 줄이는 목적은 분노를 경험하지 않도록 하기 위한 것이 아니라 그들에게 화난 반응을 보다 효과적으로 다룰 수 있게 해주는 것이어야 한다. 이를 위해서 대체로 자기감시(self-monitoring), 자기통제(self-control), 그리고 갈등해결(conflict resolution) 등의 기술을 심어주는 것으로 보편적으로 인지준비, 기술습득, 그리고 응용실습의 단계로 이루어진다.

인지준비단계에서는 범죄자들로 하여금 자신의 분노유형을 분석하고, 그로부터 화난 대응을 유발하는 상황의 종류를 파악하도록 한다. 이어서 분노폭발 등의 자신의 사고과정을 분석해 보도록 하고, 공격적 반응으로 인도하는 가능한 비합리적 사고를 인식하도록 한다. 기술습득단계에서는 분노를 유발하는 상황을 피하거나 그 상황을 보다 효과적으로 다루는 데 도움이 되는 기술을 훈련받게 된다. 기술 중에는 지나친 흥분을 피할 수 있는 이완, 효과적이고 비공격적인 방법으로 자기주장을 할 수 있게 하고, 갈등해결과 같은 기타 사회적, 소통적 기술을 가르치는 것이 포함되고 있다. 응용실습단계에서는 통제되고 비위협적인 환경에서 새로운 기술을 응용할 수 있는 기회가 주어진다. 여기에는 역할극이 주로 활용되는데 이 단계에서는 상담가나 치료사의 환류가 중요하다고 한다.

부부갈등을 비롯한 다양한 상황에서 분노관리의 효과성이 입증되고 있지만, 안타깝게도 범죄자를 직접적으로 다룬 분노관리 효과성 연구는 많지 않다. 그럼에도 몇몇 연구에서는 아주 긍정적인 결과를 내놓고 있다. 구체적으로, 분노관리가 청년범죄자들의 문제해결능력과 자기통제력을 향상시켰고, 공격적 행동도 줄였다고 한다. 이를 근거로 분노관리가 범죄자집단의 공격적 행위를 줄일 수 있는 효과적인 방법이지만 프로그램이 잘 관리되고, 충분한 자원이 투입되고, 적합한 범죄자가 할당될 때만 성공적일 수 있다고 한다. 문제는 분노관리의 범죄자에 대한 장기 효과가 아직은 입증되지 않았으며, 일부에서는 자기주장과 문제해결 훈련이 분노관리보다 더 효과적이라는 주장도 나오고 있다는 점이다.[37]

Disorders, 1977, 2:221-222

37 E. L. Feindler, Marriott, S. A., and Iweta, M., "Group anger control training for junior high school delinquents," *Cognitive Therapy and Research*, 1984, 8:299-311; J. R. Moon and Eisler, R. M., "Anger control: an experimental

5절 교정심리의 현재와 미래

1. 현재

교정에 가장 많은 영향을 미친 사회과학이 있다면 그것은 당연히 심리학일 것이다. 교정시설에서의 재소자에 대한 심사와 분류(inmate classification)에서부터 교정상담을 비롯한 다양한 심리적 처우에 이르기까지 심리학이 교정에 기여한 부분은 이루 말할 수 없이 많다. 더불어, 위험평가(risk assessment), 위험관리(risk management), 그리고 교정정책에 대한 심리학의 공헌 등 모두가 심리학과 심리학자들에게는 일종의 전성기를 보여주는 것이다. 그 결과, 교정이 이처럼 심리학 지향적(psychology minded)이었던 때는 없었다고 할 수 있다. 그러나 학자에 따라서는 이러한 추세가 지속되리라는 희망을 표출하기도 하지만, 일부에서는 만약 우리가 이러한 성공을 가져다준 위험-필요성 모형(risk-need model)에 더욱 전념하지 않는다면 어렵게 성취한 자유주의적 교화개선 정책에서 보다 처벌적인 것으로의 회귀를 우려하기도 한다.[38]

그렇다고 이러한 교화개선 사조가 자유주의적 계몽이라고 잘못 받아들여져서는 안 된다. 신 형벌론(New Punitiveness)으로 알려진 최근의 범죄학적 담론은 지난 몇 십 년은 현저하게 미계몽기라고 주장하고 있다. 일부에서는 인지-행동요법(cognitive-behavioral therapy)에 기초한 프로그램을 제공하고 범법자들에게 효과가 있는(what works) 프로그램에 있어서 자신들이 중심적 위치를 차지하고 있다고 주창하는 심리학자들이 소위 '자유주의의 휘장'을 제공했다고 주장한다.[39]

또 다른 한편에서는 지금과 같은 심리학적 프로그램의 대중성이 오래갈 것 같지 않다는 전망도 나오고 있다. 과연 교정에 있어서 심리학의 가치는 있는 것인지와 같은 정책적 의문이 제

---

comparison of three behavioral treatment," *Behavior Therapy*, 1983, 14:493-505

38 J. R. P. Olgloff and M. R. Davies, "Advances in offender assessment and rehabilitation: Contributions of the risk-needs-responsivity approach," *Psychology, Crime and Law*, 2004, 10(3):229-242

39 B. A. Thomas-Peter, "The modern context of psychology in corrections : Influences, Limitations and Values of 'what works'," pp.24-39 in G. J. Towl(ed.), *Psychological Research in Prisons*, Victoria, Australia: Blackwell Publishing, 2006.

기될 수 있는 때가 올 수 있다는 것이다. 단기적이고 크지 않은 효과성의 문제, 프로그램의 중도 탈퇴자의 문제, 성범죄자에 대한 인지－행동요법(CBT) 프로그램의 가치를 의문시 하는 연구결과 등이 이러한 의문을 불러일으키게 한다.[40]

교정처우의 비판가들은 '효과적인 것(what works)'과 관련된 모든 원칙과 원리들을 다 성공적으로 내포하는 프로그램의 예는 별로 없다고 할 수도 있다. 이는 대부분의 프로그램이 주어진 한계 속에서 할 수 있는 것만 하기 때문이다. 바로 이 점이 문제가 되고 있다. 우선 자유주의적이고 안전한 교화개선이라는 환상을 갖게 할 수 있다는 것이다. 또한 프로그램의 통제를 벗어난 범죄적 영향의 파고를 거슬러 올라가는 협의의 개입에 대한 긍정적 결과를 보여주기를 희망할 수 없다는 것이다. 즉, 다양한 범인성 요인과 영향 중 에서 극히 일부 심리학적 요소만 가지고 긍정적 교화개선의 효과라는 긍정적 결과를 보여주기 어렵다는 것이다. 따라서 이제는 'Nothing works'가 아니라 'What works'와 'How well it works for whom'이라는 물음에 답해야 할 필요가 있다. 즉, 어떤 프로그램이 누구에게 얼마나 효과가 있는지를 논의할 때인 것이다.

자유주의적 사법정의에 대한 많은 새로운 도전도 생기고 있다. 특히 3진 아웃(3 strikes and you are out), 묵비권, 무죄추정, 재판 없는 구금 등이 바로 그것이다. 이러한 도전들은 개인의 안전과 국가안보에 대한 점증적인 우려를 반영하는 것이며, 나아가 전통적인 개인적 자유가 공중의 보호라는 우려와 관심에 길을 내어주는 범법자에 대한 태도의 변화를 보여주는 것이기도 하다. 심리학자들이 '위험성(risk)'에 대한 그들의 선입관과 심리학적 '필요성(needs)'에 대한 재규정을 통해 바로 이러한 자유의 침식에 기여하였다. 이러한 도전과 추세는 형사사법분야에서의 법률적 발전으로 반영되고 있어서 관련된 다양한 법제화가 이루어지고 있다. 이러한 도전의 결과는 서구의 많은 나라에서 전체 범죄발생정도와 무관하게 구금률과 재소자인구의 증가율에서 잘 나타나고 있다.

이와 같은 현실이 바로 사회적 일탈에 대한 낮아진 관용, 공중보호에 대한 선입관, 그리고 아마도 범법자에 대한 태도의 변화와 같은 일반적 추세라는 결론을 피하기 어렵게 하고 있다. 우리는 범법자에 대한 태도의 변화를 새로운 도덕적 귀인(new attribution)과 개인적 의무와 책임에 대한 새로운 신념을 내포하는 것으로 생각할 수 있다. 뿐만 아니라 이는 또한 일탈자를 보는 사람들도 자신을 다르게 보게 된다는 것을 가정하게 한다. 우리 사회는 다른 사람을 처벌하고,

---

40 L. Friendship, R. Mann and A. Beech, "Evaluation of a national prison－based treatment program for sexual offenders in England and Wales" *Journal of Interpersonal Violence*, 2003, 18(7):744－759

비난하고, 처우하고, 배제하는 새로운 권리, 새로운 권한과 새로운 정당성을 요구하도록 하였다. 그 결과, 우리로 하여금 법을 위반하는 사람들을 배려하거나 고려하고 이해하고자 하는 의무감을 적게 느끼게 하였다. 오히려 범죄자들을 이해하고 배려하는 사람들이 자유주의적이고 부드러운 사람으로 비난받게 되었다. 이러한 상황에서 범법자들에 대해서 할 수 있는 합리적이고 정당한 것이 무엇인가에 대한 변화된 인식이 발전되어 온 것이다. 결과적으로, 지난 20여 년에 걸쳐 정당하게 가할 수 있는 일탈적 인구에 대한 받아들일 수 있는 고통의 정도가 증대되었으며, 이는 범법자에 대한 교화개선과 처벌 모두에 공히 적용되는 것이다.

심리학자들은 범행의 감소, 아동보호, 교정과 수사심리, 위험성평가에 대한 선입관 등에 기여도 하였고, 이러한 추세에 영향도 받았으며, 그러한 추세를 이용도 하였다. 물론 이들의 공헌 중 일부는 경험적 순수성이라는 가면 아래 무감각성(insensitivity)을 제도화하여, 심리학을 응용한 일부 프로그램은 개별적 측정과 평가나 요법처우(therapy)를 최대한 활용할 준비도 없이 범법자들을 집중적이고 많은 것을 요구하는 프로그램에 노출시키기도 하였다. 일반적으로 범법자들은 요법처우적 노력(therapeutic effort)과 일치되지 않는 환경에서 범법자의 필요보다는 범죄 유발, 조장적 필요나 욕구(criminogenic needs)를 표적으로 하는 좁은 의미로 취급되고 다루어지고, 관습적 생활을 극복할 수 있는 기본적 기술도 없이 재범을 조장하는 위험성이 높은 환경으로 석방되곤 한다.

2. 미래

그렇다면, 앞으로 심리학이 교정에 더 크게 기여하기 위해서는 무엇을 어떻게 해야 할까? 즉, 위험을 감소시키는 데 있어서 심리학적 개입으로부터 최고의 가치를 끌어내기 위해서 우리는 무엇을 해야 할까? 아마도 심리학자들이 다루어야 하는 사람들의 복잡성이 그들이 종종 처하는 여건을 이해하는 데서 시작하는 것이 바람직할 것이다.

일반적으로 범법자가 겪고 있는 문제가 많으면 많을수록, 그리고 그들의 범죄적 욕구(criminogenic needs)가 크면 클수록, 그들이 다시 범행할 가능성은 더 높아지기 마련이다. 당연히 지역사회에서 가장 오래 생존하는 범법자는 하나의 문제에만 초점을 맞춘 개입(single problem – focused intervention)보다는 숙식, 교육과 취업 등에 있어서의 실질적 지원을 포함한 범법자의 범죄적 욕구나 필요(criminogenic needs)를 다루는 다수의 개입(multiple intervention)을 받는 범법자가 될 것이다. 따라서 미래의 범법자관리는 가장 많은 이익을 받을 범법자에 대한 복수모형개입

(multimodel intervention)이 되어야 하는 것이다.[41]

이러한 복합적 개입의 중심에 바로 심리학적 개입이 있다. 그 이유는 범법자들에게는 다양한 심리학적 요구나 필요가 있기 때문이다. 그렇다면 이들 범법자들에게는 어떠한 심리학적 필요들이 있는가? 이를 알 수 있는 한 가지 방법은 범법자들의 특성에 대한 증거들을 반추해 보는 것이다. 그런데 많은 범법자들이 불안(anxiety), 우울(depression), 공포(phobias)와 같은 심각한 신경증적 증상(neurotic symptoms)을 안고 있으며, 일부는 기능적 정신병(functional psychosis)을 가지고 있으며, 대부분은 인성장애(personality disorder)를 앓고 있고, 정신적이거나 감정적인 문제가 있는 것으로 알려지고 있다. 이러한 증거들은 곧 많은 범법자들이 심각한 심리적 문제점을 안고 있음을 보여주고 있다.

심지어 공식적인 진단이나 심리학적 증상이 없이도 일부 범법자들의 상태는 처우를 필요로 하는 상태라고 할 수 있다. 예를 들어, 성범죄자들은 전형적으로 자신의 시대를 살아갈 적절한 기술이 없이 그들에게 스트레스를 주는 여건에 부정적인 심리학적 행동과 감정적 반응에 취약하다고 한다. 그들은 음주, 약물, 또는 파괴적인 성적 선입관을 취함으로써 인생의 긴장감으로부터 탈피하고자 한다. 이러한 사정들을 고려하지 않고서는 이들에 대한 우리들의 노력의 효과성은 절감될 수밖에 없는 것이다.

만약 우리의 임무가 범죄자들이 이미 자행한 행동이나 앞으로 할 행동에 대한 책임을 받아들이도록 동기를 부여하고, 그들의 태도와 신념을 변화시키고, 그들의 행위를 바꾸도록 동기를 부여하는 것이라면, 만약 우리가 그러한 변화에 장애가 되거나 도움이 될 가능성이 가장 높은 것이 무엇인지 알 수 있다면 큰 도움이 될 수 있을 것이다.

이를 위해서 일련의 요법치료, 처우적(therapeutic) 과정과 영향이 고려되어야 할 것이다. 범죄자들을 어떻게 처우를 받을 준비가 되어 있도록 할 것인가, 범죄자들에 대한 일반적인 가정과 그 가정들이 범죄자들을 변화시키는 데 어떻게 도움이 되거나 방해가 되는지, 광범위한 심리학의 관점들이 어떻게 재범의 위험성과 관련된 요소들을 다루는 과정을 고지하고, 심리학적 요법 처우나 치료(therapy)로서 범죄자들을 변화시키려는 노력에 가치를 더할 수 있는지 등의 의문과 가정이 고려되어야 한다는 것이다.

이러한 견지에서 먼저 고려되어야 하는 것이 처우나 치료에 대한 준비, 즉 범죄자를 어떻게

---

41 B. A. Thomas－Peter, "The needs of offenders and process of changing them," pp.40－53 in G. J. Towl(ed.), *Psychological Research in Prisons*, Victoria, Australia: Blackwell Publishing, 2006, p.40

각종 처우와 치료를 잘 받을 수 있도록 준비시킬 것인가에 대한 심리학적 기여와 노력일 것이다. 물론 중도하차와 낮은 참여도와 같은 문제는 직원들의 낮은 사기나 시설로부터의 부적절한 지원과도 관련이 있어 분명한 것은 아니지만 처우를 받지 않은 범죄자와 처우를 중도에 그만둔 범죄자들을 비교한 결과 처우를 전혀 받지 않은 범죄자보다 중도에 포기한 범죄자 집단의 재범률이 더 높은 것으로 나타난 연구결과가 그 중요성을 잘 보여주고 있다. 이와 같은 결과는 바로 범죄자들이 처우에 적극적으로 참여하고 제대로 받을 준비가 안 되거나 부족했기 때문이다.

그런데 처우에 대한 준비(readiness)는 대체로 치료적 변화를 향상시키거나 치료에의 참여를 증진시키는 치료적 상황이나 고객에 내재된 특징의 존재라고 광의로 규정되고 있다. 대응성(responsivity)보다는 더 포괄적인 개념으로서 준비성은 인지적, 감정적, 행위적, 의지적, 개인적 동일시요소(identity factors)들을 고려하는 것이다. 상대적으로 처우에 대한 준비가 잘 된, 준비성이 높은 범죄자에게 처우의 긍정적 결과가 더 많고 높다는 것이다. 더 큰 문제는 준비도가 아주 낮은 범죄자를 심리학적 치료에 회부시키는 것은 그들을 더 분개시키고, 더 반항적이게 하며, 더 강하게 거절하고 거역하게 하며, 반대의 정체성을 갖게 하고, 다시 범행할 가능성을 더 높이게 된다고 한다.

결국 중요한 것은 범죄자의 진단과 분류가 아니라 처우에 대한 그들의 준비성이라는 것이다. 결국, 자신의 문제를 인지하고 스스로 변화를 원하는 재소자가 자발적으로 참여할 때 처우에 대한 준비성도, 처우를 받아들일 수용성(susceptibility)도 높아지며 따라서 처우의 효과 또한 높아지는 것이다. 이러한 모든 준비 또는 사전적 과정이 바로 교정에 있어서, 특히 재소자의 교화개선을 위하여 심리학이 차지하는 중요성인 것이다.

제 5 편

법정 심리

CRIMINAL PSYCHOLOGY

제 1 장
Profiling

　범죄수사의 목적은 범죄를 범한 사람에 관한 어떤 결론(피의자가 누구인지)에 도달하기 위하여 범죄현장으로부터 물적 증거를 확보하는 것이다. 그러나 말처럼 쉽지는 않다. 예를 들어보자. 어느 소도시에서 연쇄적인 강간사건이 발생하자 경찰에서는 수천 명에 달하는 도시거주 남성 전원에 대한 DNA 검사를 통해 동일인의 소행임이 밝혀지고 범인이 검거되었다고 하자. 교통의 발달로 이동이 빠르고 자유로운 현대 도시사회에서는 거의 불가능한 일이다.

　결국 우리가 필요로 하는 것은 용의자의 pool을 가능한 최소한으로 좁혀서 가급적 최소한의 집단이나 인원만 유전자검사를 받아도 용의자를 파악할 수 있는 방법이다. 이것이 바로 프로파일링의 근본취지이다. 미국의 FBI가 처음으로 개발, 활용한 것으로 범죄현장과 범행을 한 사람의 유형 사이에 어떤 연계나 연관이 있는지를 알아내기 위한 목적이었다. 기본적으로 인간은 누구나 습관의 동물이기 때문에 범죄행위에도 그 습관의 흔적을 남기기 마련이고, 그 습관의 흔적으로 용의자를 좁혀 가는 것이다. 범행현장에서 영리한 범죄자는 물적 증거를 치워버리거나 훼손할 수 있으나, 자신의 행동적 증거는 치울 수 없다. 예를 들어, 살인의 경우라면 살해방식, 사체가 어디에 어떻게 놓였는지 등이다. 이런 행동증거들이 범죄자의 특성에 관한 무언가를 보여주게 된다.

제1절 Profiling의 기본원리

　CSI(Crime Scene Investigation)와 같은 대중매체에 그려지고 있는 범죄심리학자의 정형화된 모습은 뛰어난 사고력과 직관을 이용하여 범죄자의 머릿속으로 들어가는 것이지만 그것은 과학이라기보다는 꾸며진 것이다. 그것은 여러 가지 이유로 범죄자를 profiling하기가 그만큼 어렵기 때문이다. profiler들은 자신들이 비판받을까봐 두려워서, 혹은 자신들의 방식이 표절이기 때문에, profiler에 따라 상당한 차이가 있기 때문에 자신들의 방식과 결과를 공개하기를 꺼려한다. 물론 profiling이 진행되는 정해진 방식이 있는 것은 아니지만, 모든 profiling은 공통의 목표를 가지고 있다.

프로파일링의 중심에는 범법자(offender)의 특성은 범행(offence)의 특성을 신중하고 사려 깊게 고려함으로써 추론할 수 있다는 신념이 자리하고 있다. 다시 말하자면, 아래의 예에서 볼 수 있듯이 profiling은 일반적으로 아직 알려지지 않은 범법자의 신상(profile)을 작성하기 위하여 범죄, 범죄현장, 그리고 피해자에 관한 모든 가용 정보를 이용하는 과정을 일컫는 것이다.

각각의 사례는 4명의 범법자가 복면을 하고 무장을 하여 감행한 무장 은행 강도로서 경찰은 아무런 단서를 찾지 못했고, profiler는 이 두 사건의 행동적 차이를 찾고 있다.

이들 두 사건의 차이점들이 상이한 집단이 각각의 강도에 책임이 있다고 할 가능성이 매우 높으며, 사전 수사에서 획득한 증거들이 사례 1은 전문 강도범들의 소행인 반면에 사례 2는 아

> 그림 1-1 **가상 사례 연구**[1]

사례 1	사례 2
▶ 역할지정	▶ 비조직화
▶ 반 자동 기관총	▶ 엽총
▶ 금고를 표적	▶ 가용한 돈만 가짐
▶ 위협함	▶ 신체적 폭력 사용
▶ 카메라 고장냄	▶ 카메라 그냥 내버려둠

전문 직업적 강도	아마추어 강도
▶ 나이가 많음	▶ 어림
▶ 조직범죄와 연계	▶ 조직범죄에 연계되지 않음
▶ 지역거주자 아님	▶ 지역거주자
▶ 비폭력범죄경력	▶ 폭력범죄경력
▶ 기혼	▶ 미혼

---

1 Putwain and Sammons, *Psychology and crime*, NY: Routledge, 2002, p.83

마추어 강도의 짓이라는 것을 암시하고 있다.

범죄자 profiling은 원래 미국의 FBI에 의해서 개발되었는데, 1970년대 행동과학국(Behavioral Science Bureau)을 설치하고, 궁극적으로는 범죄현장분석(crime scene analysis)이라고 하는 일련의 profiling 기술을 개발하였다.

1979년 일련의 FBI요원들이 36명의 연쇄살인범과 강간범을 심층 면접하였다. 이 심층면접 결과와 FBI 수사 자료를 통합하여 강간범과 살인범이 범행동기, 폭력의 수준, 반복범행의 가능성 등에 따라 상이한 유형으로 분류될 수 있음을 알게 되었다. 그러한 심층 면접 자료가 궁극적으로 범행현장과 피해자에 관한 자세한 경찰보고서를 합쳐서 범죄자의 심리적 프로파일을 개발하기 위하여 1985년에 설치한 "폭력범죄자검거프로그램(Violent Criminal Apprehension Program, VICAP)"이라고 하는 전국규모의 Database의 기초가 되었다.

FBI의 방식을 Top—down방식이라고 하며, 이를 범죄현장분석(Crime Scene Analysis)이라고 하는데, 범죄현장(crime scene)으로부터의 증거들을 과거 사건들의 유형과 비교하여 더 이상의 범죄가 발생할 것인지, 언제, 어디서 일어날 것인지를 예측하는 것이다. 반면에 Bottom—up방식은 주로 영국에서 활용되고 있는 방식으로, 수사심리학(investigative psychology)이라고 불리고 있다. 사람들은 범죄를 포함하여 상이한 상황에서도 일관적으로 행동하는 경향이 있으며, 따라서 특정 범죄가 수행된 방법이 범인이 다른 시기에 어떻게 행동할 것인지를 예측하는 데 활용될 수 있다는 것이다.[2]

범죄현장분석은 주로 연쇄살인범에 적용되는 것으로, 아래의 <표 1-1>처럼 범죄자를 그들의 범죄와 범죄현장에 기초하여 조직화된 범죄자(organized offender)와 해체된 또는 비조직화된 범죄자(disorganized offender)의 두 개의 유형으로 나누고 있다. 해체된 범죄자들은 보편적으로 지능이 낮으며, 종종 일종의 심각한 정신병리적 장애를 보이며, 정신건강기관과 접촉할 가능성이 높다고 한다. 사회적으로도 직접적인 근친가족을 제외하고는 대인관계가 서투르며, 성적으로도 경험이 조금이라도 있더라도 능숙하지 못하다고 한다. 해체된, 비조직화된 범죄자들의 범죄현장은 종종 예비음모나 사전계획이 보이지 않으며, 손에 있는 것이 무엇이건 범행도구나 흉기로 강요하고 통상 범행현장에 버려둔다고 한다. 피해자도 대체로 무작위적(randomly)으로 선택되지만 재빨리 제압당하고 살해되며, 종종 극단적인 잔혹성과 과잉살상을 보이곤 한다. 종종

---

2 Boon and Davis, "Fact and fiction in offender profiling," *Issues in Legal and Criminological Psychology*, 1992, 32:3-9

표 1-1 조직적 살인범과 비조직적 살인범[3]

살인범 유형	살인범의 가능한 특성
조직적 살인범	
계획된 범죄	평균이상 IQ(기대에 못미치는 사람)
피해자 통제 시도	사회적, 성적 능력 보유
범행현장에 단서 거의 안 남김	통상 배우자와 생활
피해자가 표적화된 낯선 사람	공격 당시 분노/우울 경험 공격에 대한 언론보도 추적
비조직적 살인범	
준비나 계획 거의 안 함	범죄현장 가까이 혼자 생활
무작위적, 비조직적 행동	성적, 사회적으로 부적절
피해자 제재 최소한	심각한 정신질환 겪음
범죄현장에 증거 숨길 시도 거의 안함	아동기 성적, 신체적 학대 공격 당시 놀라고 혼란스러워함

피해자를 비인간화, 비인격화(dehumanize)하기 위하여 피해자의 얼굴이 심하게 손상되기도 하며, 피해자가 성적으로 폭행을 당하는 경우에는 사체를 훼손하여 얼굴, 성기, 가슴 등을 훼손하는 일이 흔하게 발생한다. 시체는 종종 현장에 버려지지만, 옮겨지는 경우는 대체로 증거를 숨기기 위해서라기보다는 기념으로 간직하기 위함일 가능성이 더 높다고 한다.[4]

조직화된 범죄자와 비조직화된 범죄자는 그 이름이 뜻하는 것처럼 그들의 인성도 조직화되거나 비조직화되었다고 한다. 조직화된 범죄자들은 보통 상당히 지능적이지만 간헐적인 교육과 고용으로 성취도가 낮은 편이라고 한다. 이들은 종종 기혼자이며, 적어도 표면적으로는 사회적으로도 능숙하지만, 통상 반사회적이거나 반사회적 인성장애의 인성을 가지고 있다. 조직범죄자들에 의한 범행현장은 계획과 통제의 신호가 많은데, 이들은 보통 자신의 무기를 가져오고 범행 후에는 다시 가져간다. 피해자는 표적화된 낯선 사람으로서 종종 여성이며, 범죄자들이 특정한 유형의 피해자나 편의상 자신의 피해자를 찾는다고 한다. 피해자는 종종 강간을 당하고 범죄자들은 위협하여 피해자를 통제하며, 고문하고, 오래전부터 환상을 가졌던, 천천히 그리고 고통스

---

3 Hazelwood, "Analyzing the rape and profiling the offender," in R. R. Hazelwood and A. W. Burgess(eds.), *Practical Aspects of Rape Investigation: A Multidisciplinary Approach*, NY: Elsevier, 1987, Putwain and Sammo, *op cit.*, p.85 에서 재인용

4 D. A. Muller, "Criminal profiling: Real Science or just wishful thinking?" pp55–66 in Bartol and Baztal(eds), *Current Perspectives in Forensic Psychology and Criminal Justice*, Thousand Oaks, CA: Safe, 2006., p.57

표 1-2 조직화된 범법자와 비조직화된 범법자의 범죄현장 특성

반사회적 인성장애(조직화된) 범죄현장 특성	정신병적(비조직화된) 범죄현장 특성
계획된 범행	자연발생적(spontaneous) 범행
표적화된 낯선 피해자	피해자 또는 위치
피해자 인격화	피해자 비인격화
통제된 대화	최소한의 대화
범죄현장 전반적 통제 반영	범죄현장 무작위적, 느슨
복종적 피해자 요구	피해자에 대한 갑작스러운 폭력
제재 활용	최소한의 제재
사망 전 공격적 행동	사망 후 성적 행동
사체 숨김	사체 쉽게 보이는 데 그냥 둠
무기/증거 없음	증거/무기 종종 존재
피해자 옮김	사망현장에 시체 남김

표 1-3 조직화, 비조직화된 범법자의 범법자 특성

반사회적 인성장애(조직화된) 범죄현장 특성	정신병적(비조직화된) 범죄현장 특성
평균에서 평균 이상 지능	평균 이하 지능
사회적 역량이 있음	사회적으로 부적절함
숙련된 기술 선호	비숙련 노동
성적 역량 갖춤	성적 역량 못 갖춤
출생 순서 높음	출생 순서 낮음
아버지 직장 안정적	아버지 직장 불안정적
비일관적 아동기 훈육	아동으로서 혹독한 훈육
범죄 중 통제된 기분	범죄 중 근심스러움
범죄와 함께 음주	최소한의 음주
촉발적인 상황적 스트레스	최소한의 상황적 스트레스
배우자와 동거	독신생활
상태가 좋은 차량으로 이동	범죄 현장 가까이 거주/근무
언론매체에서 범죄 추적	언론매체에 최소한의 관심
직장 이동이나 도시 이전	심각한 행동변화

러운 방법으로 살해한다. 사체는 보통 숨겨지고, 종종 옮겨지고, 수사학적으로 잘 아는 살인범들은 종종 신원확인을 어렵게 하거나 지체시키기 위하여 사지를 절단하거나 훼손하기도 한다.

일반적으로 조직화된 범법자는 반사회적 인성장애를 가진 것으로 고려되며, 사실상 생활의

표 1-4 강간범의 유형과 공격 특성[5]

강간범의 유형	공격의 특성
권력-재확인 (Power-Reassurance)	성에 대한 의문을 감소시키기 위한 동기의 공격 다른 강간범에 비해 무력 적게 사용 조심스럽게 계획된 공격 동일한 지역에서 재범 경향 옷과 같은 품목 기념으로 보관
권력-확신적 (Power-Assertive)	전형적 친지강간(acquaintance rape) 처음에는 친근하고 비위협적 후에 행동이 위협적으로 변화 강간은 남성다움의 표현 재범행 거의 없음
분노-보복적 (Anger-Retaliatory)	강간은 여성에 대한 분노와 적대감의 표현 피해자는 범인의 분노의 표적으로 상징적이기 때문에 선택됨 피해자를 모멸하려고 시도 높은 수준의 폭력을 가진 계획되지 않는 경향
분노-흥분 (Anger-Excitement)	고통과 두려움을 유발하기 위한 가학적 동기 공격이 사전에 계획되고, 연습되며, 공격 전에 무기가 선택됨 극단적인 폭력과 고문을 사용하고, 종종 피해자의 사망을 초래 피해자는 지인이 아니라 낯선 사람 정복(범행)을 기록함

대부분이 조직화되어있어서 범죄현장도 청소를 하고, 흉기와 증거를 치우며, 심지어 사체를 숨기려고도 한다. 반면에 비조직화된 범법자는 일반적으로 정신병적인 것으로 고려되며, 현장을 청소하거나, 증거를 옮기거나, 사체를 숨기려는 시도도 하지 않는 것으로 간주되고 있다. 이들 특징들을 <표 1-2>로 요약할 수 있다.

만약에 범죄현장이 제재를 가하여 계획되고 통제된 것으로 보이는 반면에 사망 전에 신체적 공격행위가 있었고, 무기나 증거가 없다면 범법자는 평균 이상의 지능을 가지고, 사회적으로 능력이 있으며, 범행 중에도 통제된 기분을 가지는 것으로 알려지고 있다. <표 1-3>은 조직화된 범법자와 비조직화된 범법자의 범법자 특성들을 요약한 것이다.

한편, Groth 등은 <표 1-4>와 같이 강간범들도 분류제도를 바탕으로 상이한 유형으로 구분하였다.

그러나 범죄현장분석에 대해 비판이 없는 것은 아니다. 우선, 범죄현장에서 얻을 수 있는 정

---

5 Groth, Burgess, and Holmstrom, "Rape, power, anger and sexuality," *American Journal of Psychiatry*, 1977, 134:1239-1248

보는 매우 제한적이며, 증거물들이 엄격한 실험실 조건에서 취합되지 않기 때문에 잠재적으로 불완전하고, 애매하며, 신뢰할 수 없을 수도 있다는 주장이다. 결과적으로 그러한 정보로부터 도출된 어떠한 결론은 사변적이거나 추론적일 수밖에 없다는 것이다. 또한, 범죄자의 동기에 대한 추론은 용의자를 찾고자 하는 수사관에게는 크게 도움이 되지 못한다고 한다. 결국, FBI의 접근 방식은 사실 확고한 심리학적 원리에 기초한 것이 아니라는 주장이다. 모든 profiler들에게 동일한 정보가 제공되고, 각 profiler들은 어떤 정보가 중요하고 어떤 정보는 중요하지 않아서 버릴 것이며, 범죄자와 어떤 연계가 있는지를 결정하는 것이다. 결국, 범죄자의 분류는 이러한 정보에 기초하는 것이며, 따라서 범죄자의 profiling은 보다 과학적 기초가 아니라 profiler의 주관적 판단에 기초하게 되어, 결과적으로 이런 유형의 profiling의 대부분은 알려진 추론, 사변, 추리에 지나지 않는다는 것이다. 뿐만 아니라, 위에서 제시된 예와 같이 FBI의 강간과 살인범 유형은 너무 제한적이라고 비판을 받는다. 즉, 보다 보편적 범죄인 자동차 절도, 주거침입절도나 폭력 등의 범죄에는 별 도움이 되지 못한다는 것이다. 더구나, FBI의 유형화는 근본적으로 오류가 있다는 주장도 제기된다. 예를 들어, 연쇄살인범들은 사변적이고 관심을 추구하는 것으로 잘 알려져 있는데, 당연히 그들로부터 얻어진 정보와 자료는 매우 의심스러울 수밖에 없는 것이다. 그리고 면접자에 따라 서로 다른 정보를 취득할 수 있고, 범죄자들에 의하여 얼마간 조작될 수도 있다는 것이다.[6]

그럼에도 불구하고, FBI의 범죄현장분석에 의한 범죄자 유형화는 엄청난 영향을 미치고 있다. 미국은 물론이고 캐나다와 네덜란드 등 많은 나라에서 성공적으로 활용되고 있으며, 다수의 사회적 파장이 큰 사건들을 해결하는데 결정적인 도움을 주고 역할을 한 것으로 알려지고 있다. 물론 일부에서는 수사도구로서 범죄현장분석(crime scene analysis)의 타당성에 의문을 제기하지만, 경찰이 폭력의 수준, 미래 범행의 가능성과 시기 등을 예측하는 데 큰 도움이 되고 있기 때문에 상당한 가치가 있고, 따라서 무시되어서는 안 된다는 주장이 더 큰 지지를 받고 있다.[7]

영국에서의 범죄자 분류나 profiling은 범죄가 일상생활 속에서 범죄자의 행위를 반추할 수 있는 방법과 방식을 찾는다는 점에서 미국과는 다소 차이가 있다고 한다. 범죄자 일관성 가설(criminal consistency hypothesis)이라고 하는 이 사고는 다른 모든 사람들과 마찬가지로 범죄자도 시간과 장소가 달라도 일관되게 행동하며, 따라서 범죄가 범해진 방법도 범죄자의 매일 매일의

---

6 Cantor, "Offender profiling and criminal differentiation," *Legal and Criminological Psychology*, 2000, 5:23−46

7 Putwain and Sammons, *op cit.*, pp.87−88

행동과 기질을 반영할 것이라는 가정이다. 이러한 일관성 원리는 대인적 일관성(interpersonal consistency)이라고 하는 피해자와 가해자 사이의 상호작용과 공간적 일관성(geographical con-sistency)이라고 하는 범죄자가 자신의 범죄를 범하는 지리적 장소라는 두 가지 부분에 적용될 수 있다. 이는 곧 미국 FBI에서 활용하는 심리학적 profiling과 지리적 profiling에 해당되는 개념이라고 할 수 있다.

피해자와 가해자 사이의 상호작용을 분석하기 위하여 대인적 일관성을 활용해서 27명의 성범죄자에 의한 66건의 성폭력범죄를 분석한 결과, 소위 '전형적 강간(typical rape)'은 존재하지 않았지만, 가장 보편적 특징은 외관적 공격이나 폭력이 아니라 어느 정도의 성적 경험이었던 것으로 밝혀졌다. 구체적으로, 성폭력 동안의 행위와 성폭력범의 특성 사이에 가능한 연계유형을 예로 들면 다음과 같다. 우선, 높은 수준의 성적 접촉을 시도하지 않은 강간은 일상생활에서의 성적 활동 수준이 낮음을 암시하는 것으로서, 혼자 사는 남성으로 profile될 수 있다고 한다. 한편, 비인간적이거나 인격모독 등의 언어를 사용하는 것은 일상생활에서도 여성이 욕망의 대상으로 간주되는 경우로서 실패한 가족관계나 직장에서의 여성관계의 어려움을 가진 것으로 profile할 수 있다. 또한 강간범이 피해자로 하여금 경찰에 신고하지 못하게 하거나 증거를 훼손하는 경우는 과거의 범행에서 경찰절차 등에 대한 지식을 가진 전과자일 가능성이 높은 것으로 분류할 수 있다.[8]

그런데 여기서 핵심이라고 할 수 있는 일관성에 있어서 한 가지 쟁점은 행동이 상황에 따라 분명하게 다를 때이다. 만약에 10명의 강간피해자가 입에 재갈이 물려있고, 열한 번째 피해자는 묶여있다면 마지막 피해자는 다른 범죄자의 소행이라고 추정할 수 있을 것이다. 그러나 재갈을 물리거나 묶는 등 하나의 행위에 초점을 맞추다보면 그 행위가 범죄자에게 가지는 의미를 도외시하게 된다. 결과적으로 외관상으로 상이한 행위가 동일한 주제의 상이한 표현일 따름이고, 따라서 동일한 범죄자의 소행일 수도 있는 것이다. 이와 같은 견지에서 보면 범죄자를 분류하는 FBI의 생각과 크게 다르지는 않지만, 유형화는 외관상으로 나타나는 행위 그 자체가 아니라 그 행위가 범죄자에게 가지는 의미에 기초해야 한다는 것이다.[9]

마찬가지로, 범행의 지리적 형태의 이해는 연쇄범죄자는 제한된 지역에서 범행한다고 생각하는 공간적 일관성을 고려하는 것이다. 공간적 일관성은 한편 정신지도(mental map)라는 개념에 기초하는 것으로, 정신지도는 외부세계에 대한 사람들의 내적 표현이며, 각각의 개인에게 독

8 D. Cantor and R. Heritage, "A multivariate model of sexual offence behaviour: development in offender profiling," *Journal of Forensic Psychiatry*, 1990, 1:185 – 212

9 Cantor, *op cit.*

특한 것이다. 범죄자도 범행을 계획하고 수행할 때 자신의 정신지도를 그리기 때문에, 범행이 일어나는 지역이 경계를 가지게 되는 것이다. 물론 이러한 것들은 무의식적이며, 범죄자들 자신의 환경에 대한 경험의 결과이다. 예를 들어, 그들은 도주로, CCTV, 그리고 피해자에의 접근과 같은 요소들을 고려하는 것이다. 그런데 범죄자의 공간유형에는 대체로 습격자(Marauder)와 통근자(Commuter), 두 가지가 있다고 한다. 습격자들은 자신의 거주지 집과 같이 근거지를 활용하는 반면, 통근자들은 범죄 장소로 여행(Journey to crime)을 한다는 것이다. 예를 들어, 만약에 범행유형이 그 지역에 대한 자세한 지식과 정보를 필요로 한다면 범죄자는 습격자이지 통근자는 아닐 가능성이 높은 것이다. 이런 면에서 지리적 profiling은 범죄자의 거주 근거지의 위치에 대한 추정을 포함시키고 있는 것이다.[10]

이와 같은 소위 영국식 profiling이 범죄현장분석이라고 할 수 있는 미국식보다 몇 가지 장점이 있다는 주장도 한다. 우선, 범죄자 profiling 유형이 정신지도와 같은 폭넓게 알려진 심리학적 개념들로부터 직접적으로 끌어 왔으며, 따라서 일종의 응용심리학의 독특한 영역이 될 수 있다는 것이다. 영국에서 '수사심리(investigative psychology)'라는 용어를 사용하는 것도 FBI와 구별하기 위한 의식적 노력의 일환이라고 할 수 있다. 둘째로, 영국식이 살인과 강간 등 강력범죄에만 국한될 이유가 없으며, 원칙적으로 주거침입절도나 자동차절도와 같은 약간 가볍고 보다 보편적인 범죄에도 적용될 수 있다는 것이다. 끝으로, 범죄현장분석에 어쩔 수 없는 주관적 판단을 해야 할 기회가 적다는 것이다. 즉 FBI보다 더 과학적이라는 주장이다. 따라서 범죄현장분석보다 범죄자일관성가설이 범죄자를 검거하는 데 더 큰 도움을 줄 수 있다는 주장이다.[11]

---

10 D. Cantor and A. Gregory, "Identifying the residential location of rapists," *Journal of the Forensic Science Society*, 1994, 34:169−175

11 Putwain and Sammons, *op cit.*, p.89

2절 범죄현장(Crime Scene) Profiling의 심리학

1. 범죄현장 프로파일링의 기초

프로파일링은 문헌에서 심리학적(psychological) profiling, 범죄적 인성(criminal personality) profiling, 범죄행동(criminal behavior) profiling, 범법자(offender) profiling, 범죄자(criminal) profiling, 그리고 수사(investigative) profiling 등 다양한 용어로 표현되고 있다. 그러나 현재 미국의 FBI가 사용하는 공식적인 용어는 범죄수사분석, 즉 Criminal Investigative Analysis이다. 그럼에도 불구하고 profiling이라는 용어 자체가 너무나도 알려지고 익숙해졌기 때문에 거의 모든 문헌에서 profiling이란 용어를 사용하고 있다.[12]

profiling은 원래 광범위한 집단의 용의자 군으로부터 작은 하위집단으로 범위를 좁히거나 또는 조사의 새로운 길을 열어줌으로써 법집행기관이 범죄자가 누구인가를 찾아내는 데 도움을 주기 위한 의도이다. 물론 그 외에도 경찰이 용의자를 잘 심문할 수 있도록 도움을 주고, 용의자를 무너뜨릴 가능성이 가장 높은 교차심문의 방법을 검찰에 제공하기 위해서도, 재판단계에서 또는 보호관찰을 조건으로 하는 가석방 심사에서 위험성을 예측하기 위해서도 활용되고 있다.[13]

그러나 심지어 profiling의 주창자들까지도 보통 자신들의 주장에 매우 조심스럽다고 한다. 그들에게도 profiling은 아직은 과학이라기보다는 예술에 가깝다는 것이다. 그래서 그들은 심각한 정신병리를 보이는 사례나 과거 유사한 사건으로부터 알려진 범법자의 충분한 Database가 확보된 경우에만 국한되어야 한다고 제안하고 있다. 만약 이러한 제한이 가해진다면 결국 profiling은 연쇄살인(serial murder)이나 연쇄강간(serial rape)으로 제한하는 것 같지만 그러나 때로는 단독 살인이나 강간은 물론이고 방화, 폭파, 다양한 형태의 위협 등의 사건으로도 확대될 수 있다고 한다.[14]

---

12 J. S. Annon, "Investigative profiling: A behavioral analysis of the crime scebe," *American Journal of Forensic Psychology*, 1995, 13:67－75

13 R. J. Homant and Kennedy, D. B., "Psychological aspects of crime scene profiling," pp.45－53 in Bartol and bartol(eds.), *op cit.*

14 V. J. Geberth, "Criminal personality profiuling: The signature aspect in criminal investigation," *Law and Order,*

문제는 profiling의 타당성이다. 그러나 이 타당성을 검증하기 위해서 필요한 객관적인 범주가 부족하다는 사실이다. 누군가는 profile된 사건의 절반 이하만 해결되었다는 주장도 한다. 비록 범법자의 신원이 분명하게 결정되었을 때도 그 사람이 과연 그 profile에 얼마나 맞는지를 결정하는 데는 상당한 주관적 요소가 개입되기 마련이다.

2. Profiling의 이론적 기초

범죄 현장 profiling은 적어도 일부 범죄자들은 일관적인 행동기질(behavior traits)을 가지고 있다는 가정에 기초한다. 여기서 일관성은 범죄는 물론이고 그들의 생활유형과 인성의 비범죄적 관점에도 지속되고 영향을 미치는 것으로 알려지고 있어서 어느 정도까지는 범죄자를 파악할 수 있게 해준다는 것이다. 사람의 인성은 크게 변하지 않기 때문에 유전적 기여가 꾸준히 남아 있거나 아니면 공격성을 조장하는 환경에 계속 놓여 있는 경향 때문에 반사회적 행위는 공격적인 사람에게는 특히 안정적인 행동기질일 수 있다고 제안한다.[15]

이러한 주장에 대한 하나의 근거가 될 수 있는 사실로 대부분의 비행청소년들이 생애과정을 거치며 성장과 발달에 따라 어느 시점에선가는 비행을 중단하는 데 반해 일부 청소년들은 생애과정 동안 지속적인 반사회적 행위에 가담한다는 생애과정 – 발달이론(Life course – Developmental Theory)을 제시하고 있다. 생애과정 동안 지속적으로 반사회적 행위를 보이는 사람들이 구금된 성인 범법자의 대부분을 구성하고 있으며, 바로 이 소규모 하위집단이 프로파일링이 적합한 유형의 범법자를 대표한다고 할 수 있으며, 이 분야의 연구들은 바로 이들 범법자 하위유형을 파악하고자 하는 것이다.

한편에서는 범죄현장 profiling이 일반적으로 범법자 부류로 알려진 것들로부터 그 특정한 범법자를 구분해줄 개별 범법자의 초상이 그려질 수 있다는 가정에 기초하고 있다. 예를 들어, 특정한 연쇄강간범은 단순히 지금까지 알려진 연쇄강간범의 표본적 가치를 활용하여 얻어질 수 있는 일반화된 그림으로부터 구별될 수 있어야 할 필요가 있다. 논리적으로 반드시 필요한 것은 아닐지라도 어떤 특정 부류의 범법자 계층 내에서 믿을 만하게 파악할 수 있는 하위유형의 존재

1995, 43:45 – 49; J. T. McCann, "Criminal personality profiling in the investigation of violent crime: Recent advances and future directions," *Behavioral Sciences and the Law*, 1992, 10:475 – 482

15 W. W. Hartup and van Lieshout, C. F. M., "Personality development in social context," *Annual Review of Psychology*, 1995, 46:655 – 687

는 적어도 그렇게 범위를 축소하는 것이 가능하다는 주장을 뒷받침해 준다.

　　범법자 유형을 개발하는 데 가장 빈번하게 이용되는 분야의 하나가 성범죄자, 특히 강간범이라고 한다. 이들 강간범을 유형화할 때 주로 활용되는 변수는 아주 다양하지만, 주로 생활유형 충동성, 성적 환상, 비이성적 태도, 지배욕, 피학성, 아동학대 이력, 사회적 기능, 공격성, 그리고 음주 등의 변수가 강간범들의 구별과 유형화에 유용한 것으로 알려지고 있다.[16] 반면, 일부에서는 각각 두 가지 하위유형으로 나누어지는 두 가지 주요 유형에 기초한 강간범의 단순 유형론을 제안한 바 있다. 권력, 분노 그리고 성적 동기가 모든 강간사건에 포함되어 있지만 권력이나 분노가 지배적이라고 주장한다. 이들에 의하면, 강간이란 위선적 행동으로 관련된 성(sexuality)은 권력이나 분노에 대한 지배적인 동기를 충족시키는 도구에 지나지 않는다는 의미이다.[17]

　　한편, 교정시설에 수용되어 있는 강간범에 대한 심층면접을 통하여 '증대시키는 사람(increaser)'이라고 이름을 붙인 연쇄강간범의 하위유형을 파악한 연구가 있다. 대다수 강간범들과는 달리, 이들 '증대시키는 사람'은 강간이 계속됨에 따라 무력의 사용을 증대시키며, 또한 보다 빈번하게 강간하고 보다 가학적 변태성욕 행동에 가담한다는 점에서 차이를 보였다고 한다.[18]

3 절   범죄자(Criminal) Profiling의 심리학

　　범죄자 profiling은 귀에 익숙하지 않은 사람도 기억하고 있을 영화 '양들의 침묵(Silence of the Lambs)'이 대중문화 속에서 가장 잘 알려진 대표적인 범죄자 profiling의 예라고 할 수 있다. 그러나 현실에서는 아직은 profiling이 대부분의 법집행기관에서도 매우 회의적인 수준에 머물고 있다. 범죄자 profiling은 심지어 때로는 점성술사나 심령술사를 포함한 모든 다른 단서가 고

16　R. A. Prentky and Knight, R. A., "Identifying critical dimensions for discriminating among rapists," *Journal of Counseling and Clinical psychology*, 1991, 59:643-661

17　N. Groth, Burgess, A. W. and Holmstrom, L. L., "Rape: power, anger and sexuality," *American Journal of Psychiatry*, 1977, 134:1239-1243

18　R. Hazewood, R. Reboussin and Warren, J. I., "Serial rape: Correlates of increased aggression and the relationship of offender pleasure to victim resistance," *Journal of Interpersonal Violence*, 1989, 4:65-78

갈되었을 때만 단지 경찰이 찾는 정도라는 것이다. 이유는 아직까지는 profiling이 DNA검사처럼 과학적인 기초가 없기 때문이다. 따라서 범죄자 profiling이 지속적으로 연구, 발전된다면 상당한 경험적 지지를 받는 과학적일 수 있는 잠재성은 충분하다는 것이 일반적 견해이다.[19]

1. 범죄자 profiling이란?

범죄자 profiling이란 범죄의 알려지지 않은 가해자의 심리적 초상을 작성하기 위해 범죄와 범죄현장에 대한 가용한 정보를 활용하는 과정이다. 다시 말해, 범죄와 범죄현장의 각종 정보를 활용하여 알려지지 않은 범인의 초상을 구성하는 과정이다. 활용되는 정보는 종종 범죄현장에서 얻어지고, 범죄현장의 상태, 무기의 사용여부와 종류, 그리고 피해자에게 가한 행위와 말 등과 같은 여러 요소들을 고려한다. 그 밖에도, 범죄의 지리적 유형, 범죄현장의 접근방법, 그리고 범법자의 거주 장소 등의 정보도 활용되고 있다. profiler에 따라 과정은 전혀 다를 수 있지만, 모든 profiling의 목표는 범법자를 검거하기 위하여 범법자의 행동, 인성, 그리고 신체적 특성에 관해서 충분히 추론하는 것은 동일하다.

광의로 이해하자면, 범죄자의 행위의 표현과 뒤에 남긴 증거에 기초하여 범법자에 대한 어떠한 인성과 행위 단서를 제공하고자 하는 시도이다. 따라서 언어의 사용과 무기의 선택, 범죄현장과 피해자와의 상호작용의 분석을 포함하는 추론의 과정이라고 할 수 있다.[20] 이는 곧 특정한 범죄를 범했을지도 모르는 사람의 유형에 관한 특정한 정보를 수사기관에게 제공하기 위한 교육된 시도(educated attempt)이다. 종합하면, 범행했을지도 또는 했을 수도 있는 사람의 정신적, 감정적, 그리고 심리적 특성의 파악을 목표로 하는 교육된 시도로서의 추론과정이다. 구체적으로, 일반 대중으로부터 용의자를 구별하는 미확인된 범법자의 기질과 특성을 수사기관에게 제공하는 목적의 추론과정이며, 이들 특징과 특성들은 범법자를 알거나 범법자와 교류하는 사람들에게 범법자를 쉽게 인식할 수 있는 방식으로 나열하는 것이다.[21]

물론 profile 그 자체만으로 범죄를 해결하고 범죄자를 검거하는 경우는 드물지만, 수사경찰

---

19 D. A. Muller, "Criminal profiling: Real science or Just wishful thinking?" pp.55−66 in Bartol and Bartol, *op cit.*

20 W. A. Petherick, "Criminal profiling: What is in a name? Comparing applied profiling methodologies," *Journal of Law and Social Challenges*, 2003, June, pp.173−188, p.173

21 R. R. Hazelwood, Ressler, R. K., Depue, R. L. and Douglas, J. E., "Criminal investigative analysis: An overview," in Hazelwood, R. R. and Burgess, A. W.(eds.), *Practical Aspects of Rape Investigation: A Multidisciplinary Approach* (2nd ed.), Boca raton, FL: CRC Press, 1995, p.116

에는 도움이 되도록 설계된다. profile이 특정한 사람을 범죄에 책임이 있는 것으로 제안할 정도로 정확한 경우는 드물지만 경찰에게 바른 방향을 제시하고 용의자의 수를 줄여줄 수 있다. 경찰이 아무런 단서도 없을 때 경찰이 간과하였던 잠재적으로 도움이 되는 분야를 제안할 수도 있는 것이다.

　범죄자 profiling이 하나뿐인 기법이 아니며, profiling에도 여러 가지 상이한 접근법이 있다는 것도 알아둘 필요가 있다. 그중에서도 지리적 profiling 등 다른 접근법도 있긴 하지만, 진단평가(Diagnostic evaluation, DE), 범죄현장분석(Crime Scene Analysis, CSA), 그리고 수사심리(Investigative Psychology, IP)의 세 가지가 범법자 profiling의 주요 형태라고 할 수 있다.[22]

2. 범죄자 profiling의 과정

　범죄자 profiling은 대체로 6단계의 과정을 거치는 것으로 알려져 있다.[23] 첫 단계는 profiling 투입(input)으로서 범죄현장의 사진, 경찰의 일차보고서, 피해자 관련 정보, 그리고 모든 수사관련 정보를 포함하는 범죄를 해결하는 데 관계될 수 있는 모든 정보를 수집하는 데 관심을 두는 것이다. 부검사진 외에도, 범죄 현장의 공중사진과 그림, 거리, 방향 그리고 규모를 표시한 현장 그림은 물론이고 피해자에 관한 모든 정보까지도 필요하게 된다.[24]

　두 번째 단계는 의사결정과정 모형(Decision Process Model)으로서 정보가 조직화되고 일차분석이 이루어지는 단계이다. 이 단계에서 다중살인, 연쇄살인, 연속살인 또는 단일살인인지 등 살인의 유형과 형태가 결정되고, 살인이 일차적 목표인지 다른 범죄의 도구나 수단인지 등 범법자의 의사, 피해자의 위험 노출 상태(직업이나 신분 등의 이유로), 범행으로 인하여 자신을 위험에 빠뜨리는 정도, 범행에 소모된 시간, 범행 장소에 대한 정보 등 기타 중요한 요소도 이 단계에서 결정된다.[25]

　세 번째 단계는 범죄평가(Crime assessment)의 단계로서 profiler가 피해자와 가해자의 입장이 되어 자신의 머릿속에 범죄를 재구성해보는 단계이다. 범죄가 조직화된 것인지 아니면 비조

---

22 P. Wilson, Lincoln, R. and Kocsis, R., "Validity, utility and ethics of profiling for serial violent and sexual offenses," *Psychiatry, Psychology and the Law*, 1997, 4:1–11

23 Muller, *op cit.*, p.58

24 J. E. Douglas, Ressler, R. K., Burgess, A. W and Hartman, C. R., "Criminal profiling from crime scene analysis," *Behavioral Science and the Law*, 1986, 4(4):401–421

25 E. Douglas, Burgess, A. W., Burgess, A. G and Ressler, R. K., *Crime Classification Manual: A Standard System for Investigating and Classifying Violent Crime*, New York: Simon and Schuster, 1992, p.6

직화, 해체된 것인지 범주화하는 것은 바로 이 단계이다. 범행을 통해서 가해자가 얻고자 바랐던 것이 무엇이었는지 등 범죄에 대한 범법자의 동기가 고려되고, 피해자의 선택, 경찰을 혼돈시키기 위한 현장의 훼손 여부 등이 고려되는 단계이기도 하다.

profiler가 위의 모든 정보를 묶어서 profile이 실제로 행해지는 단계로서 범죄자 profile이 네 번째 단계이다. 이 단계에서 profiler가 범죄를 범한 사람을 기술하려고 시도하고 그 특정한 범법자를 검거하는 데 가장 효과적인 전략을 제시한다. 이 단계의 profile에는 범법자의 연령, 인종, 성별, 그리고 일반적 외관, 범법자의 사회관계와 주목할 만한 사항, 가능성이 높은 직업, 그리고 군, 직장, 교육기관과 과정에서의 독특한 특징 등이 포함된다. 또한 범법자가 그 지역에 거주하는지 아니면 익숙한지, 범행 전후의 범법자의 행위, 조직화되거나 해체된 인성을 가졌는지 등 범법자의 인성에 대한 기본적인 특징, 그리고 범법자의 중요한 소지품 등도 이 단계에서 조사, 보고된다.

다섯 번째 단계인 수사(Investigation)는 profiler가 보고서를 범죄사건을 수사하고 있는 기관에 제출하는 단계이다. 만약 용의자가 파악되고 자백이 이루어지면 profile은 성공적이었다고 판정된다. 여섯 번째는 검거(apprehension)로서 정확한 범법자가 붙잡힌 경우이다.

3. profiling과 심리학

심리학자들은 범죄란 종종 가해자와 피해자 사이의 사회적 상황이나 여건 속에서 범죄자가 범죄를 수행하는 대인적 전이(interpersonal transition)로 간주되기 때문에 심리학이 범죄에 직접적으로 적용될 수 있다고 주장한다. 구체적으로, 심리학이 범죄자를 profile하기 위하여 사용될 수 있는 다섯 가지 광범위한 접근법을 내놓고 있다.[26]

그 첫 번째 접근은 대인적 일관성(interpersonal coherence)으로서 범죄자가 행한 행동은 범죄자 자신의 심리 안에서 이해할 수 있다는 것이다. 예를 들어, 범죄자는 범죄자에게 중요한 사람의 중요한 특징과 일치되는, 일관적인 피해자를 선택한다는 것이다. 더 구체적인 예로서, 연쇄살인범은 자신과 같은 인종의 사람만 공격한다는 일화가 이를 보여준다. 이런 점에서 심리학자는 피해자와 가해자가 피해자와 상호작용한 방법에서 범죄자에 대한 무언가를 결정할 수 있어야 한다는 것이다.[27]

26 D. Canter, "Offender profiles," *Psychologist*, 1989, 2:12－16
27 *Ibid.*

두 번째는 시간과 장소의 중요성이다. 범죄자가 범행을 위해 선택하는 장소는 통상 범죄자 자신에게 무언가 일련의 중요성이 있다는 것이다. 강간이나 살인과 같은 범죄는 통제의 범죄이고 범죄자가 낯선 환경에서는 완전히 통제하고 있다고 느낄 수 없기 때문에 범죄자들이 자신이 익숙하지 않은 장소에서는 강간이나 살인을 할 확률이 낮다. 따라서 범죄자는 범행 장소 주변에 살거나 일할 가능성이 높은 것이다.

세 번째는 범죄자 특성(criminal characteristics)으로서 범죄와 범죄자를 보고 범죄자를 어떤 범주나 하위범주로 분류할 수 있는 차이점이 있는지를 보는 것이다. 이의 대표적인 예가 미국 FBI의 조직화된 범죄자와 비조직화, 해체된 범죄자의 분류이다.

네 번째 접근은 범죄 경력(criminal career)으로서 비록 범행을 할수록 범죄를 증강시킬지라도 범죄자들이 전반적인 범죄경력에 걸쳐서 범행의 방법을 크게 바꾸지 않는다는 관찰을 활용하는 것이다.

마지막으로, 법의학적 인식(forensic awareness)으로서 연쇄범죄자가 강간 피해자를 강제로 목욕을 시키는 등 범행흔적을 숨기거나 감추기 위한 조치들을 취하는 것은 과거 경력이 있다는 분명한 신호라고 할 수 있다는 것이다.

4. 범죄현장분석 profiling의 한계

범죄현장의 표상에만 기초하여 범죄자를 분류하는 것은 일부 사례에서는 수사관들을 잘못된 길로 인도할 수도 있다. 특히 범법자나 증거의 역동성이 평가가 이루어지는 물리적 증거를 변화시키거나 방해할 때 발생하기 쉬운 문제이다. 또한, 이러한 profiling은 알려지지 않은 범법자의 특징이나 특성으로 유도하는 몇 가지 관찰 가능한 모수로 인간행위를 단순하게 줄인다는 우려도 제기되고 있다. 그나마도, 각각의 범법자 유형의 개별적 특성들이 그 중요성에 따라 가중치가 주어지지 않기 때문에 이 모형을 적용하려면 어떠한 특성이 얼마나 중요하고 어떤 특성이 적용 가능한지를 결정하는 것을 개별 profiler에게 맡기게 되어 때로는 자의적, 임의적, 또는 주관적 분류로 흐를 수 있다는 우려를 한다. 이처럼 주관성의 개입은 분류결과에 부정적 영향을 미치고, 방법의 타당성에도 흠결을 남기게 된다.[28]

---

28 B. E. Turvey, *Criminal Profiling: An Introduction to Behavioral Analysis*(2nd ed.), London: Academic Press, 2002, p.226

제 2 장
기타 심리학적 profiling 기법

제1절 수사심리학(Investigative Psychology)

수사심리(IP)는 profiling을 전체 과정의 단지 한 부분으로 이해한다. 범죄자 행위에 대한 과학적 연구 접근법을 강조한 영국의 심리학자인 David Canter(캔터)가 주창하고 옹호하는 기법으로서 귀납적이며, 축적된 자료의 양과 질에 크게 좌우된다. 수사심리는 범죄의 인지, 수사, 그리고 기소의 모든 관점에 대한 과거 주관적 접근에 대해 과학적이고 체계적인 기초를 제공하는 것이다. 이러한 행동과학의 기여는 어떠한 수사의 상이한 단계, 범죄 그 자체로부터 정보의 취합을 거쳐, 범죄자 신원을 확인하기 위한 경찰의 활동과 나아가 기소와 재판 준비에 이르기까지 서로 다른 모든 단계에서 작용할 수 있는 것으로 고려되고 있다.[1]

이런 점에서 Canter는 일상의 profiling과 이 수사심리를 구분하려고 노력하였다. 그는 심리학자들이 범죄자에 대해서 할 일이 더 많으며, 반면에 다른 사람들이 수사에 할 일이 더 많아서 심리학자는 범죄수사에서 발을 빼야 한다고 주장하였다. 그의 주장의 요점은 'profiling'과 '수사심리'를 구분하는 것이다. 이를 위하여 그는 다음과 같은 주장을 펴고 있다. 수사심리가 훨씬 더 단조롭고 지루한 활동이며, 범죄행위유형에 대한 고통스러운 조사와 경찰수사에 도움이 될 수 있는 추세와 경향의 유형들을 검증하는 것으로 구성된다. 수사심리학자는 또한 근본적으로 불가사의한 범죄행위의 영역이 있다는 것을 받아들인다.[2]

---

1 W. A. Petherick, "Criminal profiling: What's in a name? Comparing applied profiling methodologies," *Journal of Law and Social Challenges*, 2003, June, pp.173－188

2 D. Canter, "Profiling as poison," *Inter alia*, 1998, 2(1):10－11

이 접근법은 대인적 일관성(interpersonal coherence), 시간과 장소의 중요성, 범죄 특성, 범죄 경력, 그리고 법의학적 이해라는 범법자의 과거와 현재를 반추하는 다섯 가지 주요 요소를 보는 것으로, 일반적으로 다섯 요소 모형(5 factor model)이라고 불린다. 대인적 일관성은 타인을 대할 때 취하는 상호작용의 형식이라고 할 수 있는데, 범법자는 자신의 일상 활동에서 다른 사람을 대하는 것과 유사한 방식으로 피해자를 대한다고 믿는 것으로 다른 사람과의 관계에 있어서 범법행위와 비범법행위 사이에 일정한 일관성이 있다는 것이다. 평소 다른 사람들과의 관계에서 이기적인 범죄자는 자신의 피해자에게도 이기적으로 대하여 자신의 이기심을 내보인다는 것이다.[3] 대인관계의 과정이 관계가 일어나는 시간과 장소로부터 상당한 미묘한 차이나 함축성을 얻기에, 시간과 장소의 고려도 범법자의 인성의 몇몇 관점을 반영한다고 할 수 있다. 다시 말하자면, 범행의 시간과 장소는 종종 특별히 선택되기 때문에 정신적 지도(mental map)의 형태로 범법자의 행동에 대한 보다 깊이 있는 통찰력을 제공하게 된다. 이러한 가정이 주장하는 바는 범법자는 자신이 잘 아는 곳에서 보다 편하게 느끼고 더 잘 통제할 수 있다고 느낀다는 것이다. 이러한 가정은 후에 환경범죄학(environmental criminology)의 이론적 기초가 되었다.[4]

범죄특성은 수사관에게 자신들이 다루고 있는 범죄유형에 관한 몇몇 생각들을 제공한다. 그 생각이란 범죄의 특성과 범죄가 행해진 방법이 범죄자와의 면접과 경험적 연구에 기초하여 그러한 특성을 가진 몇 가지 분류로까지 이어질 수 있는지 여부를 알기 위한 것이다.[5]

범죄경력은 물론 약간의 변화와 적응은 있겠지만, 범죄자가 일련의 범죄를 거치면서도 유사한 방법으로 행동할 것인가를 보여주는 것이다. 이러한 일부 변화와 적응은 범행 도중에 겪은 과거의 경험을 반추하는 것일 수도 있다. 이는 이어지는 범행을 통하여 학습하고 범죄행위를 계속해서 갈고 닦는 많은 범법자들이 보여주는 수법(Modus Operandi)의 진화를 반영하는 것이다. 이에 더하여, 사전주의적 행위의 형태와 특성도 범법자가 형사사법기관과 가졌던 접촉의 형태에 대한 약간의 통찰을 제공할 수도 있다.[6]

---

3 Petherick, *op cit.*

4 D. Canter, "Offender profiles," The Psychologist, 1989, 2(1):12−16; P. B. Ainsworth, *Offender Profiling and Crime Analysis*, Essex, UK: Willan Publishing, 2001, p.199

5 *Ibid.*

6 W. Petherick, "Criminal profiling methods," pp.31−52 in W. Petherick(ed.), *Serial crime: Theoretical and Practical Issues in Behavioral Profiling*, London: Elsevier, 2006, p.41

마지막으로, 법의학적 인식(forensic awareness)은 형사사법제도와의 과거 경험에 기초한 학습의 증대를 보여주는 것이다. 간단한 예로 강간범이 피해자에게 남겨진 자신의 정액을 이용한 유전자감식으로 검거된 경험을 바탕으로 범행에 콘돔을 사용하는 것이다. 과거의 경험을 통해서 범법자들이 장갑을 끼거나 마스크를 착용하거나 증거를 훼손시키는 등 경찰수사를 방해할 수 있는 기술과 기법들을 활용하는 방식으로 점점 더 세련되고 교묘해지는 것이다.

이 외에도, 거주지, 범죄이력, 가정·사회적 특성, 개인적 특성, 그리고 직업·교육경력 등 수사관에게 유익하고, 도움이 되는 다섯 가지의 특징들이 있다. 물론 이들 다섯 가지 특징에 대한 아무런 가중치도 부여되지 않았지만 지금까지는 범죄경력과 거주지역이 가장 영향력이 크다고 한다. 이 점에서 이 방법은 또 다른 접근방법인 지리적 profiling과 여러 가지 유사점을 공유하고 있다.[7]

제 2 절   진단평가(Diagnostic Evaluation)

이 모형에 따르면, 개인의 교육, 훈련, 그리고 경험은 정해진 시간에 특정한 사안에 대해서 그 사람이 취하는 접근방법을 지배하며, profiling은 따라서 범법자, 인성, 그리고 정신질환에 대한 임상전문가의 이해의 결과라는 것이다. 비록 profiling에 있어서 심리분석적 개념의 활용이 오늘날엔 거의 보이지 않을지라도, profiling에 있어서 법의학적 임상심리학자들을 위한 역할이 아직도 남아있다고 한다. 예를 들어서, 행동과학에 있어서 그들의 배경과 정신병리학의 훈련이 그들로 하여금 범죄현장 정보로부터 인성특성을 추론할 수 있게 해주며, 법과학적 정신의학자는 상징적 행위, 대표적 행위 이면의 의미를 추정할 수 있는 좋은 위치에 있으며, 그들의 훈련, 교육, 그리고 비판적이고 분석적인 사고에의 초점을 고려할 때, 법과학적 정신의학자는 그들의 훈련을 새로운 분야로 연결시킬 수 있는 훌륭한 위치에 있다는 것이다.[8]

---

7 J. Boon and Davies, G., "Criminal profiling," *Policing*, 1993, 9(8):1−13

8 M. G. McGrath, "Criminal profiling: Is there a role for the forensic psychiatrist?" *Journal of the American Academy of Psychiatry and Law*, 2002, 28:315−324

진단평가는 통일된 접근법이 존재하지 않기 때문에 관계된 원리가 분명하게 진술되지 않을 수 있으며, 이 접근방법의 효율성을 연구하고자 하는 어떠한 시도도 특정한 결론으로 이끌었던 사고를 재생산할 수 없다는 방해에 직면하게 된다. 정신건강 종사자들에 의한 profile은 범법자의 정신과정의 작동에 관한 진술을 담고 있을 수 있으며, 그들이 제공하는 설명은 다른 profiling 방법에서 추출된 설명만큼 수사관들에게 유용하지 않을 수 있다. 또한 대부분의 심리학자들이 범죄수사의 특성과 필요에 정기적으로 노출되지 않기 때문에 profiler가 생각하기에 경찰이 요하는 것과 실제로 경찰이 요하는 것 사이에 괴리가 생길 수도 있다. 끝으로, 심리학적 분석의 일부 관점은 경찰수사로 통합하기 어렵고, 따라서 profile의 유용성과 profiler의 참여에 대한 의문을 불러일으키게 된다.[9]

3절   행동증거분석(Behavioral Evidence Analysis)

profiling의 입장에서 보면, 행동증거분석은 일종의 새로운 접근방법으로서 법의학과 물리적 증거의 수집과 해석에 기초한 것이다. 원칙적으로 연역적 방법이며, 그 결과 특별한 특성을 제시하는 특정한 증거가 존재하지 않는 한 범법자에 대한 결론을 내리지 않는다. 아무것도 가정하거나 추측되지 않고 profiler가 알려진 것만 가지고 작업한다는 사실이 장점이며, 물리적 증거의 진실성과 그 증거의 범죄사건에 대한 관계를 결정하는 데 상당한 시간을 투자한다. 이렇게 함으로써, 관계가 없거나 상응하지 않은 증거는 증거가치가 작고, 최종 분석에서 아무런 가중치가 주어지지 않는다. 이런 방식이 객관성을 유지하는 데 기여하며, 보다 정확하고 유용한 최종 결과물로 인도할 것으로 기대하는 것이다.[10]

행동증거분석은 4단계로 이루어지는데,[11] 그 첫 단계는 법의학적 분석에 상응한 것으로,

---

9 Petherick, 2006, *op cit.*

10 W. A. Petherick, "Criminal profiling: What'sin a name?" *Journal of Law and Social Challenges*, 2003, June, pp.173－188

11 Investigations Subcommittee and Defense Policy Panel of the Committee on Armed Services House of Representatives,

profiler가 분석할 범죄현장과 행동 특성의 진정성, 진실성을 확인하기 위해 고안된 것이다. 이 단계에서 사건을 둘러싼 모든 증거가 증거의 전반적인 특성과 질을 결정하고 사건에 대한 상응성을 평가하기 위해 검증되는 것이다.

두 번째 단계는 피해자학(victimology)으로서 피해자의 생활유형(lifestyle), 취미, 교우관계, 적대관계, 그리고 인구학적 특징 등을 포함한 피해자에 관한 모든 관점을 다 검증하는 것이다. 이렇게 피해자학을 통해서 얻은 정보는 피해자와 가해자의 어떠한 관계가 존재하는지 그리고 존재한다면 어떤 관계로 어느 정도인지를 결정하는 데 도움을 준다.

세 번째 단계는 범죄현장 특성으로서 profiler가 접근과 공격의 방법, 통제의 방법, 지역형태, 어떠한 성적 행동이 있었다면 그 특성과 결과, 활용된 물질, 언어활동의 유형, 그리고 장갑을 끼거나 스키마스크를 했거나 음성을 변조했거나 콘돔을 사용하는 등 범법자가 가담했던 사전주의 행동과 같은 요소들을 결정한다. 이 단계에서 접촉지점, 일차, 이차, 삼차 범행 장소, 유기나 폐기 장소와 같은 범죄사건에 포함된 범죄현장의 형태들이 결정된다.

마지막 단계는 범법자 특성으로 알려진 실제 범법자 profile이다. 앞 단계로부터의 모든 정보가 물리적 증거와 피해자학, 그리고 범죄현장이 집합적으로 범법자에 관해서 무엇을 주장하는지를 결정하기 위하여 과학적 방법과 귀납적 논리를 이용하여 통합되고 평가된다.

USS Iowa Tragedy: An Investigative failure, Washington, DC: US Government Printing Office, 1990, p.42

제 3 장
Profiling의 타당성

Profiler가 주장하는 유용성의 가장 보편적 척도는 profiler의 추정이 범인이 검거되었을 때 범죄자와의 유사성일 것이다. 그러나 이 척도는 성공이나 위업을 선포하는 가장 나쁜 방법일 것이다. 범죄자 profile은 범죄자의 행위와 범죄현장과 피해자와의 상호작용에 기초한 범죄자의 추정이다. 범죄자를 사회의 다른 구성원들로부터 범죄자를 구분해주는 총체적 인성과 행위 특성을 파악하는 것이 목적이다. 여기서 중요한 것은 특정한 개인을 지목하기보다는 총체적인 인성과 행위 유형과 기질을 파악하려는 의도라는 것을 알아야 한다.[1] 이런 의미에서 profiling의 정확성은 몇 가지 오류에 휘말릴 수도 있다.

정확성의 오류는 실제 정확성과 유용성이라는 두 가지 쟁점을 내포하고 있다. 첫째, 증언대에서 또는 면접이나 전문가 모임에서 일부 profiler들은 자신들의 방법과 분석이 마치 DNA나 지문만큼이나 정확하다고 100% 정확성을 감히 주장한다. 정확성이 중요한 이유는 바로 유용성과 연결되기 때문이다. 만약 profiling이 정확하다면 유용했을 것이고 그렇지 않았다면 그 반대였을 것이기 때문이다. 또 다른 입장에서는 만약 profile이 정확하지 않다면 처음부터 profile을 요구하지도 않았을 것이라고 주장한다. 불행하게도 이들의 어떤 주장도 타당하지 않다. 정확성을 결정하는 유일한 방법은 profile을 profile된 범죄로 유죄가 확정된 범죄자에게 대비시키는 것이다.

몇몇 의욕적인 profiler들이 잊고 있는 것은 범죄자 profile은 오로지 용의자 군(pool)을 규정하고 좁히기 위해서 고안된 것이라는 점이다. 따라서, profile은 철저하고 잘 계획된 수사를 대체하는 것이 아니며, 모든 것이 다 포함되었다고 고려되어서는 안 되며, 최종보고서는 따라서 확률에 기초하는 것이다. 특히 어떠한 두 사건, 범죄행위나 범죄인성도 정확히 같을 수 없으며, 따라서 범법자가 항상 모든 범주의 profile에 다 맞지 않을 수도 있다는 점을 명심해야 한다.[2]

---

1 W. Petherick, "The fallacy of accuracy in criminal profiling," pp.53−65 in W. Petherick(ed.), *op cit*.

2 R. R. Hazelwood, Ressler, R. K. Depue, R. L. and Douglas, J. E., "Criminal Investigative Analysis: An Overview," in

정확성의 문제는 논쟁의 절반에 지나지 않는다. 만약에 정확한 profile이 누구도 이용하지 않는다면 어떻게 될까. 바로 유용성이 쟁점이다. 이는 범죄자 profile이 전반적으로 정확하지만, 그 특성들이 너무나 일반적이어서 수사지침이 필요한 사람들에게 쓸모가 없다면 어떨까? 범죄자 profile의 목적은 용의자 군(pool)을 줄이고 좁히는 것이지, 지나치게 포괄적이어서 거의 모든 사람에게 다 적용될 수 있도록 하는 것이 아니다. 부정확성은 비효율성으로 간주될 수 있다. 효율성은 예산과 자원에 밀접한 관련이 있기 때문에 profile의 정확성에 대한 자료는 제대로 공개되지 않아서 정확성과 유용성에 대한 연구는 흔치 않은 실정이다.[3]

결론적으로, 상이한 종류의 범죄현장이 합리적 수준의 신뢰성을 가지고 분류될 수 있고, 이들 범죄의 그러한 차이점이 살인범의 피해자와의 과거관계와 상호작용, 조직적 접근과 비조직적 접근, 그리고 연쇄적인 것과 단발성과 같은 몇 가지 가해자 특성과 관련될 수 있다. 그러나 동시에 부정확한 profiling도 아주 빈번하며, 비교적 적은 수의 범죄자만이 연구되었고, 개념과 접근방법이 아직도 체계적이고 객관적으로 규정되지 않았기 때문에 주의를 요한다는 경고도 있다.[4] 종합하자면, profiler가 심지어 경험이 많은 수사관보다 더 유용하고 타당한 범죄자 profile을 만들 수도 있지만, 그러한 장점도 사실은 제한된 유형의 범죄와 정보에 국한된다고 할 수 있다. 아직도 고참 수사관들은 범죄자 profile을 애매한 진술 정도로 인식하고 있으며, 심지어 심리학자들의 대다수도 범죄현장 profiling의 타당성을 의심하고 있지만 그럼에도 불구하고 실무자들 사이에 점점 더 대중성을 얻고 있고 더 많이 실행되고 있다.[5]

Burgess, A. and Hazelwood, R.(eds.), *Practical Aspects of Rape Investigation*(2nd ed.), Boca Raton, FL: CRC Press, 1995, pp.176−177

3 P. B. Ainsworth, *Offender Profiling and Crime Analysis*, Devon, UK: Willan, 2001, p.176

4 C. G. Salfati and Canter, D. V., "Differentiating stanger murders: Profiling offender characteristics from behavioral styles," *Behavioral Science and the Law*, 1999, 17:391−406; R. A. Knight, Warren, J. I., Reboussin, R. and Soley, B. J., "Predicting rapist type from crime−scene variables," *Criminal Justice and Behavior*, 1998, 25:30−45

5 L. Alison, Smith, M. D. and Morgan, K., "Interpreting the accuracy of offender profiles," Psychology, Crime and Law, 2003, 9(2):185−195; C. Bartol, "Police psychology: Then, now and beyond," *Criminal Justice and behavior*, 1996, 23:70−89; R. J. Homant and Kennedy, D. B., "Psychological aspects of crime scene profiling," *Criminal Justice and behavior*, 1998, 25:319−343

제 6 편

범죄자의 심리학적 이해

CRIMINAL PSYCHOLOGY

제1장
범죄자의 분류

제1절 개 관

    모든 과학에 있어서 진보는 관심분야나 영역을 구성하는 존재 사이의 유사성과 차별성을 확인해 주는 기술적 분석구도(descriptive analytic scheme)에 달려 있다. 범죄나 범법자의 수를 세는 것은 대부분 범죄학적 연구의 기초인 반면 범죄이론의 개발과 범죄를 예방하거나 통제하기 위한 방법의 개발은 그와 같은 기술적 분석도구를 요하게 된다. 여기서 분류는 두 가지 의미를 가진다. 첫 번째는 존재 또는 실체(entities)가 집단화(grouped)되는 체계이고, 두 번째는 특정체계의 계층에 개별적 실체나 존재를 부여하는 것을 의미한다. 후자는 보편적으로 임상적 평가와 진단(clinical assessment and diagnosis)이기에 본 서에서는 주로 범죄행위나 범죄행위자의 계층(classes)을 구분하고자 하는 분류제도와 체계를 중심으로 살피고자 한다.

    분류의 개발과 발전은 계층의 구조적 배치와 속성에 관한 몇 가지 쟁점을 야기한다. 한 가지 기본적 쟁점은 유형화(typing)가 부정적이고 오명을 씌우는 낙인을 양산하고, 개인의 유일성, 독특성(uniqueness)을 부정한다는 반론이다. 그러나 낙인화는 구금시설에서 종종 일어나는 것처럼 비공식적이고 판단적 정형화가 확산될 때 더욱 가능성이 높다. 분류가 개인적 유일성은 경시하지만, 그것을 부정하지 않고 오히려 공평성(commonality)이라는 더 중요한 목적에 봉사하는 것이다. 분류는 의사소통을 위해서 뿐만 아니라 의사결정과 예측을 위해서도 과학적 활동과 직업적 활동 모두에 필요한 것이다.[1]

---

1 R. K. Blashfield and J. G. Draguns, "Toward a taxonomy of psychopathology: The purpose of psychiatric classification," *Britisch Journal of Psychiatry*, 1976, 129:574–583

2절 범죄학에 있어서의 분류

범죄나 범죄자 모두 동질적(homogeneous)이지 않으며, 분류는 세 가지 목적에서 필요한 것이다. 첫째는 형벌제도상 관리결정(management decision)을 위한 것으로서 이는 공중에 대한 외적 보안, 재소자와 교도관에 대한 내적 보안, 연령, 성별, 위험의 정도, 형기, 또는 훈련의 필요성 등에 따라 재소자를 상이한 구금시설에 수용함으로써 시설을 매끄럽게 운영하기 위한 목적이다. 물론 이때 범법자의 특성도 마찬가지로 장래 위험성이나 보호관찰의 반응을 예측하기 위한 시도에 고려된다. 두 번째 목적은 범죄자를 감시감독, 훈련, 또는 교화개선(rehabilitation)의 목표를 충족시킬 확률이 가장 높은 시설에 수용함으로써 처우결정(treatment decision)을 용이하게 하기 위한 것이다. 세 번째는 특정한 계층의 범죄나 범법자에 대한 인과적 이론을 구성할 목적으로 이용되는 것이다. 분류제도는 이들 모든 목적을 다 동일하게 잘 충족시키기는 어려운 일이며, 따라서 분류의 특정한 목적이라는 견지에서 판단되어야 한다.[2]

물론 다수의 연구가 단지 비행소년과 비(非)비행소년 또는 범죄자와 법준수자라는 단순한 이분화(dichotomy)를 지속적으로 다루고 있지만 대부분의 연구자들은 범법자들의 이질성(heterogeneity)을 줄일 필요성을 인식하고 있다. 다수의 연구가 재범자(recidivist) 대 일회성 범죄자(one-time offender)라는 범행의 빈도, 피해자 없는 범죄(victimless) 대 피해가 큰 범죄(victimful)라는 범죄의 심각성(seriousness), 탐욕적(acquisitive) 범죄 대 공격적(aggressive) 범죄라는 범행의 동기, 또는 대물범죄 대 대인범죄라는 범행의 표적(target)과 같은 범행의 함축적인 차원에 기초한 실용적인 구분을 하고 있다. 그러나 이론에 연계되지 않는 한 그러한 분류는 그 활용성이 제한적일 수밖에 없는 것이다.

일부 법률주의적 관점에서는 어떠한 유형론이라도 반드시 범죄행위에 관련성을 가져야 하며, 실제 일부 분류만이 범행에 초점을 맞추고 있다는 주장을 한다. 실용주의적 관점에서 범죄행위를 폭력, 강도, 주거침입절도, 약물거래, 자동차절도, 사기, 횡령 또는 신용카드사기의 8가지로 구분하고 있다. 비록 이러한 접근이 동질적인 계층이나 부류(class)를 만들기는 하지만, 가능한 부류나 계층의 수는 몇 가지 차원에서 어떻게 나누는가에 관한 임의적, 자의적 결정에 의해

---

2 R. Blackburn, *The Psychology of criminal conduct: Theory, Research and Practice*, chichester: Wiley, 1993, p.62

좌우되며, 법률적 범행의 기술은 범죄의 기능적 중요성이나 행위적 특성을 제대로 반영하지 못할 수도 있다. 대표적인 예로서 살인이나 음주운전에 대한 실증적 연구결과가 이들 동일한 범주 내에서도 개인적 속성의 이질성이 존재함을 보여주고 있다는 점이다.[3]

일부 사회학적 분류에서는 범행과 관련된 사회적 유형(social patterns)과 연계하여 범법자를 분류하고 있다. 범죄행위체계(criminal behavior system)가 범죄행동을 사회적 전통(social traditions)과의 통합이라는 견지에서 기술하고 있다. 예를 들어, 직업적, 전문적 절도(professional theft)는 절도행위에 규칙적으로 가담하고, 일종의 신용사기나 소매치기 수법 등 적절한 기술적인 수법을 사용하며, 범죄자 중에서 높은 지위를 차지하고, 범죄활동을 지지하는 사회적 망을 가지고 있는 등의 관점에서 화이트칼라범죄와 같은 아마추어 절도와는 구별되고 있다. 이와 관련된 또 다른 하나의 개념은 역할경력(role career)으로서, 이는 범죄행위, 범행의 여건, 범법자의 경력, 관계된 자기관련 및 역할관련 태도에 따라 범죄적 역할을 구분하는 것이다.

한편 범법자들의 이질성을 줄이기 위한 심리학적 시도들은 일반적으로 법률주의적 접근을 피하는 편이다. 범법자 유형은 법률위반자들에게 유일하지는 않지만 범법자들에게 보다 보편적인 속성(attributes)에 의해 구분되며, 이때 특정한 형태의 처우나 관리에 대한 개인의 상이한 반응에 특별한 관심을 두고 있다. 일부 범죄학자들은 지나치게 임상적 성향과 정신의학과의 유사성으로 인해 그러한 유형을 의심스럽게 바라본다. 그러나 여기서 처우(treatment)란 질병을 제거하기보다는 범법자를 돕는 것을 의미하고, 발달, 인지, 또는 사회적 특성이라는 견지에서 심리학적 유형의 파악은 일탈적 행위와 비일탈적 행위의 이분화를 함축하지 않는다.[4]

그런데 일반적으로 범죄자의 분류가 유용하기 위해서는 범법자 인구의 포괄적 포용, 범주에 대한 명확한 조작적 정의, 신뢰성 있는 범주화, 유형 간 타당한 구분, 변화에 대한 민감성, 처우의 상응성, 그리고 적용의 경제성 등 적어도 7가지 요건은 충족되어야 한다는 것이다. 비록 그동안 다수의 분류가 제안되었지만 그러한 요건을 충족시키는 것은 극히 드물며, 더구나 60년대의 인상주의나 이론적 분류제도들은 거의 유용성이 없는 것으로 지적되고 있고, 따라서 보다 최

---

3 D. M. Donovan and G. A. Marlatt, "Personality subtypes among driving−while−intoxicated offenders: Relation to drinking behavior and driving risk," *Journal of Consulting and Criminal Psychology*, 1982, 50:241−249; B. J. McGu가, "Personality types among normal homicides," *British Journal of Criminology*, 1978, 18:146−161; M. R. Chaiken and J. M. Chaiken, "Offender types and public policy," *Crime and Delinquency*, 1984, 30:195−226

4 D. A. Andrews, J. Bonta and R. D. Hoge, "Classification for effective rehabilitation: Rediscovering psychology," *Criminal Justice and Behavior*, 1990, 17:19−52

근에는 양적이고 경험적으로 이루어지는 분류제도에 많은 관심을 가지기 시작하였다. 물론 모든 분류가 적어도 함축적인 이론적 가정에 기초하고 있지만 현재 관심을 얻고 있는 분류제도는 명백한 이론으로부터 범주를 파악하는 것과 범주를 경험적으로 도출하는 것으로 구분될 수 있다.[5]

3절 이론적으로 도출된 분류(Theoretically derived classifications)

1. 대인 간 성숙도(Interpersonal Maturity Level)

오래전 인식적 발달을 자신과 세계와 타인에 대한 점점 더 차별화된 인식이 동반되는 사람과 사회제도와의 점증적인 개입이라는 견지에서 바라보는 신-프로이드 또는 사회 심리학적 이론에 영감을 받은 단계이론(stage theory)이 제안된 적이 있다. 이들은 자아(self)와 비자아(nonself)의 차별화(differentiation)(I-1), 인간과 대상(object)의 차별화(I-2), 단순한 사회적 역할의 차별화(I-3), 타인의 기대인지(awareness)(I-4), 역할의 차별화와 동정적 이해(I-5), 사회적 역할로부터 자아의 차별화(I-6), 그리고 자아와 타인에 있어서 통합과정의 인지(I-7)라는 통합(integration)의 7단계를 제시하고 있다.[6]

특정한 단계에서의 고착은 목표와 기대의 상대적 일관성, 극히 소수자만 이르게 되는 I-7 단계인 생의 실용철학(working philosophy)을 결정하게 된다. 물론 성숙도와 반사회적 행위 사이의 인과관계가 제시되지는 않지만 I-4 이상 단계로 발전하는 사람은 사회와 갈등할 가능성이 상대적으로 낮으며, 대부분의 비행청소년은 I-2, I-3 또는 I-4 단계에 놓이는 것으로 알려지고 있다. 그러나 이들 단계 내에서도 상이한 대인간 대응 형태에 따라 특징 지워지는 9가지 하

---

5 E. L. Megargee, "A new classification system for criminal offenders: I. The need for a new classification system," *Criminal Justice and Behavior*, 1977, 4:107-114; D. Faust and R. A. Miner, "The empiricist in his new clothes: DSM-III in perspective," *American Journal of Psychiatry*, 1986, 143:962-967

6 C. Sullivan, J. D. Grant, and M. Q. Grant, "The development of interpersonal maturity: Application to delinquency," *Psychiatry*, 1856, 20:373-385

표 1-1   대인적 성숙도 체계(Interpersonal Maturity Level System)

I-2 Level	자신의 필요에 대한 자기중심적, 이기적 관심; 타인을 주는 사람(givers)이나 낙오자(withholders)로 봄; 타인의 반응을 예측하거나 이해하지 못함 1. 반사회적(Antisocial), 공격적(aggressive)(Aa); 좌절했을 때 적극적으로 요구하고 공격적 2. 비사회적(Asocial), 수동적(passive)(Ap); 좌절 시 투덜되고, 불평하고, 낙오됨
I-3 Level	자기 행위가 타인에 미치는 영향에 대해 일부 인지하나, 자신과 타인의 차이에 대한 제한된 이해; 환경을 권력차원에 따라 조직되고 조작 가능한 것으로 봄; 내적 가치 결여; 외적인 흑백규칙에 의존 3. 수동적 동조자(Passive conformist)(Cfm); 현재 권력을 가진 사람, 누구에게나 불평하는 사람 4. 문화적 동조자(Cultural conformist)(Cfc); 비행적 동료의 특정 준거집단에 동조 5. 반사회적 조작자(Antisocial manipulator)(Mp); 자신을 위해 권력을 강탈하기 위하여 권위자나 권력자를 손상함
I-4 Level	타인의 기대라는 견지에서 자신을 봄; 지위와 존경에 관심; 영웅과의 자기동일시를 포함한 타인에게서 관찰된 역할을 채용; 자기비판, 죄의식, 부적절함 등을 양산하는 엄중한 기준 내재화함 6. 신경증적(neurotic), 행동표출(acting out)(Na) : 의식적 불안감이나 자기비난을 피하기 위하여 죄의식적 반응을 실행 7. 신경증적(neurotic), 불안(anxious)(Nx) : 부적절함이나 죄의식을 느낄 때 감정적으로 장애를 받음 8. 상황적 감정적 반응(situational emotional reaction)(Se): 근친가족이나 개인적 위기를 행동으로 표출 9. 문화적 동일시자(Cultural identifier)(Ci): 일탈적 자기동일시에 반응하여 비행적 신념을 생활화

자료 : M. Q. Warren, "Application of interpersonal-maturity theory of offender populations," in W. S. Laufer and J. M. Day(eds.), *Personality Theory, Moral Development, and Criminal Behavior*, Lexington: Lexington Biiks, 1983

위 비행청소년 유형으로 구분하는 경우도 있다. 실제로 미국 캘리포니아 청소년국(California Youth Authority)의 지역사회처우 프로젝트의 비행청소년들을 분류한 결과 I-3의 수동적 동조자(passive conformist)가 14%, 권력지향적(power oriented)인 문화적 동조자(cultural conformist)와 반사회적 조종자(antisocial manipulator)가 21%, 그리고 '신경증환자(neurotic)'라고 할 수 있는 행동하는 신경증 환자(neurotic, acting out)나 불안한 신경증환자(neurotic, anxious)가 53%로 조사된 적이 있다.[7]

I-Level 체계는 범법자들은 그들의 상이한 성숙수준에 따라 상이한 이유에서 범행을 하며, 그들의 재범 가능성을 낮추기 위해서는 상이한 유형의 개입을 요한다는 가정에 기초하여 주로 상이한 처우를 위한 분류로 이용되어 왔다. 실제 캘리포니아 청소년국에서 재범률의 감소가 상이한 하위유형의 I-Level 비행청소년들을 상이한 처우여건, 처우자, 그리고 처우형태에 노출시

7 T. Palmer, "The Yotu Authority's Community Treatment Project," *Federal Probation*, 1974, 38:3-14

킴으로써 가능해지는지 여부를 결정하기 위한 목적으로 채택한 결과 일부 하위유형에서 실제로 상이한 결과가 나타났다. '신경증적(neurotic)' 비행소년은 지역사회에서 감시, 감독될 때 더 결과가 좋았으며, 반면에 '권력지향적(power oriented)' 비행소년은 전통적 시설에 수용되었을 때 그 결과가 더 좋았던 것으로 확인되었으며, I-2와 I-3 문화적 동조자(Cultural Conformist: Cfc) 유형은 교류분석(transactional analysis)보다는 행동수정(behavior modification)에 더 긍정적으로 반응하였고, I-3 반사회적 조종자(Antisocial Manipulator: Mp) 유형은 오히려 행동수정보다는 교류분석에 더 긍정적으로 반응하였다.[8]

그런데 이와 같은 상이한 결과는 결국 많은 교정시설에서 이용되고 있는 분류체계의 내용타당성(construct validity)을 지지하는 것이다. 그러나 I-Level 이론은 아직도 많은 연구가 필요한 것으로 알려지고 있다. 예를 들어 이 이론이 다른 인지발달이론들과 유사한 반면, 그 장점은 특별하게 분명하지 않다. 뿐만 아니라 I-Level이 사회적 성숙도에 초점을 맞추고 있지만 실제는 I-Level의 측정(measures)들이 지능(intelligence)과 도덕적 태도(moral attitudes)에 더 가까운 것으로 지적되기도 한다. 또한 분류절차의 타당성에도 의문을 표시하기도 하며, 하위유형의 구분도 마찬가지로 검증되지 않은 가설이며, 실제로 하위유형들이 제시된 것과 같이 각 Level에 제대로 연계되는 것인지 그리고 상호 배타적인 class를 대변하는 것인지도 언급되지 않고 있다는 비판을 받고 있다. 비록 비행소년과 그들의 필요를 구분하는데 아주 정교한 접근이지만 동시에 더 기본적인 인지적 또는 인성 차원으로도 유용한 구분이 가능하다는 것이다. 예를 들어 I-Level과 일반지능 사이에 일관적인 상관관계가 있는 것으로 알려지고 있다.[9]

2. 개념단계모형(Conceptual levels model)

개념단계모형은 I-Level이론과 유사한 이론적 모태를 가진 개념체계이론(conceptual system theory)으로부터 시작되었다. 사회화(socialization)가 대인관계의 지향성에 있어서 점증하는 인지적 복잡성을 통하여 진행되는 것으로 가정하지만, 고착적 사고(concrete thinking)와 '나를(me)' 지향하는 자기중심적(egocentric), 무비판적이고(uncritical) 수용추구형(acceptance-seeking)인 규

---

8 C. F. Jesness, "Comparative effectiveness of behavior modification and transactional analysis programs for delinquent," *Journal of Consulting and Clinical Psychology*, 1975, 43:758-779; T. Palmer, "The Youth Authority's Community Treatment Project," *Federal Probation*, 1974, 38:3-14

9 R. Austin, "Construct validity of I-Level classification," *Criminal Justice and Behavior*, 1975, pp.113-129

범지향적(norm – oriented), 탐구적(inquiring)이고, 단정적(assertive)이고, '나(I)' 지향적인 독립적 (independent), 마지막으로 인지적으로 복합적(cognitive complexity)이고 '우리(we)' 지향적인 상호 의존적(interdependent)이라는 4가지 단계를 제시하였다. 물론 비행소년 중에는 조직화되지 않고 (unorganized) 원시적 개념단계(primitive conceptual level)인 sub – 1도 존재하지만 본 모형의 응 용은 비행의 인과설명보다는 차별적 처우에 더 관심을 두고 있다.[10]

이 모형은 인간은 자신의 개념단계가 환경적 특성과 조합을 이룰 때 최적으로 기능하지만, 규칙, 통제, 지지, 협상 등과 같은 환경구조의 정도와 개념단계 사이에 역의 관계가 존재함을 가 정하였다. 따라서 낮은 개념단계에 있는 사람들은 구조는 높으나 모호성은 낮은 환경에서 더 잘 기능하며, 높은 개념단계의 사람들은 구조는 낮으나 융통성이 높은 환경에서 더 많은 이익을 보 는 것으로 알려지고 있다. 인간 – 환경의 부조화(mismatch)는 긴장과 혼란을 야기하고, 이 경우 안정성을 가져다주는 '동시적 조합화(contemporaneous matching)'나 변화를 조장하는 '발전적 조 합화(developmental matching)'를 이루기 위한 환경적 프로그램이 필요하게 된다고 한다.

이 제도는 주로 교육과 임상적 여건에서 발전해 왔고, 최근에는 교정시설의 설계에도 적용 되는 것으로 알려지고 있다. 아직 개념단계와 범법자를 조합(matching)하는 것의 효과가 검증되 지는 않았지만 인간 – 환경 상호작용의 규칙은 범법자 교화개선을 위한 혁신적인 초점을 제공하 고 있다.[11]

제 4 절   경험적 분류(Empirical Classifications)

경험적 접근은 개인별로 평가된 행위항목에 대한 요인분석(factor analysis)을 통한 차원의 파 악이나, 항목별로 평가된 개인에 대한 집락분석(cluster analysis)을 통한 유형의 도출에 의존하고 있다.

---

10 D. E. Hunt and R. H. Hardt, "Developmental stage, delinquency, and differential treatment," *Journal of Research in Crime and Delinquency*, 1965, 2:20 – 31

11 M. Reistma – Street and A. W. Leschied, "The concept – level matching model in corrections," *Criminal Justice and Behavior*, 1988, 15:92 – 108

1. Quay의 행위분류차원(behavior classification dimension)

Quay는 비행소년집단은 물론이고 임상표본, 취학 전 아동, 그리고 일반학생 표본으로부터 얻어진 행위평가, 사례역사, 자기보고식 자료 등에 대한 요인분석을 통하여 일탈행위의 차원을 파악하였다. 분석결과, 4가지 주요차원이 파악되었는데, 현재는 반사회화된 공격성(unsocialized aggression, UA), 불안－탈퇴－언어장애(anxiety－withdrawal－dysphoria, AW), 집중력결핍(Attention deficit, AD), 그리고 사회화된 공격성(Socialized aggression, SA)으로 기술되고 있다.[12]

처음의 두 요인은 일관적으로 거의 모든 측정에서 나타나고 있으며, 아동문제의 측정에서 도처에서 발견되는 상위(higher－order)의 '외재화(externalizing)'와 '내재화(internalizing)' 요소에 상당하는 것이다. 이 두 요소는 한편 성인모집단에서도 유사집단을 찾을 수 있는데, 반사회화된 공격성(UA)은 행동장애(conduct disorder), 반사회적 인격장애(psychopathy), 공격성(aggression), 또는 통제미비(undercontrol) 등 다양하게 기술되고 있으며, 결정적 특징은 공격적(assaultive), 파괴적(destructive), 불복종적(disobedient), 믿지 못함(untrustworthy), 그리고 거친(boisterous) 특성이라고 한다. 불안－퇴출－언어장애(AW) 유형은 인성문제(personality problem), 퇴출(withdrawal), 신경증적(neurotic), 과잉통제(overcontrol) 등으로 기술되며, 과민성(hypersenstive), 수줍음(shy), 사회적 퇴출(socially withdrawal), 그리고 슬픈 특질(sad traits) 등으로 규정되고 있다. 나머지 두 요인은 그렇게 일관적으로 파악되고 있지는 않다고 한다. 사회화된 공격성(SA)은 주로 사례사 자료(case history data)에 나타나며, 나쁜 친구들과 어울리며, 집단적으로 절도를 하고, 비행친구에게 충성을 하며, 학교를 가지 않고, 늦은 밤까지 귀가하지 않는 등의 역사에서 보여지는 것과 같은 갱에 기초한 비행을 반영하고 있다. 집중력결핍(AD)은 과거 미성숙－부적절성(immaturity－inadequacy)으로 기술되었고, 관찰자평가에서 가장 분명하게 나타나고 있으며, 선입관(preoccupation), 단기집중간격(short attention span), 공상(daydreaming), 나태함(slugguishness), 그리고 충동성(impulsivity)으로 특징 지워지는 것이다.[13]

Quay는 자신의 접근방법을 소위 '성인 내적관리 체계(Adult Internal Management System, AIMS)'란 이름으로 성인범법자에게까지 확대하여 공격적－반사회적 인성장애(aggressive－psycho－

12 H. C. Quay, "Measuring dimensions of deviant behavior: The Behavior Problem Chcklist," *Journal of Abnormal Child Psychology*, 1977, 5:277－287.

13 T. M. Achenbach and C. S. Edelbrock, "The classification of child psychopathology: A review and analysis," *Psychological Bulletin*, 1978, 85:1275－1301; Blackburn, *op cit.*, p.68

pathic), 약취적(manipulative), 상황적(situational), 부적절적-의존적(inadequate-dependent), 그리고 신경증적-불안(neurotic-anxious)의 5가지 요소로 분류하였다. 이 분류는 현재도 다수의 미국 교도소에서 재소자들을 보다 동질적이고 관리 가능한 소집단으로 나누기 위한 목적을 가진 '내부관리(internal management)'를 용이하기 위하여 사용되고 있다. 이 분류방식을 사용하여 수용시설에 다르게 반응하는 집단을 성공적으로 분류하고, 심각한 시설 내 수용사고를 줄일 수 있었다고 한다.[14]

2. Megargee의 MMPI에 기초한 분류

다차원적 프로파일 유형은 보통 특정한 범행의 범주 내에서 동질적인 인성 하위집단을 차별화하기 위하여 적용되는 집락분석(cluster analysis)을 통해 확인되고 있다. 그러나 선별되지 않은 범법자들에게 적용된 가장 광범위하게 조사된 유형론은 미국 플로리다 주의 수도인 탈라하시시 연방교정시설의 젊은 성인 남자수형자들을 대상으로 Megargee가 개발한 MMPI에 기초한 범죄자 분류제도라고 할 수 있다. 계층적 집락분석(Hierarchical cluster analysis)의 결과는 비록 청소년 범죄자들에게는 유형의 적용 가능성이 덜 분명하지만 여성과 정신장애 범법자를 포함한 대부분의 다른 범죄자들에게는 나타나는 10가지 유형의 범죄자가 확인되었다.[15] 10가지 유형과 그 특징 및 해당 유형 별 수형자 비율은 <표 1-2>와 같다.

Megargee의 분류가 어떤 교정시설에서나 전반적으로 반복될 수 있고, 신뢰할 수 있을 정도로 적용될 수 있으며, 시설적응과 출소 후 적응 모두 잘 예측할 수 있는 것으로 알려지고 있지만 몇 가지 문제와 한계도 동시에 가지고 있다고 한다.

첫째, 심리통계적(psychometrically)으로 오류가 있는 MMPI에 기초하여 만들어졌다는 점이다. 임상적 척도는 매우 상호 상관적(intercorrelated)이며, 요인분석은 이미 잘 알려진 신경증(neuroticism)과 내향성(introversion)-외향성(extraversion)의 조합의 측정에 지나지 않는다는 것이

---

14 R. B. Levinson, "Developments in the classification process: Quay's AIMS approach," *Criminal Justice and Behavior*, 1988, 15:24-38

15 R. Blackburn, "Personality types among abnormal homicides," *British Journal of Criminology*, 1971, 11:14-31; D. M. Donovan and G. A. Marlatt, "Personality subtypes among driving-while-intoxicated offenders: Relation to dringking behavior and driving risk," *Journal of Consulting and Clinical Psychology*, 1982, 50:241-249; L. D. Zager, "The MMPI-based criminal classification system: A review, current status, and future directions," *Criminal Justice and Behavior*, 1988, 15:39-57

표 1-2 Megargee의 MMPI에 기초한 범죄자분류제도

집단, 비율, MMPI 척도 유형	중요 특성과 관리 필요성
놈(Item), 19% 등용척도 없음	안정적이고 잘 적응; 가장 사회화됨; 약물과 음주 위반자; 중산층; 쉽게 관리됨; 처우 불필요
용이(Easy), 7% 정상이지만 4와 3 항목에 높은 점수	최소 일탈적 또는 폭력적; 잠재력 성취 동기부여 필요
제빵사(Baker), 4% 4와 2 상승	적응 잘못함; 불안; 수동적; 퇴행적; 음주문제; 시설 내 문제; 심리요법 또는 상담 필요
수완가(Able), 17% 4와 9 상승	지배적, 적대적, 기회주의적; 비도덕적; 자기수용적; 사회적으로 숙련; 높은 재범률; 구조화된, 대치적 요법처우 접근 필요
근사한(George), 7% 높은 점수의 4와 2	범죄적 가치 수용; 높은 재범률; 현저한 결핍 없으나 직업기술훈련 필요
델타(Delta), 10% 4에 높은 점수	쾌락주의적; 자기중심적; 영리; 좋지 못한 가족관계; 좋지 못한 교도소 적응; 높은 재범률; 심리학적 처우에 반응할 확률 낮음
지배자(Jupiter), 3% 9, 8, 7에 높은 점수	주로 흑인; 불안; 나쁜 대인간 적응; 불안정한 가정; 교도소에서는 폭력적이지만 재범률 그리 높지 않음; 교화개선에 있어 실질적 도움 필요
여우걸음(Foxtrot), 8% 9, 4, 8에 높은 점수	지배적; 폭력적; 최소 사회화; 낮은 교육; 해체되고 약탈된 배경; 광범위한 전과기록; 높은 재범률; 확실한 관리 필요
백인양반(Charlie), 9% 8, 6, 9, 4, 7에 높은 점수	적대적; 퇴행적; 비동정적; 공격적; 광범위한 전과기록; 학문적, 사회적 기술 결핍; 심각한 정신건강 문제; 예의의 부족
곡사포(How), 13% 대부분 척도 높은 점수	낮은 지능과 성취; 불안; 수동적; 퇴행적; 공격적; 조기 비행과 대인관계 문제; 재범자; 정신적 장애

자료: R. Blackburn, *The Psychology of Criminal Conduct*, West Sussex: John Wiley and Son, 1993, p. 70, Table 3.2 Megargee's MMPI-based criminal classification system

다. 프로파일 유형 간의 차이는 그래서 부분적으로는 종류, 유형이라기보다는 오히려 정도의 차이를 반영할 수도 있는 것이다. 두 번째는 첫 번째와 관련된 쟁점으로서 과연 10가지 프로파일 유형의 차별화가 보장될 수 있는가이다. 일부 프로파일 유형은 중복되기 때문이다. 세 번째 의문은 유형화가 과연 집락분석절차에 있어서 부정기성(indeterminacy)을 감안할 때 핵심적인 단계인 집락분석의 방식 전반에 걸쳐 반복적으로 적용될 수 있는가 하는 점이다. 마지막으로, 이 유형론의 개발에 응용된 귀납적 접근(inductive approach)이 비논리적이라는 점이다. 이와 관련하여, 어떠한 일관된 인성이론도 적절하게 반추하지 못하는 표준 MMPI에의 의존은 심각한 부족함을 보여주는 것이다.[16]

---

16 R. McCrae and P. T. Costa, "Clinical assessment can benefit from recent advances in personality psychology,"

제 5 절 정신의학적 분류와 반사회적 행위

범법자에 대한 심리학적 분류는 정신의학적 분류와는 별도로 발전해 왔고, 장애의 파악이나 확인보다는 오히려 결함이나 장점의 형태에 더 많은 관심을 가지고 있다. 그럼에도 불구하고 범죄표본과 임상표본 사이의 중복을 간주하면 일부 공유된 특징도 찾을 수 있다. 정신장애와 범죄의 관계에서 이를 발견할 수 있다. 일부 정신의학적 범주에서 반사회적 행위가 함축되어 있는 점에서도 이를 알 수 있기도 하다. 여기서 논의의 중심은 과거의 것보다 보다 폭넓은 국제적 인정을 받아온 미국정신의학협회(American Psychiatric Association)의 진단 및 통계 매뉴얼(Diagnostic and Statistical Manual)의 개정 3판(DSM-Ⅲ)이라고 할 수 있다.

DSM-Ⅲ은 특정한 범주를 규정하기 위하여 조작적 범위(operational criteria)를 도입함으로써 정신의학적 진단의 신뢰성을 향상시키고자 하였다. 정신장애(mental disorder)는 개인에게 일어나는 현재의 고통(고통스러운 증상) 또는 무능력(하나 또는 그 이상 중요분야의 기능상의 장애)과 관련되거나 고통, 죽음에 이르는 고통, 무능력, 또는 자유의 상당한 상실 등 위험의 상당한 증대와 관련되는 임상적으로 심각한 행위적 또는 심리학적 증상 또는 형태(clinically significant behavioral or psychological symptom or pattern)로 개념정의하고 있다.[17]

1. Axis Ⅰ

Axis Ⅰ은 종종 범죄행위와 상관되는 약물남용장애(substance abuse disorder), 일부가 성범죄와 관련되는 성장애(sexual disorder), 그리고 행위가 기타 다른 정신장애의 확실한 요소가 아닐 때만 사용되는 지엽적 분류라고 할 수 있는 충동억제장애(impulse control disorder)를 포함하는 것이다. 자신이나 타인에게 위해로운 행동을 수행하려는 시도, 욕구, 충동에 저항하지 못하고, 행동에 앞서 긴장(tension)과 분기, 자극(arousal), 충동(impulse)이 증대하며, 행동 시 쾌감, 만족감, 해방감을 경험하는 것 등을 핵심적인 특징으로 하고 있다. 과거 폭발적 인성장애(explosive

---

American Psychologist, 1986, 41:1001－1003

17 American Psychiatric Association, Diagnostic and Statistical Manual of Mental Disorder(3rd ed.), Washington, DC: American Psychiatric Association, 1987, Blackburn, *op cit.*, p.72에서 재인용

personality disorder)라고 하였던 간헐적 폭발 장애(Intermittent explosive disorder)는 일시적 역통제 증상(episodic dyscontrol syndrome)과 유사하며, 기타 장애는 반복적 일탈행위를 병리적 '고정관념(fixed ideas)의 탓으로 돌리고, 음주광(dipsomania)과 음란광(nymphomania) 등을 포함하는 편집증(monomania)의 퇴색된 부류의 잔류 형태들이다. 이들은 기술이라기보다는 가설적 원인(hypothetical cause)이며, 이론—중립적 기술(theory—neutral description)이라는 실증주의 목표를 성취하는 데 있어서 DSM—III의 제한적 성공을 반영하는 것이다.[18]

　　DSM—III는 충동억제장애(impulse control disorder)와 '진짜' 강박충동(compulsion) 충동억제장애의 경우 사람들이 쾌감을 행동으로부터 획득한다는 점에서 둘을 구별하고 있다. 그러나 이는 긴장으로부터의 '안도(release)'가 둘의 규정에 있어서 명백하고, 전통적으로 병리적 도박, 절도, 방화가 강박적, 충동적 행동으로 간주되기 때문에 약간은 자의적이라고 할 수 있다. 이들은 정신착란변호(insanity defense)와 같은 '저항할 수 없는 충동(irresistible impulse)'을 수용하는 입장에서는 법률적으로 중요한 것이며, '충동범죄(compulsive crimes)'의 지위에 관한 쟁점이기도 하다.[19]

표 1-3 DSM-III-R 충동통제장애(Impulse control disorder)의 구체적 범주

1. 간헐적 폭발장애 (Intermittent explosive disorder)	심각한 폭력행동이나 기물파손을 초래하는 공격적 충동통제 상실의 개별적 증상발현; 스트레스요인과의 불균형; 사건과 사건 사이의 일반화된 공격성 부재; 명정
2. 도벽, 절도광 (Kleptomania)	개인적 용도나 금전적 가치로 필요치 않은 물품을 훔치고자 하는 충동에 반복적으로 저항하지 못함; 절도 중의 안도와 전의 긴장; 분노, 복수, 행동장애, 또는 반사회적 인성장애에 기인하지 않음
3. 병리적 도박 (Pathological gambling)	도박에의 몰입; 시간의 경과에 따라 거는 돈의 액수 오름; 도박할 수 없으면 과민해짐; 잃은 것을 추적함; 의무의 방해와 타 행동의 희생; 사회적, 법률적 결과에도 불구하고 지속
4. 방화광(Pyromania)	한번 이상의 계획적이고 의도적인 방화; 방화 중 만족이나 안도 및 방화전 긴장; 화재와 관련특성에 대한 유혹이나 호기심; 이득, 분노, 범죄의 은폐에 의해서 동기 지워지지 않음
5. 발모벽(Trichotillomania)	머리카락을 잡아 뽑으려는 충동; 머리카락을 뽑는 도중의 만족과 전의 긴장

자료: Blackburn, *op cit.*, p. 73 Table 3.3 Specific categories of DSM—III—R impulse control disorders

18 D. Faust and R. A. Miner, "The empiricist in his new clothes: DSM—III in perspective," *American Journal of Psychiatry*, 1986, 143:962—967

19 A. J. Cunnien, "Pathological gambling as an insanity defense," *Behavioral Sciences and the Law*, 1985, 3:85—102

별도의 부류로서 충동억제장애의 타당성은 개념적인 입장에서 의문스럽다. '충동(impulse)'은 당연히 강제하는 행위로부터의 원인의 순환적 추리이며, '충동에 저항하지 못함(failure to resist an impulse)'은 행동이 행해졌다는 관찰로부터의 유사한 추론이기 때문이다. 더구나, 이들 장애는 즉각적으로 분명한 동기를 가지는 행동을 배제함으로써 구별되고 있다. 따라서 방화(firesetting)가 오로지 물질적 이득, 분노, 이념, 또는 범죄의 은닉에 의하여 동기 지워지지 않을 때 또는 미혹(delusion)이나 환상 또는 환각(hallucination)에 대한 반응이 아닐 때만이 방화광(pyromania)이 되는 것이다. 그러나 이는 '비이성적(irrational)' 또는 '직관적으로 이해할 수 없는(not intuitively understandable)' 것에 대한 사회적 판단으로 범주를 제한하게 된다. 그래서 어쩌면 '충동(compulsion)'을 함축하는 label(낙인)은 사실 가해자나 관찰자 어느 누구도 현존의, 대중적인, 또는 문화적으로 제재를 받는 동기라는 관점에서 설명할 수 없을 때 적용되는 것이다. 예를 들어, 가치가 거의 나가지 않는 작은 물건을 훔치는 부유한 좀도둑(shoplifter)의 행위는 분명히 경제적 필요성으로는 설명될 수 없으며, 그보다는 더 '병리적(pathological)' 필요에 기인할 가능성이 큰 것이다. 그러나 이는 일반적으로 좀도둑질(shoplifting)이 경제적 필요에 의해서 잘 설명될 수 있다는 모호한 가정을 반영하고 있다.[20]

　도벽, 절도광(Kleptomania)과 같은 개념도 역시 행위란 내재적으로(intrinsically) 동기 지워지지만 만약 외재적 동기(extrinsic)가 밝혀질 수 있다면 그 개념은 불필요하게 중복적인 것이 된다는 것을 함축하고 있다. 방화광이나 절도광(Kleptomania)은 '사이비-과학적(pseudo-scientific)' 용어이며, 특정 반복 비행에 대한 철저한 분석 결과 그들은 '통상 정신적 갈등(mental conflict)'과 관련된 상징적 활동이나 대안임이 밝혀지고 있다. 예를 들어, 소매치기(shoplifter) 중 적지만 상당수는 우울하였고(depressed), 그런 경우 좀도둑(trivial theft)은 일종의 '특별한 즐거움(treat)'을 제공하고, 원한이나 악의 또는 심술(spite) 등을 표현하며, 자신이나 타인을 처벌하는 기능을 수행하는 것으로 알려지고 있다. 뿐만 아니라 이들 추정적 장애(putative disorder)는 사회학습적 입장에서 이해될 수 있다고 한다. 이러한 주장에 의하면, 절도광(kleptomania)과 방화광(pyromania)은 결핍적 사회기술(deficient social skill)의 상황에서 나오는 부적절한 형태의 주장으로 해석되고 있다. 이와 유사한 주장으로, 낮은 자존감(poor self-esteem)과 자기 확신과 주장의 결핍(deficient assertion)의 상황에서 환경에 대한 통제를 행사하는 학습된 수단으로 방화누범자를 분석할 것을 제안하고 있다. 결론적으로 다른 이론적 분석도 가능하겠지만, 충동적 해악 행위(compulsive

---

20 Blackburn, *op cit.*, p.74

harmful behavior)는 분명히 허구의 '광(manias)'에 호소하지 않고도 설명될 수 있는 것이다.[21]

그렇다면, 충동조절장애(impulse control disorder)의 분류는 구분 가능한 지지대상을 갖는 특정한 심리적 장애를 확인하지 못하는 것이다. 오히려 이들 부류(class)는 사람들이 자신들의 반복적인 일탈행동을 '받아들일 수 있는(acceptable)' 또는 '합리적(rational)'인 원인으로 돌릴 수 없을 때 도입되는 설명적 조작(explanatory fiction)이다. 반복적인 공격성, 들치기, 또는 방화는 사람이 때로는 완전하게 이해하지 못하는 방식으로 개인적 위기, 갈등, 역기능과 관련 있는 다양한 기능에 기여하게 된다. 동기나 강화재(reinforcers)의 범주에 따라 특정한 유형의 반복적인 일탈행위를 세분화할 수는 있지만, '합리적, 이성적(rational)'인 것과 '비이성적, 비합리적(irrational)'인 것 사이의 자의적 구분에 효과적으로 의존하는 분류는 아무런 과학적 유용성이 없다.

2. Axis II: 발달장애(developmental disorder)

'장애는 통상 유아기, 아동기, 또는 청소년기'에 나타난다는 전제 하에서 DSM-III-R은 정신지체(mental retardation), 자폐증과 같이 폭넓은 발달장애(pervasive developmental disorder), 학력, 언어, 대화, 그리고 운동기능의 부적절한 발달인 특수발달장애(specific developmental disorder), 그리고 아동기와 청소년기의 분노장애(anxiety disorder of childhood and adolescence)와 같은 몇 가지 특수한 장애를 지적하고 있다. 물론 반사회적 행위에 특별한 상응성이 있는 것은 지배적으로 종종 취학 전 소년에게서 나타나는 것으로 관찰되는 증상유형을 '외재화(externalizing)'하는 것이라고 할 수 있는 분열적 행동장애(disruptive behavior disorder)이다. 여기에 해당되는 특정범주는 집중력결여 및 과잉행동장애(attention-deficit hyperactivity disorder, ADHD); 행동장애(conduct disorder); 그리고 적대적 반항장애(oppositional defiant disorder)라고 할 수 있다.

ADHD는 집중력을 유지하거나 앉아있기 어려움, 지나친 수다, 혼란스러움, 빈번한 안절부절 등으로 나타나는 충동성, 과잉행동, 그리고 집중하지 못함 등이 발달단계에 비해 부적절한 정도를 함축하는 것이다. 초기에는 이러한 증상을 쉬지 않고 움직임을 강조하는 과잉행동으로 기술되고, 이는 다시 극미한 뇌기능 장애(minimal brain dysfunction, MBD)의 병인적 개념과 호환적으로 사용되어 왔다. 기존의 DSM 개념은 집중력 관점에 대한 더 많은 관심을 반영하고 있다. 그

---

21 T. C. N. Gibbens, "Shoplifting," *British Journal of Psychiatry*, 1981, 138:346-347; H. F. Jackson, C. Glass, and S. Hope, "A functional analysis of recidivist arson," *British Journal of Clinical Psychology*, 1987, 26:175-185

러나 ADHD, 과잉행동, 또는 MBD, 극미한 뇌기능 장애 개념의 타당성은 아직도 논란의 여지가 남아 있고, 아동의 집중력과 운동 문제가 하위 임상적(subclinical) 뇌손상이라는 가정은 점증적으로 의문시되고 있다. 이들 용어의 유용성에 대한 의견의 불일치는 북미에서는 정신질환치료를 받은 아동의 절반 정도가 과잉행동으로 진단되었지만 영국에서는 정상적인 지능을 가진 정신질환 치료를 받은 아동의 단 1%만이 과잉행동으로 진단되었다는 국제적 진단의 차이에서 잘 나타나고 있다.[22]

행동장애(behavior disorder)는 통상 그 시작이 사춘기 이전인 나이에 적절한 사회적 규범과 타인의 권리를 침해하는 지속적인 반사회적 행위를 의미하고 있다. 이 범주에는 훔치기, 가출, 거짓말, 불장난, 학교결석, 주거침입, 재물파손, 동물학대, 성적 활동의 강요, 그리고 싸움 등이 포함된다. 이 범주는 다시 집단, 독자, 그리고 분류되지 않는 것으로 세부적으로 분류된다. 적대적 반항장애는 주로 집에서 발생하고 어른의 요구에 반항하고, 화를 내고, 쉽게 불쾌해지고, 땀을 흘리는 것과 같은 부정적, 적대적, 반항적 행동으로 규정되는 비교적 덜 심각한 반사회적 행위를 포함한다.

청소년기의 행동장애는 비행으로 이어진다. 물론 행동장애 역시 사회화된 공격성을 포함하지만 ADHD와 행동장애, Quay의 집중력결핍과 비사회화된 공격성 차원의 범주 사이에는 각각 유사점이 있는 것으로 알려지고 있다. 그럼에도 불구하고, DSM-Ⅲ-R 범주의 독자성에 대한 논쟁은 계속되고, 별도의 장애로서 적대적 반항장애(oppositional defiant disorder)를 구분할 이론적이거나 경험적인 기초가 없다. 과잉행동(hyperactivity)은 공격성이나 훔치기와 같은 아동문제와 오랫동안 연계되어 왔지만 그 관계의 특성은 초기 연구에서 그러한 문제들을 진단범주에 포함시킴으로써 애매해져 왔다. 요인분석적 연구들이 현재 과잉행동과 행동장애 또는 공격성이 상이한 상관성을 갖는 별개의 요인으로 간주해 왔고, 과잉행동 또한 부주의함(inattentiveness)과 구별되어 왔다. 그러나 이들 요소들의 평가는 전형적으로 매우 높은 상관성을 가지고 있으며, 과잉행동이나 ADHD와 행동장애의 진단은 상당히 겹치고 있다.[23]

---

22 M. Rutter, "Syndromes attributable to 'minimal brain dysfunction' in childhood," *American Journal of Psychiatry*, 1982, 139:21-33; B. Henker and C. K. Whalen, "Hyperactivity and attention deficit," *American psychologist*, 1989, 44:216-223

23 S. P. Hinshaw, "On the distinction between attention deficit/hyperactivity and conduct problems/aggression in child psychopathology," *Psychological Bulletin*, 1987, 101:443-463; R. McGee, S. Williams, and P. A. Silva, "Factor structure and correlates of ratings of inattention, hyperactivity, and antisocial behavior in a large sample of 9 year-old children from the general populations," *Journal of Consulting and Clinical Psychology*, 1985, 53:

표 1-4 DSM-Ⅲ-R 성격장애 범주의 특성

범주	파급경향과 대표적 기질(trait)
편집증 (paranoid)	사람의 행동을 천박하게 하거나 위협하는 것으로 해석 : 착취를 기대하고, 신뢰성을 의심하며, 원한을 품음
정신분열 (schizoid)	사회관계에 무관심, 제한된 감정적 경험과 표현 : 외로운, 멀리 떨어진, 칭찬이나 비판에 무관심한, 강력한 감정이 흔치 않음
정신분열형 (schizotypal)	결손적 인간관계, 관념작용, 용모, 그리고 행위의 특이성 : 사회적 불안, 친한 친구 없음, 마술적 사고, 비범한 인식, 이상한 말씨
반사회적 (antisocial)	이전의 행동장애, 15세 이후 무책임하고 반사회적인 행위 : 불건전한 직장경력, 불법행동, 싸움, 충동적, 부주의, 채무불이행, 무책임한 자녀양육, 일관성 없는 전념, 연민이나 양심의 가책 부족
경계성 (borderline)	기분, 대인관계, 그리고 자화상의 불안정 : 격양된 관계, 기분 불안정, 격양된 분노, 정체성 혼란, 충동적, 자기절단, 버려짐에 대한 두려움
연극 (histrionic)	과도하게 감정적이고 관심 추구 : 관심과 승인 추구, 자기중심적, 부적절하게 호리는, 과장되고 어두운 감정표현
자기중심적 (narcissistic)	환상이나 행위의 과장, 동정심의 부족, 평가의 과민성 : 착취적, 자기 중요시, 존경받아 마땅하다고 느낌, 성공에 대한 선입관, 비판에 기분상함
회피성 (avoidant)	사회적 불편함, 부정적 평가를 두려워함, 소심한 : 비판에 상처 받음, 당황스러움을 두려워함, 개입회피, 사회적으로 과묵함, 위험을 과장함
의존적 (dependent)	의존적이고 복종적 : 재확인 요구, 남에게 결정하도록 함, 거절당하거나 비판을 두려워함, 진취적 기상의 부족
강박신경증 (obsessive compulsive)	완벽주의와 강직함 : 엄격한 기준, 상세함에 대한 선입관, 비결단적, 타인에게 자기방식으로 일하도록 주장
수동적 공격성 (passive aggression)	적절한 사회성, 직업적 성취 요구에 대한 수동적 저항 : 질질 끌다, 뾰루퉁한, 제안을 불유쾌하게 생각, 의무를 회피, 방해하는, 일을 천천히 마지못해 함
변태성욕적 (sadistic)	잔인한, 품위를 떨어뜨리는, 공격적 : 위협하는, 창피를 주는, 고통을 즐김, 무기와 폭력을 황홀해함
자기 패배적 (self-defeating)	유쾌한 경험을 피하거나 고통을 양산하는 관계를 추구 : 거부당하는 것을 부추김, 자기희생

자료: Blackburn, *op cit*., p. 77, Table 3.4 Characteristics of DSM-Ⅲ-R Personality disorder categories

480-490

3. Axis II: 인성장애(personality disorder)

인성장애란 심리적 기능의 단절(discontinuity)이나 붕괴(breakdown)라기보다 개인적 기질 (personal disposition)로부터 파생되는 심리적 문제라고 할 수 있다. DSM−III는 '환경과 자신에 관하여 인식하고, 관계시키고, 사고하는 영속적 유형'으로 규정되는 인성특질(personality trait)을 강조하고 있다. Traits(특질)이 '고착화되고 부적응적'이고 사회적 역기능과 주관적 곤궁을 초래할 때 인성장애를 구성하게 된다. 인성장애에는 11가지의 범주가 인정되고 있지만 DSM−III−R에서는 변태성욕적(sadistic) 장애와 자기 패배적(self−defeating) 장애를 추가하고 있다.

4. 인성장애의 차원적 분류(dimensional classification)

인성장애의 개념이 정상상태(normality)로부터의 질적인 다양성보다는 양적인 다양성을 가정하지만, DSM−III에 있어서 범주적 분류(categorical classification)의 이용은 장애와 정상, 그리고 장애 사이의 단절 또는 불연속성(discontinuity)을 함축하고 있다. 이런 견지에서 일부에서는 이들 장애를 차원적 입장(dimensional term)에서 기술하고 있다. 예를 들어, 이들 장애를 익숙하지 않은 비숙련 행위(unskilful behaviors)로 보고, 부적절한 단언이나 주장(inappropriate assertiveness), 역기능적 사회인식(dysfunctional social cognition), 또는 사회적 분노(social anxiety)와 같은 상이한 유형의 사회적 역기능을 기술하는 행위적 차원(behavioral dimensions)으로 범주가 나누어질 수 있다고 주장한다.

인성장애는 일차적으로 대인적 행위의 규범(norms of interpersonal behavior)으로부터의 일탈이며, 대인적 행위를 기술하기 위한 경험적으로 설정된 차원적 체계(dimensional system)가 곧 대인적 순환(interpersonal circle)이다. 대인적 행위 사이의 관계는 권력(power)이나 통제(control), 지배적(dominant), 복종적(submissive)의 관계(affiliation), 적대적(hostile), 친절한(friendly)이라는 두 가지 교차하는 차원을 중심으로 순환적 배열로서 표현되며, 이 둘의 다양한 혼합에 의하여 상이한 상호작용이 만들어지게 된다. 대인관계의 유형은 또한 지배와 적대의 축을 중심으로 하는 순환원의 부분에 따라 파악될 수 있으며, 이들은 인성장애의 범주에 있어서 분명한 유사성을 가지고 있다. 그러나 이 부분(segment)들이 분명한 경계를 가지고 있지 않기 때문에 별개 범주의 장애라는 개념은 단순히 편리한 허구요 꾸밈이 되고 만다. 그러한 체계는 보다 현실적으로 정상적인 인성과 이상적 인성 사이의 지속성을 묘사하는 것이다.[24]

그림 1-1   대인적 순환원에 대한 인성장애 범주의 가설화된 관계

적대적 (hostile)

강제적   반사회적   편집증   내향적
(coercive) (Antisocial)   (Paranoid)   (Withdrawn)

수동적 공격성 (Passive aggressive)

회피성 (Avoidant)

자기애적   경계성   정신분열 (Schizoid)
(Narcissistic) (Borderline)

정신분열형 (Schizotypal)

지배적   순종적 (Submissive)
(Dominant)

연기적   강박적 (Compulsive)
(Histrionic)
                                의존적 (Dependent)
            사교적
          (Sociable)   순응적 (Compliant)

친절한 (Friendly)

자료: Blackburn, *op cit.*, p.79, Figure 3.1, Hypothesised relation of categories of personality disorder to the inter personal circle

<그림 1-1>은 인성장애 범주가 어떻게 대인관계의 순환원(interpersonal circle) 모형에 수용될 수 있는지를 보여주는 것이다. 가운데 원은 정상적인 범위를 대표하며, 외부의 원은 적대감과 지배의 상이한 결합을 반영하는 보다 극단적인 고착적 유형을 대변하는 것이다. 따라서 회피적 인성(avoidant personality)은 적대적 복종(hostile submission), 자기중심적 인성(narcissistic personality)은 지배와 적대를 대변하는 것이다. 이러한 분석은 결국 인성장애의 영역이 더 적은 수의 유형으로 대변될 수 있으며, 이전의 범법자 분류의 일부를 통합하는 수단을 제공하고 있다.

24 S. R. Strong, H. I. Hills, C. T. Kilmartin, H. DeVries, K. Lanier, B. N. Nelson, D. Strickland, and C. W. Meyer, "The dynamic relations among interpersonal behaviors: A test of complementarity and anticomplementarity," *Journal of Personality and Social Psychology*, 1988, 54:798－810; D. J. Kiesler, "The 1982 interpersonal circle: A taxonomy for complementarity in human transactions," *Psychological Review*, 1983, 90:185－214; T. A. Widiger and A. Frances, "The DSM－Ⅲ personality disorders: Perspectives from psychology," *Archives of General Psychiatry*, 1985, 42:615－623

이와 같은 모형과 DSM−Ⅲ 사이의 관계에 대한 경험적 연구는 제한적이지만 설명과 개입을 위한 응용에는 이론적 가치가 있다고 한다. 대인관계 이론(interpersonal theory)은 일반적인 사회적 교환(social exchange)의 보완적 형태(complementary pattern)를 따른다. 즉 사회적 행위는 타인으로부터 정반대(지배−복종) 또는 일치적(친절한−친절한 또는 적대적−적대적) 행위를 끌어당기게 된다고 한다. 그래서 타인이 어떻게 반응할 것인가에 대한 신념, 그러한 기대에 걸맞는 행위의 실행, 그리고 타인으로부터의 단정적 반응 사이에 인과적 연계가 있는 것으로 알려지고 있다. 예를 들어, 적대적인 사람은 혐오적인 인생경험의 결과로 적대감을 기대하고, 타인의 반응으로부터 이들 기대치의 확증을 이끌어내는 방향으로 행동한다는 것이다. 이들 고착화된 대인관계 유형은 보다 적절한 숙련된 행위의 학습을 방해하는 예언으로서 유지되고, 따라서 이들 역기능적 신념을 타파하는 것이 곧 치료의 중심적 목표가 되는 것이다.[25]

그러나 비록 대인관계적 차원에 관련시키는 것은 인성장애의 분류에 필요하지만 그렇다고 충분한 것은 아니다. 자기태도(self−attitude)와 같은 일부 범주는 개인 내의 기질(intrapersonal disposition)이며, 그러한 인성을 기술하기 위한 또 다른 차원적 체계도 그에 상응할 수 있는 것이다. 그러나 현재 대부분의 특질(traits)은 외향성(extraversion), 유쾌함(agreeableness), 신경증(neuroticism), 양심적임(conscientiousness), 경험에 대한 개방성(openness to experience)이라는 '5대 차원'으로 함축된다는 일부 합의가 있는데, 처음 두 가지가 주로 대인적 순환원을 규정하고 있다.[26]

---

25 Kiesler, *op cit*.; Strong et al., *op cit*.; J. D. Safran, "Toward a refinement of cognitive therapy in light of interpersonal theory: 1. Theory," *Clinical Psychology Review*, 1990, 10:87−105

26 R. R. McCrae and P. T. Costa, "Clinical assessment can benefit from recent advances in personality psychology," *American Psychologist*, 1986, 41:1001−1003; J. S. Wiggins and A. L. Pincus, "Conceptions of personality disorders and dimensions of personality," *Psychological Assessment: A Journal of Consulting and Clinical Psychology*, 1989, 1:305−316; M. L. Schroeder, J. A. Wormworth, and W. J. Livesley, "Dimensions of personality disorder and their relationship to the big five dimensions of personality," Psychological Assessment: A Journal of Consulting and Clinical Psychology, 1992, 4:47−53; D. Watson and L. A. Clark, "Negative affectivity : The disposition to experience aversive emotional states," *Psychological Bulletin*, 1984, 96:465−490

6절 반사회적 인성장애 인성(Psychopathic personality)과 인성장애(Personality Disorder)

1. 개념과 측정

반사회적 인성장애 인성의 개념은 반사회적 행위의 논의에 있어서 분명한 위치를 점해왔지만, 용어 '반사회적 인성장애자(psychopath)'는 인성 개념(personality construct)이고, '범죄자'와 동의어가 아니라는 점이 강조될 필요가 있다. 물론 반사회적 또는 사회적으로 해악을 끼치는 개인의 범주를 함축하게 되지만 처음 독일 임상병리학에서 시작된 것처럼 반사회적 인성장애 인성(psychopathic personality)은 글자 뜻대로 심리적으로 손상을 입은 사람을 의미한다.

협의의 반사회적 인성장애자는 '죄의식을 거의 느끼지 못하거나 느끼지 않고, 다른 사람들과 지속적인 감정적 유대를 형성하지 못하는 반사회적, 공격적, 매우 충동적인 사람'으로 기술되기도 하지만, 일부에서는 일차적 반사회적 인성장애자(primary psychopath)와 이차적 반사회적 인성장애자(secondary psychopath)의 개념을 도입하여 반사회적 연구에 있어서 조급하고 불안한 일탈적 인성과 그렇지 않은 일탈적 인성을 구분하고 있다. 일차적 반사회적 인성장애자는 그들의 반사회적 행위가 양심이나 죄의식에 의하여 수정되지 않고 제약받지 않은 본능적 표현을 반영하는 경우이고, 이차적 반사회적 인성장애자는 그들의 반사회적 행위가 역동적 혼란(dynamic disturbance)으로부터 야기되며, 오히려 신경증(neuroses)이나 정신병(psychoses)으로 더 잘 분류되는 경우이다.[27]

이처럼 반사회적 인성장애자의 개념이 다양하다는 점을 감안한다면 적절한 조작적 정의에 대한 통일성이 부족하다는 것은 어쩌면 놀라운 일이 아니다. 따라서 기존의 측정은 반사회적 인성장애에 대한 상이한 가정과 개인적 선호에 달라짐을 반영하고 있다.

가. 반사회적 인성장애 검사지(Psychopathy Checklist: PCL)

보다 객관적인 척도를 만들기 위한 시도로서 Hare는 Cleckley의 범주와 기타 문헌에서 제안

---

27 F. J. Schmauk, "Punishment, arousal, and avoidance learning in sociipaths," *Journal of Abnormal Psychology*, 1970, 76:325－335; R. Blackburn, "An empirical classification of psychopathic personality," *British Journal of Psychiatry*, 1975, 127:456－460

되었던 반사회적 인성장애의 다른 속성들의 평가에 대한 요인분석으로부터 점검표인 검사지 (checklist)를 개발하였다. 척도의 항목들은 사회적 일탈과 Cleckley가 강조하였던 대인관계 민감도(interpersonal sensitivity)에 있어서 결함 둘 다를 반영하며, 사례사(case history)와 구조화된 면접으로부터 평가된다. 척도에서 높은 점수와 낮은 점수를 받는 범법자들이 다양한 행위 측정과 실험실 측정(behavioral and laboratory measurement)에서 차이가 있었고, 이는 곧 내용 타당성과 예측 타당성이 있음을 보여주는 것이다. 정적 생활사 자료(static life history data)와 인성 속성 (personality attributes)의 혼합이 범죄자 인구에 대한 비임상적 연구에 대한 유용성을 제한하지만, 최근의 분석은 두 간접요소(oblique factor)가 구분 가능한 것임을 보여주고 있다. 하나는 타인을 이기적이고, 냉혹하고, 무자비하게 이용하는 대인적 차원(interpersonal dimension)이고, 다른 하나는 사회적으로 일탈적인 생활유형의 차원이었다.[28]

나. MMPI 척도

MMPI의 척도 4인 Pd, 즉 반사회적 인성장애 편향(Psychopathic deviate)은 심리적으로 장애를 받는 비행자의 범주집단에 대항하여 경험적으로 개발된 것으로, 통상 범법자 표본이 높은 점수를 받는 척도이다. 일부 연구에서 반사회적 인성장애 인성(psychopathic personality)의 측정으로서 이용되어 왔지만 그 내용은 주로 가족과 권위에 대한 갈등과 비동조(nonconformity)와 관련

표 1-5   반사회적 인성장애 검사항목(Items of the Psychopathy Checklist)(PCL)

1. 입심이 좋음(glibness)/ 　　표면적인 매력(superficial charm)	2. 과거 반사회적 인성장애 진단
3. 이기주의/자기가치에 대한 과장	4. 지루함을 잘 참지 못하고 취약/ 　　좌절감을 잘 인내하지 못함
5. 병리적 거짓말(pathological lying)과 속임	6. 사기성/성실성의 부족
7. 죄의식과 양심의 가책의 부족	8. 감동과 감정적 깊이의 부족
9. 냉혹한/동정심의 부족	10. 기생적 생활유형
11. 급한 기질/행동통제를 잘 하지 못함	12. 문란한 성관계
13. 어린 시절의 행동문제	14. 현실적, 장기계획의 부족
15. 충동성	16. 부모로서 무책임한 행위
17. 빈번한 혼인관계	18. 청소년비행
19. 높은 보호관찰 위험성	20. 자신의 행동에 대한 책임을 수용하지 않음
21. 다수 유형의 범행	22. 음주나 약물이 반사회적 행위의 직접적 원인 아님

자료: Hare, *op cit*. Blackburn, *op cit*., p.83, Table 3.5 Items of the Psychopathy Checklist(PCL) 재인용

---

28 R. D. Hare, "A research scale for the assessment psychopathy in criminal population," *American Journal of Psychiatry*, 1980, 1:111－119; R. D. hare, T. J. Harpur, A. R. Hakstian, A. E. Forth, S. D. Hart, and J. P. Newman, "The revised Psychopathy Checklist: Reliability and factor structure," *Psychological Assessment: A Journal of Consulting and Clinical Psychology*, 1990, 2:338－341

되며, 반사회적 인성장애 인성(psychopathic personality) 그 자체보다는 오히려 사회적 규율위반으로 구성된 것으로 보는 편이 더 적절할 것 같다. 보다 구체적인 범주는 척도 4와 9(Ma: Hypomania)의 통합상승이며, 후자는 충동성이나 무의식적으로 행동화하는 것(acting out)에 관련된 것이다. 4-9 profile은 범법자들에게서는 보편적이며, Megargee의 MMPI 분류에서는 두 번째로 큰 집단인 Able 집단으로 규정되어 있다. 이 유형은 정서성(emotionality)을 측정하는 척도에 대한 비교적 낮은 점수를 반영하기 때문에 일차적 반사회적 인성장애자(primary psychopath)의 개념에 동조하는 것이다. 분노(7: 신경쇠약(Psychasthenia); 0: 사회적 내향성(social introversion)), 감정상태(moodiness)(2: 우울(Depression)) 혹은 일탈적 인식과 대인적 경험(deviant perceptual and interpersonal experience)(6: 편집증(Paranoia); 8: 정신분열증(Schizophrenia))를 측정하는 척도의 상승과 결합되면 그것은 이차적 반사회적 인성장애자(secondary psychopath)의 속성임을 제안하는 것이다.[29]

다. 사회화 척도(Socialization scale)

Gough(구프)의 California 심리검사(Psychological Inventory)에서 뽑은 54항목 사회화(So: Socialization) 척도는 개인이 사회적 가치를 내재화하고 그들을 개인적으로 유대화하는 정도를 측정하는 것이다. 이 척도에 의하면, 반사회적 인성장애(psychopathy)의 핵심적인 특징은 '일반화된 타인(generalized others)'의 역할을 취하는 능력이 없으며, 사회화(So)가 역할수렴능력(role-taking ability)을 색인할 수 있다는 가정을 지지하는 증거도 있는 것으로 알려지고 있다. 다수의 연구자들은 그래서 이 사회화 척도의 낮은 점수를 반사회적 인성장애(psychopathy)의 범주로 이용했으나 Heibrun(헤일브런)은 So에서 Pd를 뺀 합을 이 목적으로 활용하였다.[30]

라. Quay의 행위차원(behavior dimensions)

앞에서 기술된 바와 같이, 사회화되지 못한 공격성(unsocialized aggression), 행동장애, 또는 반사회적 인성장애(psychopathy)의 한 요인이 비행소년의 자기보고식 설문의 항목과 행위평가

---

29 S. Hawk and R. A. Peterson, "Do MMPI psychopathic deviancy scores reflect psychopathic deviancy or just deviancy?" *Journal of Personality Assessment*, 1974, 38:362-368

30 H. G. Gough, "A sociological theory of psychopathy," *American Journal of Sociology*, 1948, 53:359-366; A. Rosen and D. Schalling, "On the validity of the California Psychological Inventory Socialization scale: A multivariate approach," *Journal of Consulting and Clinical Psychology*, 1974, 42:757-765; A. B. Heilbrun, "Cognitive models of criminal violence based on intelligence and psychopathy levels," *Journal of Consulting and Clinical Psychology*, 1982, 50:546-557; A. B. Heilbrun and M. R. Heilbrun, "Psychopath and dnagerousness: Comparison, integration and extention of two psychopathic typologies," *British Journal of Clinical Psychology*, 1985, 24:181-195

항목에 대한 Quay의 분석으로부터 일관적으로 나타나고 있다. 이 요인에 대한 점수가 몇몇 연구에서 반사회적 인성장애 비행소년(psychopathic delinquent)을 확인하는 데 이용되어 왔다.

기존의 연구결과나 증거에 의하면, 반사회적 인성장애자(psychopath)에 대한 위와 같은 다양한 측정들은 상호 상관관계가 있으나, 그들 측정들이 상호 교환 가능한 것으로 간주될 정도로 상관관계가 충분히 강하지는 않은 것으로 알려지고 있다. 결국, 특정 연구자의 'psychopath'가 다른 연구자의 'psychopath'와 반드시 같다는 것을 의미하지는 않는 것이다. 또한 psychopathy는 손으로 만질 수 있는 뚜렷한 실체가 아니라 오히려 이론적 구성(construct)이기 때문에 '진정한 측정(true measure)이 있을 수 없고, 상이한 측정들의 유용성은 외재적이고 이론적으로 상응한 상관관계에 대해서 판단되어야 한다. 개인의 자아상(self-image)과 자기표현(self-pre-sentation)을 무시하는 인성의 평가는 불가피하게 일방적일 수밖에 없는 것이다.

2. 반사회적 인성장애 인성(psychopathic personality)과 인성장애의 분류

반사회적 인성장애(psychopathy)에 대한 최근의 개념은 인성이론이나 인성장애의 분류와는 거의 무관하게 발전해 왔으며, 일부에서는 인성장애의 분류를 불필요한 것으로 보기도 한다. 반사회적 인성장애를 가진 인성(psychopathic personality)의 개념과 인성장애의 분류 사이의 관계가 명확해질 필요가 있다. 예를 들어 반사회적 인성장애 인성(psychopathic personality)이 몇 가지 협의로 분류하는 인성장애 범주의 하나인지 또는 몇 가지 부류를 아우르는 상위계층 또는 광의의 구성, 개념(construct)인지 분명치 않다. 그러나 현재로서는 반사회적 인성장애가 보다 상위의 범주(higher order category)로 더 적절하게 구성되는 것으로 간주되고 있다. DSM-III 항목에 대한 계층적 분석(hierarchical analysis)에 있어서 무의식적으로 행동함(acting out)과 심사숙고(anxious rumination)의 두 가지 상위집락(superordinate cluster)이 발견되기도 하였는데, 후자는 APD, 자기애중심주의적(narcissistic), 그리고 연극적(histrionic) 범주의 항목들도 포함하고 있다. 또한 PCL은 반사회적, 자기중심주의적(narcissistic), 연극적(histrionic) 인성장애의 등급(rating)과 상관관계가 있으며, 이는 반사회적 인성장애(psychopathic) 인성이 상위구성(superordinate construct)임을 지지하는 것이다.[31]

---

31 R. D. Hare, "Diagnosis of antisocial personality disorder in two prison populations," *American Journal of Psychiatry*, 1983, 140:887-890; R. D. hare, "A comparison of procedures for the assessment of psychopathy," *Journal of Consulting and Clinical Psychology*, 1985, 53:7-16; S. D. Hart and R. D. Hare, "Discriminant validity

위와 관련된 쟁점의 하나는 반사회적 인성장애(psychopathic) 또는 반사회적 형태(antisocial form)로 확인된 개인이 과연 인성특질(personality trait)이란 관점에서 동질적인 집단인가 하는 것이다. 일부 최근의 규정들은 분류범주를 혼합하고 있고, 동질적인 집단으로 규정하지 않는다. 특히, 반사회적 행위를 APD 범주 속에 포함시키는 것은 특질(traits)이라는 견지에서 인성장애를 규정하는 목표와 일관적이지 못하다. 일탈적 행동은 인성특성의 결과일 수도 있고 아닐 수도 있으나 그 자체가 특질(traits)은 아니며, 사회적 일탈의 또 다른 개념적 영역에 속한다. 인성장애와 사회적 일탈은 상호 배타적이지 않고, 둘 중 하나에 해당되거나, 둘 중 어느 것도 해당되지 않거나, 또는 둘 다 해당될 수 있다. 그렇다면 사회적으로 일탈적인 행위는 인성장애의 필요범주, 충분범주도 아니며, 사회적 일탈이라는 견지에서 인성일탈(personality deviation)이라는 하나의 범주에 속하는 동질적인 사람을 기대할 이유가 없는 것이다. 사실 기존의 자료에 의하면 APD 범주를 충족시키는 사람들은 자기중심주의적(narcissistic) 또는 경계성(borderline)과 같은 기타 DSM 범주도 충족시킬 가능성이 높은 것으로 알려지고 있다.[32]

동질성은 반사회적 인성장애를 규정하려는 의도의 것을 포함하는 특질(trait)을 평가한 사람들의 profile을 집락분석(cluster analysis)함으로써 적절하게 검증할 수 있다. 영국에서 반사회적 인성장애 장애(psychopathic disorder)의 범주로 분류된 범법자들에 대한 자기 보고식 설문조사 결과, 충동적, 공격적, 적대적, 외향적인 일차적 반사회적 인성장애자(primary psychopath), 충동적, 공격적, 적대적, 사회적으로 불안하고 움츠리는 이차적 반사회적 인성장애자(secondary psy-chopath), 방어적, 사교적, 비공격적인 통제된(controlled) 또는 동조하는 유형과 비공격적, 움츠리는, 내향적 억압 또는 자기규제형의 4가지 구별되는 인성유형이 확인된 바 있다. 이러한 분류는 하나의 범주의 반사회적 인성장애라기 보다는 반사회적 인성장애 특질(psychopathic traits)을 보이는 두 집단을 밝히고 있는 것이다.[33]

---

of the Psychopathy Checklist in a forensic psychiatric population," *Psychological Assessment: A Journal of Consulting and Clinical Psychology*, 1989, 2:338-341; L. C. Morey, "The categorical representation of personality disorder: A cluster analysis of DSM-III-R personality features," *Journal of Abnormal Psychology*, 1988, 97: 314-321

32 R. Blackburn, "On moral judgement and personality disorders: The myth of psychopathic personality revisited," *British Journal of Psychiatry*, 1988, 153:505-512

33 R. Balckburn, "An empirical classification of psychopathic personality," *British Journal of Psychiatry*, 1975, 127: 456-460

제 2 장
폭력범법자의 심리적 특징과 인적 속성
(personal attributes)

제1절 심리적 특징

공격적이고 폭력적인 범죄의 한 부분이라고 할 수 있는 방화, 강간, 살인과 같은 범죄들의 일부 배경특성들은 통상적으로 반사회성을 보이거나, 대체로 명백한 정신질환으로부터는 자유롭지만, 때로는 심리적으로 대상부전(decompensated)하고, 가끔은 정신장애로 고통을 받거나 약물이나 알코올에 중독된 사람들에 의해서 범해진다. 그리고 범행은 가족 친지, 지인 등 서로 아는 사이에서 더 빈번하게 발생하며, 일반적으로 젊은 성인과 남성에 의해서 더 빈번하게 가해진다. 때로는 범죄자들이 공격행위에 대한 통제가 부족한(undercontrolled) 사람이고, 그들의 공격적 행동 표출은 통상적으로 짧다. 그 대신 과잉통제된(overcontrolled) 범법자들은 자주 행동을 표출하지 않는 강한 억제력을 가지고 있지만, 행동을 표출할 때는 격렬하고 매우 파괴적인 충동을 표출하게 된다.[1]

우리가 일반적으로 반사회적 행위라고 하는 행위의 저변에는 통상적으로 자기중심성(egocentricity), 충동성(impulsivity), 공격성(aggressiveness), 가학성(sadism), 좌절(frustration), 자기도취증(narcissism), 편집증(paranoia), 양면성(ambivalence), 그리고 강박성 신경증(obsessive-compulsion)과 같은 심리적 특성이 있는 것으로 설명되고 있다.

---

1 G. B. Palermo and Kocsis, R. N., *Offender profiling: An Introduction to the Sociopsychological Analysis of Violent Crime*, Springfield, IL: Charles Thomas Publishers, 2005, p.15

1. 자기중심성

자기중심적 행위는 주로 미성숙성(immaturity)의 신호이다. 어린이들은 보통 자기중심적이라고 할 수 있는데, 그들은 자신으로부터 분리된 자기 주변의 현실을 볼 수 없다. 전능함의 느낌 속에서 그들은 자신과 사물의 중심에서 스스로를 보며, 자기 주변의 사람들을 단순한 부속물로 보게 된다. 자기중심적인 사람은 자기인지(self-awareness)가 결여되고, 타인의 사생활과 권리를 고려하지 않으며, 타인의 의견을 거부하고, 현실을 해석하는 방식이 편향되어 있다. 그들에게 현실이란 있는 그대로가 아니라 그들이 생각하는 그대로이며, 그들은 자신의 잘못된 사고형태를 인식할 의지도 인식할 능력도 없어서 비판적 사고를 기각하고 타인과의 상호 생산적인 비판에 가담하기를 꺼려하는 경향이 있다. 그들은 통상 자신의 생각이 옳다고 믿는다. 반사회적 인성장애자(psychopaths)들은 극단적으로 자기중심적이기 때문에, 다른 사람들을 경시하고, 단순히 표적(object)으로 보며, 자신을 법보다 위에 두고, 심지어 타인의 생명도 파기하는 권한이 있다고 믿는다.[2]

2. 충동성

충동적 범죄자는 자신이 경험한 현실을 총체적이고 사려 깊은 정신적 기능을 통하여 적절하게 평가하고 조직화할 능력이 결여되어 있다. 무엇이건 성급하게 행동하기 때문에 계획과 실천이 어려워진다. 이는 자기 행동의 결과를 제대로 평가하고 반영하지 못하고 바로 행동으로 옮기는 짧은 정신적 순환(short-circuiting)의 형태에 기인한 것이다.

충동적 범죄자는 감정이 풍부하지 않으며, 대인접촉에 있어서 상대보다 자신의 만족에 더 관심이 많다. 이들은 누군가에게나 애착을 갖지 못하며, 공감하지 못하고, 자기-한정적(self-limited)이고, 종종 약탈적, 착취적이며, 그들의 행동을 의식하지 않는다. 그들은 즉시적 이득을 추구하기 때문에 장기적 계획을 결하며, 흔히 우리가 판단이라고 하는 능동적, 탐구적, 비판적 과정을 결하고 있다.

다수의 범죄자들은 자신의 범죄를 충동의 유혹을 뿌리칠 수 없어서, 잘못된 군중심리, 다른 범죄자들로부터 잘못 인도, 외부의 압력, 그리고 인성의 약점 때문이었다고 정당화한다. 이들은

---

2 Palemo and Kocsis, 2005, *op cit.*, p.18

당연히 '책임성의 방어적 부정(defensive disavowal of responsibility), 특히 소위 책임성의 외재화 (externalization)를 보인다.[3] 즉, 자기행동의 책임을 외부로 돌려서 책임을 부정하는 것이다.

3. 좌절

많은 범죄자들이 무력하고, 자신의 의무와 사회적 요구에 압도당하고 그래서 직면할 수 없다고 느낀다. 그들은 좌절을 느끼고, 좌절은 종종 타인에 대한 손상과 재물의 파괴라는 행동의 표출을 야기하게 된다. 때로는 그들의 적대감이 자신을 향하게 되며, 그 자신은 자신이 받아들여지지 않는다고 느끼기 때문에 아무런 가치가 없는 것이다. 즉, 심각하게 자기 자신에게 거부당한 것으로 느끼는 자아(self)이다. 이들은 분노와 파괴적인 폭력의 성향을 보이며, 그러한 분노는 종종 가정폭력, 강간이나 살인으로 표출되곤 한다.

4. 이기주의

이기주의자들은 '자기중심적이며, 과장되고, 자신이 무엇이든 할 수 있는 자격과 권리가 있다고 믿으며, 감정이 척박, 착취적, 교만하고, 타인에 대한 공감능력과 배려가 부족하며, 다른 사람들로부터의 존중하는 관심과 칭찬을 갈망한다.'[4] 그들은 자기생각에 잠기고 자기 일에 몰두하며, 비판에 매우 예민하고, 자신이 원하는 것을 얻지 못할 때 충동적이고, 공격적이며, 다른 사람들을 위협한다.

이기주의는 일차적(primary) 이기주의와 이차적(secondary) 이기주의로 나눌 수 있다. 일차적 이기주의는 객관적 사랑, 공감, 그리고 가능한 창의성의 성취에 본능(libido)적 에너지를 투자하는 것으로 여겨지는 반면에, 이차적 이기주의는 원래의 심리적, 정신적인 본능적 에너지를 객관적으로 사물로부터 자아로 후퇴시키는 것이다. 바로 이 후자의 이차적 이기주의가 연쇄살인범들의 심리역동성에서 나타나고 있는데, 실제로 그들은 병리학적으로 이기주의적일 뿐 아니라, 비현실적으로 과장되고, 그들의 과장된 자존감은 수치스러움에 매우 민감하고 망가지기 쉽다고 한다.[5]

---

3 D. Shapiro, *Neorotic Styles*, New York: Basic Books, 1965, p.169

4 A. Stoudmire, *Clinical Psychiatry for Medical Students*, New York: Lippincott, 1994, p.185

5. 강박적 충동성

충동적 성격은 의심스러워하고, 강박적이고 완고한 사고를 하며, 독단적이며, 자기의견을 굽히지 않고 고집스럽고 독선적인 것을 망라한다고 알려지고 있다. 인식과 판단은 모든 개인이 사건을 평가하는 방식의 부분이기 때문에, 편집증의 경우 인식은 옳을지라도 판단이 잘못될 수 있다. 행동이 소심한 강박적 충동 범죄자는 조직화된 유형의 범죄자가 될 수 있는데, 이들은 프로그램화 되고 제한된 융통성을 가지고 변화에 대응하는 능력이 느리기 때문에 자신의 계획을 방해하거나 좌절시키는 무언가가 발생할 때 어려움에 처하게 된다.[6]

6. 편집증

편집증이나 편집광의 기질은 의심(suspiciousness), 불신, 경직, 그리고 과잉 경계심 등을 중심으로 설명되고 있다. 미국의 임상심리학회에서는 편집증적 인성장애를 다른 사람을 지나치게 의심하고 불신하여 그들의 동기가 악의적인 것으로 해석되며, 초기 아동기에 시작하여 다양한 여건에서 존재하는 것[7]으로 규정하고 있다. 편집증적 범죄자들은 사고의 경직성, 과잉경계심, 타인 특히 권위자에 대한 방어적 적개심을 보인다. 그들의 우월감은 보통 그들의 저변에 깔린 감정적, 정서적 불안전의 신호이며, 이러한 느낌은 불안, 걱정, 적대감, 분노, 그리고 흥분을 유발한다. 또한 다른 사람들로부터 무시당하여, 공격적이고, 예측 불가하며, 때로는 위험에 처한다. 편집증적 사람들은 극단적인 편협성으로 인하여 폭력을 가하고 심지어는 다수의 살인범죄에 가담하게 된다.

7. 가학성 변태성욕

가학성은 대체로 성적 가학성으로서 일종의 성도착적 조건으로 규정되고 있다. 호색적 연쇄살인(luster serial murder)의 경우처럼 합의하지 않은 상대나 합의된 상대와의 가학적인 성적 환

---

5 Palermo and Kocsis, *op cit.*, p.22

6 *Ibid.*, pp.22−23

7 American Psychiatric Association, *Diagnostic and Statistical Manual*(4th ed.), Washington, DC: Author, 2000, p.694

상과 충동으로 이루어진다. 가학은 상대방에 대한 모욕에 그치기도 하지만 고통을 포함하기도 한다. 피해자의 고통, 특히 상대방이 피학적(masochistic) 사람이라면 더욱 이들 가학적 변태성욕 자(sadists)들을 성적으로 충동하고 자극하게 된다. 그러나 채찍질을 하고, 물어뜯고, 칼로 자르고, 때리는 등의 방법으로 고통을 부과하는 것이 특히 합의되지 않은 상대, 피해자라면 목을 조르고, 고문하고, 신체를 절단하고, 심지어 살인까지 도달할 정도로 상승될 수도 있다. 물론 모든 형태의 살인이 다 그렇지는 않지만 가학적 살인이나 의례적 형태의 연쇄강간의 경우에 특히 더 그러하다.

가학적 변태성욕자들은 때로는 자신을 다른 사람에게 고통을 주는 것으로 제한하지만 실제로 일부 경우 사체까지도 성적 변태의 대상이 되는 등 타인의 죽음까지 초래할 정도로 다른 사람의 생명에 대한 절대적인 통제를 행사한다. 이들 가학적 변태성욕자들은 대부분 Freud가 말하는 바와 같이 후기 생애에서 발현되는 심리적 발달의 단계의 하나인 항문기 단계에서의 심리적 성적 발달의 정지나 억제로 인한 것이라고 한다.[8]

8. 공격성

공격성이란 누군가에 대항하여 행동하는 전조로서 적대적인 행위를 표출하는 경향이라고 할 수 있다. 이는 공격자의 권력과 피해자를 통제하고자 하는 욕구를 표현하는 것이다. 이 공격성은 공격자가 느끼는 실제나 또는 상상의 위협으로 더욱 가열되기도 하며, 갑작스럽거나 예기치 않게, 그리고 때로는 빈번하게 표출될 수도 있다. 그러한 공격적 행동은 공격자 자신이나 피해자를 죽음에 이르게도 할 수 있다. 공격적 행위는 소위 보통 사람들이나 인성장애로 고통을 받고 있는 사람이나, 또는 정신병리적 질환을 앓고 있는 사람에게서 나타날 수 있다. 때로는 공격성이 변연계(limbic)의 역기능에 기인한 것이라고 주장되기도 한다.[9]

9. 양극성

양극성이란 사랑과 증오와 같이 다른 사람에게 감정이나 느낌이나 태도가 상반적으로 나타나

---

8 Palermo and Kocsis, *op cit.*, pp.23－24

9 *Ibid.*, p.24

는 것이다. 이는 결국 이어질 행동에 관한 불확실성과 미결정성(indecisiveness)을 보여주는 것이다. 보통은 혼재된 느낌이나 감정이라고 하지만 범죄학에서는 분명한 경계성 인성장애(borderline personality disorder)와 수동적 공격성 인성(passive aggressive personality)을 포함시키고 있다.

2절 인성기질

　　범죄행동의 수행은 확실히 범죄가 발생하는 상황적 여건(context)과 인접선례(proximal antecedent)에 좌우되지만 행위자가 상황으로 가져가는 인성기질의 견지에서도 이해해야 한다. 이는 곧 개인적 특성이 범죄행위를 수행하기 위한 준비(readiness)나 기질(disposition)로서 범죄성에 기여할 수도 있다는 것을 함축하고 있다. 이들 특성에는 전통적 인성연구의 사회적, 기질(temperament), 특질(traits)들이 포함되지만 사람변수(person variables)는 새로운 경험의 영향을 중재하는 개인의 역사로부터 도출되는 능력(competencies), 가치, 신념, 목표도 포함한다.

1. 성취(attainment)와 인지 작용(cognitive functioning)

(1) 지적 작용(intellectual functioning)

　　지적 능력은 범죄심리학에 있어서 지속적인 관심의 대상이었으며, 인지−발달과 사회학습의 발전에 있어서 핵심적인 요소로 고려되고 있다. 물론 지능검사(IQ)가 인지기술의 모든 분야를 전부 다루지는 않지만 기존의 증거들에 의하면 비록 전적으로 불변의 개인적 특성은 아닐지라도 비교적 안정적이라고 할 수 있는 문제해결기술의 중요한 관점들을 측정하는 것으로 알려지고 있다.[10] 실제로 범법자의 1/3 이상이 정신박약, 의지가 약한(feeble−minded) 것으로 조사되기도 하였으며, 낮은 지능이 도덕률의 학습과 이해에 미친 영향을 통하여 그들의 반사회적 행위에

---

10 R. A. Weinberg, "Intelligence and IQ: Landmark issues and great debates," *American Psychologist*, 1989, 44:98−104

직접적으로 영향을 미치는 것으로 가정되고 있다.

　　물론 심각한 정신적 장애를 가진 범법자들은 심각한 교화개선과 사회복귀의 문제를 유발할지라도 IQ 70이라는 관습적이지만 자의적인 구분범주에 대한 지능의 기여를 평가하는 데 있어서 조금은 온당치 않은 부분도 있다. 그러나 더 중요한 것은 지능과 범죄 사이에는 작지만 중요한 부정적 상관관계가 있다는 것이다. 심지어 최근에는 높은 지능이 범죄성향을 지닌 아버지를 통하거나 혹은 아동의 행동장애를 통하여 범인성의 위험이 있는 사람들의 범죄적 발달을 저지하는 보호요인(protective factor)이라고 주장하고 있다.[11]

　　그러나 일부에서는 공식통계나 유죄가 확정되거나 시설에 수용된 비행청소년들을 대상으로 조사된 연구결과인 지능이 낮은 청소년들이 비행에 가담할 확률이 높다는 사실은 단순히 지능이 낮은 청소년들이 자신의 비행을 숨기고 체포를 피하지 못하기 때문이라는 주장도 제기하고 있다. 그러나 이러한 주장은 자기보고식 조사로도 유사한 결과가 도출되고 있다는 점에 비추어 설득력이 그리 높아 보이지는 않는다.

　　그렇지만 낮은 지능지수가 어떻게 범죄성과 관련 있는지는 분명하지 않다. 일부에서는 지능이 낮기 때문에 사회문제해결과 언어적 자기규제(verbal self-regulation)와 같은 더 높은 단계의 인지적 기능(higher order cognitive function)의 발달을 제한하게 되어 반사회적 행위에 직접적으로 기여할 수 있을 것으로 주장한다. 그러나 보다 보편적인 견해는 지능이 미치는 영향은 간접적이며, 학업성취에 크게 좌우되는 것이다. 뿐만 아니라 지능이란 또 다른 인성기질과 상호작용하는 것으로 이해되기도 한다. 예를 들어, 재소자들의 폭력범죄 경력은 지적 수준과 반사회적 인성장애(psychopathy)의 상호작용한 영향으로, 지능이 낮은 반사회적 인성장애자(psychopath)가 지능은 낮지만 반사회적 인성장애가 아닌 사람(non-psychopath), 또는 지능이 높은 반사회적 인성장애자보다 충동적 폭력의 경력, 그리고 보다 낮은 공감정도를 나타낼 확률이 더 높다는 것이다.[12]

---

11 P. C. Kendall, "The generalization and maintenance of behavioral change: Comments, considerations and the 'no cure' criticism," *Behavior Therapy*, 1989, 20:357-364; J. L. White, T. E. Moffitt, and P. A. Silva, "A prospctive replication of the protective effect of IQ in subjects at high risk for juvenile delinquency," *Journal of Consulting and Clinical Psychology*, 1989, 57:719-724

12 A. B. Heibrun, "Cognitive models of criminal violence based on intelligence and psychopathy levels," *Journal of Consulting and Clinical Psychology*, 1982, 50:546-557

(2) 학습장애와 학업성취

최근 들어 비행과 학습장애의 관계에 대한 관심이 높아지고 있다. 지금까지 비행청소년 중에서 학습장애를 가진 청소년이 차지하는 비중이 상당한 것으로 보고되고는 있지만 아직까지 비행과 학습장애의 인과적 연계는 가정되기 어렵다. 물론 학습문제(problem)가 비행청소년들 중에 보편적이긴 하나 학습장애에 대한 다양한 개념규정과 비행청소년 모집단의 부적절한 표본추출 등으로 인하여 학습장애의 정도와 규모가 불분명하기에 비행과의 관계도 분명치 않으며 결과적으로 둘 사이의 인과관계가 어려운 것이다.

이들 다양한 형태의 학습장애는 학업성취와 사회적 장애에 다르게 관련되는 것으로 알려지고 있다. 비언어적 결함을 포함하는 학습장애는 주로 심리언어학적 기술(psycholinguistic skills)을 포함하는 학습장애보다 사회적응의 문제와 더 확실한 관련이 있다고 한다.

낮은 교육적 성취도는 초기 학령기의 반사회적 행위 혹은 그 이후의 비행과 상관관계가 있는 것으로 연구결과 알려지고 있다. 일반적으로 학습장애와 지능의 영향은 낮은 학업성취도에 의하여 중재되는 간접적인 것으로 가정되고 있다.[13] 이에 대한 보편적 견해는 학교실패의 경험이 부정적인 자기존중(self-esteem)이나 학교에 대한 적대적 태도를 갖게 하고, 이것이 다시 다른 문제아동들과의 접촉과 더 많은 비행기회로 유도한다는 것이다. 한편 사회통제이론에서는 학교실패가 학교에 대한 부정적 태도를 조장하고, 학교에서 제시하는 사회적 가치에 대한 유대를 약화시키는 것으로는 것으로 보고 있다. 실제로 지능과 자기보고식 절도의 관계가 교사에 대한 부정적 태도에 크게 좌우되는 것으로 조사되기도 하였다.[14] 그러나 비행과 지적 기능의 관계에 대한 또 다른 설명도 있다. 바로 계층, 가족, 또는 성격기질과 같은 제3의 요소의 영향이 바로 그것이다.

2. 자기통제와 충동성(impulsivity)

범죄행동은 종종 장기 유해결과의 위험에도 불구하고 즉각적인 욕구를 충족시키고자 하는 것을 내포하기 때문에 범죄자들은 보통 통제와 지연기능(delay function)에 결함이 있는 것으로

---

13 T. J. Dishion, R. Loeber, M. Stouthamer-Loeber, and G. R. Patterson, "Skills deficit and male adolescent delinquency," *Journal of Abnormal Child Psychology*, 1984, 12:37-53

14 R. Austin, "Intelligence and adolescent theft," *Criminal Justice and Behavior*, 1978, 5:212-225

가정되곤 한다. 뿐만 아니라 충동성(impulsivity)은 반사회적 인성장애(psychopathic) 인성의 임상적 개념과 과음, 흡연, 도박, 약물중독 등과 같은 공식적 또는 자기보고식비행과 관련된 것으로 알려진 반사회적 생활유형의 특징의 핵심이라고 한다. 따라서 비행에 선행하는 아동기의 공격적이고 파괴적인 행위도 이러한 충동통제결여의 현시로 이해될 수 있다는 것이다.

　여기서 중요한 것은 범죄자들에 있어서 충동적 기질이나 성벽의 분명한 증거는 충동적 성벽이 다면적 개념이라는 점이다. 다수의 연구에서 기질이나 유형으로서 충동통제의 결여를 측정해 왔다. 이들 연구에서 정신운동 속도와 정확성(psychomotor speed and accuracy), 재강화의 지연, 또는 선택결정시간 등이 다양하게 측정되었고, 충동성은 대부분의 다특질 인성검사(multi-trait personality inventory)에서 다른 모습을 보이고 있다. 분노와 공격성의 표현과 각성(arousal)보다 통제를 강조하는 일부 측정에서는 심리역동적 영향이 강조되고 있다. 그러나 보다 보편적인 것은 기질측정은 개인적 속도(personal tempo) 또는 빠른 의사결정이나 행동을 포함하지만 미래 결과의 숙고는 요하지 않는 사건(event)에 반응하는 경향을 평가하고 있다. 그러나 이는 협의의 기질을 기술하는 것이며, 따라서 모험(risk-taking)이나 활발함(liveliness)과 같은 기질도 포함되는 보다 광의의 개념을 제시하는 사람도 있다. 그럼에도 불구하고, 이 또한 감정적 각성이나 흥분과 표현(emotional arousal and expression)을 반드시 포함하는 것은 아니다. 이러한 개념적 모호성은 충동성이 일차적, 주요 기질인지에 대한 의견의 불일치로 나타나고 있다.[15]

(1) 욕구충족의 지연(Delay of gratification)

　자기 또는 자아통제(self-control) 연구의 한 패러다임은 시간적으로 미래의 어느 한 시점에 가능한 보상이 더 작지만 즉각적으로 가능한 보상보다 선호되는 경우를 일컫는 보상의 자기부과지연(self-imposed delay of reward)이라고 할 수 있다. 보상이나 욕구충족의 지연은 지속된 또는 유지된 주의, 높은 지능과 인지적 발달, 그리고 유혹의 저항 등과 관련이 있으며, 중산층과 목표성취지향 집단에 보다 전형적인 것이라고 한다. 반대로 즉각적인 보상을 선호하는 것은 현재지향 시간초점(present-oriented time focus), 낮은 사회경제적 지위, 그리고 성취욕구가 낮은 집단과 관련이 있다. 즉각적인 보상을 선호하는 것이 비행과 반사회적 인성장애(psychopathy)에 기여한다는 것이다. 예를 들어, 소년원생이 일반중등학생보다 즉각적인 보상을 더 선호하였으며,

---

15 S. B. G. Eysenck and H. J. Eysenck, "Impulsiveness and venturesomeness : Their position in a dimensional system of personality description," *Psychological Reports*, 1978, 47:1299-1306

재범자가 비재범자보다 석방 전 검사에서 즉각적인 보상을 선택하는 비율이 더 높았다고 한다.[16]

(2) 시간지향성(Time orientation)

욕구충족의 지연은 미래결과의 고려를 내포하는 것으로 추정되며, 시간의 경험(experience of time)이 다수의 연구에서 충동통제(impulse control)의 지표로 조사되고 있다. 충동적인 사람은 미래보다는 즉각적인 사건에 더 관심을 가져서 제한된 미래시간 관점(restricted future time per-spective)을 가지는 것으로 기대되고 있다. 또한 이들은 남들보다 더 빠른 '내부시계(internal clock)'를 가지며, 그래서 시간의 흐름(passage of time)을 과대추정하는 것으로 가정되기도 한다.

실제로 범법자들의 시간추정에 관한 연구결과 비행소년들이 짧은 시간의 경과에 대한 과소추정과 시간간격(time interval)의 길이에 대한 과대추정을 보임으로써 군입대지원자들보다 더 빠른 '내부시계(internal clock)'를 가지는 것으로 나타나고 있다. 뿐만 아니라 비행소년들은 결혼하거나 할아버지가 되는 등과 같은 중요한 사건의 시간상 근접성의 추정이나 이야기 완성 임무 등에서 보여지는 것처럼 비비행소년보다 더 짧은 미래시간관점(future time perspective)을 가지는 것으로 밝혀지기도 하였다. 그러나 이러한 연구들은 시설수용이 시간지향성에 미치는 영향을 통제하지 못했는데, 사실은 시설수용이 군인이나 비행소년 모두에게 미래 시간관점을 단축시키는 데 영향을 미친 것으로 나타났지만 석방이 가까워짐에 따라 미래지향성이 증가하였다고 한다.[17]

3. 태도, 가치관 그리고 신념

(1) 자아관념(self-concept)

자아관념은 자아존중이나 정서적 존중(affective regard)의 태도를 포함하는 자신에 관한 신념과 지식이라고 할 수 있다. 자아란 일반적으로 사회적 상호작용으로부터 도출되고 사회적 상호작용을 중재하기 때문에 일탈적 자아관념 또한 반사회적 행위를 중재할 수 있는 것으로 알려지

---

16 W. Mischel, Y. Shoda, and M. I. Rodriguez, "Delay of gratification in children," *Science*, 1989, 244:933−938

17 S. H. Getsinger, "Sociopathy, self−actualization and time," *Journal of Personality Assessment*, 1976, 40:398−402; K. B. Stein, T. R. Sarbin, and J. A. Kulik, "Future time perspective: Its relation to the socialization process and the delinquent role," *Journal of Consulting and Clinical Psychology*, 1968, 32:257−264; S. F. Landau, "Delinquency, institutionalization and time orientation," *Journal of Consulting and Clinical psychology*, 44:745−759

고 있다.

　자아태도가 행위에 대한 조직과 방향을 제공하는 것으로 알려지고 있지만 관계된 동기과정 (motivational process)에 대해서는 합의를 이루지 못하고 있다. 한 가지 견해는 사람은 자신의 신념과 자신의 환경적 교환으로부터 받는 정보 사이의 일관성을 추구한다는 것이다. 예를 들어 비정직한 행위는 자아상(self image)을 일탈하지 않을 때 일어나기 더 쉬우며 자아존중심이 낮은 사람이 부정행위를 할 기회를 이용할 가능성이 더 높다는 증거도 나오고 있다. 또 다른 견해는 사람은 자아존중심을 유지하거나 향상시키려고 동기를 부여받는다는 것이다. 이는 일탈적 준거집단의 예견된 승인이 존중심을 향상시키는 것이기 때문에 일탈행위에 의해서 성취될 수 있다는 것이다. 그러나 인지적 일관성의 유지는 자아존중이나 평가의 방향과 반드시 관련되지는 않는 자아관념의 내용에 보다 더 상응한 것으로 보인다. 사람은 자아실추를 겪지 않고도 일탈적인 자아관념을 가질 수도 있다는 것이다.[18]

　그럼에도 불구하고 낮은 자아존중심은 청소년들의 비동조성과 관련이 있고, 여러 가지 면에서 비행소년을 특징짓고 있다. 공식통계에 의하면 비행청소년들이 정서성이나 감정(emotionality)과 걱정의 수준이 더 높으며 '신경과민증(neuroticism)'도 더 높은 것으로 알려지고 있다. 신경과민증이 자아존중과 밀접한 관계가 있기 때문에 이러한 연구결과들은 더 많은 부정적 자아상을 함축하게 된다. 실제 연구에서도 비비행소년들과 비교해서 비행소년들이 '실제 자아(real self)'를 덜 호의적으로 평가하였다고 한다.

　물론 이런 연구들이 상관관계에 지나지 않고 범죄성과 자아관념 사이의 인과관계를 설정하지는 않지만 비행행위에 자아관념을 적용하는 세 가지 접근이 있다. 첫째, Reckless(레클레스)는 내적 견제(inner containment)를 통한 자아통제와 동조성의 증진은 호의적인 자아관념, 목표지향성, 좌절용인(frustration tolerance), 그리고 규범에의 전념의 기능이라고 제안하였다. 이런 점에서의 '좋은 자아관념(good self concept)'은 일탈적 영향력에 대항하는 절연체(insulator)라고 한다. 실제로 교사들이 '좋은' 또는 '나쁜' 것으로 지명한 남학생들이 자아관념과 사회화에 대한 자기보고식 측정과 나아가 비행에서 상이하였다고 한다. 불리한 가족과 사회경제적 조건에 노출된 소년이 호의적인 자아관념을 가질 때 비행에 덜 취약하다는 주장도 제기되고 있다. 그러나 이러한 연구결과나 주장이 '좋은'소년과 '나쁜'소년의 편견이 개입된 선정과 자아관념에 대한 부적절한

18 K. Howells, "The meaning of poisoning to a person diagnosed as a psychopath," *Medicine, Science and the Law*, 1978, 18:179－184

개념화로 비판받기도 하여 Reckless의 주장에 의문이 제기되고 있다. 그럼에도 불구하고 자기보고식조사에서 적어도 백인소년들의 자아관념과 관련이 있으며, 소수인종 청소년이 그들의 높은 위험 배경에도 불구하고 비행하지 않는 것은 바로 자아관념과 개인적 성취로 인한 높은 자아존중심 때문이라는 연구결과로 Reckless의 견제이론을 부분적으로는 지지하고 있다.[19]

두 번째 접근은 부정적 자아태도를 낙인의 결과로 보는 것이다. 낙인이론에 따르면 일탈적 자아상은 사법과정에 수반되는 낙인화의 결과이며 그것이 이차적 일탈을 매개한다는 것이다. 이는 타인의 부정적 반응에 대한 반사된 평가(reflected appraisal)로서 낮아진 자아존중심에 초점을 맞추고 있다. 자아존중심은 성취에 대한 자신감과 능력 그리고 사회관계에 있어서 받아들여짐으로부터 나오며, 이러한 분야에서의 실패가 관습적 행위에 대한 대안을 동기지우는 자기추락으로 이어진다는 것이다. 비행적 준거집단이 수용과 승인을 제공함으로써 자아존중심을 증진시키기 때문에 비행이 관습적 행위의 대안 중 하나가 될 수 있는 것이다. 따라서 자아존중심이 사회적, 학업적 실패와 비행 간의 중재자, 매개자이며, 궁극적인 원인이나 결과는 아닌 것이다. 그러나 비행과 자아존중심의 초기 부정적 관계를 예측하지만 비행이 자아존중심을 다시 회복시키기 때문에 이 모형을 일종의 증진(enhancement)모형이라고 하며, 이 모형의 검증을 위해서는 종단적 분석을 필요로 한다.

(2) 가치관과 신념

사회규범을 준수하려는 의지는 종종 도덕적 가치, 태도, 가치관에 대한 감정적 강화의 기능으로 간주되곤 한다. 몇몇 이론에 따르면 비행소년들은 절대다수의 사회가 수용하지 못하는 일탈적 가치에 전념한다는 것이다. 예를 들어 하위문화이론(subcultural theory), 특히 Miller의 '관심의 초점(focal concerns)'에 관한 이론은 비행소년들이 강인함, 공격성 그리고 흥분감 등에 가치를 두며, 일상적 일은 반대한다고 가정한다. 반면에 Matza는 이들 가치는 사회를 침투하는 '지하적 가치'이고 비행소년들도 관습적 가치를 공유하며, 도덕적 제재로부터의 일시적, 우연적 해방을 통하여 범죄로 표류한다고 주장하였다.[20]

그렇다고 Matza의 이런 주장이 전적으로 지지만 받는 것은 아니다. 한 실증적 연구에서 비

---

19 E. E. Werner, "High-risk children in young adulthood: A longitudinal study from birth to 32 years," *American Journal of Orthopsychiatry*, 1989, 59:72-81

20 R. Hogan, "Moral conduct and moral character: A psychological perspective," *Psychological Bulletin*, 1973, 79:217-232

행소년과 비비행소년 집단 모두에서 동일한 관습적 가치와 지하적 가치의 요소들이 나타났으나 지하적 가치가 비행소년집단의 다양성을 더 많이 설명하여 지하적 가치가 그들에게 있어서 보다 지배적인 가치임을 보여주고 있다.[21]

한편, 종교성과 비행 간에는 일반적으로 역의 관계가 존재하는 것으로 알려지고 있으나, 연구결과가 일관적인 것은 아니라고 한다. 그러나 일반적으로는 종교성과 자기보고식 비행의 작은 부정적 상관관계가 있는 것으로 알려지고 있지만 종교성은 마리화나 흡연과 같은 피해자 없는 범죄와 가장 강력한 상관관계가 있었으며, 다른 변수와 무관한 예측력은 없었던 것으로 밝혀져 종교성이 비행에 미치는 영향은 가족과 친구의 형태에 의해 중재될 가능성이 높은 것으로 이해되고 있다.[22]

(3) 중화(neutralization)와 귀속과정(attributional process)

만약 범법자들도 관습적 가치관을 가지고 있다면, 그들이 일탈적 행동을 금하지 못하는 이유는 그들이 일시적 변명이나 합리화에 의하여 중화되기 때문이다. Sykes와 Matza는 책임의 부정(자신의 행동이 빈곤, 결손가정 또는 음주와 같은 외적 요소의 결과이다), 부상의 부정(부상이 거의 없다), 피해자의 부정(피해자가 당해야 마땅하다), 비난하는 사람의 비난(형사사법제도와 같은 자신의 행동을 비난하는 사람에게 관심을 이동시킨다), 더 높은 충성심에의 호소(동료와 같은 다른 사람의 요구 등으로 어쩔 수 없었다)와 같은 5가지 중화의 기술(techniques of neutralization)을 제안하였다. 이러한 제안은 행위와 태도 사이의 인지적 일관성을 가정한다. 또한 중화는 일탈에 대한 지속적인 부정적 태도라기보다 특수한 상황에 의해 야기된 일시적 변명이라고 가정한다. 실제로 가게절도범들이 '상인들이 당하는 것이 당연하다', '누구나 다 하는 짓이다', 또는 '가게절도는 그리 큰 범죄가 아니다' 등과 같은 말로 자신의 절도를 합리화하는 데서 중화의 예를 볼 수 있다.[23]

그러나 문제는 과연 중화가 인과적으로 범행에 우선한다는 가설이다. 이 가설을 직접적으로 확실하게 검증하기 매우 어려운 일이다. 이를 검증하기 위한 다수의 연구결과도 일관적이지 못하다. 따라서 이 중화가 일탈적 행동에 따른 사후적 적응(post hoc accommodation)인지 또는 선례(antecedent)인지 여부는 아직도 분명하지 않다. 그러나 중화가 범죄행동을 중재하는지 아닌지

21 N. Heather, "The structure of delinquent values: A repertory grid investigation," *British Journal of Social and Clinical Psychology*, 1979, 18:263−275

22 K. W. Elifson, D. M. Peterson, and C. K. Hadaway, "Religiosity and delinquency," *Criminology*, 1983, 21:505−527

23 G. S. Soloman and J. B. Ray, "Irrational beliefs of shoplifters," *Journal of Clinical Psychology*, 1984, 40:1075−1077

에 관계없이 범죄행위에 대한 범법자들의 설명은 범법자들에 대한 형사사법제도의 대응과 범법
자들의 형사제재를 극복하는 방법에는 특히 의미 있는 것이라고 할 수 있다.

　재소자들이 자신의 범죄원인을 지적하는 것과 관련하여 귀속과정이론으로부터 몇 가지 예측
이 확인되기도 하였다. 예를 들어, 교도관은 범죄를 재소자의 내적 요인으로 돌리는 성향이 있는
반면, 재소자들은 외적 요소로 돌리는 경향이 있지만 범행이 전과기록과 일치할 때는 내적 요인
일 가능성이 더 높다는 것이다. 이와 유사한 결과가 원인과 책임의 귀속에 관한 폭력범죄자들과
의 면접에서도 나타나고 있다. 후자의 책임은 정당화하는 이유를 가지고 책임은 수용하는 것과는
반대로 책임의 부정과 외적 요소의 귀속과 같은 변명의 이용(use of excuse)을 통하여 거부되고
있다. 범법자들의 자신의 범행에 대한 설명은 지배적으로 외적일 뿐만 아니라 변명보다는 정당화
의 가능성이 더 높았다. 물론 피해자가 사망했을 때 변명이 더 빈번하게 활용되었다. 이처럼 원인
과 책임을 타인에게 귀속시키는 편견들이 사실은 범인성에 기여할 수 있다는 것이다.[24]

　인과성의 귀속에 간접적으로 관련되는 또 다른 하나의 비행과 관계된 변수는 통제의 중심
(locus of control)이다. 외적인 것과 내적인 통제의 중심의 차원은 결과는 우연이나 막강한 다른
무언가와 같은 외적인 요소와는 반대로 자기 자신의 행동에 의하여 통제된다는 일반화된 신념
을 반영하는 것이다. 비행소년들은 종종 합법적 성취에 대한 외적 장애를 경험하기 때문에 사건
이 그들의 개인적 통제하에 있지 않다는 기대감을 보여주기 더 쉬운 것으로 알려지고 있다. 이
러한 제안에 대한 연구결과는 일치하지 않지만, 그럼에도 불구하고 내인성(internality)이 범인성
위험에 놓인 청소년들에게 중요한 보호적 요소로 파악되고 있다.[25]

(4) Yochelson과 Samenow의 '범죄적 인성(Criminal Personality)'

　240명의 남성범법자들과의 집중적인 면접에 기초하여, 그들은 범죄의 심리분석적, 심리학적,
그리고 사회학적 설명에 대한 각성과 '현상학적(Phenomenological)' 접근의 채택을 기술하였다.
그들의 주장은 책임을 인정하지 않으려는 의도에도 불구하고 자신들의 삶을 통제하는 것으로

24　K. Saulnier and D. Perlman, "Inmates' attributions: Their antecedents and effects on coping," *Criminal Justice and Behavior*, 1981, 8:159－172; M. Henderson and M. Hewstone, "Prison inmates explanations for interpersonal violence: Accounts and attributions," *Journal of Consulting and Clinical Psychology*, 1984, 52:789－794

25　C. A. Parrott and K. I. Strongman, "Locus of control and delinquency," Adolescence, 1984, 19:459－471; E. E. Werner, "High－risk children in young adulthood; A longitudinal study from birth to 32 years," *American Journal of Orthopsychiatry*, 1989, 59:72－81

보이는 범죄자의 사고에 초점을 맞추는 것이다. 그들에 의하면, 사람을 범죄자로 전환시키는 것은 초기 연령기로부터 만들어지는 '일련의 선택(a series of choices)'이라는 것이다. 하지만 개인의 발전에 대한 부모와 자식 간의 쌍방향적 영향은 인식하는 반면 개인이 만드는 선택의 근원에 대해서는 아무런 설명을 제공하지 않고 있다.

이들은 '범인성(criminality)'이란 광범위한 사고과정뿐 아니라 범죄행동까지 포함하는 연속선(continuum)으로서 광의로 개념화하고 있다. 그 연속선상의 비범죄적 끝은 기본적으로 도덕적이며, 자신의 의무를 수행하고, 법의 범위 안에서 기능하는 사람에 의한 '책임 있는 사고와 행동(responsible thinking and action)'으로 규정된다. 반면에 범죄적 극단은 잘못된 사고유형의 체계를 가진 범죄자들이 되는 것이다. 그런데 범죄자들이 가지는 사고의 오류(thinking errors)는 다양하지만 대체로 3가지 종류의 집단으로 나누어진다.

첫 번째는 앞에서 이미 지적된 '성격특질(character traits)'과 중복되는 것으로서, 예를 들어 개인이 아무런 가치가 없는 것으로 느끼는 팽배한 두려움(fearfulness)이 사고의 특징인 반면 중심적 유형은 권력과 통제의 필요성에 관련되는 '권력갈증(power thrust)'이라고 할 수 있다. 또 다른 유형은 '일관성 없는 사고'라고 할 수 있는 분화(fragmentation), 감상벽(sentimentality), 완전주의(perfectionism), 성적 쾌감에 대한 무분별한 욕구, 그리고 거짓말 등이다.

두 번째는 폐쇄된 통로(closed channel)를 포함하는 사고의 자동적 착오(automatic error of thinking), 또는 비밀스러운 형태의 의사소통, 피해자 위치, 다른 사람의 입장이 되지 못함, 의무수용의 실패, 신뢰의 부족, 그리고 잘못된 의사결정 등이다. 셋째는 범죄행동과 보다 직접적으로 관련된 착오와 실수로서 반사회적 행동에 대한 광대한 환상, 내외적 억제의 붕괴, 자신을 선하다고 생각하는 의견, 그리고 초낙관주의(superoptimism)를 포함하는 것이다. 이는 비록 범죄가 아무리 낙관주의적일지라도 환상과 사전중재(premediation)에 선행되기 때문에 범죄자는 충동적이지 않음을 함축하고 있다.

이와 같은 일탈행위의 결정요인으로서 사고과정의 강조는 '합리적 범죄자(rational criminal)' 관점과 일탈행위에 있어서 인지적 역기능의 역할에 대한 관심의 증대와 상당히 일관적인 면이 있다고 할 수 있다. 또한 그들의 주장은 범법자들은 일탈에 대항하는 억제를 중화시킨다는 견해와도 관련이 있다. 그러나 이들의 주장에 대한 비판도 없지 않다. 우선, 그들의 범인성(criminality) 개념이 가치가 실린(value-laden), 주관적인 것이며, 사고의 범죄적 착오와 실수가 책임 있는 시민에게서는 부재하다는 것을 보여주기 위한 어떠한 시도도 이루어지지 않았다는 점이다.

3절 인성장애와 정신병성(Psychotic) 질병

인성장애는 개인의 기질이 융통성이 없고 적응력이 모자라서 사회적, 대인적, 그리고 직업적 기능에 중대한 장애를 초래할 때 일어난다. 이들 장애는 고질적 방해이고, 좋은 자기존중심은 인생의 굴곡에 대한 일종의 심리적 예방접종으로 간주되기 때문에 안정적인 자기존중심이 성숙한 개인의 발전에 핵심적인 것임에도 불구하고 자기존중심의 부족이 거의 모든 인성장애에서 나타나고 있다. 많은 범죄자들이 자기존중심이 대체적으로 낮아서 스스로 열등하다고 느낄 뿐 아니라 자신에게 부정적 판단을 내리기도 한다. 물론 이와는 정반대로 자기존중심의 지나친 등락도 자신에게 지나치게 자랑스러운 사람이나 자신의 능력을 지나치게 확신하거나, 타인을 고려하지 않으며, 자기 행동의 사회적 결과에 대해서도 지나치게 확신적이기도 하다. 종합적으로 보면 범죄자들은 종종 자기존중심의 등락을 보이며, 낮은 자기존중심을 보이는 경우가 더 빈번하다. 행복감에서부터 예민한 우울증에 이르기까지 빈번한 기분변화를 초래하는 감정적, 정서적 신축성(emotional flexibility)을 보이며, 쉽게 짜증을 내고, 화를 촉발하며, 매우 암시적이고, 쉽게 호도된다.

표 2-1 인성장애 유형[26]

반사회적(antisocial) 인성장애	사이코패스(psychopathic) 인성장애
감정적 불안정성(Emotional instability) 의존성(Dependency) 충동성(Impulsivity)	자기중심성(Egocentricity) 이기주의(Narcissism) 가학성 변태성욕(Sadism) 공격성(Aggressivity)
편집증(Paranoid) 인성장애	경계성(Borderline) 인성장애
충동성(Impulsivity) 자기중심성(Egocentricity) 편집증(Paranoid)	강박적 충동(Obsessive - Compulsive) 충동성(Impulsivity) 감정적 불안정성(Emotional instability) 자기중심주의(Narcissism) 감정의 상반성(Ambivalence)

---

26 Palermo and Kocsis, *op cit.*, p.25

1. 반사회적 인성장애(Antisocial Personality Disorder)

반사회적 행위의 진화가 때로는 저항적 형태의 행위로부터 행동장애, 그리고 급기야는 분명히 형태상 반사회적이 되는 일련의 연속적 유형을 따르는 것처럼 보인다. 행위자가 아동기에서 청년기로 그리고 성인기로 이동함에 따라 연령이 이들 각각의 기간을 구간과 한계를 정하게 된다. 과잉행동성은 이 모든 단계에 다 관련이 있는 것으로 알려지고 있다. 권위에 대한 반복적 형태의 부정론적이고, 반항적이며, 불복종적이고, 적대적인 행위가 저항적 반항장애(Oppositional defiant disorder)의 특징이며, 이들은 종종 침착성을 잃거나, 어른들과 언쟁을 하거나, 성인들의 규칙이나 요구에 동조하기를 거부하거나 적극적으로 저항하고, 의도적으로 다른 사람들을 불쾌하게 하는 일을 하거나, 자신의 실수나 비행에 대해 다른 사람을 비난하거나, 다른 사람에 의하여 쉽게 화를 내거나, 복수심이 강한 등의 행위를 빈번하게 반복하는 경향이 있다고 한다. 이들의 부정론적이고 반항적인 행위는 지속적인 고집스러움, 지시에의 저항, 그리고 다른 사람과 협상, 포기, 또는 보상하지 않으려는 의지로 표현되곤 한다.[27]

2. 정신병질적 인성장애(Psychopathic personality disorder)

정신병질은 반사회적 행위의 부분으로 앞에서 기술한 일부 기질의 과장된 변형이라고 할 수 있다. 그들의 의도적이고, 적극적이고 능동적이며, 약탈적 행위로 강간범, 연쇄살인범, 그리고 아동성학대범들은 이런 반사회적 범주에 해당되는 것으로 볼 수 있다. 그래서 우리는 이들을 비록 다수의 반사회적 인성장애 정신병질자들이 겉보기에는 사교성을 가지고 있을지라도 무력한 어린이나 성인 피해자를 찾아 놀이터와 길거리를 배회하는 약탈자로 생각한다.

Cleckley나 Hare의 정신병질적인 반사회적 인성장애자에 대한 전통적 정의는 자기중심적 (self-centered), 타인과의 근친한 관계에 가담하고 유지하는 능력이 결여된 무정하고 무자비한 사람, 공감능력과 동정심이 결여된 사람, 그리고 양심의 제약이나 가책이 없이 기능하는 사람이라고 한다. 이런 점에서 이들의 재범과 누범은 잘 알려진 특징이 되고 있기도 하다.

오늘날 정신병질적인 반사회적 인성장애(Psychopathy)는 극단적인 형태의 반사회적 행위로 간주되며, 강력한 유전적 기반과 아주 구별되는 생물학적 프로파일을 가지며, 자극과 충동의 강

---

27 American Psychiatric Association, *op cit.*, 2000, p.102

도와 행동반응의 크기 사이의 분명한 부조화를 보이는 것으로 알려지고 있다. 이런 점에서 전형적인 반사회적 인성장애자는 이기주의적, 반사회적 인성, 그리고 경계성 인성장애 사이의 중간 형태의 성격장애라고 할 수 있는 악의적 이기주의자라고 할 수 있을 것이다.[28]

3. 간헐적 폭발성 장애(Intermittent Explosive Disorder)

간헐적 폭발성 장애는 충동-조절 장애의 하나에 포함되는 것으로, 때리거나 상처를 입히거나 다른 사람을 신체적으로 폭행하려고 위협하는 등 심각한 공격적 행동을 초래하는 공격적 충동에 저항하지 못하는 일련의 신중한 사건의 발생이라고 설명되고 있다. 이 경우, 공격성의 정도가 촉발적 스트레스와 일치하지 않으며, 폭발적 행위는 지나친 경계와 쌓인 긴장을 전제로 하며, 공격적 사건이 이루어진 다음에는 일종의 안도감이 따르는 것으로 알려지고 있다. 범죄학 분야에서는 때로는 충동적 사람들에 의해서 간헐적 폭발성 장애로 특징되는 강력범죄가 행해지고 있으며, 이들 범죄는 강력한 대응적 살인(reactive homicide)일 경우가 종종 있다.

4. 의존적 인성장애(Dependent Personality Disorder)

의존적 인성장애를 가진 사람들은 타인에 대한 과도한 의존성, 의사결정의 어려움, 무력감, 자기의존 또는 주장과 단호함(self-reliance or assertiveness)의 결여 등을 보인다. 이들이 더 강한 사람과 인성의 예속이나 종복을 받아들이는 것처럼, 책임지지 않는 죄책감이나 패배감에서 벗어나는 한 가지 방법으로서 약물이나 알코올에 쉽게 중독되곤 한다. 이러한 의존적 인성을 가진 범죄자들은 약물이나 알코올의 남용이나 취한 상태에서 강력범죄를 포함하여 모든 유형의 범죄에 관련될 수 있다.

5. 경계성 인성장애(Borderline Personality Disorder)

경계성 인성장애를 가진 사람들은 병리적 애착(pathological attachment), 폭력의 탈 제지

---

28 A. Raine, Stodard, J., Bihrle, S. and Buchsbaum, M., "Prefrontal glucose deficits in murderers lacking psychosocial deprivation," *Neuropsychiatry, Neuropsychology, and Behavioral Neurology*, 1998, 11(1):1-7

(disinhibition), 실제 또는 상상된 유기, 극단적인 평가절하나 이상화 등의 불안정적인 격정적 대인관계, 정체성 장애, 충동성, 반복적 자살 생각과 동작, 감정적, 정서적 불안정/기분전환, 지루함과 공허감, 격렬한 분노, 일시적 편집증, 지나친 지적 논리화, 그리고 착취적 행위 등의 특성을 보인다고 한다. 이러한 인성을 가진 범죄자들은 그 동기가 아주 기괴한 동기에서 살인을 범한다고 한다.[29]

6. 강박−충동적 인성(Obsessive−impulsive personality)

강박−충동적 인성의 소유자는 틀에 박힌 전형적인 행위, 극단적인 주의와 조심, 소심함, 양면성, 감정적 홍수, 환상의 재연, 그리고 실제 행동실행 및 냉각기간이 따르는 살해충동을 행동으로 실천하려는 욕구를 보인다고 한다. 이런 인성을 가진 범죄자들은 종종 조심스러운 방법으로 자신의 범죄를 계획하는 것으로 알려지고 있다.[30]

7. 정신병질(Psychotic Illnesses)

(1) 정신분열증(Schizophrenia)

정신분열은 그 자체 인지, 감성, 그리고 행동의 장애를 보이는 정신질환이다. 이 정신질환이 보이는 현상의 하나는 편집이나 망상적 사고의 존재이다. 이 망상은 현실에 부합하지 않는 사고에 의하여 형성되고, 환자의 마음속에 고착되어 특별한 의학적 도움이 없이는 환자 스스로 제거할 수 없게 된다. 범죄학적 관심을 끄는 제도화된 망상 중에는 학대자, 과대망상증 환자, 그리고 알려지지 않은 존재에 의해 통제되는 망상 등이 있다. 이들 망상은 종종 통상적으로 경멸적이고 형벌적인 목소리인 환청을 동반한다. 범죄학적 관점에서 보면, 소위 지휘, 명령환각(command hallucination)이 종종 범죄적 정신장애 행위의 일부가 되곤 한다. 그러한 고통을 겪고 있는 환자들은 "목소리가 그렇게 하도록 나에게 말하였다"라고 진술하고 있으며, 때로는 긴장중 정신분열로 진단된 환자들은 그들 주변 사람들의 부상과 심지어 사망으로 이어지는 급진적 공격행위를

---

29 Palermo and Kocsis, *op cit.*, p.30

30 *Ibid.*, p.31

보이기도 한다. 다수의 비조직화된 범죄자들이 이 부류에 해당된다고 한다.

(2) 양극성 장애(Bipolar disorder)

기분조절장애는 두 가지 확연하게 구분되는 거의 정반대의 두 집단, 우울상태와 조울상태로 대표되며, 둘이 함께 양극성 형태의 기분조절장애를 형성하게 된다. 우울적 증상은 우울한 기분, 냉담, 정력결여, 쾌감상실, 체중감퇴, 만성불면 등을 보인다. 만성 불면증을 가진 우울한 사람은 빈번한 자살/살인 묵상으로 인하여 행동으로 옮길 위험에 놓이게 된다. 이들은 종종 치료에 적대적이고 저항적이며, 다수의 범죄가 이들 우울한 사람들에 의하여 종종 자신의 집이나 학교, 직장 등 공공장소에서도 행해지곤 한다. 공공장소의 범행은 다수의 다중살인이 차지하며, 많은 경우 살인범 자신도 스스로 목숨을 끊는다. 반대로 조울적인 사람들은 흥분을 잘하고, 과장된 감정을 가지며, 종종 불법적인 병적 다변증을 보이며, 미혹스러우며, 과잉행동을 하고, 불면증에 시달린다. 그러한 상황에서 이들은 환각적으로 행동하여 가족과 사회생활에 어려움을 호소한다.

(3) 환각장애(Delusional disorder)

환각장애는 본질적으로 인지가 손상되지 않은 사람의 정신 상태이다. 그들의 감동이 환각체계와 조화를 이루어 자신이 사회로부터 오해를 받고 있거나 학대를 받으며, 여자에게서 버림을 받았다고 느끼는 등 과대망상에 시달린다. 범죄학적 관점에서 보면, 그러한 사람들은 남에게 피해를 줄 뿐 아니라 폭력적이고, 신체적 손상을 위협하고, 때로는 살인을 저지른다.

제3장
범죄의 심리학적 이해
(Psychological Understanding of Crimes)

제1절 강력범죄의 심리학적 이론

1. 본능이론(Instinct theory)

다수의 이론에서 폭력과 공격성을 설명하기 위하여 천부적 충동(innate impulse)이라고 할 수 있는 본능이라는 개념이 사용되고 있다. Freud도 인간행위는 삶의 본능(life instinct, Eros)과 죽음의 세력(death forces, Thanatos)이라는 두 가지 기본적인 본능에 의해 사로잡힌다는 견해를 피력하였다. 생과 사의 본능 간의 갈등에서 파괴적인 에너지가 외부세계로 대체된다는 것이다. 공격성은 이 에너지를 수용할 수 있는 수준으로 줄이기 때문에 일종의 안전밸브가 될 수 있는데, 만약 공격적 행위가 비파괴적이고 사회적으로 받아들일 수 있는 행동의 형태를 취한다면 폭력의 가능성은 그만큼 줄어들 수 있다는 것이다. 그와 같은 카타르시스적인 발산이 분노나 스포츠와 같은 받아들일 수 있는 공격성에 참여하는 형태를 취할 수도 있다. 이와 같은 공격적 본능의 중화(neutralizing)가 길을 잃거나 잘못되면 공격성이 내재화(internalized)되어 잠재적으로 폭력, 살인, 또는 자살까지 이를 수 있다고 한다.[1]

그런데 이러한 공격성은 직접적으로 천부적인 '전투본능(fighting instinct)'으로부터 유래하여, 인간을 포함한 종의 생존에 이익이 되도록 세대를 걸쳐 진화해왔다고 한다. Freud의 설명처럼, 공격적 에너지는 끊임없이 개인의 내부에 쌓이게 되고 어느 순간 발산되는데, 이러한 발산은 특

---

[1] Hollin, *Psychology and crime: An Introduction to Crininological Psychology*, p.61, London and New York: Routledge, 2001.

정한 환경적 공격성—발산 자극이 공격적 행동에 방아쇠를 당기거나, 또는 만약 에너지의 축적이 안전한 양으로 발산되지 않으면 폭력적 폭발이 긴장을 이완시켜주는 두 가지 방법으로 일어난다고 한다.

한편, 공격적 행위는 위험한 수준에 달하기 전에 분출하고자 하는 생물학적으로 결정된 본능적 충동으로부터 직접적으로 유래한다는 것이다. 후기 인생에서 공격성을 표출하는 것은 아동기 감정적 경험으로부터 도출된 무의식적 동기에서 초래된다는 것이다. 공격적 동력이나 충동을 다루어야 하는 시기에 어떤 부정적 사건이 발생하면 우울증, 분열적 행위, 그리고 망상으로 정형화되는 공격성의 심리병리학적 관점들이 해결되지 않은 동력이나 충동으로부터 일어나게 된다고 한다.

당연히, 본능이론의 비판은 개념적 애매함이나 모호성, 그리고 그로 인한 경험적 입증의 결여로 집중되고 있다. 실제로 본능적인 생물학적 충동과 동력을 보여줄 확실한, 구체적인 증거를 찾기란 쉽지 않으며, 인간의 공격성을 분출시키는 환경적 해방구도 있는 것 같지 않다. 학습된 행위와 천부적 행위 사이의 균형에 있어서 본능이론은 사회적 세력보다는 생물학적인 것을 현명하지 못하게 선호한다는 비판도 받고 있다.

2. 충동이론(Drive theory)

천부적인 공격적 본능에 기초한 설명의 대안으로서 대응적, 반응적 충동(reactive drive)의 개념이 발전하게 되었다. 폭력을 포함한 특정한 행위에 동기를 부여하는 충동이나 동력은 천부적이라기보다는 오히려 경험을 통해서 습득되는 것으로 간주되고 있다. 상식적으로, 개인의 충동수준이 높아짐에 따라, 사람들은 충동을 줄일 수 있는 행위나 행동이 일어날 수 있는 조건을 찾게 된다. 이 이론에 따르면, 만약 목표가 차단되고, 기대되는 보상이 따르지 않는다면, 좌절의 상태가 만들어지게 되고, 이 좌절이 폭력적, 공격적 행위로 이끄는 공격성을 부추기거나 유발하게 된다는 것이다. 공격적, 폭력적 행위는 좌절의 근원을 향할 수도 있지만 때로는 좌절의 일차적 근원과 관련이 있는 다른 표적을 향할 수도 있다. 여기서 공격성도 다른 범죄와 유사하게 '적대적 공격성(hostile aggression)'과 '도구적 공격성(instrumental aggression)'으로 구분하기도 하는데, 적대적 공격성은 피해자를 손상시키기 위한 의도의 공격성인 반면 도구적 공격성은 무장강도와 같이 단순히 목표에 대한 수단이라고 할 수 있다.

일부에서는 여기에 약간의 수정을 가하기도 하는데, 원래의 충동이론과는 대조적으로 좌절이 공격성에 대한 잠재력을 창출하는 감정적 흥분이나 자극, 또는 분노의 상태를 양산한다는 것이다. 이 잠재성이 실현되기 위해서는 '분노를 끌어내는 단서, 자극 또는 계기(anger-eliciting cue)가 있어야 하는데, 이 단서 또는 자극은 다른 사람의 행동이나 무기의 존재와 같은 개인이 공격성과 연관지우는 것 같은 형태를 취하게 된다. 물론 아무런 사전 분노 상태가 존재하지 않아도 강력한 환경적 자극만으로도 공격성이나 폭력성을 양산할 수도 있다.[2]

3. 사회학습이론

Bandura는 공격성을 이해하기 위해서는 공격성의 습득(acquisition), 공격성의 교사와 자극(Instigation), 그리고 공격성을 유지하는 조건이라는 세 가지 핵심적인 관점을 알아야 한다고 주장하였다.[3] 일반적으로 사회학습이론은 폭력을 비롯한 어떠한 행위의 습득은 직접 체험이나 간접 관찰에 의한 학습의 과정을 통해서 일어난다고 설명한다. 선동이나 자극에 관해서는, 과거의 학습의 산물인 예견되는 결과가 매우 중요하며, 과거의 공격성과 관련되었던 환경적 단서에 의해서 신호가 주어지는 결과에 대한 예견이나 기대는 공격성의 가능성을 높일 뿐만 아니라 공격성의 잠재적 피해자를 직시하기도 한다. 이 예견된 결과와 함께, 높은 기온, 공기오염, 그리고 과밀 등과 같은 혐오스러운 환경조건도 사람들의 감정적 흥분과 자극을 상승시키고, 그래서 공격성의 선동과 자극을 용이하게 한다는 것이다.[4] 이러한 외부 환경조건뿐만 아니라, 언어적, 신체적 촉발이나 도발(provocation)도 유사한 역할을 하는 것으로 알려지고 있는데, 이 촉발의 효과는 자존감의 상실과 같이 그 촉발에 대응하지 못해서 초래되는 예견되는 결과와 촉발에 대한 인지적 평가와 판단이라는 두 가지 견지에서 설명될 수 있다.[5] 상식적으로도, 도발적이고 적대적인 것으로 인식되는 행동은 당연히 분노자극과 공격성을 증대시킨다. 특정한 인지가 분노를

---

2 Berkowitz, "Some determinants of impulsive aggression: Role of mediated associations with reinforcement for aggression," *Psychological Review*, 1974, 81:165-176

3 Bandura, Aggression: A Social Learning Analysis, Englewood Cliffs, NJ : Prentice-Hall, 1973, Hollin, *op cit.*, p.66에서 재인용

4 Anderson, C. A., "Temperature and aggression: Effects on quarterly, yearly, and city rates of violent and non-violent crime," *Journal of Personality and Social Psychology*, 1987, 52(1):161-173

5 Dengerink, H. A., Schnedler, R. W. and Covey, M. V., "The role of avoidance in aggressive response to attack and no attack," *Journal of Personality and Social Psychology*, 1978, 36(1):44-53

유발하고, 분노의 경험이 공격적인 방식으로 사고하게 하는 식으로 분노와 인지 사이에는 쌍방적 관계가 존재한다. 마찬가지로, 유사한 쌍방적 관계가 인지와 행위, 그리고 분노와 행위 사이에도 작동하는 것으로 알려지고 있다. 끝으로, 사회학습이론의 관점에서 보면, 공격성의 유지는 외부적 재강화(external reinforcement), 대리적 재강화(vicarious reinforcement), 그리고 자기 – 재강화(self – reinforcement)라는 세 가지 유형의 재강화를 통해서 가능해진다.[6] 그러나 일부에서는 공격성에 대한 이러한 심리학적 이론에 대해 실험실에 기초한 연구로서 공격성을 지나치게 협의로 접근하며, 실증주의적 방법론에 의해 제약을 받으며, 인간의 동기에 대한 개념화가 부적절하다고 비판하면서, 공격성은 인지되거나 실제 불평등, 환경적 스트레스, 정치적 갈등이라는 현실 세계에서 가장 잘 연구될 수 있는 사회현상으로 간주되어야 한다는 주장도 제기되고 있다.[7]

2 절 강력범죄의 심리학

1. 폭력범죄자의 분석

(1) 분류

폭력범죄의 하나인 강도의 경우, 대체로 다양한 변수에 따라 폭력범죄자의 유형을 분류하고 있다. Conklin은 강도를 4가지 전문가(specialist) 유형으로 구분하여, 직업적 강도(professional robber)는 강도를 생활비를 벌 수 있는 매우 효과적인 수단으로 보고, 주로 상가 등 상업시설을 대상으로 조직화된 집단으로 철저하게 계획된 강도행위를 행하는 것으로 설명하고 있다. 기회주의 강도(opportunist robber)는 어린이나 노인과 같은 취약한 표적이 나타나면 단지 소액만 훔치는 것으로 미리 계획되지 않는다. 중독 강도(addict robber)와 알코올중독 강도(alcoholic robber)

---

6 Novaco, R. W., "The functions and regulations of the arousal of anger," *American Journal of Psychiatry*, 1976, 133(1):124 – 128

7 Siann, G., *Accounting for Aggression: Perspectives on Aggression and Violence*, London: Allen & Unwin, 1985, p.165

는 더 많은 약물과 술을 구입하기 위한 돈을 마련하려고 하는 강도로서 계획적이거나 조직적일 가능성은 낮으며 비교적 쉬운 표적을 대상으로 범행한다.[8]

(2) 인성

폭력은 분노에 의해 중재된 폭력에 대한 자극이나 선동이 그 사람이 공격적 느낌이나 충동을 통제할 수 있는 범위와 수준을 능가할 때 발생한다. 이러한 과소통제된(undercontrolled) 사람은 대체로 아주 낮은 수준의 억제제(inhibitors)만 가져서 촉발이나 도발이 인식되면 빈번하게 폭력적인 방법으로 행동하게 된다. 반면에 과잉통제(overcontrolled)된 사람은 극단적으로 강력한 억제제들을 가지고 있어서 아주 오랜 기간 동안 참아왔거나 촉발과 도발이 아주 격할 때만 폭력이 일어난다. 지금까지 알려진 바로는 과잉통제된 인성은 극단적인 폭력 행위를 범한 사람들에게서 발견되고 있으나, 경미한 폭력을 빈번하게 범한 사람들에게서는 발견되지 않는다고 한다. 또 다른 면에서는, 극단적인 폭력집단일수록 온건한 폭력범들에 비해 월등하게 내향적(introverted), 확신적이며, 과잉통제된 반면 덜 적대적이라고 한다.[9] 또 다른 한편에서는 과잉통제된 폭력범죄자가 단정적, 확신적 행위에 결함이 있으며, 과소통제된 폭력범죄자는 성질을 조절, 통제하거나 싸움을 피하는 데 있어서 훨씬 더 큰 어려움을 겪는다고 한다.[10]

Blackburn은 정신병원에 수용된 56명의 남자 살인범들에 대한 MMPI 조사를 바탕으로 폭력범죄자를 4가지 유형으로 분류하였다. 그는 반사회적 인성장애(Psychopathic)와 편집증－공격(paranoid－aggressive)의 두 개 유형의 과소통제집단과 통제된 억제자(controlled－repressor)와 억압된－피억제자(depressed－inhibited)의 두 가지 과잉통제집단으로 구분하였다. 반사회적 인성장애집단은 부족한 충동조절, 지나친 외향성, 외부지향적 적대감(outward－directed hostility), 낮은 불안감, 그리고 정신의학적 증상이 거의 없는 것이 특징이라고 한다. 편집증－공격집단도 높은 수준의 충동과 공격성을 보이지만, 동시에 높은 수준의 정신장애, 특히 정신병적 증상도 보인다고 한다. 그래서 이들 두 집단을 때로는 일차적 반사회적 인성장애(primary psychopath)와 이차적 반사회적 인성장애(secondary psychopath)라고도 부른다. 과잉통제집단의 통제된 억제자

---

8 J. Conklin, *Robbery and the Criminal Justice System*, NY: Lippincott, 1972, Hollin, *op cit.*, p.75에서 재인용

9 R. Blackburn, "Personality in relation to extreme aggression in psychiatric offenders," *British Journal of Psychiatry*, 1968, 114:821－828

10 V. L. Quinsy, A. Maguire, and G. W. Barney, "Assertion and overcontrolled hostility among mentally disordered murderers," *Journal of Consulting and Clinical Psychology*, 1983, 51:550－556

(controlled−repressor)는 높은 수준의 충동조절과 수동성, 반면에 낮은 수준의 적대감, 불안감, 그리고 정신의학적 증상을 보인다. 억압된 피억제자는 낮은 수준의 충동성과 외향성, 내부지향적 적대감, 그리고 높은 수준의 우울을 특징으로 한다.[11]

2. 강간

(1) 범죄자 분류

강간범의 분류는 범죄의 구체적 특성, 피해자의 특성, 그리고 정신의학적 혹은 법률적 구분 등 여러 가지 관점에서 다양하게 시도되고 있다. 그 중에서도 성범죄자의 범행의 동기에 따라 구분하는 경우가 많다. 일찍이 60여 년 전, Guttmacher는 강간을 범하는 동기가 성적인 동기인 '참 성범죄자(true sex offender)', 신체적 폭력이 우선적, 일차적 중요성인 '가학성 변태성욕적 성범죄자(sadistic sex offender)', 그리고 강간이 단순히 일반적인 반사회적, 범죄적 생활양식의 한 부분인 '공격적 성범죄자(aggressive sex offender)'로 구분하였다. 그러나 이런 초기의 분류에 대해 일부에서는 성범죄자의 분류가 대체로 여성을 공격하는 남성의 동기를 완전하게 검증하지 못했다고 비판한다.[12]

Cohen은 강간범을 아래의 <표 3−1>에 요약되어 있는 것 같이 4개의 유형으로 규정한다. 대체된 공격성(displaced−aggression) 강간범은 전형적으로 배우자이거나 여자친구인 피해자를 신체적으로 상해를 가할 목적으로 공격성과 분노를 표출하기 위해 강간을 이용하며, 보상적(compensatory) 강간범은 성적 목표에 대한 욕구를 충족시키기 위해 강간을 이용한다. 이때 공격성은 그 목표를 성취하기 위한 하나의 단계라고 할 수 있고, 따라서 강간은 관습적인 방법으로는 성적 목표를 성취하는 것이 부적절함에 대한 보상의 한 방법인 것이다. 성−공격성−발산(sex−aggression−diffusion) 강간범에게는 강간이 그 행동이 성적, 폭력적 요소가 용해되는 가학적 행동이어서 성적 자극을 흥분시키는 것은 피해자의 고통이라고 한다. 충동적(impulsive) 강간범은 계획 없이 행동하며, 기회가 주어질 때 강간하며, 대체로 주거침입절도 과정에서 강간하는 경우가 많다.[13]

---

11 R. Blackburn, "Personality types of abnormal homicides," *British Journal of Criminology*, 1971, 11:14−31

12 R. Prentky, M. Cohen, and T. Seghorn, "Development of a rational taxonomy for the classification of rapists : The Massachusetts treatment center system," *Bulletin of American Academy of Psychiatry andf Law*, 1985, 13:39−70

표 3-1 강간범의 유형

유형	동기	특성
대체된 공격성(Displaced aggression)	공격성	화, 분노: 신체적 손상
보상적(Compensatory)	성	강간환상의 행동표출
성-공격성-발산(Sex-Aggression-Diffusion)	공격성과 성	가학적 성폭행과 심각한 신체적 부상
충동(Impulse)	기회	우연한 기회에 대한 충동적 반응

반면, 500명의 강간범에 대한 임상적 관찰을 바탕으로 Groth는 강간에 관련된 적대감과 통제의 다양한 정도에 따라 강간범을 3가지 유형으로 분류하였다. 먼저, 분노강간(anger rape)은 전형적으로 공격에 앞서 성적 질투와 시기, 논쟁, 그리고 사회적 배척 등과 함께 자신이 잘못 취급받고 있다는 생각 등이 따른다. 범행에 있어서, 강간범은 피해자를 동조시키는 데 필요한 이상의 폭력을 가하기 때문에 강간의 목적이 어쩌면 강간으로서 신체적 손상을 가하는 것이 마치 추가적인 고통을 부과하는 것처럼 여겨진다. 일반적으로 전체 강간의 약 40%가 분노강간에 해당되는 것으로 알려지고 있다. 권력(power)강간은 성적 지배가 목적이라는 점이 다르며, 물리적, 신체적 폭력은 피해자의 동조를 끌어내는 데 필요한 정도만 가해진다. 그러나 권력강간의 목표는 성적 만족과 충족이 아니라 개인적 불안을 조장하고 남성성과 이성애를 주장하는 권력과 힘의 경험이다. 전체 강간범 중에서 약 55%가 이 유형에 해당된다고 한다. 마지막으로 가학성 변태성욕적(sadistic) 강간은 성과 공격성이 상호적 방식으로 결합되어, 전형적으로 피해자가 결박되어, 고통을 당하고, 종종 고문도 당하며, 피해자의 모욕과 아픔이 성적으로 흥분되고, 강간이 경험을 더욱 점화시키는 경우로서, 가장 흔치 않은 강간형태로 강간범의 약 5%에 지나지 않는다고 한다.[14]

Prentky 등은 강간범을 공격의 의미, 성의 의미, 그리고 가해자의 충동성의 수준이라는 세 가지 변수를 기준으로 8가지 유형으로 분류한다. 그들은 공격성의 동조를 강제하기 위해 이용되는 도구적(instrumental)인 것과 행동 자체가 원래 폭력적인 표출적(expressive)인 것으로 구분한다. 또한 성의 의미에는 4단계가 있어서, 강간이 어떤 성적 환상을 행동으로 표출하기 위한 보상적(compensatory), 충동적, 약탈적 행동인 착취적(exploitative), 성적 행동이 분노의 표현인 대체된 분노(displaced anger), 성적-공격적 환상의 실행인 가학성 변태성욕적(sadistic) 의미로 나누고 있다. 충동성은 높고 낮은 두 가지로 나누어지는데, 낮은 수준의 충동성은 수줍음, 내향성,

---

13 M. L. Cohen, R. F. Garofalo, R. Boucher, and T. Seghorn, "The psychology of rapists," *Seminars in Psychiatry*, 1971, 3:307-327

14 N. Groth, Men Who Rape: The psychology of Offender, NY: Plenum, 1979, Hollin, *op cit.*, p.83에서 재인용

그리고 인식된 위협과 같은 단서나 계기에 민감하다는 특성을 가지는 반면, 높은 수준의 충동성
은 '실연'하는 행위, 낮은 사회적 능력, 그리고 성격장애 등의 특징을 가지고 있다고 한다.[15]

　　한편, 일부에서는 강간범들이 강간을 보는 관점을 비교하여 분류한 경우도 있다. Scully와
Marolla는 114명의 유죄가 확정된 강간범을 면담하여 범죄와 자기 자신에 대한 스스로의 인식을
조사한 결과를 바탕으로 5가지 유형의 강간을 기술하였다. 첫 번째 유형은 복수와 처벌이 동기
로서, 배우자나 동반자로부터의 무시와 무관심을 인식한 나머지 여자친구나 배우자에게 분풀이
나 보복하기 위해서 다른 여자를 강간한다는 것이다. 이 경우, 강간범은 범행 시에 매우 화가 나
있고 심지어 분개하여 피해자를 신체적으로 폭행하기도 한다. 두 번째 유형은 강간을 단순히 다
른 범죄에 따르는 '추가된 보너스' 정도로 여기며, 상황을 완전히 통제하여 강도나 주거침입절도
등 원래 의도했던 범행의 목적을 달성한 후속 행동으로 강간을 한다는 것이다. 세 번째 유형은
성적인 동기에서 행해지는 것으로 자신에게 주어지지 않거나 자신이 얻을 수 없는 것을 획득하
기 위한 강간이며 연인강간(date rape)이 여기에 해당된다고 할 수 있다. 네 번째 유형은 비인간
적(impersonal) 성과 권력을 즐기는 강간범으로서 강간행동이 통제와 지배의 경험을 제공한다는
것이다. 마지막 유형은 모험과 오락을 목적으로 행해지는 강간으로 전형적으로 강간이 단순히
또 다른 형태의 범죄활동인 갱들에게서 자주 나타나며, 강간범들에게 강간이 가져다주는 보상은
구성원들로부터 받는 사회적 보상이며, 이런 유형의 강간의 피해자는 전형적으로 야간에 길거리
에서 납치된 여성, 히치하이커, 갱멤버와 데이트가 있는 것으로 알았는데 사전에 정해진 장소에
서 집단적으로 강간당하는 경우가 이에 해당되는 유형이다. 중요한 것은 강간범들은 피해자에
대한 동정을 거의 느끼지 않았으며, 대다수는 오히려 기분이 좋았다, 안도했다거나 아니면 아무
렇지도 않았다고 한 반면, 8%만 죄의식을 느끼거나 나쁘게 생각하고, 1%만 피해자에 대한 관심
과 걱정을 표했다고 한다.[16]

　　끝으로, 미국의 Massachusetts 처우센터에서는 유죄가 확정된 강간범들의 성폭행에 있어서
성적, 공격적 유형을 포함하는 행동유형에 기초한 유용한 유형론을 개발하였는데, 그들은 범법
자의 주요동기에 기초하여 분노충만형, 비가학형, 성적 동기형, 그리고 충동－기회주주의형으로
강간범을 4가지 주요 범주로 분류하였다.[17]

---

15 Prentky et al., *op cit.*

16 D. Scully and J. Marolla, "'Riding the bull at Gilley's' : Convicted rapists describe the reward of rape," *Social Problems*, 1985, 32:251－263

17 R. A. Knight and Prentky, R. A., "The Development antecedents and adult adaptation of rapist subtypes," *Criminal*

　　분노충만형 강간범은 동시에 대체된 분노(displaced anger) 또는 분노보복형(anger retaliation)이라고도 불리며, 자신의 공격에서 성적 감정이나 느낌이 전혀 없거나 최소한인 반면, 공격과 폭력적 행위가 지배적인 유형이다. 이들은 여성을 강등시키고, 해치고, 모독하기 위하여 강간행동을 하며, 가슴, 성기, 또는 신체 다른 부위를 찢거나 자르거나 무는 등 가학적 행동을 하고 잔인하게 폭력을 가한다. 대부분의 피해자가 전혀 면식이 없는 낯선 사람이며, 단지 강간범의 공격에 가장 쉽고 적합한 대상에 지나지 않는다. 폭력이 통상 가해자를 성적으로 흥분, 자극시키지 않으며, 피해자의 물리적 저항은 그들을 더욱 폭력적이게만 한다는 것이다. 이들의 대부분은 기혼이지만 여성과의 관계는 종종 간헐적 초조와 폭력으로 특징되며, 이런 이유로 배우자 학대범에 해당되기도 한다. 이들은 일반적으로 여성을 성가시고, 적대적이며, 진실하지 못한 것으로 인식하고, 자신의 행위와 여성에 대하여 분노하게 만든 사건으로 인하여 강간을 한다. 따라서 이들은 폭력적 공격을 유발하는데 폭력의 피해자나 성적 흥분이 아무런 역할도 하지 않기 때문에 대체된 분노 강간범(displaced anger rapists)이라고 부르는 것이다. 이들의 주요 초점은 여성 전반에 대한 분노와 공격인 것이다.[18]

　　비가학성 변태성욕적 강간범(non-sadistic rapists)은 어떠한 특정한 성적 자극으로 인한 강한 성적 흥분으로 폭행을 하거나 폭행을 시도한다. 물론 강간은 분명히 폭력적 행동이지만 이런 유형의 폭행에 있어서는 보완적 폭력이 중요한 특징이 되지는 않고, 오히려 자신의 성적 지위와 적정성을 입증하기 위한 욕구가 기본적인 동기라고 할 수 있다. 이들은 대체로 행동적으로 수동적이고, 위축되어 뒤로 물러나며, 사회적 기술이 부족하고, 피해자가 자신의 공격에 따르고 자신을 높게 평가하여 다음을 기약할 것이라는 환상의 세계에 사는 경향이 있다. 이들은 자신의 남성다움과 성적 능력을 증명할 수 있을 것이라는 환상을 가진다. 이들을 아는 사람들은 종종 이들이 조용하고, 순종적이며, 부끄러워하고, 외로운 사람으로 기술한다. 물론 이들은 믿을 만한 일꾼이지만 그들의 부족한 사회기술이나 그로 인한 낮은 자존감으로 인하여 직업적 성취를 이루지 못한다. 이들의 성적 공격은 압도적 느낌의 부적절성을 보상하기 위한 노력이기 때문에 이들을 보상적 강간범(compensatory rapists)이라고도 한다. 이들의 피해자는 대부분 비면식의 이방인이지만 강간범이 일정 시간 피해자를 관찰하고 미행했을 수도 있다. 아마도 피해자에 대한 특정한 자극이나 흥분이 그의 주의와 관심을 끌고 흥분시켰을 것이다. 일반적으로 이들은 자신의

　　Justice and behavior, 1987, 14:403-426

18 C. R. Bartol and A. M. Bartol, *Psychology and Law: Theory, Research, and Application*(3rd ed), Belmont, CA: Wadsworth Thomson, 2006, p.437

불법활동을 성폭력으로 제한하고, 다른 형태의 반사회적 행위에는 가담하지 않는다고 한다.[19]

　　성적 동기의 강간범(sexually motivated rapists)은 성폭력에서 성적, 공격적 요소 둘 다를 보이며, 피해자의 고통이 성적 쾌감의 전제여서 여성들은 학대를 받고, 강제로 강간을 당하며, 공격적으로 지배를 받고, 남성에 의하여 통제를 받는 것을 즐긴다고 믿는다. 따라서 이런 유형의 강간범은 피해자의 저항과 투쟁을 게임, 놀이로 해석하며, 피해자가 저항하면 할수록 더 흥분되고 쾌감을 가지며 공격적이 된다. 이들은 종종 기혼이지만 결혼에 거의 전념하지 않으며, 그들의 청소년기나 그 전부터 시작되는 다양한 반사회적 행위로 충만한 배경을 가지며, 종종 학교에서의 심각한 행동문제를 보이고, 인생 전반에 걸쳐 부적절한 행동조절과 좌절을 견디지 못하는 경향이 있다.[20]

　　충동적 — 기회주의적 강간범(impulsive — opportunistic rapists)은 단순히 강간할 기회가 주어지기 때문에 성폭력에 가담하는 것으로 알려지고 있으며, 강간은 통상적으로 강도나 주거침입절도와 같은 다른 반사회적 행동의 상황에서 피해자가 우연히 있어서 발생하는 것으로 설명되고 있다. 이 기회주의적 강간범은 '사람 — 지향적(person — oriented)'인 것으로 인식되지 않으며, 피해자는 오로지 성적인 대상으로만 보아 피해자의 불편함이나 두려움에는 아무런 관심도 없고 피해자를 흥분시키는 데도 관심이 없다고 한다.[21]

(2) 강간범의 심리

　　일반적으로 성범죄자의 연구에서 성적 자극과 그 반응으로서 흥분을 측정하는 경향이 있다. 그러나 이러한 측정은 실험자극의 타당성, 생리적 흥분과 심리적 흥분 사이의 관계와 같은 기술적이고 현실적인 쟁점과 함께 기술적으로 매우 복잡하고 섬세한 것으로 알려져 있다. 이와 같은 현실을 감안하여, 다수의 연구가 다양한 내용과 방식의 성적 자극에 대한 성범죄자의 반응에 집중되고 있다.

　　우선, 강간범들은 합의되지 않은 성적 행동을 보여주는 자극에 흥분하는 것으로 알려지고 있다. 즉, 강간범은 비강간 자극보다 강간 자극에 더 크게 흥분하는 반면, 비강간범들은 합의된 성적 장면에 더 흥분한다는 것이다. 이러한 연구결과를 바탕으로, 강간범들이 그러한 행위가 성

---

19 Bartol and Bartol, 2006, *op cit.*, p.437

20 *Ibid.*

21 *Ibid.*, p.438

적행위 중에서 가장 흥분시키는 형태라는 것을 발견했기 때문에 공격적인 성을 선호한다는 가설이 만들어지게 되었다.[22]

그러나 한편에서는 강간범들이 비강간범보다 강간장면에 의해서 더 흥분되지만, 상호 합의된 성에 의해서 마찬가지로 흥분된다고 주장한다. 즉, 강간이건 비강간이건 성적 자극에 모두 반응한다는 것이다. 만약 합의된 것이건 합의되지 않은 것이건 어떤 성적 장면에도 동일하게 흥분된다면 위에서 주장한 선호가설(preference hypothesis), 즉 강간범일수록 합의되지 않은 강간적 자극을 선호한다는 가설과는 반대되는 것이다. 이러한 반대되는 결과를 일부에서는 선호가 아니라 금지(inhibition)로 설명하고 있다. 강간범이나 비강간범이나 강간적이거나 합의된 것이거나 모든 성적 장면에 존재하는 모든 성적인 단서나 계기에 흥분한다. 그러나 정상인들은 이 흥분이 억제, 금지되지만 강간범들의 흥분은 금지나 억제되지 않기 때문이다. 그런데 이 금지나 억제의 결여는 금지적, 억지적 통제를 습득하지 못한데 기인하거나, 아니면 마약이나 음주 또는 지나친 긴장으로 인한 금지나 억제과정의 실패에 기인하는 것으로 알려지고 있다.[23]

최근엔 이 논쟁에 또 다른 주장이 가세하였다. 즉, 강간범과 비강간범 모두가 합의된 사례보다 강간사례에 훨씬 덜 흥분하였다는 것이다.[24] 이는 앞에서 기술한 두 가지 주장, 즉 선호가설과도 일치되는 주장이 아니고 그렇다고 금지가설과도 일치된 주장이 아니며, 오히려 정반대의 상반된 주장에 더 가깝다.

요약하자면, 일탈적 흥분과 일탈적 행위 사이의 관계는 애매모호하며 또한 복잡하다. 강간범들을 비강간범들과 구분할 수도 있지만, 다수의 정상적인 남성들도 일탈적 자료에 상당한 흥분을 보이기도 한다. 이처럼 자극과 흥분반응 사이의 관계는 단순한 것이 아니지만 만약 어떠한 인지적 중재가 있다면 아마도 그것은 여성과 강간에 대한 강간범의 태도라고 할 수 있을 것이다.[25]

---

22 V. L. Quinsey, Chaplin T. C. and Uphold, D., "Sexual arousal to nonsexual violence and sadomasochistic themes among rapists and non-sex offenders," *Journal of Counseling and Clinical Psychology*, 1984, 52:651-657

23 G. G. Abel, Barlow, D. H., Blanchard, E. B., and Guild, D., "The components of rapists' sexual arousal," *Archives of General Psychiatry*, 1977, 34:895-903; H. E. Barbaree, Marshal, W. L., Yates, E. and Lightfoot, L. O., "Alcohol intoxication and deviant sexual arousal in male social drinkers," *Behavior Research and Theory*, 1983, 21: 365-373

24 D. J. Baxter, Barbaree, H. E. and Marshal, W. L., "Sexual response to consenting and forced sex in a large sample of rapists and nonrapists," *Behavior Research and Theory*, 1986, 24:513-520

25 K. Howells, "Coercive sexual behavior," in K. Howells(ed.), *The Psychology of Sexual Diversity*, Oxford: Blackwell, 1984, p.121

　　그러나 지금까지의 연구결과는 강간범들이라고 강간을 하지 않은 정상적인 남성들과 조금이라도 다른 여성에 대한 태도를 견지하지는 않는 것으로 알려지고 있다. 남성들이 보편적으로 견지하고 있는 태도의 유형은 강간의 '정상성(normality)'과 강간통념이 충만하다는 여성해방운동 관점을 지지한다는 것이다.[26]

　　따라서 일부에서는 태도로부터 행동으로 논의의 초점을 옮기고 있다. 이들에 따르면, 여성과의 사회적 능력(social competence)이 일반적으로 성인여성과의 합의된 성적 행위의 필요조건이라는 것이며, 따라서 사회적 기술의 장애가 파트너를 갖기 어렵게 만들고, 일부 경우에는 범죄자들이 성적 출구의 대안으로서 강간을 선택한다는 것이다.[27] 그러나 이러한 주장에 대한 연구결과는 합의에 이르지 못하고 있는 실정이다.

　　한편, 사회기술(social skills)은 당연히 공공연한 행위를 포함하지만, 기술모형(skill model)은 자신과 타인의 행위에 대한 사회적 인식의 중요성도 강조한다. 대체로 강간범들이 정상인에 비해 여성의 분위기와 같은 대인관계적 단서들을 읽는 능력이 부족하거나 결함이 있으며, 이러한 결함이 성적 공격성과 관련이 있다는 것이다. 그런데 이들 강간범들의 잘못된 인식은 여성을 부정적으로 바라보고 분위기에 민감하지 못하고 둔하다는 것이다.[28]

3. 색욕살인(Lust Murder)

　　색욕살인은 잔인하고 가학적으로 피해자를 공격하는 유해한 행위의 행동적 표출이다. 이러한 행동은 범죄자가 성적 만족을 성취하기 위하여 취해지는 것이다. 색욕살인범은 범행을 반복할 가능성이 높아서 연쇄적인 특성을 갖게 된다. 신체부위, 특히 성기의 훼손이 이러한 유형의 성도착적 일탈의 일상적 특징으로 대표되고 있다.[29] 이러한 유형의 살인은 성적 욕구충족과 치

---

26 J. V. P. Check and Malamuth, N. M., "sex role stereotyping and reactions to depiction of dtranger versus acquaintance rape," *Journal of Personality and Social Psychology*, 1985, 45:344−356

27 Howells, *op cit.*, p.191

28 Z. V. Segal and Marshall, W. L., "Discrepancies between self−efficacy predictions and actual performance in a population of rapists and child molesters," *Cognitive Therapy and research*, 1986, 10:363−376; D. N. Lipton, McDonel, E. C., and McFall, R. M., "Heterosexual perception in rapists," *Journal of Counseling and Clinical Psychology*, 1987, 55:17−21

29 C. E. Purcell and B. A. Arrigo, *The Psychology of Lust Murder: Paraphilia, Sexual Killing, and Serial Homicide*, Burlington, MA: Elsevier, 2006, p.1

명적 폭력의 깊은 관련성을 가지고 있다. 색욕살인자들은 비록 불완전하고 일시적이지만 자신의 공격과 살해가 더 많은 성적 폭력의 필요성을 충족시켰던 깊이 자리 잡은, 색정으로 채워진 환상(fantasy)을 숨긴다. 이들에게는 성적 쾌락과 애욕적 성취는 피해자에게 가할 수 있는 고문과 훼손의 정도와 양에 좌우된다. 따라서 이들 색욕살인범에게 있어서 궁극적 쾌락은 가학적으로 타인을 살해하는 데서 나오는 것이다. 그렇다면 분명히 그들은 일련의 지속된 성적 만족을 위한 폭력적이고 강력한 요구와 필요에 의해서 동기를 얻는 것이다.[30]

대부분의 살인에 대한 연구에서 성범죄와 비성범죄의 구분 없이 살인을 연구하고 있다. 살인강간(sexual homicide)은 일반적으로 '알려지지 않은 동기(unknown motive)' 범주로 분류되는데, 이는 수사관들이 그러한 범행의 저변에 깔린 성적 역동성을 제대로 알지 못하기 때문이다. 따라서 성적 살인, 특히 색욕살인은 일반적으로 범죄통계에 별도의 항목으로 잡히지 않고 있어서 이러한 유형의 범죄통계는 종종 오해되고 대부분 무형적이기 쉽다.

그러나 특별히 성적 살인을 다루는 수사나 조사에서는 강간 또는 대체된 분노 살인범과 가학적 또는 색욕적 살인의 두 가지 유형의 범죄자가 존재함을 제시한다. 대체된 분노(displaced anger)살인범은 주로 발각을 피하기 위한 수단으로 피해자를 강간한 후에 살해하게 된다. 결과적으로 그들은 강간으로부터 성적으로 만족해지지 않게 된다.

현재까지, 가학성 변태성욕적 살인(sadistic sexual homicide)은 전형적으로 당혹스러운 현상으로 간주되고 있다. 그러나 지금까지 우리가 알고 있는 것은 환상(fantasy)이 색욕살인을 이해하고 해석하는 데 핵심요소라는 것이다. 성적 각성과 흥분(arousal)이 가학성 변태성욕적 환상(sadistic fantasy)에 개입되면 범죄자는 습관적 행위라는 견지에서 이해되는 자신의 폭력적 인상(violent image)을 발현시키도록 점점 더 동기를 부여받게 된다는 것이다. 이러한 성적이고 폭력적인 습관적 행위는 환상 그 자체에 대한 인지적 해석과 조건화된 반응에 연계된다고 한다.

일부에서는 이와 같은 인지적 모형을 확대하여 환상이 성적 폭력의 반복적 행동을 위한 내적 추진기제라고 주장한다. 또 다른 일부에서는 가학적 행위와 환상을 언급했던 주장과 강간살인 그 자체에 초점을 맞추었던 관점과 달리 연쇄살인을 보다 정면으로 단호히 고려하는 경우도 있다. 즉, 일부 소질적 요소와 촉진제가 일부 사람들을 연쇄살인에 가담토록 인도하며, 개인의

---

30 M. P. Kafka, "Sexual offending and sexual appetite: The clinical and theoretical relevance of hypersexual desire," *International Journal of Offender Therapy and Comparative Criminology*, 2003, 47:439−451; B. A. Arrigo and C. E. Purcell, "Explaining paraphilias and lust murder: An integrated model," *International Journal of Offender Therapy and Comparative Criminology*, 2001, 45:6−31

인생의 형성기에 일어난 심리학적, 신체적 외상적 사건(traumatic event)이 음주나 약물 또는 음화와 같은 촉진제에 의해서 강화되는 점증적으로 폭력적인 환상이 살인적 행위를 양산하는 촉매기제로서 기능할 수 있다고 보는 것이다.[31]

4. 성도착(paraphilia)과 색욕살인(lust murder)

성도착은 글자 그대로 '비정상적 사랑(abnormal love)'을 의미한다. 여기서 단어 'Para'는 정상의 밖 또는 그 이상(beyond or outside the usual)이라는 그리스어이고, 'philia'는 사랑이라는 그리스어이다. 임상적 관점에서는 성도착이 완전한 성적 만족을 위해서 이상한 대상, 성적 감정을 불러일으키는 무성물, 의례, 또는 상황이 요구되는 일련의 영속적인 성적 행위 유형이라고 할 수 있다.[32]

대부분의 성도착적 행위에는 환상, 충동적 자위, 음주, 약물, 춘화와 같은 촉매제를 포함하는 다수의 핵심적 요소들이 있다. 그중에서 환상은 주로 폭력적이거나 일탈적인 성적 행동을 부추기거나 동기를 부여하거나 영향력을 미치는 역할을 하는 것으로 알려지고 있다.[33] 충동적 자위와 성도착에 관한 연구에 따르면, 강화재(reinforcer)로서 충동적 자위가 환상체계를 유지하는데 핵심적인 것으로 지적되고 있으며, 실제로 오르가즘이 궁극적으로 성도착적 상상에 대한 조건화된 반응(conditioned response)이 된다고 한다. 따라서 환상은 비정상적인 특이한 행위를 촉진 또는 용이하게 하는 강력한 성적 욕구와 충동에 의해 강화되는 것이다. 촉매재와 성도착적 활동의 관계에 대한 탐구결과, 음주, 약물, 음화가 성적 살인과 연쇄살인에 긍정적인 상관관계가 있는 것으로 알려지고는 있지만 성도착적 행위의 병리와 촉매재의 인과관계는 아직 결론적인 것은 아니다.[34]

성도착은 일련의 연속선상에 존재하여 시간이 흐름에 따라 보다 폭력적으로 될 잠재성을 가지고 있어서 통상 세 단계의 수준으로 그 심각성을 진단하고 있다. '정상적' 성도착과 '비정상적

---

31 Purcell and Arrigo, op cit., p.4

32 J. Money, "Forensic sexology: Paraphilic serial rape(biastophilia) and lust murder(erotophonophilia)," American Journal of Psychotherapy, 1990, 64:26－36; J. Money and J. Werlas, "Paraphilic sexuality and child abuse: The parents," Journal of Sex and Marital Therapy, 1982, 8:57－64

33 W. H. George and A. G. Marlat, "Introduction," pp.1－13 in D. R. Laws(ed.), Relapse Prevention with Sex Offenders, NY: Guilford Press, 1989.

34 E. Hickey, Serial Murderers and their Victims(2nd ed.), Belmont, CA: Thomson Wadsworth, 1997, p.15

(abnormal) 또는 병리적 성도착을 구별지우는 것은 전자는 가학적 자극과 충동 없이 성적으로 기능할 수 있다는 점이다. 단지 성적 각성이나 흥분(sexual arousal)과 만족을 위해서 정도를 벗어난 환상을 필요로 하고 의존할 때만 비정상적으로 성도착적인 것으로 고려되는 것이다. 성도착적 환상과 자극이 없는 상황에서 역기능적 개인은 적절한 성적 방식으로 행위하는 능력을 상실하게 된다. 극단적인 경우, 지나치게 성도착에 의존하게 되어 이 의존성이 대인적, 사회적, 직업적 여건이나 다른 일상생활의 여러 부분에 심각한 장애나 어려움을 유발시키게 된다.[35]

그런데 성도착적 활동은 초기 아동기 발달에 근원이 있다고 한다. 성도착적 행위에 가담하는 다수의 사람은 통상 성적, 신체적 학대의 형태로 청년기전(pre-adolescence) 동안에 외상적 사건(traumatic event)을 경험한다는 것이다. 예를 들어, 강간범, 아동성학대자, 색욕 살인범들은 그들의 행동에서 아동기 외상(trauma)에 의해서 촉진되고 그들의 가학적, 일탈적 행위나 연쇄살인을 유발시키는 환상과 성도착을 활용하는 것으로 알려지고 있다.[36]

색정 성도착(erotoparaphilia)이나 색욕 살인(lust murder)이 성도착 연속선의 가장 극단에 위치한다. 흥미롭게도 성적 일탈의 가장 심각한 것으로서 이들은 몇몇 다른 성도착으로 구성된다. 그러나 이들은 모두 특성상 어떤 형태이건 가학성 변태성욕(sadistic)이라는 공통점을 가지고 있다. 성적 가학성 변태성욕(sexual sadism)은 피해자의 정신적, 신체적 고통이 집중적으로 성적 흥분인 행동으로 전이될 수 있는 성적 사고, 꿈, 또는 환상의 강박적이고 강제적(obsessive and compelling)인 반복이다.[37]

색욕(lust)이라는 것은 피해자를 죽이려는 것뿐 아니라 파괴시키거나 멸망시키려는 특수한 충동(particular urge)을 가진 사람을 지칭한다. 색욕 살인(lust murder)은 궁극적인 성적 만족에 대한 욕구에 의해서 동기지워지고 소모된다. 이에 대한 좋은 예가 바로 고문이다. 범죄자가 클라이맥스를 성취하기 위한 목적만으로 피해자를 고문한다는 것이다. 오르가즘과 성적으로 가학적인 특성이 피해자가 죽었든 살았든 관계없이 피해자에 대한 약탈자의 완전한 지배를 상징하는 것이다.[38]

---

35 G. G. Abel and C. Osborne, "The paraphilias: The extent and nature of sexually deviant criminal behavior," *Psychiatric Clinics of North America*, 1992, 15:675-687

36 Purcell and Arrigo, *op cit.*, p.6

37 Money, *op cit.*, p.27

38 Hickey, *op cit.*, 1997, p.69; R. R. Hazelwood and J. D. Douglas, "The lust murder," FBI Law Enforcement Bulletin, April 1980, pp.18-22

색욕 살인범은 연쇄살인에 가담하는 경향이 있다. 여기서 연쇄살인이란 각 성범죄의 사전조정(premeditation)을 지칭하는 범죄자가 살인과 살인 사이에 냉각기(cooling－off period)를 가지고 3명 이상의 피해자를 포함하는 살인으로 규정되고 있다. 가해자의 환상체계의 특성과 내용은 각각의 결과적 살인에 대한 시금석으로 작동하게 된다. 전형적으로 이러한 성적으로 공격적인 환상은 피해자를 만지는 등 부적절한 성적 행위를 포함하지만 환상이 점증적으로 폭력적으로 됨에 따라 범행 또한 점증적으로 폭력적이게 된다. 이와 같은 외설적·색정적 공격성의 상승은 성과 폭력을 연계시키는 범법자의 환상체계에 연계된다. 실제로 이러한 환상체계 안에서 확인된 일상적 주제는 권력과 힘, 지배, 학대, 복수, 그리고 타인을 타락시키고 굴욕시키는 것을 포함하게 된다고 한다.[39]

(1) 성적 행위의 요소: 정상, 비정상, 그리고 병리적 성적 행위

정상적인 성적 행위와 비정상적인 성적 행위 사이의 유용한 구분 또는 분명한 분류를 위해서는 환상(fantasy), 상징주의(symbolism), 의례주의(ritualism), 충동(compulsion) 모두 중요한 요소로 확인되고 있다. 성적(sexual)이기 위해서는 누구나 성애적 환상(erotic fantasy)을 가져야 하고, 그러한 상상 없이는 성적일 수 없는 것이다. 성적 환상은 그래서 대부분의 여성과 남성들에게 있어서 정상적인 성적 행동의 한 요소임에 틀림없는 것이다. 그래서 이 성적 환상은 전형적으로 정상적인 성행동이라고 고려되는 것으로부터 극단적인 일탈을 설명하는 기초적인 관점이 되고 있다. 정상적인 상상과 비정상적 상상을 구별하는 요소는 환상의 특성과 내용이다. 대부분의 비정상적 환상은 공격적이고 가학적인 요소를 내포하고 있다.

상징주의는 성(sex)과 성별(sexuality)의 시각적 관점에 속하는 것이다. 성적 상징주의의 보편적 예는 술, 담배 또는 다른 용품들을 판촉하는 광고에서 잘 보여지고 있다. 이들 광고에서는 소비자에게 상품을 팔기 위해서 매력적인 여성을 활용한다. 여기서 성(sex)은 시각적이며, 성이 상품을 판매하는 것이다. 그래서 일부에서는 성적 상징주의를 성욕 도착 용품(fetish)과 분파, 국부주의(partialism)와 관련시키고 있다. 여기서 분파주의는 성적 매력이 가슴과 같은 특정한 신체부위에만 배타적으로 초점이 맞춰지는 성도착의 한 형태이다. 성욕도착 용품이란 남성들이 매력을 느끼는 여성용품들로서 모든 남성들이 적어도 하나 이상의 성욕도착 여성용품을 가진다고 한다. 이러한 신체부위와 여성용품들이 성감이 있는 행동을 극대화시키고 병리적 여건에 적용될 때는

39 Purcell and Arrigo, *op cit.*, p.7

가학적으로 일탈적이고 성적으로 폭력적인 행위를 조장할 수 있다는 것이다.[40]

정상적이건 비정상적 성이건 의례주의(ritualism)는 주의 깊은 관습적이고 예측가능한 과정이라고 할 수 있는 것으로 개인의 행동이 재생산되어야 하는 특화된 인식을 함축하고 있다. 그러한 성적 일상화(sexualized routinization)의 표현은 모든 문화에 걸쳐 존재한다. 성적 행동은 이런 의례주의와 같은 형식으로 또는 같은 일련의 순서로 수행된다. 이는 결혼한 부부뿐만 아니라 성범죄자에게도 사실이지만, 성범죄자에게는 의례주의의 관행이나 실행이 결국은 중독적 행위의 형태가 되고 만다.

성적 강제성(sexual compulsion)은 어떤 형식의 성적 행동에 가담하려는 통제할 수 없는 욕구이다. 물론 이러한 행위는 동의하는 상대와의 성적 활동에 가담하려는 자연스러운 충동과 요구가 있는 정상적인 관계에서도 존재할 수 있다. 다만 이러한 경향은 강제성(compulsivity)이 지나치게 강해져서 상대에 대한 진정한 감정이나 진정한 보호가 부족하게 될 때 비정상적이거나 병리적이게 된다. 그래서 연쇄 성범죄자들에게는 피해자에 대한 우려나 관심은 전혀 없는 것이다. 범법자의 내부에 있는 강제적 감정이 그로 하여금 행동으로 옮기게 하는 것이다. 예를 들어 미국의 유명한 약탈적 성범죄자인 Ted Bundy의 경우가 바로 그랬다. 그는 법정에서 "나의 깊은 곳에 너무나 강해서 내가 통제할 수 없는 무언가가 있다"라고 하였다.[41]

(2) 성도착

성도착은 생물의학(biomedical)적 용어로서, 규범적, 정상적 자극의 일부가 아닌 대상이나 상황에 대한 성적 각성(sexual arousal)으로 정의되고 있다. 더구나 모든 병적 애호(philia)의 핵심적인 특징은 자신이나 상대, 아동, 또는 기타 동의하지 않는 사람의 고통이나 성도착 물품과 같은 사람이 아닌 대상을 포함하는 성적 충동이나 행위를 유발하는 재발하고, 격렬하며, 성애적으로 적재되고, 각성시키고 흥분시키는 인상(arousal image)이라고 한다.

성도착적인 사람은 오르가즘적 쾌락을 포함하여 완전한 성적 만족을 성취하기 위하여 비정상적인 대상이나 의식, 또는 특정한 상황을 추구한다. 성도착은 거의 전적으로 남성들에게 보편적이며, 대부분 복합적 국부, 분파주의(multiple partialism)가 사용된다. 그러나 하나의 성도착이 또 다른 것으로 대체될 때까지는 지배적이게 된다. 흥미롭게도 몇 가지 그러한 분파주의가 상이한

---

40 R. M. Holmes, *Sex Crimes, Newbury Park*, CA: Sage, 1991, p.6

41 *Ibid.*, p.8

빈도지만 동시에 발생했다는 보고도 있다. 이는 일부 성도착적 남성에게 있어서 가학적 일탈과 성적 폭력의 존재가 부수적으로는 다양한 형태로 자신을 드러낸다는 것을 보여주는 것이다.[42]

1) 성도착의 생태학

성도착은 미미한 것에서 중간, 그리고 심각한 것에 이르는 행위의 연속선으로 개념화된다. 이렇게 함으로써 동의한 성에서 제재의 이용과 같은 무해한 형태의 성도착을 성적 강제력이 동의하지 않는 상대에게 사용되는 병리적이고 범죄적인 표출로부터 구별할 수 있게 된다.

성도착 정상범주를 비정상, 병리적 범주로 사람의 기능을 구분하는 한 가지 요소인 정상적 성도착(paraphilic)은 환상과 자극이 없이도 성적으로 행위할 수 있다는 점이다. 사실 사람이 성적 흥분과 만족을 위하여 성도착적 자극과 환상에 강박적으로 의존하게 될 때만이 비로소 그 행위가 역기능적으로 고려되는 것이다. 그런 사람은 성도착적 유인과 상상에의 지속된 의존 없이도 성적으로 건강한 형태로 자신을 표현할 수 있는 능력을 상실하게 된다. 이런 사람은 결국 오르가즘적 안도(orgasmic relief)를 위한 국부, 분파주의(partialism)에 지나치게 의존하기 때문에 성도착은 일상생활의 일상적인 사회적, 대인적, 직업적 국면에 있어서 심각한 장애나 고통을 초래하게 된다.[43]

임상전문가들에 따르면 사람들은 종종 성적 쾌감을 위하여 성도착적 환상을 이용한다는 것이다. 정상적인 성도착적 행위는 전형적으로 그 행위가 그 사람을 사회나 성적 상대방과의 갈등 속으로 몰아넣지 않는 한 보도되지 않고 지나간다고 한다. 전형적으로 경미하거나 중간 범주에서 발견되는 보편적인 성도착은 국부, 분파주의(partialism)와 물품음란증(fetishism)이다. 여기서 성욕도착(fetish)은 사람이 무생물의 대상에 의하여 성적으로 흥분될 때이다. 특히 성애적 흥분, 지속된 쾌감, 그리고 궁극적으로 오르가즘적 쾌락을 조장하기 위하여 요구되거나 적어도 선호되어진다. 가장 보편적인 성욕도착용품으로는 여성의 속옷이나 장갑, 신발 등이 있다. 국부, 분파주의는 인간신체의 특정부분에 대한 매력이다. 성욕도착용품과 유사하게 분파주의도 매우 보편적인 것으로서 여성의 다리, 발, 머리카락 등에 대한 선입관이나 편견이다.[44]

---

42 B. A. Arrigo and C. E. Purcell, "Explaining paraphilias and lust murder: An integrated model," *International Journal of Offender Therapy and Comparative Criminology*, 2001, 45:6−31

43 B. A. Arrigo and C. E. Putcell, *op cit*.

44 G. G. Abel and C. Osborne, "The paraphilias: The extent and nature of sexually deviant criminal behavior," *Psychiatric Clinics of North America*, 1992, 15:675−687

2) 범죄적 성도착(criminal paraphilia)

성도착적 행위는 전형적으로 불법적이며, 특히 비정상적, 병리적 변형들은 더욱 그렇다. 더구나 이들에 대한 대부분의 연구가 범죄집단으로부터 이루어지기 때문에 다양한 성도착적 행위에 대한 검거빈도를 정확하게 주장하기란 어려운 일이다. 비록 불법적 성행동에 대해서는 형사사법제도에 의해 정기적으로 추계되지만 이들 범죄는 강간이나 기타 성범죄라는 두 범주의 하나로 보고되고 분류되며, 이는 곧 이들 성도착적 성범죄를 집단화할 특정한 범주가 없음을 보여주고 있다.[45]

하물며 색욕살인에 대한 정확한 정보를 얻기는 더욱 어려운 일이다. 미국의 경우도 FBI의 공식범죄통계인 UCR(uniform Crime Report)에서도 살인은 다섯 가지 범주로 분류되고 있는데 색욕살인이란 범주는 결코 존재하지 않는다. 강간살인, 특히 색욕살인은 기껏해야 어느 범주에도 해당되지 않아서 그냥 알려지지 않은 동기의 살인으로 분류되는 소위 기타 살인유형으로 밖에 분류될 수 없다. 일부에서는 일탈적 성행위에 대한 정확한 정보의 가장 좋은 자료는 성도착적 개인 자신이라고 주장하며 비밀이 제대로 보장된다면 오히려 자기보고식자료가 성도착적 행위를 측정하기 위한 더 좋은 방법이라고 주장한다.[46]

임상이나 범죄분야에서 보편적으로 발견되는 성도착은 대개 과시주의나 노출증(exhibitionism), 물품음란증(fetishism), 프로타주의(Frotteurism),[47] 어린이에 대한 이상성욕(pedophilia), 관음증(Voyeurism), 변태성욕(sexual sadism) 등을 포함하고 있다. 이들 각각의 현상은 성도착 일반과 특히 색욕살인의 이해에 적절한 것이나, 국부, 분파주의와 성도착용품주의는 이미 상세하게 설명된 관계로 여기서는 나머지 현상에 대해서만 설명하고자 한다.[48]

노출증 또는 과시주의는 이방인이나 낯선 사람에게 자신의 성기를 노출하는 것이다. 이런 성향을 가진 사람은 노출행위에 가담하는 동안 성적 환상을 경험하거나 자위를 하는 것이 보편적이라고 한다. 그러나 가끔은 범법자들이 이러한 행동을 하는 동안 발기를 유지하지 못하는 경

---

45 M. P. Kafka, "Sexual offending and sexual appetite: The clinical and theoretical relevance of hypersexual desire," *International Journal of Offender Therapy and Comparative Criminology*, 2003, 47:439−451; G. G. Abel and C. Osborne, *op. cit.*

46 G. G. Abel, J. V. Becker, J. Cunningham−Rather, M. Mittleman, and J. L. Rouleau, "Multiple paraphilic diagnoses among sex offenders," *Bulletin of the American Academy of Psychiatry and the Law*, 1988, 16:153−168

47 이는 옷을 입은 채 자신의 몸을 남의 몸이나 물건에 문지르거나 부벼서 성적 쾌감을 얻는 이상성욕을 말한다.

48 Kafka, *op cit.*

우도 있다고 한다. 물론 이들 노출주의자들에게 있어서 후에 자위행위가 따르는 성기의 노출이 그러한 행위를 재강화하여 반복적인 충동적, 강제적 행동을 초래하게 된다고 한다. 모든 성도착자들과 마찬가지로, 환상(fantasy)이 그러한 행위를 용이하게 하는 데 있어서 핵심적이며 그래서 자위행위가 이러한 행위에 있어서 재강화재가 된다는 것이다. 실제로 그런 사람들은 자신의 오르가즘을 성도착적 흥분과 환상에 조건화하여 궁극적으로 성적 보편성(normalcy)의 모든 감각을 잃어버리게 된다고 한다.[49] 일부 경우에 있어서, 노출주의자들은 자신의 목격자를 놀라게 하고 충격을 주고자하는 욕구를 알고 있으며, 범법자들을 흥분시키는 것은 바로 이 충격가치(shock value)라는 것이다. 그러나 다른 경우에는 과시주의자들이 목격자가 성애적으로 자극을 받거나 흥분되는 성적으로 흥분되는 환상을 경험하게 된다고 한다. 범법자들은 궁극적으로 상상의 대면자로부터의 통제와 권력의 순간적 느낌에서 이익을 취하는 것이다.[50]

프로타주의(Frotteurism)는 보통 붐비는 지하철과 같이 다중이 밀집한 곳에서 동의하지 않는 사람에 대하여 만지거나 부비는 것을 포함하는 것이다. 다중밀집장소를 선택하는 것은 범법자로 하여금 쉽게 발각을 피할 수 있게 하거나 필요한 경우 군중 속으로 숨을 수 있게 해준다. 전형적으로 가해자가 자신의 성도착적 행동에 가담할 때 자신의 피해자와의 배타적 보살핌 관계를 공유하는 것으로 상상한다. 실제로 자신을 성적으로 만족시키는 것은 그 행동의 강제적 특성이라기보다는 만짐(touching)이라고 한다.

아동에 대한 이상성욕(pedophilia)은 일반적으로 성인들이 가지는 13세 또는 그 이하의 사춘기 이전의 아동과의 관계와 그들에 대한 성적 끌림으로서, 반복적이고, 집중적이고 성적으로 흥분시키는 환상, 성적 욕구나 행위라고 할 수 있다. 이런 성애적으로 가해지는 충동과 상상은 양성 모두를 지향할 수 있으며, 양성 모두에게서 나타날 수 있다고 한다. 표출된 공격성은 개별 범법자의 환상에 따라 아주 수동적인 것에서 극단적으로 폭력적인 것에 이르기까지 다양한 것으로 알려지고 있다.[51]

관음증을 가진 사람은 보통 옷을 벗고 있거나 성적 활동에 가담하고 있는 나체 상태의 피해자를 창문을 통하여 근친의 장면을 쳐다봄으로써 쾌락을 얻는다. 이 경우, 범법자의 의도는 피해자와의 직접적인 접촉을 갖기 위해서가 아니라 피해자를 훔쳐보면서 자위를 하기 위한 것이

---

49 Arrigo and Purcell, *op cit*.

50 Purcell and Arrigo, *op. cit.*, p.20

51 American Psychiatric Association, *The Diagnostic and Statistical Manual of Mental Disorders*(4th ed.), Washington, DC: Author, 1994, p.528

다. 또한 이들은 통상 여성인 피해자가 훔쳐보는 관음증자가 자신을 관찰하고 있다는 사실에 의해 겁을 먹고, 무력하고, 굴욕감을 느낄 것이라는 환상을 가진다고 한다.[52]

변태성욕 또는 성적 가학성 변태성욕(Sexual Sadism)은 개인이 굴욕을 포함한 피해자의 심리적 또는 신체적 고통으로부터 성적 흥분과 만족을 얻을 때라고 한다. 이들 범법자의 환상은 전형적으로 가학적 행동의 예감으로 두려워하는 피해자에 대한 완전한 지배와 통제를 포함하게 된다. 가학적 성도착 가해자에게 고문의 이용과 통상 시간의 흐름에 따라 심각성이 증가하는 것이 아주 분명한 것으로 알려지고 있다. 다양한 형태의 가학적 행동이 있지만 가장 보편적인 것으로는 가슴을 지지거나 전기충격을 가하거나 신체를 손상시키는 행위 등이 있다.

3) 환상(fantasy)의 역할

에로티시즘에 있어서 성적 환상은 필수적이라고 할 수 있으며, 그러한 상상 없이 성적이기란 불가능한 것이다. 그런데 환상은 일련의 연속선을 따라 존재하는 것이어서 그 내용이 싱거운 것에서부터 은근한 것과 기괴하고 폭력적인 것에 이른다. 이러한 상상이 대부분의 성도착적 행위의 발현과 유지에 핵심적인 요소여서 많은 이론가들이 일탈적이고 폭력적인 성애적 행위의 병리와 유지를 설명하기 위해 이 성도착적 환상(paraphilic fantasy)을 응용하고 있다.[53] 이들을 종합하면, 색욕살인(lust murder)과 성도착(paraphilia)의 관계를 엿볼 수 있다.

또 다른 이유에서 색욕살인(lust murder)과 같은 성도착적 성범죄의 특성과 관련된 환상의 생득적 역할을 이해할 필요가 있다. 치료와 예방전략을 공식화하는 것은 바로 그러한 성애적으로 적재된 인상(erotically laden image)을 정확하게 해석할 수 있는 환자의 능력에 좌우된다는 것이다.[54]

일부 학자들은 심리분석적 연구, 특히 관계구조(relationship structure)에 초점을 맞추어 인간

---

52 J. A. Davis, "Voyeurism: A criminal precursor and diagnostic indicator to a much larger predatory problem in our community," pp.73－84 in R. Holmes and S. Holmes(eds.), *Current Perspectives on Sex Crimes*, Thousand Oaks, CA: Sage, 2002

53 W. H. George and A. G. Marlat, "Introduction," pp.1－13 in D. R. Laws(ed.), *Relapse Prevention with Sex Offender*, NY: Guilford Press, 1989; V. Greenlinger and D. Bryne, "Coercive sexual fantasies of college men as predictor of self－reported likelihood to rape and over sexual aggression," *Journal of Sex Research*, 1987, 23:1－11; N. M. Malamuth and R. D. McLlwraith, "Fantasies and exposure to sexually explicit magazines," *Communication Research*, 1989, 15:753－771

54 Arrigo, B. A. and Purcell, C. E., "Explaining paraphilias and lust murder: An integrated model," *International Journal of Offender Therapy and Comparative Criminology*, 2001, 45:6－31

관계성(human relatedness)에 대한 지속적인 욕구와 자신과 개인적 정체성(self and personal identity)에 대한 잘 형성된(well-formed), 안전한(secure), 그리고 융화적인 느낌이나 감(sense)의 중요성을 강조한다. 이들에 의하면 대인적 관계(interpersonal relatedness), 애착유형(attachment style), 그리고 일반적 친밀함 등이 중요하다. 따라서 그러한 요소들이 특히 아동기의 개인에게 덜 나타났거나 부적절하게 자리잡게 될 때 미성년 음주나 기타 다양한 형태의 비행과 같은 행동 문제가 표출된다는 것이다. 더구나 이들 문제가 부모 역할모형의 부재나 보살핌의 부재와 같은 환경적 스트레스 요인(stressor)과 결합되면 그러한 사람은 문제극복전략으로서 환상에 기울게 된다고 한다. 자아감과 정체감이 대부분 억제, 저지(arrested)되거나 부정적으로 구성되는 상황에서 개인의 인상만들기(image-making)는 점증적으로 공격적이고, 가학적이며, 폭력적이게 된다. 이러한 상황은 특히 성도착적 사람에게 더욱 그렇다. 심리역동적으로 말하자면 결국 환상이 자신과 타인에 대한 전의식(preconscious)과 무의식(unconscious)의 의미에 관계되는 일종의 표현적 가치(representational value)를 가지는 것이다.[55]

5. 소아성애증(Pedophilia)

소아성애증이란 최소한 6개월 이상 보통 13세 이하의 사춘기 전의 소아와의 성적 활동을 포함하는 반복적이고 집중적인 성적으로 흥분하는 환상이나 성적인 욕구나 행위가 발생하는 경우로 규정되고 있다. 이들 소아성애증에도 오로지 13세 이전 소아에게만 성적으로 끌리는 소아성애자도 있고 일부는 소아와 성인 모두에게 성적으로 끌리는 소아성애자도 있다.[56]

가해자와 피해자는 종종 서로 아는 사이이며, 때로는 아주 잘 아는 사이이고, 친인척관계인 경우도 빈번하다고 한다. 대부분의 피해자들은 단순히 애정을 추구하고 단지 안아주기만을 바라거나 사람과의 접촉만을 원했을 뿐인데, 종종 가해자들은 이러한 행동을 성적 유혹으로 오해하고, 아동에 대한 자신의 권력이나 권한의 정도를 오판하게 된다. 많은 경우 아동은 너무나 두려워서, 저항할 수 없기 때문에, 그러한 성적 학대에 일차적으로 참여하게 된다. 연구에 의하면, 평균적으로 아동성애자들은 자신들의 피해자에 대하여 긍정적인 감정과 느낌을 가져서 일반적

55 B. Protter and S. Travin, "Sexual fantasies in the treatment of paraphiliac disorders: A bimodal approach," *Psychiatric Quarterly*, 1987, 58:279-297

56 American Psychiatric Association, *Diagnostic and Statistical Manual of Mental Disorders*(4th ed.), Washington, DC: APA, 1994, 528

으로 자발적인 참여자로 인식하고 그래서 종종 가까이 사는 아동들을 피해자로 만들며, 가해자와 피해 아동 사이의 성적 행위는 종종 상당기간 지속되는 것으로 알려지고 있다.[57]

아동에 대한 성적 학대는 그것이 폭력적이건 비폭력적이건 관계없이 장기적인 심리적 문제를 야기한다. 심각한 우울, 죄책감, 강력한 열등감이나 불완전감, 약물남용, 자살의도, 불안, 수면장애, 그리고 두려움과 공포심 등이 보편적으로 보고되고 있다. 더불어 어린이들은 성인들이 분명하고 확실한 무력이나 위협을 가하지 않았기 때문에 자신에 대한 학대에 책임이 있다고 느끼기도 하며, 오로지 성인이 된 후에서야 성인 가해자에게 저항하여 자신을 보호할 만한 힘이 없었다는 것을 깨닫게 된다.

한편, 소아성애자에 대한 진단과 분류는 그들의 성적 선호, 개인적 특성, 인생경험, 범죄경력, 범행이유 등이 너무나 다양하기 때문에 지나치게 복잡하여 모든 아동성애자들을 정확하게 분류하는 하나의 profile이 있을 수가 없다고 한다. 이런 이유에서 미국의 Massachusetts 처우센터에서는 아래와 같이 강간범에 대한 유형화와 유사하게 지금까지 구축된 소아성애자 분류체계 중 가장 경험적으로 기초하고 유용한 유형화를 시도하였다.[58]

발달정지 또는 미성숙 소아성애자(Fixated or Immature Pedophile): 이들은 오랫동안 성적, 사회적 동반자로서 아동을 선호하며, 여성이건 남성이건 성인들과의 성숙된 관계를 전혀 형성할 수 없었으며, 이들은 아는 사람들로부터 사회적으로 미성숙하고, 수동적이며, 소심하며, 의존적인 것으로 기술되고 있고, 어린이들과 가장 편안함을 느낀다고 한다. 이들은 기혼자가 거의 없으며, 비록 일의 종류가 자신의 작업능력이나 지적 능력 이하인 경우가 종종 있지만 꾸준한 직업을 가지고 있다. 아동과의 성적 접촉은 다수의 사회적 접촉으로 완전하게 친숙해진 후에야 일어나며, 거의 공격적이지 않고, 물리력을 사용하지 않으며, 삽입도 하지 않는다. 그의 주된 욕구는 일반적으로 아동을 만지고, 껴안거나 애무하고, 좋아하는 것이다.

퇴행 소아성애자(Regressed Pedophile): 이들은 비교적 정상적인 청소년기와 성적 경험, 그리고 좋은 동료관계도 가졌었지만 그 후에 성적 불완전감이나 자기의심을 갖게 된 아동성애자라고 할 수 있다. 그들의 불완전감은 그들의 직업적, 사회적 또는 성적 생활의 실패로 더욱 강화, 강조된다. 이들은 대부분 약물남용, 이혼, 그리고 부적절한 직업경력 등을 가지고 있으며, 그들의 아동성애적 행동은 가해자의 성적 적정성에 대한 동료들로부터의 심각한 실망으로 용이해

57 Bartol and Bartol, 2006, *op cit.*, p.440

58 M. L. Cohen, Seghorn, T. and Calmas, W., "Sociometric study of the sex offender," *Journal of Abnormal Psychology*, 1969, 74:249-255

지며, 미성숙 아동성애자와 달리 이들은 주거지 주변이 아닌 곳에 거주하는 모르는 낯선 아동 피해자를 선호하며, 피해자와의 성교를 추구하고, 미성숙 아동성애자와는 다르게 죄책을 느끼고 변하려는 의지도 가진다.

착취적 소아성애자(Exploitative Pedophile): 이들은 자신의 성적 욕구를 충족시키기 위하여 아이들을 찾아서, 자신이 할 수 있는 방법으로 아동의 취약성을 착취하며, 어린이로 하여금 동조하도록 하기 위한 다양한 전략을 시도한다. 이들은 피해 아동의 감정적, 신체적 안녕과 복지에 대해서는 관심이 없으며, 오로지 아동을 철저하게 성적 대상으로만 본다. 이들은 통상 많은 범죄경력을 가지고 있으며, 동료들과의 관계는 어렵고, 예측불가하며, 격렬하며, 주변에 있기가 불유쾌하고, 같이 일하기기도 불편하며, 일반적으로 변덕스럽고 성가시다. 이들의 매우 부족하고 귀에 거슬리는 대인관계 기술이 아마도 이들이 아동을 피해자로 선택하는 주원인이라고 할 수 있다.

공격적 또는 가학성 변태성욕적 소아성애자(Aggressive or Sadistic Pedophile): 이들은 성적이고 공격적인 목적으로 아동에게 끌리는 사람이며, 상당한 반사회적 행위의 경력이 있고, 자신의 환경에 제대로 적응하지 못한 경력도 많다. 가장 공격적인 아동성애자는 남자 아이를 선호하며, 이들의 일차적 동기가 피해자에 대한 고려를 하지 않고 자극과 흥분을 얻는 것이기 때문에 어린이를 가학적으로 그리고 악의적으로 폭행하며, 손상과 고통이 많을수록 이들은 더 흥분되기도 한다. 공격적 아동성애자가 낯선 사람이나 살인범들에 의한 아동유괴에 가담하는 경우가 상당하다고 한다.

6. 살인의 심리

범죄적 살인에는 통상 치사(manslaughter)와 살인(murder)이라는 두 가지 유형이 있는데, 살인은 표현되거나 혹은 함축되거나 범행의 의사를 가지고 다른 사람을 불법적으로 살해하는 것이라면, 치사는 다른 사람을 위험에 놓이게 하는 정당화할 수 없는 행위로 인한 의도되지 않은 살해라고 할 수 있다.

그러나 살인 중에서도 더욱 이해할 수 없는 살인이 있다면 그것은 아마도 한 사건이건 아니면 일정 기간을 두고 개별적으로 벌어지건 복수의 사람에 대한 무작위적 살해, 즉 다중살인(multiple murder)일 것이다. 다중살인은 학자나 실무자들에 의해서 살해 사이의 시간적 간격, 피해자의 수, 그리고 상황에 기초하여 분류되고 있다.

먼저 연쇄살인(Serial murder)은 통상 한 사람 또는 복수의 사람이 시간을 두고 여러 명(통상 최소 3명)의 사람을 살해하는 살인을 두고 말한다. 여기서 때로는 '냉각기(cooling-off period)'라고 불리는 시간적 기간은 며칠 또는 몇 주일 수 있으나 대부분은 몇 개월 또는 몇 년에 걸칠 가능성이 더 높다. 한편, 연속살인(spree murder)은 보통 냉각기 없이 통상 두세 곳의 서로 다른 지역에서 3명 이상의 사람을 살해하는 경우를 일컫는다. 보통 연속살인의 살인범은 강도와 같은 다른 범죄로 도주 중인 경우가 많다고 한다. 끝으로 집단살인(Mass murder)은 살인과 살인 사이의 냉각기 없이 한 장소에서 3명 이상을 살해하는 경우인데, 미국의 FBI에서는 집단살인을 고전적 집단살인과 가족 집단살인의 두 가지 형태로 나누고 있다. 고전적 집단살인은 음식점 등 공공건물 안에서 자신을 방어벽으로 막고 무작위적으로 고객이나 통행인 등 자신이 접촉한 사람들을 살해하는 것으로 9.11 테러나 오클라호마 시 연방 빌딩 폭파 사건 또는 컬럼바인 고등학교 총기난사사건이 대표적이라고 할 수 있다. 가족 집단살인은 가족이나 친척에 의하여 적어도 3사람 이상의 가족이 살해되는 경우라고 할 수 있다.[59]

(1) 집단살인(Mass Murder)

집단살인에 대한 한 가지 보편적 가정은 자살이 범법자의 일차적 동기라는 것이다. 다시 말해, 이들 집단살인범들은 스스로 목숨을 끊거나 경찰에 사살당하건 현장에서 죽을 계획을 한다는 것이다. 그러나 실제 한 연구결과는 이와는 조금 다르게 집단살인범의 단 21%만 자살하였고, 2%는 자살미수에 그치고, 3%는 경찰에 의하여 사살된 것으로 나타났다고 한다.[60]

결국 집단살인의 동기는 매우 다양하다고 할 수 있어서 복수에서 증오, 충성심에서 탐욕에 이르기까지 다양하며, 그 피해자는 특정집단이나 부류의 구성원 또는 무작위로 개별적으로 선택될 수 있다고 한다. 집단살인 범죄자들은 자신의 삶에 대해서 무력감을 느끼는 좌절되고 화난 사람으로 기술되고 있으며, 그들은 보편적으로 35세에서 45세 사이의 연령층이고, 일반적으로 자신들에게 일이 더 좋아질 가능성이 거의 없다고 확신하는 사람들이다. 이들의 개인적 삶은 자신의 기준에 의하면 실패이고, 종종 배우자나 동반자로부터 거절당하거나 실직하는 등의 비극적이거나 심각한 상실로 고통을 받았던 사람이 많다.[61]

---

59 Bartol and Bartol, 2006, *op cit.*, p.444

60 G. Duwe, "Body-count journalism: The presentation of mass murder in the news media," *Homicide Studies*, 2000, 4:364-399

61 J. A. Fox and Levin, J., "Multiple homicide: Patterns of serial and mass murder," in M. Tonry(ed.), *Crime and*

집단살인범은 종종 강력한 사회관계의 망이 결여된 사회적으로 고립되고, 소외된 외톨이인 경우가 많으며, 그들의 소외는 아마도 자기 스스로의 부적절한 사회적, 대인적 기술에 의해 만들어진 사람을 적극적이고 능동적으로 싫어하는 데 기인한 것이라고 할 수 있다. 외롭고 화난 이들에게 동시에 여러 명 또는 다수를 공격하는 것은 소위 본전을 찾을 수 있는, 균형을 맞추고, 타인을 지배하며, 통제하고, 인정을 받을 수 있는 기회를 제공하는 것이다.[62]

집단살인범들은 종종 총기에 많은 관심을 가지고 실제 범행에 대부분 총기를 사용하는 것으로 알려지고 있는데, 이는 여러 사람을 빨리 동시에 살상하기 더 쉽게 하기 위해서라고 한다. 대부분의 집단살인은 직장이나 공공장소에서 주로 발생하는 것으로 알려지고 있으나 사실은 오히려 더 많은 집단살인이 주거환경, 그것도 종종 가족구성원이나 친지를 포함하는 주거지에서 발생하고 있는 것으로 밝혀지고 있어서 결과적으로 집단살인은 상당수가 가족 집단살인(family mass murder)이라고 할 수 있다.[63] 우리나라에선 이와 유사한 사건을 흔히 동반자살이라고도 한다.

(2) 연쇄살인(Serial Murder)

일반적으로 연쇄살인이 가장 많은 언론의 관심을 받으며, 가장 빈번하게 시민, 특히 살인이 발생한 지역의 시민들에게 상당한 정도의 두려움과 불안을 조성하게 된다. 또한 연쇄살인은 경찰을 비롯한 법집행기관에게는 어려운 도전에 직면하게 하며, 수사를 위한 상당한 시간과 노력을 요하게 된다.

대부분의 경우, 연쇄살인범은 자신의 피해자를 살해하기 위하여 총기를 이용하지 않는다. 물론 다수의 연쇄살인범들이 자신의 피해자를 통제하고 위협하기 위한 목적으로 총기를 이용하지만 실제 살인에 총기를 사용하는 경우는 그리 많지 않다는 것이다.

집단살인과 유사하게, 연쇄살인범의 동기도 매우 다양한 편이다. 그럼에도 불구하고, 많은 경우 이들은 각각의 살인이 가져다주는 피해자에 대한 자신의 통제와 지배를 추구하는 것은 분명하다고 한다. 확실히 일부는 사건으로 인한 세간에 널리 알려지는 공명심과 역사적 악명을 원하며, 특히 살인이 대중의 공포와 불안을 극대화할 정도로 교묘하게, 기술적으로 이루어지는 경우엔 더욱 그러하다. 공동체에 두려움과 불안을 유발함으로써 범법자는 그 지역의 수천, 수만 명의 주민

Justice: A Review of Research(Vol. 23), Chicago: University of Chicago Press, 1988, p.430

62 Bartol and Bartol, 2006, *op cit.*, p.446

63 Duwe, *op cit.*

들을 지배하고 약취할 수 있는 것이다. 성적인 동기의 연쇄살인의 경우에는 자신의 빈번한 환상을 이룰 수 있어서 그러한 '실험'을 통하여 현실세계의 경험을 자신의 환상만큼이나 완전하게 하려고 노력하게 된다. 물론 이들의 행위가 환상만으로 가능해지는 것은 아니며, 환상 그 자체도 자신이 범한 범행을 통하여 수정되고 재강화되기도 한다. 그 결과 결코 끝나지 않는 행동과 인상의 악순환 속에서 자신의 환상을 지속적으로 높임에 따라 이들 연쇄살인범의 범죄는 그 심각성이나 중대성을 증대시키게 된다.[64] 끝으로 연쇄살인의 피해자는 많은 경우 매춘부, 약물남용자, 히치하이커, 아동, 그리고 가출자 등 우리 사회의 가장 취약한 사람들인 경향이 있다.

7. 방화의 심리

　　증거가 종종 화재로 손상되거나 소실되기 때문에, 특히 전문 방화범의 소행이라면 더욱 발화점을 찾기가 어렵다고 한다. 실제로 미국에서도 방화의 사건해결률은 겨우 16% 정도에 지나지 않는다고 한다. 심지어 방화라는 증거가 있어도 종종 방화의 동기를 찾기가 아주 어렵다고 한다. 대부분의 알려진 방화범은 젊은 남성이라고 하는데, 사실 방화는 다른 어떤 범행보다도 청소년이 관련된 비율이 훨씬 더 높다고 한다. 물론 방화범은 남성이 절대적으로 많지만 최근에는 여성, 특히 13세에서 17세 사이의 여성 방화범이 점점 증가하고 있다고 한다.

　　일반적으로 방화도 다중살인(Multiple murder)과 유사하게 반복적이거나 심각한 형태로 나타난다. 일부 방화범은 중첩되기도 하지만 연쇄방화범(serial arsonist), 연속방화범(spree arsonist), 그리고 집단방화범(mass arsonist)으로 분류한다. 연쇄방화범은 상이한 시간에 3곳 이상을 방화하는 사람이며, 방화와 방화 사이의 시간 간격은 며칠, 몇 주, 때로는 몇 년일 수도 있다고 한다. 반면 연속방화범은 방화와 방화 사이에 감정적 냉각기를 두지 않고 서로 다른 세 군데 이상을 방화하는 사람이며, 집단방화범은 짧은 기간 안에 동일한 위치에 세 군데 이상 방화를 하는 사람을 말한다. 예를 들어, 연쇄방화범은 2년에 걸쳐 전국적으로 교회에 방화를 하는 경우이고, 반면에 연속방화범은 같은 날 하나의 도시에서 다른 몇 군데 교회에 방화를 하는 경우이며, 집단방화범은 2~3일에 걸쳐 같은 교회에 계속해서 방화를 하는 사람이다.[65]

---

64 Fox and Levin, *op cit.*, p.417

65 Bartol and Bartol, 2006, *op cit.*, p.449

지금까지의 연구에 따르면, 이들 반복적 방화범들은 대체로 자신의 삶에 대한 통제를 거의 인식하거나 통제하지 못하는 것으로 알려지고 있다. 많은 성인 방화범들이 방화를 어릴 때부터 시작했으며, 일반적으로 우유부단하고, 제한적이거나 지엽적인 대인관계 기술 밖에 가지지 못하고, 직업이 없거나 완전히 고용되지 못하며, 쉽게 무기력감이나 우울에 빠지기 쉬운 경향이 있다고 한다. 종종 이들 성인 방화범 중에는 사회적으로 불우한 인구집단 출신이 많고, 불우한 가정환경에서 성장한 경우가 많다고 한다. 종합하면, 반복적인 성인방화범들에 대한 가장 일관된 특징이 있다면 그것은 대인관계의 부적절성, 교육적 실패, 사회적 수동성 그리고 사회적 소외의 하나일 것이라고 한다.[66]

물론 반복적인 방화는 다양한 범주의 원인이 동기가 되고 있지만, 자신의 삶을 통제하고, 어느 정도의 인정과 관심을 얻고자 하며, 또는 어떤 사람들이나 집단으로 되돌아가고자 하는 시도라고 할 수 있다. 그래서 이들은 때로는 화재현장에 남아서 불을 끄고, 소리를 지르며, 심지어는 생명을 구하려는 용기 있는 시도를 하는 등 자기 삶에 대한 통제를 높이려고 한다는 것이다.

여기서 눈여겨 볼 필요가 있는 것이 바로 방화광(Pyromania)이다. 방화광은 반복적으로 불을 지르는 충동으로 특징되는 충동조절장애(impulse control disorder)로서, 방화 그 자체가 제공하는 성적 또는 기타 충족감이나 만족감을 위한 방화에만 해당되는 것이지, 보복이나 증거인멸 또는 다른 이익을 위한 목적을 가진 방화에는 해당되지 않는다. 방화광은 통상적으로 때로는 공격적 행위와도 관련되는 저변의 정신병리의 증상이다. 방화광의 대다수는 어린 시절 잠자리를 적신 이력이 있는 남자이며, 소변으로 불을 통제하려는 남성욕망이라는 본능적 욕구의 거부로 인한 여러 가지 장애의 하나이다.

세상엔 불구경처럼 재미있는 일도 없다고 한다. 불에 대한 매력과 시험은 정상적인 아동발달의 한 특징이고 따라서 불에 대한 호기심이 어리게는 3살부터 생기기 마련이라고 한다. 아주 어린 방화범들은 대부분 호기심이나 우연히 방화를 하는 것으로 알려지고 있으나, 10대 초반의 방화는 대부분 부모와의 관계가 좋지 않거나 스스로 신체적, 감정적 학대의 피해자인 경우 등 호기심보다는 심리사회적 갈등이나 감정적 문제로 인한 결과로 알려지고 있다. 중학생부터는 청소년 방화범이 대부분 불장난이나 방화행위에 대한 상당한 경험이 있으며, 보통 감정적 문제를 안고 있거나 반사회적 행위에 쉽게 가담하는 성향이 있다. 또한 또래 청소년들에 비해 더 활동

---

66 G. H. Murphy and Clare, C. H., "Analysis of motivation in people with mild learning disabilities(mental handicap) who set fires," *Psychology, Crime, and Law*, 1996, 2:153–164; H. F. Jackson, Glass, C. and Hope, S., "A functional analysis of recidivistic arson," *British Journal of Clinical Psychology*, 1987, 26:175–185

적이고, 장난기가 많으며, 모험심이 강하고, 충동적인 경향이 강하다고 한다. 특히 방화를 지속하는 청소년 방화범들은 대부분 ADHD(집중력 결여, 과잉행동장애)가 있으며, 때로는 행동문제가 있는 것으로 진단되기도 한다.[67]

　　그런데 청소년 방화범들이 같은 또래 청소년들에 비해 더 행동문제를 가지고, 충동적이며, 과잉행동을 하고, 신체적, 언어적으로 보다 공격적이라는 관찰은 반복적 성인 방화범들의 행위와는 아주 대조적이라고 할 수 있다. 아마도 청소년 방화범의 그러한 행동유형들이 다른 사람들이 그들을 싫어하게 하고 배제하는 위험에 처하게 하고, 그 결과 사회적, 대인관계적 기술을 습득할 기회를 놓치게 되고, 당연히 이들 기술의 결여가 사회적 소외, 부적절성, 그리고 낮은 자기존중감으로 이어질 수 있기 때문이라고 한다. 그러나 한편에서는 기질이 올바르지 않고 부적절한 아동들이 때로는 성장하면서 전 생애에 걸쳐서 상당한 개인적 실패, 혼인의 실패, 사회적이고 재정적인 실패를 경험하게 된다고 하는데, 바로 이들 특징이 반복적인 성인 방화범과 아주 유사한 유형이기도 하다는 주장이 있다.[68]

---

67 Jackson *et al.*, 1987, *op cit.*

68 A. Caspi, Edler, G. H. and Bem, D. J., "Moving against the world: Life course patterns of explosive children," *Developmental Psychology*, 1987, 23:308-313

제 **7** 편

범죄피해자와 피해자화의 심리

CRIMINAL PSYCHOLOGY

모든 범죄에는 최소한 한 사람 또는 그 이상의 피해자가 있기 마련이다. 심지어 소위 말하는 피해자 없는 범죄 (victimless crimes)마저도 자신이 즉각 인식하지 못하거나 또는 자신을 피해자로 기술하지 않을 뿐이지 피해자는 있기 마련이다. 이런 피해자에 대해서 우리 사회는 갈등적 감정을 가지고 있다. 대부분의 사람들은 피해자에 대하여 동정심을 느끼지만, 동시에 우리는 왜 그들이 피해자가 되었는지 의문을 가지기도 하고 심지어는 피해자를 비난하기까지도 한다. 이러한 경향의 이유는 '공정한 세상(just world)'에 대한 신뢰의 필요성 때문이다. 우리 자신 스스로가 범죄의 피해자가 된다는 생각은 너무나 무서운 것이기 때문에 우리는 왜 다른 사람들이 피해를 당하는지의 설명을 찾도록 강요받게 된다. 이러한 정당화가 종종 피해자를 자신의 불행에 대한 일차적 원인으로 지목하는 형태로 나타난다.[1]

그러한 판단은 소위 귀인이론(attribution theory)이라는 관점에서 예측되고 있는데, 이는 사람들은 일종의 '순진한 심리학자(naive psychologist)'로서 개인적이고 환경적인 요소들을 고려하여 주어진 특정 행위의 원인에 대한 결론에 도달한다는 것이다. 일반적으로, 누군가의 행동을 고려할 때, 그 행동에 대한 설명으로서 피로나 운 등과 같은 일시적, 임시적 상태나 개인의 능력수준이나 인성에 의존하는 기질적 귀인(dispositional attributions)을 이용한다. 바로 그러한 반응이 피해자에 대한 우리들의 반응을 형성하게 된다. 이런 이유로 소위 '피해자 비난(victim blaming)'이라는 말이 70년대 이후 증폭하였다.[2]

그러나 모든 범죄피해자, 특히 폭력범죄의 피해자는 다양하고도 심각한 신체적, 정신적, 물질적 고통을 감내하게 된다. 아이들에게는 근본적으로 아동의 발달과정에 전반적으로 장애를 일으키는 것은 물론이고 전 생애에 걸쳐 감정적, 인지적 문제와 관련될 수 있다. 성인 범죄피해자도 예외는 아니어서, 폭력, 강도, 침입절도와 같은 범죄피해의 영향은 광범위하며 지속적이라는 많은 증거들이 제시되고 있다.[3]

그럼에도 불구하고, 지금까지는 이들 범죄피해자들은 형사절차에 있어서 완전히 '잊혀진 존재(Forgotten Being)'였으며, 그래서 그들에게는 아무런 지위, 역할, 권리, 그리고 지원과 보호도 제대로 주어지지 않았던 것이 사실이다. 다행히도 오늘날은 심리학자들이 이들 피해자들을 상담하고, 심리평가를 수행하며, 법정에서 PTSD와 같은 범죄피해의 심리적 영향에 대해 전문가 증언도 시작하였다. 심지어는 초기 경찰단계에서부터 피해자와 그 가족들을 위한 심리 상담과 기타 서비스가 제공되기도 하며, 특히 가정학대 피해자들을 위한 자문과 상담도 제공되고, 피해자의 처우와 평가, 그리고 연구에도 관심을 기울이기 시작하였다.

---

1 E. Greene, K. Helburn, W. Fortune and M. Nietzel, *Wrightsman's psychology and the Legal System*(6th ed.), Belmont, CA: Thomson Wadsworth, 2007, p.358

2 C. L. Mulford, Lee, M. Y. and Sapp, S. C., "Victim−blaming and society−balming scales for social problems," *Journal of Applied Social psychology*, 1996, 26:1324−1336

3 S. Boney−McCoy and Finkelhor, D., "Psycho−social sequelae of violent victimization in a national youth sample," *Journal of Counseling and Clinical Psychology*, 1995, 63:726−736; F. H. Norris and Kaniasty, K., "Psychological distress following criminal victimization in the general population: Cross−sectional, longitudinal and prospective analysis," *Journal of Counseling and Clinical Psychology*, 1994, 62:111−123

제1장
범죄피해자

피해자 정체성(Victim Identity)

1. 피해자 콤플렉스(victim complex), 피해자 정신세계(victim mentality)

피해자 정체성이란 말 그대로 피해자라는 정체성을 가진 사람이다. 이 피해자 정체성을 가진 사람은 생애, 특히 아주 어린 시절에 일어났던 위기, 트라우마, 또는 다른 어려움에 자신을 동일시하는 사람이다. 아마도 이는 그들의 생존기술이라고 할 수 있을 것이며, 이들의 신념체계는 따라서, '인생은 정말로 어렵고, 넘어져도 일어나지 말라. 바로 다시 차여서 넘어지질 것이며, 인생 모든 순간 구석구석 모퉁이마다 야바위같은 속임수가 숨어있다는 것 명심하라. 아무도 믿지 마라, 나는 아무것도 할 수 없다. 그것이 나에게 얼마나 힘든 것인지 아무도 모른다. 모든 사람이 항상 나를 놀리고 가지고 논다. 사람들은 나보다 언제나 나보다 더 크고, 더 나쁘고, 더 영리하다' 등의 신념을 가진다고 한다.[1]

이들 피해자들이 위와 같은 신념체계를 가지는 것은 아마도 임상심리학적으로 표현하자면 아마도 그들의 '피해자 콤플렉스(victim complex)' 또는 '피해자 정신(victim mentality)'때문일 것이라고 한다. 그들의 '피해자 정신'이나 '피해자 콤플렉스'는 자신이 지속적으로 끊임없이 다른 사람들의 해로운 행동의 피해자라고 믿고, 심지어 밝혀진 증거는 정반대일 때조차 자신이 언제나 피해자라고 믿는 사람들의 인성기질이라고 할 수 있다. 대부분의 사람은 슬퍼하는 과정의 한 부분으로서 자기연민(self-pity)이라는 보편적 시기를 거친다. 그러나 이런 일화야 '피해자 콤플

---

1 A. Andrews, " The victim identity," 2011. 11. 24, https://www.psychologytoday.com/intl/blog/traversing−the−inner−terrain/201102/the−victim−identity, 2025. 01. 16 검색

렉스'로 괴로워하는 사람들의 삶을 사로잡는 부단한 무력감, 허무주의, 죄의식, 수치심, 절망감, 그리고 우울감에 비하면 일시적이고 경미한 증세에 불과하다. 문제는 불행하게도 이런 현상이 신체적으로 학대를 받았거나 보편적 피해자 정신세계의 희생양이 된 약탈적 관계의 실제 피해자가 된 사람들에게는 흔하다는 것이다.[2]

2. 순교자 콤플렉스(Martyr complex)

여기에 더하여 때로는 피해자 콤플렉스라는 용어와 관련하여 '순교자 콤플렉스(martyr complex)'로 진단된 사람은 실제로 반복적으로 피해자가 되는 감정을 바란다고 한다. 그들은 때로는 심리적 욕구를 충족시키거나 아니면 개인적 책임을 피하기 위한 변명으로 스스로의 피해자화(victimization)를 추구하거나 심지어 권장한다는 것이다. 이 순교자 콤플렉스로 진단된 사람은 종종 알면서도 자신의 고통을 초래할 가능성이 아주 높은 그런 상황이나 관계로 스스로를 밀어 넣는다고 한다. 이들은 순교가 종교적 가르침을 거역하지 않고 거부한 데 대한 처벌로 여겨지는 종교적 상황 밖에서는 순교자 콤플렉스를 가진 사람은 사랑이나 사명의 이름으로 고통을 추구한다는 것이다. 이런 순교자 콤플렉스는 그래서 가끔은 고통을 추구하고 선호하는 것으로 간주되는 '피학대, 자기학대증(masochism)'이라고 불리는 인성장애와 연관되기도 한다. 이런 견지에서 심리학자들은 종종 학대적이거나 상호의존적 관계에 관여된 사람에게서 이 순교자 콤플렉스를 관찰하곤 한다.[3]

---

2 R. Longley, "Understanding the victim complex," 2024. 08. 09, https://www.thoughtco.com/victim-complex-4160276, 2025. 01. 16 검색

3 Ibid.

2절 피해자의 정신세계(victim mentality) - 그 신호와 증상

1. 피해자 정신세계(victim mentality)와 피해자 증상(victim syndrome)

사람들이 순수하게 피해를 당하고 학대를 당한다면 피해자로서의 역할을 주장하는 것이 중요하지만, 그들이 피해자 역할에서 벗어나 생존자 역할(survivor role)로 뛰어들지 않는다면 삶을 지속할 수가 없다. 그렇다면 과연 피해자들의 정신세계, 심적 경향, 또는 사고방식은 어떤 것인가. 보편적으로 주위의 관심을 얻거나 자기책임(self-responsibility)을 피하기 위하여 박해를 당했다고 느끼고자 하는 일종의 역기능적 사고방식, 심적 경향을 이르는 용어라고 할 수 있다. 이런 피해자 심리, 피해자의 심적 경향 또는 피해자 사고방식과 싸우는 사람들은 삶이란 자기 통제 밖일 뿐만 아니라 일부러 자기들을 해치려고 한다는 확신을 가진다. 이러한 신념이 그들로 하여금 지속적으로 비난하고, 손가락질하며, 허무주의, 두려움, 그리고 분노로 점철된 상대에 대하여 분해하게 만든다. 간단하게 말하자면, 피해자 심적 경향, 심리상태, 사고방식을 갖는다는 것은 자신이 느끼는 불행에 대하여 다른 사람과 상황이나 여건을 비난하는 것을 의미한다.[4]

그렇다면 이러한 피해자 정신세계, 심리, 사고방식은 어떻게 발전되는 것일까. 세상에 누구도 임상적으로 우울하거나 불안하게 태어나지 않는 것과 마찬가지로, 처음부터 이런 사고방식과 정신세계를 가지고 태어나지는 않는다. 피해자 심리나 정신세계, 사고방식은 습득된 기질이며, 이는 생애 초기 삶의 조건과 극복기제의 결과라는 것을 뜻하는 것이다. 대부분의 피해자들은 신체적 학대라거나 성적 학대이거나 감정적 학대이거나 아니면 심리적 학대이거나 아동으로서 경험한 피해자화의 영향이라고들 한다.

피해자 정신과 유사하면서 때로는 상호 교환적으로 사용되는 용어로서 '피해자 증상(victim syndrome)'이 있는데, 이는 '피해자 정신세계나 사고방식을 가진 사람이 자신은 세계와 세상에 포위되었으며, 다른 사람들의 음모나 배려의 부족으로 언제나 불리한 위치에 있다고 느끼는 사람'이라고 할 수 있을 것이다. 다른 사람들보다 피해자가 더 많은 어려움을 경험하도록 만드는

---

4 Aletheia, "23 Signs you're suffering from a victim mentality," 2021. 10. 27, https://lonerwolf.com/victim-mentality, 2025. 01. 16 검색

것은 비단 운명만이 아니다. 그는 심리학자들이 '2차적 소득(secondary gain)'이라고 하는 일종의 '급부(kick)'를 주기 때문이기도 하다. 예를 들어, 이 피해자 정신세계나 사고방식을 가진 사람이 자신의 불행의 결과로 관심이나 동정을 받을 때 쾌감을 느낄 수 있으며, 다른 사람에 의한 부상을 보이고 죄책감을 유발함으로써 비틀어진 '흥분(thrill)'을 얻기도 한다. 그러나 주의할 것은 상호 교환적으로 사용되기도 하지만 '피해자 증상'은 단기형태의 '자기도취적 피해자 증상(Narcissistic victim syndrome)'으로서 자기도취적 성격장애를 가진 사람의 실제 피해자라고 할 수 있기 때문이다.[5]

2. 피해자 전도(Victim reversal)와 피해자 비난(Victim blame)

(1) 피해자 전도

많은 경우, 가해자가 알려지려고 할 때면 그들은 자신을 상처 입은 당사자로 만들려고 각본을 바꾸어 이야기를 다시 쓴다. 더 심각한 것은 대부분의 경우 대중이나 심지어 피해자도 그것을 믿기 시작한다는 것이다. 그 전형적인 예로서, 범법자가 어떻든 얼마간 학대를 받아 마땅하다며, 가학자가 범행을 행할 수밖에 없었던 것은 피해자의 과실과 잘못이라고 피해자를 설득하고 확신시키는 것이다. 놀랍게도 적지 않은 사람들이 가학자의 관점을 선호하고, 피해자들은 무언가 잘못이 있거나 잘못을 했기에 피해자가 되었을 것이라고 피해자를 의심하는 경향이 있다. 즉, 그 많은 사람들이 다 당하지 않는데 하필 그 사람만 당하는 것은 바로 그 피해자에게 뭔가 문제가 있다는 사고방식이다. 이런 사고가 우리로 하여금 잘못을 당한 사람이 아니라 범법자를 믿도록 하는 사전적 성향을 갖게 한다는 것이다.[6]

(2) 피해자 비난

피해자 비난은 범죄의 피해자이면서도 자신의 범죄피해에 대한 책임과 비난을 받게 되는 경우이다. 물론 경우에 따라서는 범죄 가해자보다 더 책임이 크고 더 비난을 받아야 마땅한 피해자도 있지만, 여기서 논하고자 하는 피해자 비난은 자신이 아무런 잘못도 없이 단지 그 시간에

---

5 The Mindtools Content Team, "Managing a person with a victim mentality," https://www.mindtools.com/pages/article/managing−victim−mentality.htm, 2025. 01. 16 검색

6 L. Rane, "The Psychology of victim Reversal," 2019. 02. 22, https://medium.com/psychobabbling/the−psychology−of−victim−reversal−834d8deef4bb, 2025. 01. 16 검색

그 자리에 있었던 이유 하나만으로 범죄의 피해자가 되었음에도 불구하고 자신의 피해에 대한 책임과 비난을 받는 경우를 말한다. 이런 피해자 비난은 당연히 보편적인 것은 아니라서 그 사람의 경험, 문화, 그리고 배경 등에 따라 비난의 확률이 달라지지만, 어떤 면에서는 범죄에 대한 자연스러운 심리적 반응이라고도 한다. 피해자 비난은 피해자가 자신에게 일어난 범죄를 예방하지 못했다고 비난하는 것만 아니라 때로는 좀 더 조심했어야지 하는 정도까지도 피해자 비난에 속한다고 할 수 있다.[7]

이런 피해자 비난을 조장하는 가장 큰 요인은 소위 무언가 우리가 말하는 '공정세계가설(Just world hypothesis)'이라고 할 수 있다. 이 가설은 마땅히 일어날 일이 일어났다는 생각으로서, 우리 모두는 우리에게 주어진 결과와 산물은 당연한 것이라고 굳게 믿는 것이다. 어떻게 보면 불교의 인연법이나 인과응보라고도 할 수 있는 믿음이다. 세계와 세상을 정의롭고 공정한 것으로 보고자 하는 욕망이 우리로 하여금 우리가 자신의 운명을 통제할 수 있다는 믿음을 조장한다는 것이다. 물론 운명론이 강한 일부 사회와 문화에서는 선한 사람에게도 나쁜 일이 일어날 수 있다.[8]

---

7 K. Roberts, "The psychology of victim blaming," 2016. 10. 5, https://www.theatlantic.com/science/archive/2016/10/the-psychology-of-victim-blaming/502661, 2025. 01. 16 검색

8 Ibid.

제 2 장
피해자화의 영향(The impact of victimization)과 Trauma

범죄피해자는 혼란스럽기도, 두렵기도, 좌절하기도, 그리고 분노하기도 한다. 그들은 왜 이런 일이 일어났으며, 왜 하필이면 자신에게 일어났는지 알고 싶어 한다. 피해자들은 종종 범죄 직후 어디, 누구에게 호소할지 알지도 못한다. 그들은 불안을 느끼고, 지원, 도움, 이해를 구하려면 누구를 믿거나 의지해야 할지 알지 못한다. 그들은 육체적으로, 감정적으로, 심리적으로, 그리고 재정적으로 고통을 받을 뿐만 아니라, 종종 복잡한 형사사법기관의 절차와 과정을 거쳐야 하는 부담까지 진다. 물론 범죄는 사람마다 상이한 영향을 미친다. 범죄피해자화는 종종 트라우마를 유발하며, 그가 자신의 일생에서 이미 경험한 트라우마의 정도에 따라서는 범죄가 처절한 것일 수도 있다. 일반적으로 범죄피해자화는 종종 사람들에게 감정적, 신체적, 재정적, 심리적, 사회적 영향을 미치지만 여기서는 감정적이거나 심리적인 영향을 위주로 탐색하고자 한다.

제1절 범죄피해자화의 심리

사람들은 여러 가지 형태로 범죄의 피해자가 된다. 다양한 범죄, 가해자, 수법, 시간과 장소, 범죄자와의 관계, 그리고 동기에서 다양한 형태의 범죄피해자가 되는 것이다. 사람들은 자신이 통제할 수 없다고 믿는 상황이나 우연 혹은 기회의 결과로 범죄피해자가 되었을 때 당연히 무력감을 느끼게 된다. 물론 우리 사회도 범죄피해자가 어떻게 느끼는가에 대해서 일정 역할을 하기 마련이다. 비슷한 예로, 아이들이 학교에서 벌을 받았다고 하면, 부모들의 통상적인 반응은 '벌 받을 무슨 짓을 했어?'라고 묻기 마련이다. 즉, 아이가 벌을 받을 짓을 했기에 벌을 받았을 것이라고 생각하는 것이다. 우리는 만약 나쁜 무언가 일이 일어나면 그런 일을 당해도 마땅하다고 생각하며 자란다. 따라서, 무언가 나쁜 일이 일어나면 피해자가 그것을 촉발, 촉진시켰기 때문이라는 것이다.[1]

우리 사회는 이들 범죄피해자들을 경시해 왔으며, 심지어 비난하기도 하고, 더욱이 아무도 관심조차 주지 않는 완전히 잊혀진 존재가 된 실정이다. 이처럼 우리가 범죄피해자를 경시하는 것은 아마도 범죄피해자들에게 붙게 되는, 어쩌면 우리가 붙이게 되는 낙인이 찍힌 지위, 즉 범죄피해자는 어떻든 얼마간 자신에게 일어난 일에 대하여 비난을 면치 못한다는 속뜻을 가진 경쟁적 사회에서의 패자로 보는 시각에서 비롯된 것이다. 여기서 중요한 것은 바로 이러한 시각이나 인식 때문에 대부분의 범죄피해자들이 자책이나 자기비난의 감정과 느낌을 경험하게 되는 것이다. 주거침입절도의 피해자가 '내가 그 자물쇠만 바꾸었어도 피해를 당하지 않았을 텐데'라고 자신을 질책하고, 강간피해자가 처음부터 '내가 그 술집에 왜 갔을까' 자신에게 후회스럽게 되묻게 된다. 때로는 이런 피해자들의 자책이 '내가 도움이 필요할 때는 어디에 있었으며, 이런 피해를 예방하라고 월급을 받는 것이 아닌가' 등의 말로 경찰관에게로 대체되어 피해자들이 자책을 피하려고 하는 경우도 있다는 것이다.

또는 무력감의 결과나 자신의 생에 대한 통제의 상실로 인하여 범법자에 대한 분노가 어쩌면 당연한, 자연스러운 반응일 수 있다. 그러나 피해자들은 너무나 두려워서 그 분노를 직접적으로 표현하거나 자신에게 자인하거나 자백하지도 못한다. 이런 반응은 범법자에 의하여 대단한 위험에 빠졌었으며, 피해자들이 보복의 두려움으로 인하여 분노를 표출하는 것을 꺼려한다는 것을 고려한다면 충분히 이해할 수 있다. 피해자들은 그 분노를 여러 가지 방법으로 다루게 된다. 예를 들어 분노를 자신에게 표기하기도 하는데, 이는 우울증을 초래할 수도 있다.

폭력은 그 피해자에게 신체적, 심리적 양쪽으로 손상을 가한다. 피해자를 정신적 충격과 타격을 가하며, 장애를 일으키는 불안과 두려움, 그리고 장기간의 우울이나 깊은 분노를 유발하는 것으로 우리는 알고 있다. 사실, 범죄 피해자들이 경험하게 되는 심리적 외상(psychological trauma)이 재물의 손실이나 신체적 손상보다 피해자에게 더 심각한 문제일 수 있다. 범죄피해자화에 대한 피해자의 심리적 반응과 대응은 다양하여 경미한 수면장애, 화, 걱정, 대인관계의 긴장, 주의력 붕괴, 그리고 과거 건강문제의 악화 등 비교적 가벼운 것에서부터 심각한 우울증, 불

---

1 B. Rodgers, *Psychological Aspects of Police Work: An officer's Guide to Street Psychology*, Springfield, IL: Charles C. Thompson, 2006, pp.226−227

안장애, 알코올과 약물남용문제, 그리고 자살생각이나 시도 등과 같은 심각한 증상도 겪을 수 있다는 것이다.

제 2 절 심리적 취약성(Psychological vulnerability)

같은 사건, 같은 피해라도 사람에 따라서 심리적 폐해, 손상, 고통은 달라질 수 있다. 이러한 개인적 차이를 논하기 전에 먼저 취약성의 두 가지 관점을 비교할 필요가 있다. 범죄와 관련한 사람들의 취약성은 범죄피해자가 되기 쉬운 위험요소(risk factor)로서 자신을 잠재적 공격자에게 더 매력적인 표적으로 만드는 피해자의 특징, 예를 들어 여성, 아동, 노인, 독거, 만취, 정신장애 등의 요소와 범죄 이후의 감정적 불안정성이라고 할 수 있는 심리적 취약성과 심리생체학적 활성화의 영역이 낮은 것이라고 할 수 있는 생물학적 취약성으로 나누어 살펴야 한다는 것이다. 이들 심리적, 생물학적 취약성 둘 다 범죄피해자에게서 야기되는 심리적 폐해를 증대시킬 수 있다고 한다. 다시 말해, 위험한 피해자(risk victim)는 공격자들에게 쉬운 표적이 되기 때문에 범죄의 피해자가 될 어떠한 기질을 가진 반면, 취약한 피해자(vulnerable victim)는 그들이 위험한 피해자이건 아니건 폭력범죄의 표적이 되었거나 간접적으로 영향을 받은 후에 더 강한 감정적 영향으로 고통을 받을 가능성이 더 높은 사람이다.

일부 피해자에게서, 예전부터 존재하던 감정적 불균형이 범죄의 심리적 영향을 능가하여, 종종 기존의 감정적 불균형과 심리적 손상 사이의 조정자로 작동한다. 사실, 유사한 외상적 사건에 직면하게 되면 일부는 적응적 극복을 보이지만 다른 일부는 깊이 상처를 받게 된다.

심리학적 관점에서 보면, 무엇보다도 학교에서의 실패경험이 있다면 낮은 수준의 지능, 변화에 제대로 적응하지 못하거나 과거 감정적 허약함은 물론이고 외적 통제력과 범죄를 극히 심각하고 뒤집을 수 없는 것으로 인식하는 것과 같은 요소들이 좌절을 증대시키고, 상황을 통제하는 자신의 심리적 자원에 대한 확신을 하지 못하고 무력감과 절망감을 야기하는 데 기여한다는 것이다. 감정적 유약함은 다른 폭력범죄와 학대의 피해기록이 있을 때, 스트레스가 쌓였을 때, 정신질환 가족력이 있을 때, 그리고 피해자가 청년기에 들기 전에 부모가 이혼했을 때 더욱 강

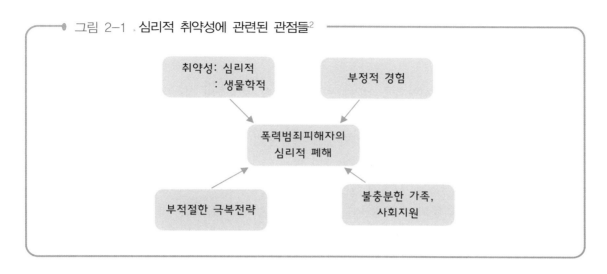

그림 2-1 . 심리적 취약성에 관련된 관점들[2]

조되고 있다. 심리사회적 관점에서는, 우울, 소외, 그리고 낮은 사회관계 참여수준과 관련된 친근한 사회적 지지의 불충분함이 외상으로부터의 회복을 어렵게 만든다.

종합하면, 심리적 손상과 그에 따른 결과를 포함하는 심리적 폐해는 의도성(intention)의 속성과 그 의미라고 할 수 있는 사건의 인식과 강도, 범죄에 대한 불예측성과 실제 위험의 수준, 피해자의 취약성, 현재 직장이나 가정에서의 문제와 과거 피해의 경력 등 다른 문제의 동시발생 가능성, 사회적 지지의 수수, 그리고 가용한 심리적 극복 자원에 따라 중재, 조절된다고 한다.[3]

3절 이차 피해자화(secondary victimization)

일차적 피해자화(primary victimization)는 범죄행위로부터 직접적으로 초래되지만, 이차 피해자화는 피해자와 경찰, 법원 등 사법제도와의 후속적인 관계(subsequent relationship)나 또는 부

---

2 E. Echeburúa, P. de Corral and P. S. Amor, "Evaluation of psychological harm in the victims of violent crime," *Psychology in Spain*, 2003, 7(1):10 – 18, p.12, Figure 1

3 *Ibid.*, p.13

족하거나 부적절한 사회적 서비스에 좌우된다. 사법기관의 제도적 학대(institutional maltreatment)가 피해자에게 심리적 손상을 악화시키고, 용어가 의미하듯 후속적인 부수적 요인으로 기능하게 된다.

사람들에게 이차적 피해자화를 야기하는 것은 특히 여성들의 성폭력 사례에서 더 그렇지만 경찰을 비롯하여 판사, 법의관, 검사나 변호사 등 사법제도가 상황을 처리하는 방식 때문이다. 경찰은 관료제적 형식성과 사실의 명확화에만 관심을 가지고, 피해자의 고통을 고려하지 못하며, 때로는 수사상황조차 피해자에게 고지하지 않는다. 법의학자나 검시관은 증거의 확보에 관심을 가지지 피해자의 심리상태에 대해서는 적절한 민감성을 보이지 않으며, 경우에 따라서는 피해자의 정신건강이 검증되고 피해자의 증언이 의심을 받는 등 이들 전문가들의 조사도 이차 피해자화의 한 근원이 되고 있다. 판사도 그들의 임무가 피해자를 보호하는 것이라기보다 범법자에게 양형을 선고하는 것이기 때문에 자신의 의사결정을 사법적 결정으로 제한하며, 무죄추정(presumption of innocent)의 헌법적 원리를 적용하여 피해자의 주장을 논의에 부치는 등 피해자에게 부정적 영향을 미치게 된다.

아마도 이차적 피해자화의 가장 근본적인 관점은 사법절차와 과정의 지연과 사법절차와 진행상황에 대한 정확한 구체적인 정보의 부재라고 할 수 있다. 피해자를 거짓말쟁이라고 주장하는 피의자의 대응과 끝날 줄 모르는 사법과정의 불확실성이 피해자를 욕 먹이고 때로는 심지어 위협하기도 하여 결국은 피해자의 감정적 상태와 상황을 악화시키는 데 기여하게 된다. 이차 피해자화의 마지막 근원은 아마도 피해자의 사생활과 사적 관점을 일반 대중들에게 공개하고 때로는 범죄를 정당화하기까지 하는 대중매체일 것이다. 아마 가장 심각한 이차 피해자화의 원천은 피의자의 변호인이라고 할 수 있을 것이다. 재판정에서 자신의 고객을 변호하기 위하여 수단과 방법, 내용을 가리지 않고 피해자를 비난하고 비하하고 몰인격화, 비인간화하며, 피해자의 책임을 추궁하는 등 공격을 일삼을 수밖에 없기 때문이다.

제4절 범죄피해자화의 감정적 영향

1. 충격, 믿을 수 없음, 그리고 받아들이지 않음

대체로 범죄피해자들은 처음에는 자신이 범죄의 피해자가 되었다는 것을 믿기 어려워하며, 심지어 그들은 범죄가 아예 발생하지도 않은 척 하기도 한다. 이런 상태는 순간적일 수도 있지만 몇 달 또는 몇 년이나 지속될 수도 있다. 이들 피해자들이 '어린이 같은' 상태가 되고 심지어 다른 사람의 보살핌이 필요해지는 경우도 그리 이상한 일은 아닐 만큼 꽤나 보편적 현상이다. 피해자들은 처음 범죄피해의 충격이 사라지거나 완화되거나 약화되면, 분노, 두려움, 좌절, 혼란, 죄책감, 그리고 후회 등과 같은 다른 감정을 경험할 수도 있다.

2. 분노나 분개

범죄피해자들은 자신의 종교, 가해자, 서비스 제공자, 가족 구성원, 친지, 형사사법제도, 또는 심지어 자신에 대해서까지 분노하고 분개한다. 그래서 많은 경우 이들은 복수를 하거나 본전을 찾고자 하는 강한 욕구를 경험하기도 한다. 심지어 이들은 증오를 느끼기도 한다. 이런 강력한 감정들은 종종 우리 사회의 다른 구성원들로부터 용인되지 않아서 피해자들은 이방인이나 소외된 사람 같은 느낌을 갖게 한다. 물론 피해자들이 자신을 해친 사람이나 사람들에게 분노를 느끼는 것은 당연히 정당화되는 것이다.

3. 두려움이나 공포

범죄피해자들이 자신의 안전이나 생명, 또는 자신이 보살피고 돌보고 염려하는 사람에 대한 위협이 가해진 범죄가 일어나면 두려움이나 공포를 느끼는 것은 당연하고 일상적이고 일반적인 현상일 것이다. 그들의 두려움은 범죄가 다시 기억나거나 회상하게 된다면 공황과 공포를 갖게 한다. 이런 공포는 범행 이후 상당 기간 지속될 수 있고, 어떤 특정한 상황에서는 사람을 쇠약하게 만들 수도 있다.

4. 좌절

범죄가 발생할 때 표면화되는 무기력감이나 무력감으로 인하여 다수의 범죄피해자들은 좌절하게 된다. 이런 좌절은 특히 피해자가 가해자를 물리칠 수 없거나, 도움을 요청할 수 없거나 도망갈 수 없을 때 더욱 그렇다. 범죄 발생 후, 피해자들은 자신의 치유에 필요한 지원이나 정보에 접근할 수 없으면 좌절을 계속해서 느끼게 된다.

5. 혼란스러움

범죄피해자들은 범죄가 종종 급작스럽게 일어나고 혼돈스럽기 때문에 실제로 어떤 일이 일어났는지 분명하지 않게 되어 혼란스러워질 수도 있다. 피해자들은 '왜 이런 일이 나에게 일어났을까' 같은 의문에 대한 대답을 찾으려 하는 동안 그런 혼란을 느끼게 된다. 아마도 왜 누군가가 나를 해치려 했는지 그 대답을 찾아내기란 불가능 하기 때문에 더욱 더 혼란스러워지는 것이다.

6. 죄책과 자기 – 비난

범죄피해자들이 자신을 비난하는 것은 일반적이라고 할 수 있다. 많은 피해자가 자신이 '잘못된 시간에 잘못된 장소'에 있었다고 믿는다. 만약에 피해자가 누군가를 비난할 사람이 없다면 종종 자신을 비난하게 된다. 죄책도 가해자가 밝혀지지 않으면 일반적인 현상이 될 수 있다. 범죄 발생 후, 범죄를 반추할 때면 피해자가 자신에게 일어난 일을 방지하기 위하여 더 많은 것을 하지 못했거나 하지 않은 데 대하여 죄책감을 느낄 수 있다. 또한 일부 피해자들은 누군가 다른 사람은 부상을 당하거나 죽었는데도 자신은 생존했다는 죄책감인 소위 '생존자 죄책(survivor guilt)'을 경험하기도 한다. 특히 자신이 사랑하는 누군가가 살해되었다면, 생존한 가족이나 친지는 심지어 피해자를 비난하기도 하며, 너무나 빈번하게 우리 사회도 마찬가지로 피해자를 비난한다.

7. 수치와 굴욕

슬프게도 범죄피해자들은 자신을 비난하기 쉬운데, 특히 성폭력이나 가정폭력의 피해자는 더욱 더 그렇다. 성폭력을 내포하는 범죄에 있어서는 가해자들이 종종 피해자로 하여금 굴욕스러운 짓을 하여 피해자의 지위를 강등시킨다. 예를 들어 성폭행 피해자를 장기간 자신이 '더러워진' 것으로 느끼게 하고, 그러한 느낌은 '씻겨 버리지' 않을 수도 있는 것이다. 일부 피해자들은 자신의 가까운 사람들로부터 더 이상 사랑받지 못할 것이라 믿기 때문에 자기-증오를 느끼기도 한다.

8. 비탄과 슬픔

아마도 범죄피해자가 가지는 가장 장기적인 반응은 격한 슬픔과 비탄일 것이다. 범죄 발생 후, 피해자들이 우울해지는 것은 너무나 보편적인 것이다.[4]

제5절   범죄피해자화의 심리적 영향

범죄로 인한 심리적 손상이 종종 극복하기 가장 어려우며, 오래 지속되는 것으로 알려지고 있다. 이는 아마도 범죄가 통상적으로 사고나 불운보다 훨씬 더 심각한 것으로 경험되는 것이어서 다른 사람의 의도적인 행위로 자신의 손상과 손실이 야기되었다는 사실에 타협하기 어렵기 때문일 것이다. 대부분의 경우 피해자들은 다음과 같은 4가지 보편적 형태의 반응을 보인다고 한다. 물론 첫 반응은 충격, 두려움, 분노, 무력감, 믿지 못함, 그리고 죄책 등을 포함하는데, 이들 초기 반응 중 일부는 치료를 위해 병원에 가거나 재판을 위해 법정에 가는 등 그 이후에도 재발할 수 있다고 한다.

이 초기 단계를 지나면, 해체(disorganization)의 기간이 뒤를 따른다고 한다. 이 단계는 사건에 대한 괴롭히는 생각, 악몽, 우울, 죄책, 두려움, 그리고 자신과 자존의 상실과 같은 심리적 결

---

4   https://victimsofcrime.org/help−for−crime−victims/get−help−bulletins−for−crime−victims/trauma−of−victimization,
    2025. 01. 16 검색

과와 영향으로 나타난다. 삶은 너무나 느리고 의미가 없는 것 같으며, 과거에 가졌던 믿음과 신념은 더 이상 편안함을 주지 못하게 된다. 행위적 반응으로는 약물과 음주의 증대, 사회관계의 붕괴와 분화, 대인기피와 범죄와 관련된 상황의 기피, 그리고 사회적 은둔 등이 포함되고 있다. 세 번째 단계는 정상화/적응(normalization/adjustment)의 4번째 단계로 이끄는 수용과 재구성(reconstruction and acceptance)의 단계이다. 피해자들은 종종 모든 것이 범죄 이전과 같아질 수 있게 시계를 거꾸로 돌리고자 간절히 바람으로써 범죄와 타협하려고 한다. 이 중요한 회복의 단계에서 피해자들은 일어난 사건과 일을 완전하게 받아들이기 시작하고, 자신의 경험을 재해석하려고 시도하며 가급적 일어난 일과 사건에 대한 설명을 찾거나 범죄가 자신의 개인적 성장을 이끌었다고 작심하기도 한다.

이와 더불어 당연히 범죄피해는 피해자에게 상당한 스트레스를 유발하지 않을 수 없다. 범죄피해를 당한 대부분의 사람처럼 누구라도 극심한 스트레스를 받게 되면 통상적 사고를 분명하게 하거나, 자신의 감정을 잘 통제하거나, 신체적으로 건강을 잘 유지하거나, 사회적 상황에서 행동을 적절하게 하는 것이 더 어려워지기 마련이다. 범죄피해자라는 트라우마는 결정적으로 그 사람이 기능하는 능력에 영향을 미치게 되는 것이다. 실제로 일생에서 범죄피해자가 되는 것은 주요한 스트레스 요인이 아닐 수 없다. 피해자는 지속적으로 불편하게 느끼고 위기 상태에 놓인 것처럼 느끼게 되고, 삶의 안정감이나 균형상태를 회복하는 것이 어려워질 수 있는 것이다. 자신의 삶에 대한 미래가 범죄로 인하여 심각하게 변하게 되어 피해자가 그 균형감을 결코 회복할 수 없게 된다. 이들은 다른 사람들을 믿는 것이 힘들고, 과거 자신이 즐기던 활동들에도 참여하기가 어려우며, 특정한 장소와 낯선 사람들을 두려워하게 된다.

제 3 장
피해자의 심리

피해자의 심리를 이해하기 위해서는 피해자의 주요 특성 또는 피해자와 비피해자의 차이점을 이해해야 한다. 트라우마가 가정폭력이거나 인질사건이거나 성적 학대이거나 문제는 심한 PTSD로 장기간 심각한 고통을 받는 사람과 트라우마를 극복하고 삶을 의미 있게 살아가는 사람을 무엇으로 어떻게 구별하는가이다. 같은 사회적, 정치적, 경제적, 법률적 상황과 여건 안에서 살아가는 피해자와 비피해자 사이의 차이는 종종 주장되는 바와는 달리 외부적 요소가 아니라 그들이 자신, 자기 주변의 세계와 세상, 그리고 트라우마에 대한 관계를 보는 시각에 달렸다.

제1절 피해자의 특성

피해자는 대체로 통제위치가 외부적이고 안정적이다. 외부적 통제위치 지향은 자신에게 일어난 일은 자신이 통제하기보다는 자기 통제 밖의 사건에 달린 것이라는 믿음이며, 안정적이라는 것은 피해자의 통제불능감의 일관성이나 사건의 결과는 행운이나 무작위적 사건에 달린 것이라는 믿음이라고 할 수 있다. 이와 유사하게, 피해자는 자신의 환경이나 삶에 영향을 미치지 못한다는 자기-비효율감(self-inefficiency)도 품고 있고, 행위의 결과도 자기 안의 기질적 힘이 아니라 상황적 또는 외부적 힘에 기인한 것으로 믿으며, 낮은 자존감, 수치감, 죄책감, 무력감, 무기력함 등이 자신을 피해자로 인식하는 사람들의 심리에 있어서 중심적 요소라고 한다.[1]

제 2 절 피해자-가해자 양자관계(Dyad)

학대하는 사람과 학대를 당하는 사람, 자기학대자와 가학성 변태성욕자, 가해자와 피해자가 우리들 보편적 생각과는 달리 서로 보완적이고 의존적인 양자관계를 이룬다는 것이다. 예를 들어, 알코올중독자 쌍 중에서 한 사람이 단주를 하면 둘의 관계가 끝나고 또 다른 중독자를 찾게 되며, 학대적인 관계에서도 만약 여성이 아버지, 계부, 또는 전 남편이나 동거자에게 학대를 당하고도 치유되지 않았으면 오히려 폭력적인 남자에게 끌릴 가능성이 높다는 것으로 그녀가 사랑과 폭력을 결부시키는 한 비폭력적인 남자에게는 끌리지 않을 것이라고 한다.

마찬가지로 피해자들도 자신에게 피해를 가하는 가해자와의 관계에 대한 보완적 욕구를 가지고 있는데, 이런 욕구들이 종종 심리역동적 심리치료(psychodynamic psychotherapy) 동안 역전이 분석(countertransference analysis)에서 나타나곤 한다는 것이다. 이들 피해자를 치유하는 사람들은 종종 공격적이고 학대적이며 폭력적인 감정을 경험한다는 것이다. 피해자의 정체성과 대체로 무의식적이지만 그들의 욕구는 낮은 자존감, 수치감과 죄책감, 낮은 효율감, 통제하지 못한다는 믿음, 처벌받고자 하는 욕구 등과 연계된다는 것이다. 주로 이 피해자 정체성을 가진 성인들은 비 학대적인 동반자나 파트에게는 끌리지 않는데, 그것은 원래 그들이 가학적인 사람이어서가 아니라 그들의 문화적, 가정적, 가족적 영향 때문이라고 한다.[2]

---

1 J. B. Rotter, "External and internal control," *Psychology Today*, 1971, June, pp.37－42, 58－59

2 Ofer Zur, "Rethinking 'Don't balme the victim: The psychology of victimhood," *Journal of Couple Therapy*, 1989, 4(3/4):15－36

제 3 절   피해자 만들기(The making of a victim)

　　범죄피해자는 태어나는가 아니면 만들어지는가? 어리석은 질문 같지만 결코 어리석은 질문만은 아닌 것 같다. 이런 의문은 범죄학에서 아직도 진행 중인 논쟁이기도 한 양육과 본성(Nature vs. Nurture), 그리고 운명과 선택의 변증법적 균형이라는 논쟁과 연계된다. 그러나 당연히 피해자가 되는 유전인자는 없으며, 다만 우리의 삶에서 가장 큰 영향을 미치는 두 가지 유형의 힘이 있는데 바로 사회적/정치적 세력과 가정적/가족적 요인이다. 사회적이고 정치적인 현실이 여성, 소수인종, 그리고 장애인과 같은 일부 집단을 체계적, 제도적으로 피해자화할 가능성을 높인다고 한다. 초기 아동기의 가정환경이 그 사람이 피해자 역할을 조장하거나 거부하게 하는 데 영향을 미친다는 것이다.

　　아동기 학대를 당한 사람은 수치심, 죄책감, 그리고 낮은 자아가치관 등을 내재화하고, 사랑을 학대와, 친근함을 일탈과, 보살핌과 악의를 상관시키도록 학습하게 되고, 자신은 사람을 받거나 사랑을 할 가치가 없다는 메시지를 내재화하며, 자신의 세계관을 이해하거나 부모에 대한 자신의 이상적 관점을 보호하기 위하여 그들은 자신의 나쁨이 자신에 대한 학대를 초래하였고 그래서 그런 학대를 받아 마땅하다고 믿게 된다는 것이다. 그래서 아동학대의 피해자는 스스로 가해자가 되거나 피해자가 되거나 아니면 둘 다가 되는데, 이는 학대로부터의 그들의 분노와 고통이 자기 안쪽으로 향하기도 하고 다른 사람을 향하기도 하기 때문이다. 물론 이들도 외부적 지원이나 외적 회복탄력성으로 피해자도 가해자도 되지 않을 수도 있다. 분노가 내적으로 향하는 아동학대 피해자는 자살이나 자기 패배적 행위와 같이 자기 파괴적이 되거나 다른 사람에 의하여 파괴(피해자)되기도 한다.[3]

---

3 Zur, *op cit*.

제 4 절 폭력범죄 피해자의 심리적 피해

1. 정의

폭력범죄는 일반적으로 갑작스럽게 일어나고, 두려움과 무력감을 불러일으키며, 피해자의 신체적 또는 심리적 상태를 위협하며, 피해자를 자신의 정상적인 자원마저도 사용할 수 없는 상태로 빠지게 하는 부정적인 사건으로 개념화되곤 한다.[4] 폭력범죄도 피해자에게 한 가지 유형의 트라우마이지만 어떤 형태의 트라우마라도 그 사람의 안전감을 붕괴시키는 것을 포함하고 있어서 가까운 친인척들에게까지 간접적으로 영향을 미친다고 한다. 직접 피해자의 고통과는 별도로 가족구조 전체가 영향을 받게 된다. 그럼에도 불구하고 형법은 전통적으로 피해자의 신체적 손상에 집중하고, 심리적 피해와 해악에 대해서는 경시하고 있다.[5]

범죄피해자의 심리적 피해, 손상과 해악을 평가하는 것은 형사사법적 견지에서의 해악을 정형화하고, 적절한 보상을 정하며, 취업능력을 결정하는 것은 물론이고 처우계획을 세우는 데도 매우 중요한 것이다. 심리적 해악은 범죄에는 직접적으로 관여되지 않았지만 폭력범죄의 결과로 고통을 받는 사람이라고 할 수 있는 폭력범죄의 간접피해자, 예를 들어 딸의 성폭력과 살인으로 초래된 잔인한 영향으로 고통을 받고 있는 어머니, 또는 아버지가 테러공격으로 살해당한 이후의 새로운 삶에 갑작스럽게 적응해야만 한다는 것을 알게 된 아이들이 좋은 예라고 할 수 있다. 사랑하는 사람의 죽음은 무엇보다도 먼저 고통, 슬픔, 무력감, 분노의 감정을 초래하며, 두 번째 단계에서는 고통과 무기력이 가장 현저한 감정이며, 궁극적으로 남겨진 사람들은 고통과 외로움을 느끼게 된다.[6]

그렇다면 범죄 피해자의 심리적 피해와 해악은 어떤 것인가. 한편으로는 폭력범죄로부터 초래되는 심리적 손상(psychological damage)으로서, 경우에 따라서는 적절한 심리적 치료와 사회

---

4 D. G. Kilpatrick, B. E. Saunders, A. Amick−McMullan, C. L. Best, L. J. Veronen, and H. S. Jesnick, "Victim and crime factors associated with the development of crime−related PTSD, " *Behavior Therapy*, 1989, 20:199−214

5 E. Echeburua, P. de Corral and P. J. Amor, "Evaluation of psychological harm in the victims of violent crime," 2003, 7(1):10−18

6 ibid

적 지원으로 시간이 흐르면서 사라질 수도 있는 것이라고 하는 반면에 다른 한편에서는 사람의 일상생활을 부정적으로 방해하고 만성적 형태로 지속되는 감정적 결과(emotional consequences)라고도 한다. 어떤 경우이건, 심리적 피해는 피해자가 극복할 수 없고 적응하지 못하는 새로운 상황을 초래하는 부정적 사건의 결과임에 틀림없다. 피해는 일반적으로 범죄행위가 복합적일 때 더 심각하며, 신체적 손상으로 고통을 받게 되면 더 심각하다고 하는데, 그러나 때로는 심각한 부상이 덜 심각한 부상보다 오히려 더 나은 심리적 예후를 초래하기도 한다. 그것은 부상이 심각하면 사람들이 더 빨리 더 쉽게 피해자로 인식되고 따라서 더 많은 사회적, 가족적 지원을 받게 되기 때문이다.[7]

심리적 피해는 상이한 단계를 거치며 지나는 경향이 있는데, 첫 번째 단계에서는 통상적으로 우둔함, 전반적인 낙담, 믿을 수 없음, 그리고 적절하게 반응하지 못하는 것 등의 특징이 있는 전반적으로 당황스럽고 인식이 흐려지는 그런 반응이라고 할 수 있다. 두 번째 단계에서는 인식이 날카로워지고, 충격의 상태로 인한 당황함이 사라지게 됨에 따라 두려움이나 죄책감, 무력감, 분노, 분개, 그리고 고통과 같은 보다 극적인 감정적 반응이 나타나게 되어 깊은 낙담으로 바뀌게 된다. 마지막으로, 벨소리나 소음과 같이 구체적으로 사건과 관련된 자극의 결과나 폭력 영화와 같은 일반적 자극의 결과로 회상하는 경향이 있다고 한다. 어떤 경우이건, 그러나 당연히 심리적 피해는 취약한 인성이나 과거 심리적 병리와 같은 개인적 변수들과는 별개로 경험된 트라우마와 관계된 것으로만 고려되어야 한다.[8]

(1) 심리적 손상(psychological damage)

심리적 손상은 폭력범죄의 피해자가 된 결과로 고통을 받게 되는 심각한 임상적 변화라고 할 수 있으며, 개인, 직장, 가족이나 사회적 단계나 수준에서 매일매일의 일상적 요구나 필요와 관련하여 그 사람을 심각하게 무력화, 무능하게 만들게 된다. 심리적 손상에 대한 이런 개념은 실질적인 심리적 고통보다는 자유나 명예와 같은 비물질적인 것들을 방해하는 것이라는 개인적 인식을 함축하는 좀 덜 정밀하고 주관적인 개념인 도덕적 손상(moral damage)의 개념을 대체하는 것이다.[9]

---

7 B. L. Green, "Defining trauma: Terminology and stressor dimensions," *Journal of Applied Social Psychology*, 1990, 20:1632−1642

8 Echeburua et al., *op cit*.

9 *Ibid*.

가장 보편적인 형태의 심리적 손상으로는 우울하거나 불안한 기분인 적응장애(adaprive disorder), PTSD, 그리고 불규칙 인성의 불균형 등이 있다. 좀 더 구체적으로는, 인지적 단계에서는 피해자가 혼란과 혼동을 느끼고, 의사결정이 어렵게 되고, 통제의 결여와 심각한 무력감의 인식으로 압도당하며, 생체심리적 단계에서는 피해자가 쉽게 그리고 빈번하게 깜짝깜짝 놀라게 되고, 행동단계에서는 냉담하고 무관심해지며, 일상생활로의 복귀가 어렵게 된다고 한다.[10]

(2) 감정적 결과(emotional consequences)

감정적 결과는 심리적 손상의 안정화라고 할 수 있으며, 다시 말하자면 시간의 흐름뿐 아니라 처우를 받아도 사라지지 않는 영구적 무력, 무능을 이르는 것이다. 이는 정상적인 심리적 기능의 되돌릴 수 없는 변경, 또는 법률적이지만 비교적 덜 명확한 용어인 정신건강의 장애(impairment of mental health)라고도 할 수 있다. 폭력범죄 피해자에게 있어서 가장 보편적인 심리적 결과는 적어도 2년 이상은 지속되고, 대인관계와 직장에서의 업무성과의 악화로 이어지는 감정적 의존, 의심이나 적대와 같은 새롭고 안정적인 부적응적 인성기질의 출현과 함께 인성의 영구적 수정을 내포하고 있다.[11]

2. 쟁점사항들

(1) 범죄피해와 피해자의 심리적 손상 사이의 인과관계의 문제

지금 고통을 받고 있는 심리적 손상과 과거에 경험한 폭력사건 사이의 연계성을 찾는 것이 쉽지 않을 때가 종종 있다고 한다. 그럼에도 불구하고 폭력범죄와 심리적 손상 사이의 인과관계의 성립은 형사 및 민사책임을 결정하는 데 있어서 핵심이라고 할 수 있다. 절대로 그리 단순하지 않지만 인과관계가 종종 원인과는 달리 심리적 손상을 초래하는 데 필요하지만 충분하지는 않은 부수적, 종속적 원인의 가담으로 혼란스러워지기도 한다. 여기서 부수적, 종속적 원인은 어린 시절 성적 학대로 고통을 받았고 최근에 성폭력을 당한 여성의 경우처럼 피해자에게 있어서 취약성과 관련된 선재적(preexisting) 조건이거나, 성폭력으로 인한 성병에 감염된 사례처럼 동시적 조건이거나 자녀의 성폭행이나 폭력적 사망, 그리고 결과적 이혼의 사례와 같은 결과적 조

---

10 Echeburua et al., *op cit*.

11 *Ibid*.

건이거나, 끝으로 복잡한 피해자화 상황의 결과로서의 임상적 조건의 복잡화의 형태도 있을 수 있다.[12]

(2) 위험요소(risk factors)와 심리적 취약성(psychological vulnerability)의 혼동

인과관계가 설정, 확립되었다고 해도 남은 문제는 같은 사건이라도 피해자 개인적 특성에 따라 전혀 다른 피해자 심리를 가질 수 있다. 그러나 여기서 우리는 정신결함, 지나친 음주, 여성, 아동, 노약자 등 잠재적 공격자에게 상대적으로 더 매력적인 사람의 특징을 말하는 위험요소(risk factor)와 심리적 손상을 심화, 악화시키는, 그래서 같은 사건의 피해자라도 상대적으로 심리적 손상에 더욱 취약한 사람들이 가질 수 있는 요인들로서 감정적 균형의 불안정인 심리적 취약성, 그리고 심리생태학적 활성화 수준이 낮은 생물학적 취약성과 혼동해서는 안 된다. 심리적 취약성과 생물학적 취약성 둘 다 범죄피해자에게 야기된 심리적 고통을 증대시키는 것은 틀림없는 사실이다. 다시 말해, 위험피해자(risk victims)는 그들이 가해자들에게 쉬운 표적이 되는 특정한 사전적 기질을 가지고 있기 때문인 반면에, 취약한 피해자(vulnerable victims)는 그들이 위험한 피해자이건 아니건 관계없이 폭력범죄의 표적이나 또는 간접 피해자가 된 후에 격한 감정한 영향의 고통을 받을 확률이 더 높은 사람들이다.[13]

(3) 2차 피해자화(Secondary victimization)

일차적 피해자화(primary victimization)는 범죄행위로부터 직접적으로 초래되지만, 2차 피해자화는 경찰을 비롯한 사법제도와 피해자 사이의 결과적 관계나 결함이 있는 사회적 서비스와 관련하여 결정되는 것이다. 사법제도의 부적절한 처우가 피해자에게 심리적 손상을 악화시키며, 위에서 정의한 부수적, 종속적 원인으로 작용하기도 한다. 사람들, 특히 성폭력 사례에 있어서 2차 피해자화를 야기하는 것은 경찰을 필두로 검찰과 법원, 그리고 교도소에 이르기까지 전 사법기관이 사건을 다루고 처리하는 방식이라는 것이다. 여기서 2차 피해자화의 또 다른 근원으로 흔히 대중매체를 지적하고 있다. 그들은 피해자의 사생활을 보도하거나 때로는 심지어 범죄를 정당화하려고도 시도하기 때문이다.[14]

---

12 Echeburua et al., *op cit.*

13 *Ibid.*

14 *Ibid.*

제 4 장
피해자의 회복탄력성(Resilience)

제1절 회복탄력성의 개념

범죄의 피해자들은 종종 힘겨운 도전에 직면하게 되는데, 세상이 뒤집어진 것 같이 느껴지고, 그래서 할 수 있는 최선을 다하여 극복할 필요가 있다는 것이 바로 그들이 직면한 도전이다. 일부 피해자는 너무 심각한 마음의 상처를 입게 되어 자신의 일상생활을 힘들게 하는 개인적, 정신적 문제에 시달리기도 한다. 그러나 대다수 피해자는 전문적 도움을 받지 않고 또는 피해자 봉사, 지원 기관이나 단체의 관심을 받지 않고도 자신에게 닥친 폭풍을 잘 견디고 극복할 수 있는 것으로 보인다. 이들은 자신이 가진 자원을 성공적으로 활용하고 자기 삶을 재건할 수 있는 것 같다. 물론 피해자 지원, 봉사자들은 종종 피해자들이 가장 고통스러울 때 만나기 때문에 모든 피해자가 심각한 마음의 상처, 외상을 겪는 것으로 믿기 쉬울 것이다. 사실, 그러나 다수의 피해자는 다양한 수준의 회복탄력성과 광범위한 반응, 긍정적이고 부정적인 극복, 그리고 앞으로 나아가는 능력 등을 보일 가능성이 높다고 한다.[1]

사실 회복탄력성은 저항이나 생존보다, 그리고 위험이나 안전에 대한 선입견보다 더 많은 것을 함축하고 있다. 그래서 회복탄력성은 힘든 고통에도 불구하고 잘 견디고 잘 생활할 수 있는 능력으로 규정되기도 하여, 대다수의 연구가 심각한 역경에 처했을 때 개인이 적응기능을 보이는 역동적 과정에 초점을 맞추고 있다. 이런 관점에서, 회복탄력성의 개념은 역경을 경험함에도 불구한 긍정적 결과, 역경의 상황에서도 지속되는 긍정적 기능, 그리고 심각한 외상 후 회복

---

1 B. S. Nelson, S. Wangsgaard, J. Yorgason, M. Higgins Kessler, and E. Carter—Vassol, "Single and dual—trauma couples: Clinical observations of relational characteristics and dynamics," *American Journal of Orthopsychiatry*, 2002, 72(1):58−69; https://www.justice.go.ca/eng/rp−pr/cj−jp/victim/rd09_2/p1.html, 2025. 01. 16 검색

이라는 세 가지 상이한 방법으로 규정되곤 한다.[2]

범죄피해자에게 있어서 회복탄력성(resilience)이란 무엇인가? 아마도 '왜 일부 사람들은 강도를 당하고 폭행을 당하고 심지어 성적으로 폭행을 당한 후에 원래대로 만회하는 데 반해, 다른 일부는 불운한 신체적, 정신적 건강이 내리막길로 향하는 경험을 하는가'라는 의문에서 출발할 것이다. 범죄의 영향을 받는 방식에 있어서 이러한 개인별 차이는 회복탄력성에 대한 우리의 이해를 확장할 필요성을 더욱 강조하고 있다. 물론 회복탄력성의 의미에 대해서 오랫동안의 논쟁이 여럿 있었는데 그중에서도 회복탄력성은 과연 기질(trait)로, 과정으로, 결과로, 아니면 생애발달과정의 유형으로, 협의 혹은 광의, 단편적 혹은 다면적, 단기 혹은 장기적으로 규정되어야 하는가, 그리고 회복탄력뿐 아니라 회복(recovery)도 포함시켜야 하는가, 내적인 것뿐만 아니라 외적 적응기능도 포함시켜야 하는가, 그리고 외적 자원은 물론이고 내적 자원도 포함시켜야 하는가 논쟁이 대표적이라고 할 수 있다.[3]

그런데 보편적으로 회복탄력성의 정의는 세 가지 접근방식으로 이루어진다고 한다. 세 가지 접근방법은 인성특성(personality characteristics), 생물학적 특성, 사회문화적 요소, 그리고 지역사회 특성(community characteristics)과 같은 보호적 요소(protective factors)로 규정되거나, 두 번째로 보호적 과정의 분기점으로서 회복에 대한 반복적 관점을 포함하는 자아-증진(self-enhancement), 긍정적 인지평가(positive cognitive appraisal), 극복형식, 그리고 정신력과 같은 적응의 과정(process of adaptation)으로 규정하거나, 셋째로 부정적 사건에 노출되는 데 따르는 증상의 부재와 같은 긍정적 산물(positive outcomes)로 규정되는 것이다.[4]

1. 보호요소로서의 회복탄력성

회복탄력성은 부정적이거나 외상적 사건에의 노출에 직면했을 때 보호적인 개성(character), 성향(disposition), 천부적 재능(endowment)의 문제로 이해되어 왔다. 이런 관점에서 보면, 회복탄

---

2 S. Walklate, "Reframing criminal victimization: Finding a place for vulnerability and resilience," *Theoretical Criminology*, 2011, 15(2):179-194

3 A. S. Masten, "Resilience in developing system: Progress and promise as the fourth wave rises," *Developmental Psychology*, 2007, 19:921-930, p. 924

4 M. A. Dutton and R. Greene, "Resilience and crime victimization," *Journal of Traumatic Stress*, 2010, 23(2): 215-222

력성은 범죄피해자화 이전에 존재하는 때로는 역동적이고 때로는 정적인 일련의 요소, 그리고 부정적 결과에 대해서는 대항하여 보호하고 긍정적인 것은 향상시키는 일련의 요소로 구성된다고 할 수 있다. 이런 면에서 인성, 생물학적, 사회문화적 특성, 과거 외상기록 등과 같은 개인적 특성뿐 아니라 회복탄력성에 기여하는 지역사회 요소도 고려될 수 있다.[5]

2. 적응과정으로서의 회복탄력성

일부에서는 곤경을 겪은 뒤 적응은 인성 변수보다는 오히려 성공적 적응의 과정에 초점을 맞추어야 된다고 주장한다. 인성에 초점을 맞추면 일부 사람들은 '필요한 것'을 갖지 못하거나 긍정적 적응에 관련된 역동적 과정을 연구할 기회를 잃게 된다고 주장한다. 이런 측면에서, 회복탄력성은 '심각한 곤경 속에서 긍정적 적응을 높이는 역동적 과정'으로 규정된다. 아동 범죄피해자들을 대상으로 한 연구에서도 회복탄력성에 대한 개념화가 개인적 요소로부터 가정과 지역사회 여건과 상황으로 이동해야 된다는 주장을 한다. 이런 관점에서 보면, 회복탄력성은 먼저 범죄피해와 같은 중요한 위험요소나 곤경에의 노출, 그리고 이어 두 번째로 좋은 결과로 이어지는 긍정적 적응을 요하는 역동적 과정으로 간주되는 것이다.[6]

회복탄력성을 적응과정으로 규정하게 되면 대부분 긍정적 결과나 좋은 지위나 신상을 초래하는 것으로 가정하게 된다. 그러나 긍정적 결과로 이어질 때만 적응과정이 회복탄력성으로 고려되어야 하는지 또는 예를 들어 현재 진행 중인 피해자화라는 주어진 여건에서 최선을 다하는 것을 기반으로 보여줄 수 있는 것인지 분명하지 않다. 즉, 결과나 산물이 과연 상대적이냐 아니면 절대적인 것이냐의 문제이다. 바로 이런 의문이 적응으로서 회복탄력성의 역동적 특성의 중요성을 더욱 강조하고 있다. 당연히 성폭력 등 심각한 폭력에도 크게 부정적 영향을 보이지 않는 사람만을 회복탄력적이라고 규정하는 것은 불합리하다고 할 수 있다. 심지어 심각한 감정적 고통을 경험하는 와중에도 많은 범죄피해자들이 회복탄력성이라고 일컬어지는 것들, 예를 들어

---

5 M. Duttom and R. Greene, "Resilience and crime victimization," *Journal of Traumatic Stress*, 2010, 23(2):215－222

6 S. S. Luthar, D. Cicchetti, and B. Becker, "The construct of resilience: A critical evaluation and guidelines for future work," *Child Development*, 2000, 71:543－562; E. Aisenberg and T. Herrenkohl, "Community violence in context: Risk and resilience in children and families," *Journal of interpersonal violence*, 2008, 23:296－315; M. Rutter, B. M. Lester, A. Masten and B. McWen, "Implications of resilience: Concepts for scientific understanding," *Annals of New York Academy of Science*, 2006, 1094:1－12

생활을 영위하고, 가족을 보살피고, 직업을 지속하는 등을 보이기 때문이다. 심지어 범죄 현장에
도 가고 법정에 출두하여 가해자를 직면하기도 하며, 과다한 언론 노출도 견디기도 한다.[7]

그런데 이 적응과정도 대체로 두 가지의, 반드시 상호 배타적이라고만 할 수 없는 회복탄력
의 과정이 있다는 것이다. 그 첫 과정은 부정적 결과의 진전에 저항하고 그것으로부터 회복하기
위하여 작동하는 일련의 몇 가지 추정적 요소의 존재로 기술된다. 두 번째 과정은 위험에 노출
되고 나서 회복탄력과 관련된 요소들이 실제로 개발되고, 그래서 예를 들어 어떠한 기제가 동원
되게 하는 것이다.[8] 이처럼 쟁점이 다양한 것은 회복탄력성의 과정과 관련된 결과의 복잡성을
단적으로 보여주는 것이다. 곤궁이나 위험에 노출된 후 적응과정으로서의 회복탄력성은 자아 −
증진, 긍정적 인지평가, 낙천주의, 극복유형, 그리고 정신력과 같은 여러 가지 방법으로 조작되
고 있다.[9]

3. 긍정적 결과로서의 회복탄력성

회복은 정신건강, 신체적 건강, 대인관계, 인지기능, 인지및 감정적 과정, 생물학적 지표, 기
능적 지위, 실존적 관점 등 다양하고 복합적인 영역에서 나타날 수 있다. 따라서 문제는 회복탄
력성을 정의하기 위하여 얼마나 많은 영역이나 범주가 요구되는가, 어느 시기쯤 회복이 회복탄
력성을 함축하게 되는가 등의 쟁점이 생기기 마련이나 이에 대한 경험적 연구는 별로 없는 편이
라고 한다.[10] 일부 연구자들은 회복탄력적 사람을 세 가지 상이한 유형으로 구분, 분류하는데,

---

7 P. M. Tucker, P. Pfefferbaum, C. S. North, A. Kent, C. E. Burgin, and D. E. Parker, "Physiologic reactivity despite
  emotional resilience several years after direct exposure to terrorism," *American Journal of Psychiatry*, 2007, 164:
  230 − 245; A. S. New, J. Fan, J. W. Murrough, X. Liu, R. E. Lieberman, and K. G. Kusie, "A functional magnetic
  resonance imaging study of deliberate emotion regulation in resilience and posttraumatic stress disorder," *Biological
  Psychiatry*, 2009, 66:656 − 664

8 R. Yehuda, J. D. Flory, S. Southwick and D. S. Charney, "Developing an agenda for translational studies of
  resilience and vulnerability following trauma exposure," *Annals of the New York Academy of Science*, 2006, 1071:
  379 − 396

9 G. I. Roisman, "Conceptual clarifications in the study of resilience," *American Psychologist*, 2005, 60:264 − 265; B.
  R. Egeland, E. Carlson and L. A. Sroufe, "Resilience as process," *Developmental Psychology*, 1993, 5:517 − 528

10 K. A. DuMont, C. S. Widom, and S. J. Czaja, "Predictions of resilience in abused and neglected children
  grown − up: The role of individual and neighborgood characterristics," *Child Abuse & Neglect*, 2007, 31:255 − 274;
  J. M. McGloin and C. S. Widom, "Resilience among abused and neglected children grown − up," *Developmental
  Psychology*, 2001, 13:1021 − 1038

예를 들어 곤경을 당하는 후 모범적인 결과를 보이는 사람, 비록 뛰어난 기능은 보이지 않지만 긍정적 발전을 보이는 사람, 그리고 곤경에 처한 후 처음에는 부정적 결과를 보였지만 시간이 흐르면서 적응적 기능을 회복한 사람으로 구별하였다. 적응으로서의 회복탄력성을 측정하는 것은 범죄에의 노출 이전 그 사람의 지위나 신분, 상태에 대하여 얼마간 알고 있을 것을 요구한다. 회복과 유지를 구별하기 위해서는 필연적으로 시계열적, 종단적 관점이 요구되지만 아직은 회복탄력성의 연구에서 종단적 연구나 자료는 찾아보기 힘들다.[11]

회복탄력성의 지표를 확인하려는 노력은 다양하지만, 대체로 정신건강 증상은 물론이고 기능에 대한 관심을 내포하고 있다. 스트레스와 회복탄력성과 관련된 다수의 연구에서 자아-존중, PTSD, 우울, 불안, 그리고 기타 정신병적 증상들을 포함하고 있다.[12] 또한, 회복탄력성의 논의는 정해진 어떤 한 시점에서의 결과보다는 오히려 시간의 흐름에 따른 궤적(trajectory)의 개념도 함축해야 된다는 주장도 크게 제기되고 있다.[13]

제 2 절   회복탄력성의 연속성(continuum)

일반적으로 회복탄력성이란 도전에 직면하여 균형 잡힌 상태를 유지할 수 있는 개인의 능력을 기술하는데 쓰이는 용어라고 할 수 있다. 이런 기술이 물론 문제가 없다는 것을 의미하기보다는 영향에서 벗어나서 영향을 받지 않은 채 유지하고 도전에도 불구하고 건강을 유지할 수 있는 능력을 의미한다고 할 수 있다. 또한 때로는 실무자들이 회복탄력성을 논할 때는 외상을 입은 후 다시 설 수 있는 능력이라고 할 수 있는 회복(recovery)을 말하는 것으로 이해되기도 한다.

---

11 M. A. Dutton and R. Greene, "Resilience and crime victimization," *Journal of Traumatic Stress*, 2010, 23(2): 215-222

12 M. O. Wright, J. Fopma-Loy, and S. Fisher, "Multidimensional assessment of resilience in mothers who are child sexual abuse survivors," *Child Abuse & Beglect*, 2005, 29:1173-1193

13 G. A. Bonanno," Loss, trauma, and human resilience: Have we underestimated the human capacity to thrive after extremely aversive events?" *American psychologist*, 2004, 59:20-28

회복탄력성은 또한 '재빠른 회복(quick recovery)'의 관점에서 고려되기도 하여, 개인이 자신의 세계와 세상에 대한 일격을 이해하고 재빨리 자원을 동원하여 성공적으로 그 위기를 다스릴 수 있다는 것을 의미하기도 한다.[14] 실제로 범죄피해자들에게 있어서 회복탄력성은 보편적인 것이어서 대다수 피해자들은 정신건강문제를 갖지도 않고 심지어 피해자 서비스에 접근하지도 않는 것으로 알려지고 있다.[15]

한편, 종합하자면 탄력회복성이란 개인적 기질일 수도 과정일 수도 아니면 결과일 수도 있지만, 고정된 것이라기보다는 각각의 피해자가 자신의 회복탄력성을 증가, 향상시키는 특정한 능력과 장점을 가지게 되는 하나의 연속선(continuum)으로 볼 수 있을 것이다. 당연히 개인적 자원, 좋은 지원기반, 실용성 등과 같이 우리가 건강한 삶이라고 확인할 수 있는 다수의 활동이 우리의 회복탄력성을 높이고 증진시키며, 또한 도전에 성공적으로 직면하는 것과 관련된 몇 가지 요소도 연구결과 확인되고 있다.[16]

먼저, 내구력(hardiness)/자율성(autonomy)/자신감(self-confidence)이 자기가 원하는 삶을 살아갈 수 있게 해주는 기술과 능력을 갖는 것으로 알려지고 있는데, 실제로 일부 범죄피해자들이 자기 삶과 인생에 대한 통제감을 갖거나 되찾는 데 도움이 되는 그런 활동에 참여함으로써 긍정적으로 극복하는 것을 알 수 있다. 이들 활동으로는 피해자들이 자기방어, 호신술을 배우고, 상대방을 고소, 고발하고 법정에 출두하는 등의 행위가 포함된다고 한다. 이보다 더 적극적으로는 피해자 옹호단체 등에 참여하며, 이런 활동들을 통해서 자신이 안전한 세상을 만드는 일부라고 느끼게 하며, 자신의 삶에 의미를 부여하고, 미래에 대한 희망을 키우게 된다는 것이다.[17]

14 Bonanno, *op cit.*; G. A. Bonanno, "Resilience in the face of potential trauma," *Current Directions in Psychological Science*, 2005, 14(3):135-138

15 G. A. Bonanno, S. Galea, A. Bucciarelli, and D. Vlahov, "What predicts psychological resilience after disaster? The role of demographics, resources and life stress," *Journal of Consulting and Clinical Psychology*, 2006, 75(5): 671-682; M. Westphal and G. A. Bonanno, "Posttraumatic growth and resilience to trauma: The different sides of the same coin or different coins?" *Applied Psychology: An International Review*, 2007, 56(3):417-427

16 https://www.justice.go.ca/eng/rp-pr/cj-jp/victim/rd09_2/p1.html, 2025. 01. 16 검색

17 E. Bondy, D. D. Ross, C. Gallingane, and E. Hambacher, "Creating environments of success and resilience: Culturally responsive classroom management and more," *Urban Education*, 2007, 42(4):326-348; Bonanno, op cit., ; M. E. Haskett, K. Nears, and C. S. Ward, "Diversity in adujstment of maltreated children: Factors associated with resilient functioning," *Clinical Psychology Review*, 2006, 26(6):796-812; R. Williams, "The psychosocial consequences for children of mass violence, terrorism and disasters," *International Review of Psychiatry*, 2007, 19(3):263-277

　　다음으로 자기 자신에 대한 긍정적 관점을 가지는 것이라고 할 수 있는 개인의 긍정적 정체성(positive personal identity)도 곤경과 곤궁에 직면한 개인이 중심을 잡는 데 도움이 되는 것으로 알려지고 있다. 사람들은 나를 좋아한다거나 나는 좋은 사람이라는 긍정적 관점은 위기에 직면했을 때 회복탄력성을 가지기 쉽다는 것이다. 심지어 지나치게 자신을 믿는 비현실적인 긍정적 자아관도 부정적 자아관을 가진 사람보다 회복탄력성이 더 좋다는 것이다. 그리고 적응하고 순응할 수 있고(adaptable) 도전에 적응할 수 있는 사람이 극복능력을 향상시킬 가능성이 더 높은 것으로 알려지고 있다. 적응성은 그런데 감정적이거나 행위적 적응가능성일 수도 있으며 또는 부정적 사건에서 긍정적 요소를 찾는 것이라고도 할 수 있다. 이와 관련된 또 하나는 극복행위에 있어서 도중에 과정을 조정하거나 수정하고자 하는 의지도 있다. 이들 요소가 문제를 성공적으로 직면하고 성공적으로 극복할 기회를 더 높이게 된다는 것이다.[18]

　　또한 미래에 대한 희망이라는 형식으로 긍정적인 전망을 하는 사람일수록 회복탄력성이 더 강한 경향이 있다고 한다. 이와 유사하게 회복탄력성이 강한 사람일수록 세상을 안전한 곳으로 보는 경향이 강하다고도 한다. 대다수의 피해자들이 피해를 당한 후에 안전하게 느끼고 희망을 갖기란 어렵다고 한다. 사실 범죄피해자를 지원할 때면 희망과 동기를 세우는 데 많은 노력이 경주된다. 따라서 얼마간 희망을 가지거나 안전하게 느끼는 피해자일수록 범죄피해자화라는 위기를 더 잘 버티고 견뎌낼 가능성이 더 높다고 한다.[19] 한편, 부정적 사고나 생각, 부정적 감정과 부정적 기억을 회피하는 경향이 있는 사람을 억압적 극복자(repressive copers)라고 하는데, 이들은 심지어 그들이 스트레스를 받고 있다는 신체적 측정치에도 불구하고 스트레스를 느끼지 않는다고 말하는 그런 도전적 상황으로부터 자신의 감정적 끈을 끊으려고 하는 경향이 있다는 것이다.[20] 그러나 복잡한 감정을 경험하고 관리할 수 있는 사람은 도전적 상황을 더 잘 직면할 수 있고, 압도당한 느낌을 갖지 않는 경향이 크다고도 한다. 억압적 극복자와는 대조적으로, 이들은 막힘없이 감정을 잘 경험하고 잘 파악할 수 있다고 한다. 연구에 따르면, 회복탄력은 억압적 극복자와 감정을 잘 다스리는 사람 모두에게 관련이 있다는 것이다. 이는 곧 한 가지 일방적 방식으로는 모든 피해자에게 적합하지 않다는 사실을 지적하는 것이다.[21]

18　Bonanno, *op cit.*, 2004.; Bonanno, *op cit.*, 2005.; M. M. Tugade and B. Fredrickson, "Regulations of positive emotions: Emotion strategies that promote resilience," *Journal of Happiness Studies*, 2007, 8:311－333

19　Williams, *op cit.*,; Bondy et al., *op cit.*

20　Bonanno, *op cit.*, 2004.

21　Haskett et al., 2006, *op cit.*: K. G. Koifman, G. A. Bonanno, and E, Rafaeli, "Affect dynamics, bereavement and

한편, 사회적 지지와 지원, 그리고 수준 높은 인간관계를 유지하는 사람도 사회적 자원이 더 적은 사람보다 더 훌륭한 회복탄력성을 보인다고 한다. 물론 범죄피해자에 대한 사회적 지원과 지지의 혜택과 이익과 긍정적 사회지원과 지지를 받는 피해자가 적응을 더 잘한다는 사실에 대해서는 많은 연구와 이론이 있다. 이는 아마도 사회적 지지와 지원이 피해자로 하여금 힘든 감정을 털어버리고, 생각, 행동, 그리고 감정에 대한 현실인식을 하는 데 도움이 되기 때문일 것이다. 심지어 실제 지원이 아니라도 그러한 지지와 지원을 받고 있다는 믿음만으로도 피해자가 더 좋은 느낌을 갖게 만들 수 있다고 한다. 이들의 지원을 위해서는 가족이나 친지와 같은 천부적 지원은 물론이고 경찰을 비롯한 사회복지나 의료 서비스와 같은 전문적 지원도 피해자에게 도움을 줄 수 있다. 가족 등 천부적 지원을 잘 받는 피해자일수록 전문적 지원을 추구할 가능성도 더 높아지는 것으로 알려지기도 한다. 이는 아마 지지하고 지원하는 사람들이 정보, 동료애, 감장적지지, 그리고 살 수 있는 안전한 장소와 금전적 지원 등을 제공하기 때문일 것이다. 더구나 이러한 지원은 피해자의 불안을 줄여주기도 한다.[22]

아마도 사회적으로 유능한(socially competent) 사람이 회복탄력성도 좋은 경향이 있다는 것이 새삼 놀라운 일은 아닐 것이다. 사회적 유능함이란 그 사람의 소통, 공감능력, 그리고 배려의 기술과 다른 사람들과 긍정적으로 연계하는 능력이라고 할 수 있다. 이러한 기술과 능력은 그 사람으로 하여금 어떠한 것이라도 자신이 필요로 하는 것을 성공적으로 충족시키고, 그 사람의 지지와 지원망을 질과 규모를 증대시키는 데 도움을 줌으로써 그 사람의 회복탄력성을 향상시키기 때문일 것이다.[23]

끝으로, 일부에서는 지능과 효과적 문제해결/기획기술과 같은 인지기술(cognitive skills)도 도전에 성공적으로 직면하는 데 관련이 있다고 한다. 당연히 이런 능력과 기술이 많을수록 문제를 다루고 해결할 때 활용할 수 있는 개인 의 내적 자원뿐만 아니라 선택할 수 있는 조건들이 더 많을 것이기 때문이다. 또한 이들은 유사한 고통을 경험한 다른 사람과 자신을 비교함으로써 이

resilience to loss," *Journal of Happiness Studies*, 2007, 8:371－382

22 Bonanno, 2005, *op cit.*: Haskett et al., 2006, *op cit.*: Williams, 2007, *op cit.*: A. Gewirtz and J. Edleson, "Young children's exposure to intimate partner violence: Toward a developmental rist and resilience framework for research and intervention," *Journal of Family Violence*, 2007, 22(3):151－163; R. C. F. Sun and E. K. P Hui, "Building social support for adolescents with suicidal ideation: Implications for school guidance and counselling," *British Journal of Guidance and Counselling*, 2007, 35(3):299－316; D. L. Green and E. C. Pomeroy, "Crime victims: What is the role of social support?" *Journal of Aggression, Maltreatment and Trauma*, 2007, 15(2):97－113

23 Bondy et al., 2007, *op cit.*: Gewirtz and Edleson, 2007, *op cit.*: Haskett et al., 2006, *op cit.*

해도를 더 높이고, 잘 견디고 이겨내는 피해자들로부터 자극과 영감을 받을 수 있으며, 자신보다 더 큰 고통을 겪는 피해자와 비교하여 자신이 더 많은 해를 당하지 않은 것을 다행으로 여기게 한다. 이런 것들이 생존자로서의 긍정적 관점에 더 초점을 맞추게 한다는 것이다.[24]

---

24 Bondy et al, 2007, *op cit.*: Gewirtx and Edleson, 2007, *op cit.*: Haskett et al., 2006, *op cit.*: Williams, 2007, *op cit.*: M. Thompson, "Life after rape: A chance to speak?" *Sexual and Relationship Therapy*, 2000, 15(4):325–343

찾아보기

CRIMINAL PSYCHOLOGY

저자약력

이 윤 호

학력: 동국대학교 경찰행정학과 학사
　　　동국대학교 대학원 경찰행정학과 석사
　　　미국 Michigan State University, School of Criminal Justice 석사, 박사

경력: 현) 고려사이버대학교 경찰학과 석좌교수
　　　　　동국대학교 경찰사법대학 경찰행정학부 명예교수
　　　전) 경기대학교 교정학과, 경찰학과 교수, 교학2처장, 대외협력처장, 행정대학원장
　　　　　동국대학교 경찰사법대학 경찰행정학부 교수, 사회과학대학장, 경찰사법대
　　　　　학장, 행정대학원장, 경찰사법대학원장, 입학처장
　　　전) 국가경찰위원회 위원
　　　　　법무부 법무연수원 교정연수부장(민간전문가 초빙 2급 이사관)
　　　　　한국공안행정학회 회장
　　　　　한국경찰학회 회장
　　　　　대한범죄학회 회장
　　　　　한국산업보안연구학회 회장
　　　　　한국테러정책학회 회장

저서: 범죄학(박영사), 교정학(박영사), 경찰학(박영사), 피해자학(박영사),
　　　현대사회와 범죄(박영사), 범죄, 그 진실과 오해(박영사), 범죄심리학(박영사),
　　　청소년비행론(박영사), 범죄예방론(박영사), 범죄 기네스북(도도),
　　　연쇄살인범, 그들은 누구인가(도도), 우리 속에 숨은 사이코패스(도도),
　　　세기와 세상을 풍미한 사기꾼들(박영스토리),
　　　영화 속 범죄 코드를 찾아라(도도)
　　　세기의 오심(2인 공저, 박영스토리)

이 승 욱

학력: 미국 Michigan State University, School of Criminal Justice 학사
　　　미국 Illinois State University, Department of Criminology 석사
　　　미국 Michigan state University, School of Criminal Justice 박사

경력: 현) 미국 Texas A&M University, San Antonio, 조교수
　　　전) 미국 University of Southern Indiana 조교수

저서: 세기의 오심(2인 공저, 박영스토리)
　　　청소년 비행론(2인 공저, 박영사)
　　　현대사회와 범죄(2인 공저, 박영사)
　　　범죄학(2인 공저, 박영사)

일러스트 - 불이 박진숙 작가 작품

제 2 판
범죄심리학

초판발행   2021년 3월 20일
제2판발행   2025년 2월 28일

지은이   이윤호·이승욱
펴낸이   안종만·안상준

편 집   박세연
기획/마케팅   정연환
표지디자인   BEN STORY
제 작   고철민·김원표

펴낸곳   (주) 박영사
          서울특별시 금천구 가산디지털2로 53, 210호(가산동, 한라시그마밸리)
          등록 1959.3.11. 제300-1959-1호(倫)

전 화   02)733-6771
f a x   02)736-4818
e-mail   pys@pybook.co.kr
homepage   www.pybook.co.kr
ISBN   979-11-303-2252-0   93350

정 가   26,000원